독자의 1초를 아껴주는 정성!

세상이 아무리 바쁘게 돌아가더라도
책까지 아무렇게나 빨리 만들 수는 없습니다.
인스턴트 식품 같은 책보다는
오래 익힌 술이나 장맛이 밴 책을 만들고 싶습니다.

땀 흘리며 일하는 당신을 위해
한 권 한 권 마음을 다해 만들겠습니다.
마지막 페이지에서 만날 새로운 당신을 위해
더 나은 길을 준비하겠습니다.

독자의 1초를 아껴주는
정성을 만나보십시오.

미리 책을 읽고 따라해 본 2만 베타테스터 여러분과
무따기 체험단, 길벗스쿨 엄마 기획단,
시나공 평가단, 토익 배틀, 대학생 기자단까지!

믿을 수 있는 책을 함께 만들어주신 독자 여러분께 감사드립니다.

홈페이지의 '독자광장'에 오시면
책을 함께 만들 수 있습니다.

(주)도서출판 길벗 www.gilbut.co.kr
www.eztok.co.kr
butschool.co.kr

답답했던 부동산 궁금증, 한 방에 해결!

이 책을 보면 갑갑했던 궁금증들이 한 방에 해결된다. 검색을 통해 대략 알고 있었던, 또는 믿고 있던 것들에 대한 잘못된 부분들까지 이 책을 통해서 제대로 공부할 수 있게 된다.

— xe**ne | 교보문고

신혼부부라면 전적으로
이 책을 믿으셔야 합니다.

전세 혹은 매매를 알아보는 사람을 위한 맞춤형 책입니다. 부동산 A부터 Z까지, 정말 초보자분들이라면 꼭꼭 읽어보세요.

— lo**mi | 교보문고

초보자 눈높이에 맞춘 100% 리얼 실용서

가정에 비상약을 구비하듯 가가호호 〈부동산 상식사전〉이 있었으면 좋겠다. 특히 이 책을 대학졸업생, 사회초년생, 예비신혼부부에게 적극 추천하고 싶다.

— 매* | 예스24

당장 내 돈을 절약해주는
현실적인 이야기만 담았다!

월세 흥정법, 전세금 지키는 법, 임대수익 얻는 법, 경매로 알뜰하게 부동산 사는 법 등 지금 바로 내 돈을 절약해줄 수 있는 현실적인 이야기를 물 흐르듯 풀어냈습니다.

— sh**2 | 네이버 서평

대박 체크리스트에 부동산 서식까지!
내공 100%의 부동산 실용서!

좋은 집 고르는 법, 계약서 쓰는 법, 대출 문제까지. 어쩜 이렇게 실제로 필요한 사항들만 쏙쏙 모아놓았을까?

— 별**링 | 인터파크

처음 내 집 장만한다면 필수예요!

태어나 처음 내 이름으로 집을 갖게 되어서 급하게 도움이 필요했어요. 초보자라서 걱정투성이였는데 책 덕분에 꼼꼼하게 잘 해결했어요.

— a****29 | 알라딘

꼭 필요한 정보만 일목요연 정리! 헷갈릴 때마다 꺼내봐야 할 책!

꼼꼼한 용어 설명은 기본이고 부동산 세법, 전월세 계약, 경매까지 필요한 정보만 머릿속에 쉽게 정리할 수 있도록 꼼꼼하게 정리되어 있습니다.

— 트리** | 교보문고

1:1 부동산 코칭을 받는 기분이에요!

재미있는 삽화와 다양한 사진자료, 실제 사례를 통해 어려운 부동산을 ㅅㄹ명해주어 마치 저자한테 1:1 과외를 받는 듯했어요!

— eu**a1 | 인터파크

등기부등본, 토지대장 등 외계어 같은 부동산 서류 해독법 제대로 독파!

만만치 않은 두께의 책인데 3일 만에 다 읽음! 등기부등본, 토지대장 등 뭐가 뭔지 모르겠던 부동산 서류 해독에 완전 도움 되는 책이다.

— MiNi언니 | 인터넷 블로그

갈팡질팡 내 집 마련에 한줄기 빛이 되어준 책!

손해 보지 않을 내 집 고르는 법부터 모자란 돈 똑똑하게 대출받는 법까지! 빠듯한 돈으로 집 장만 고민하던 시점에 이 책을 만난 것은 정말 행운입니다.

— e4u** | 인터파크

왕초보의 고충을 알아주는 책이네요!

완전 초보자의 입장에서 무엇부터 준비해야 하는지 필요한 것만 쏙쏙 골라 차근차근 단계적으로 설명하고 있어요! 월세조차 한번 내본 적 없는 부동산 왕초보에게 부동산 보는 안목을 선물합니다.

— sc**th | 교보문고

학교에서는 배울 수 없는 생존 지식!

이 책을 읽고 정말 숨통이 확 트이는 기분이었습니다. 학교에서는 왜 이런 내용을 안 가르쳐주는 걸까요?

— cro**20 | 인터파크

내일 당장 집 보러 가는 사람에게 강추!

부동산은 잘 모르는데 당장 전세를 알아보거나 집을 구해야 하는 사람이라면 반드시 이 책을 읽고 가야 합니다.

— bl**ip | 알라딘

살면서 알아야 하는 기본 상식이 다 들어있다

원하는 내용을 간결하게 집대성한 책이다. 궁금했던 부분들을 알기 쉽고 이해하기 쉬운 방향으로 접근해서 누구라도 부담없이 부동산과 친밀해질 수 있는 듯하다.

— eo*** | 인터파크

이 책은 부동산 백과사전이다!

각 항목별로 독립적으로 구분이 되어있어서 내가 필요한 상황에 따라 필요한 부분을 찾아서 참고하기 쉽게 구분되어 있다. 구어체로 이야기하듯이 설명해줘서 마치 강의를 듣고 있는듯했다.

— g***e | 예스24

부동산에 대해 이제부터 알고 싶다 하면 이 책!

많이 쓰이는 필수 용어들에 대한 설명과 실질적인 설명들, 부동산 상식에 대해 쉽게 잘 설명해준 책이라 실생활에 많이 도움이 돼요. 살면서 모른다면 분명 손해 보게 되는 것들에 대해 알게 해주는 책입니다.

— 빙* | 예스24

하나에서 열까지 초보 필수용

부동산도 여러 분야가 많아 다 이해하기 어려운데 이 책을 통해 부동산 전반의 영역에 대해 알게 되었다. 내가 필요한 부분만 쏘옥 골라 읽을 수 있어 편리하다.

— 뽀** | 알라딘

두고두고 읽어도

이만한 부동산 기본을 다룬 책이 없네요. 구매한지는 꽤 되지만 가끔 다시 읽는데 다른 책들보다 보기 좋고 편하고 쉽게 읽히면서 이만한 책이 없다는 생각이 드네요.

— e***s | 예스24

부동산 까막눈도 부동산에 눈떴어요!

부동산에 문외한이었던 나에게 상식을 선물해 준 책! 전월세 계약, 상가 투자, 경매처럼 다양한 부동산 지식도 쌓고 이제는 필요한 부분만 골라본답니다.

— ki**gy | 인터파크

거짓말 조금 보태서 소설만큼 술술 읽히는 책!

소설책으로 착각할 만큼 술술 읽었다. 너무나 재미있게 읽는 바람에 부동산이 쉬워보일까 걱정할 정도!

— 행복*** | 예스24

부동산
상식
사전

부동산 상식사전
Common Sense Dictionary of Real Estate

초판 1쇄 발행 · 2008년 10월 13일
초판 12쇄 발행 · 2012년 3월 3일
1차 개정판 1쇄 발행 · 2012년 7월 31일
1차 개정판 9쇄 발행 · 2014년 11월 1일
2차 개정판 1쇄 발행 · 2015년 2월 25일
2차 개정판 10쇄 발행 · 2016년 10월 4일
3차 개정판 1쇄 발행 · 2017년 2월 28일
3차 개정판 8쇄 발행 · 2018년 11월 30일
4차 개정판 1쇄 발행 · 2019년 1월 30일
4차 개정판 14쇄 발행 · 2021년 8월 11일
5차 개정판 1쇄 발행 · 2022년 1월 10일
5차 개정판 8쇄 발행 · 2024년 8월 8일

지은이 · 백영록
발행인 · 이종원
발행처 · (주)도서출판 길벗
출판사 등록일 · 1990년 12월 24일
주소 · 서울시 마포구 월드컵로 10길 56(서교동)
대표 전화 · 02)332-0931 | **팩스** · 02)323-0586
홈페이지 · www.gilbut.co.kr | **이메일** · gilbut@gilbut.co.kr

기획 및 책임 편집 · 이치영(young@gilbut.co.kr) | **표지 디자인** · 신세진 | **내지 디자인** · 박상희
마케팅 · 정경원, 김진영, 김선영, 최명주, 이지현, 류효정 | **유통혁신** · 한준희
제작 · 이준호, 손일순, 이진혁, 김우식 | **영업관리** · 김명자, 심선숙, 정경화 | **독자지원** · 윤정아

편집진행 및 교정 · 김은혜 | **일러스트** · 조윤혜 | **전산편집** · 예다움
인쇄 · 예림인쇄 | **제본** · 예림바인딩

ISBN 979-11-6521-814-0 13320
(길벗도서번호 070463)

정가 18,500원

독자의 1초를 아껴주는 길벗출판사

(주)도서출판 길벗 | IT교육서, IT단행본, 경제경영서, 어학&실용서, 인문교양서, 자녀교육서 www.gilbut.co.kr
길벗스쿨 | 국어학습, 수학학습, 어린이교양, 주니어 어학학습, 학습단행본 www.gilbutschool.co.kr

부동산 상식사전

Common
Sense
Dictionary of
Real Estate

백영록 지음

나는 어떤 집과 맞을까?

누구는 빌라에 살고, 누구는 연립주택에 산다는데, 들어도 들어도 헷갈리기만 합니다. 건축법적 분류는 본문에서 다루고, 여기서는 거주형태에 따라 집을 구분해보겠습니다.
나와 어떤 집이 맞는지 체크해보세요!

단독주택   ❶ 단독주택   ❷ 다중주택   ❸ 다가구주택

공동주택   ❹ 아파트   ❺ 오피스텔   ❻ 다세대주택
(세대별 소유 가능)

단독주택

건축법상 면적 제한이 없고, 단일가구를 위해 단독택지 위에 건축하는 형태로, 개인의 취향에 맞게 건축할 수 있답니다. 자금만 있다면 예쁜 내집을 지을 수 있겠죠!

다중주택

주방과 화장실을 다른 사람과 공동으로 사용하는 원룸이나 고시원이 이에 속합니다. 약간의 불편함을 감수할 수 있다면 주거비용을 아낄 수 있을 겁니다.

다가구주택

세대별로 주방과 화장실이 따로 설치된 집입니다. 함께 살지만 독립된 생활이 가능하죠. 하지만 단독주택에 속하므로 개인별 소유는 안 된다는 것!

아파트

법적으로는 주택으로 쓰이는 층수가 5개 이상인 주택을 말합니다. 단지가 크고 세대수가 많아서 관리비가 저렴하지만, 층간소음 등의 문제가 발생하기도 합니다.

오피스텔

업무와 주거를 겸할 수 있는 주택으로, 주거가 주목적이면 주거용 오피스텔이라고 불립니다. 쾌적하고 1인 가구가 살기 적당하나 일반 주택에 비해 주차장이 좁고 매매할 때 취득세가 높습니다.

다세대주택

흔히 빌라라고 불리는 주택입니다. 4층 이하의 건물로, 세대별 소유와 등기가 가능합니다. 비슷한 형태로 연립주택이 있는데 다세대주택보다 면적이 좀 더 넓습니다.

그밖에 1~2인 가구를 위한 도시형생활주택도 있습니다. 이제 누가 어디 산다고 해도 헷갈릴 일 없겠죠?

집과 관련된 돈, 언제 무엇을 내야 할까?

내 집에 살고 있을 때	집을 빌려서 살고 있을 때
관리비/재산세/주민세	관리비/임대료/주민세

집을 살 때	집을 팔 때
매매대금/인테리어 및 수리비 이사비/중개수수료/취등록세 등기비용(법무사비용)	중개수수료 양도소득세

집을 빌릴 때	집을 빌려줄 때
보증금/중개수수료 이사비/전세권 등기비용	중개수수료 수리비/인테리어비

내 땅에 집을 지을 때	경매로 집을 살 때
토지매입비/중개수수료 취등록세/등기비용(법무사비용) 설계비 및 인허가비 건축비(측량, 전기 및 수도 인입)	입찰대금(감정가의 10% 또는 20%) 잔금/세입자 명도비 또는 이사비 취등록세(법무사 비용) 인테리어 및 수리비/미납관리비

▶ 중개수수료, 취등록세에 관한 자세한 내용은 026장, 058장을 참고하세요!

부동산 공부는 평생 도움이 되는 필수지식입니다

대한민국에서 부동산 공부는 필수, 부동산 지식은 쌓을수록 재산!

세상에 태어난 이상 우리는 부동산 지식을 가지고 있어야 합니다. 당장 부동산을 매매할 만한 큰돈이 없더라도, 월세로 살고 있더라도, 부동산 지식이 있어야만 자신의 전 재산이나 다름없는 보증금을 지킬 수 있기 때문입니다.

그동안 공인중개사로 일하면서 덜컥 도장을 찍었다가 막심한 손해를 본 사람들을 여러 번 만났습니다. 안타깝게도 그런 분들이 제게 와서 하소연한들 이미 엎질러진 물이라 돌이키기 어려운 경우가 대부분입니다. 제가 그분들에게 해줄 수 있는 것은, 손해가 더 늘어나지 않기만을 기도하는 것뿐이었습니다.

대부분의 사람이 부동산 공부는 돈 많은 부자나 하는 것으로 알고 있습니다. 절대 그렇지 않습니다. 오히려 가진 돈이 넉넉하지 않은 사람들이 더 열심히 해야 하는 것이 부동산 공부입니다. 그래야 자신의 소중한 재산을 지킬 수 있고, 더 나아가 월급만으로 이루기 힘든 재산증식의 기회도 잡을 수 있기 때문입니다.

'공인중개사는 경제 치료사'라는 마음으로 한데 모은 부동산 지식!

저는 2003년 6월 말 회사를 그만두고 그해 10월에 치른 공인중개사 시험에 덜컥 합격했습니다. 당시 내 집 계약서 딱 한 번 써본 부족한 경험만 갖고 공인중개사로 홀로서기를 시작했을 때는 정말 막막했습니다.

그렇다고 겁먹고 움츠러들 수만은 없었습니다. 무식하면 용감하다고, 발로 뛰면서 공인중개사라는 직업이 어떤 것인지 배워갔습니다. 일하면서 사소한 문제로 중개업자들끼리 싸우고, 서로 손님과 물건을 빼앗아가고, 자기들끼리 계약을 성사시킨 후 중개수수료를 몰래 챙기는 중개업자들의 모습에 환멸을 느낀 적도 있었습니다.

그러나 중개업을 계속하면서 공인중개사가 경제에서 얼마나 중요한 역할을 하는지 깨달았습니다. 의사가 사람의 육체적 생명을 치료하고 관리하듯이, 공인중개사는 사람의 경제적 생명을 치료하고 관리하는 사람이기 때문입니다. 우리가 살아가는 데 필수적인 의(衣)·식(食)·주(住) 중에서 주(집)를 다루는 사람이니까요.

이 책을 쓸 때 이러한 마음으로 썼습니다. 그동안 중개업을 하면서 배운 지식을 부동산에 대해 잘 모르는 사람들에게 하나라도 더 알려주고 싶은 마음으로, 그리고 중개업 시장이 한 단계 더 성숙하기를 바라는 마음을 담았습니다.

최대한 쉽게, 초보자의 눈높이에 맞게!

솔직히 부동산 공부는 쉽지 않습니다. 낯선 용어에 적용되는 법률, 세금도 분야마다 다르죠. 그래서 이 책은 부동산 지식이 전혀 없는 초보자도 쉽게 익힐 수 있도록 최대한 초보자의 눈높이에 맞춰 썼습니다. 실제 계약하는 것과 똑같은 절차대로 책을 진행하고, 주변에서 실제로 보고 들은 사례들과 기억하면 좋은 팁까지 덧붙였습니다. 이번 개정판에서는 주요 사이트 활용법, 사이트 내 정보를 찾는 방법, 체크리스트와 계약서, 그 외 중요 판례 등을 추가로 설명하기 위해 QR코드를 삽입했습니다. QR코드가 있는 부분은 그냥 지나치지 마시고 꼭 확인해서 동영상 혹은 블로그를 보시길 바랍니다.

2022년은 여전히 부족한 주택공급 상황에 인플레이션과 미국의 테이퍼링(tapering), 금리 인상, 미·중 경제전쟁 등으로 부동산 시장 역시 불안정할 것으로 보입니다. 대출 규제가 계속되고 종합부동산세·양도소득세 등 세금이 늘어난 상황에서 묻지마식 투자를 하는 것은 매우 위험합니다. 이럴 때일수록 딥 데이터(deep data)와 그 자료를 제대로 파악할 수 있는 정확한 지식과 침착한 판단력이 필요합니다.

숨 고르기가 필요한 이러한 상황에서 부디 이 책을 통해 평생의 필수 과목인 부동산에 대한 궁금점을 많이 해결하기 바랍니다. 더 나아가 이 책이 독자 여러분의 소중한 재산을 지키고 늘리는 데 도움이 되었으면 합니다.

나만의 자그마한 서재에서

백영록

Special Thanks to...

2008년 이 책이 태어난 이후 많은 독자분이 사랑해 주셔서 베스트셀러가 되었고, 그 결과 전면개정판을 통해 다시 한번 독자 여러분과 만나게 되었습니다. 앞으로도 여러분의 부동산 거래에 도움이 되는 지식을 많이 전달해드리도록 노력하겠습니다.
처음 이 책이 나올 때는 어린아이였지만 이제는 어엿한 성인이 된 두 아들 백인수와 백인호 그리고 아내 박향리에게 사랑한다는 말을 전합니다.
이 책이 나오기까지 도움을 주신 모든 분께 깊은 감사를 드립니다.

차례

Common Sense Dictionary of Real Estate

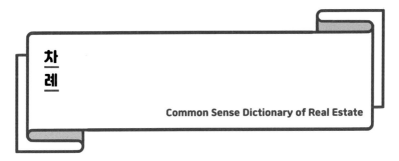

준비마당 **이것만 알아도 부동산 왕초보 탈출!**

첫 째 마 당

손해 안 보는 똑똑한 세입자 되는 법

둘째마당 · 내 집을 계약하기 전 알아야 할 상식들

넷 째
마 당

임대수익의 꽃,
상가투자

다섯째 마당

내 집 장만 성공! 이제는 땅이다!

여섯째 마당 　경매로 싸고 알차게 내 집 장만하기

**Common Sense Dictionary
of Real Estate**

0

준비
마당

이것만 알아도
부동산 왕초보 탈출!

부동산으로 돈 못 버는 이유, 조상님 탓이 아니라 내 탓!

사람들은 대부분 부동산은 돈 있는 사람들이나 하는 것이니 부동산 투자를 할 만큼 큰돈을 모으지 못한 사람은 굳이 부동산 공부를 할 필요가 없다고 생각합니다. 정말 그럴까요?

팔자 탓, 조상 탓만 하지 말고 자신의 게으름을 탓하라

세상을 살다 보면 누구나 부동산으로 돈을 벌 기회를 두세 번은 만납니다. 이때 부동산에 관한 지식이 있다면 그것이 기회인 것을 알아볼 수 있고 그 기회를 잡을 수도 있지만, 그렇지 않다면 기회인 줄도 몰라서 놓치게 됩니다. 나중에서야 자신이 좋은 기회를 놓쳤다는 것을 깨닫고 돈을 벌 팔자가 아니라거나 조상님을 잘못 만났다며 탓을 하지요. 그러나 사실은 팔자나 조상 탓이 아니라 자신이 준비가 안됐고 게을렀던 탓입니다.

집값이 너무 비싸다며 그걸 누가 살 수 있겠냐고 불평하는 사람에게 부동산 공부를 해볼 것을 권하면 대부분 "먹고 살기도 바쁜데 무슨 소리야?"라며 짜증을 냅니다. 하지만 미래를 미리 준비하지 않는 사람은 평생 돈에 허덕이면서 삽니다. 자신에게 찾아온 좋은 기회를 남에게 넘겨주면서 말입니다. 반면, 당장은 부동산을 구입할 돈이 없더라도 미래를 위해 부동산 공부를 해둔 사람은 자신에게 찾아온 기회를 놓치지 않을 것이고, 결국 노력의 대가를 받을 수 있습니다.

경매 사이트 자주 보며 공부한 덕분에 내 집 마련 성공!

전세 3억 5,000만원의 아파트에 살던 주부 H씨는 평소 부동산에 관심이 많아 집안일을 하는 틈틈이 시간을 쪼개 부동산 경매 공부를 했습니다. 그러던 중 자신이 세 들어 살고 있는 집이 경매로 나온 것을 알게 되었습니다. 자세히 살펴보니 6,000만원만 추가로 마련하면 살 수 있을 것 같았습니다. 시세가 5억원인 아파트의 가격이 약 4억원까지 떨어졌기 때문입니다. 결국 H씨는 전세보증금 3억 5,000만원에 저금해둔 6,000만원을 더해 전세로 살던 집을 내 집으로 만들었습니다. 만약 H씨가 미리 부동산 공부를 해두지 않았더라면 이 기회를 잡을 수 있었을까요? 아니요. 해당 아파트를 낙찰받기는커녕 전세 보증금을 돌려받지 못할 수도 있다는 두려움에 밤잠을 설쳤거나 실제로 다른 사람이 낙찰받아 재산상 큰 손해를 볼 수도 있었습니다.

몇천만원, 몇억원이나 하는 부동산을 아무런 지식 없이 덜컥 사는 것이 오히려 이상하지 않은가요? 세상에 태어나고 살아가는 이상 부동산 지식은 꼭 알아야 하는 것입니다. 팔자 탓, 조상 탓만 하지 말고 이 책으로 기본 상식을 쌓아 내 소중한 재산을 보호하고 더 나아가 부동산 투자에도 성공하 시기 바랍니다.

002

주택&상가&토지, 무엇부터 사야 할까?

사람들 사이에서 '저금리 시대에 부동산만 한 게 없다'라는 의견과 '부동산으로 돈 버는 시대는 지났다'라는 의견이 분분합니다. 지금이라도 부동산을 사야 할까요? 만약 산다면 어떤 부동산을 사야 할까요?

내 집은 주거안정을 위해 반드시 필요하다!

인생을 살면서 내 집이 있는 것과 없는 것은 심리적으로 차이가 큽니다. 더욱이 결혼을 하고 아이들까지 태어나면 2년(계약갱신청구 시 2년 연장하여 4년)마다 집을 옮겨 다니기가 쉽지 않습니다.

그래서 실제로 거주할 '첫 번째 내 집'은 직장과 가깝고 생활하기에 편리한 곳에, 무리한 대출 없이 마련하는 것이 좋습니다.

또한 집이나 땅이 있으면 주택연금(292쪽 참고)이나 농지연금(505쪽 참고)으로 노후를 대비할 수도 있습니다. 100세 시대를 맞이하여 노후의 든든한 버팀목이 되어주는 주택연금, 농지연금은 내 집이나 내 땅이 있어야만 신청할 수 있습니다.

어떤 부동산을 사야 할까?

부동산 시장이 어떻게 변할지는 정확하게 예측하기 힘듭니다.

주택 가격은 지하철역이나 버스정류장까지의 거리, 초·중·고등학교와의 거리, 전용면적의 크기, 주택의 브랜드, 총 세대수 등과 같은 여러 가지 조건에 따라 크게 차이가 나고, 향후 가격 상승폭도 달라집니다.

그러나 현실적으로 가장 중요한 것은 주택의 위치, 즉 입지입니다. 주택이 낡거나 구조가 마음에 들지 않으면 수리를 해서 살 수 있지만, 주택이 있는 지역의 분위기가 좋지 않으면 편안하게 오랫동안 살 수 없어 주거의 안정과 시세 차익을 보기 어렵습니다. 그러므로 관심 있는 지역이라면 낮에도 밤에도 여러 번 방문하여 동네의 분위기와 범죄율, 소음, 통근 시간 등을 확인해 본 후 주택을 매수해야 합니다.

다주택자에 대한 거래규제, 대출규제, 세금 등이 강화되면 사람들은 대체 투자처로 상가와 토지에 관심을 갖곤 합니다. 상가나 토지는 주택보다 투자 위험이 큰 만큼 사전에 많은 공부와 정보 수집이 필요합니다.

상가의 경우, 신도시나 혁신도시는 상권이 어느 정도 형성되기까지 3~4년 이상 걸리므로 해당 기간의 공실(空室) 위험을 예상해야 합니다. 또 상가의 위치에 따라서도 수익률에 차이가 많이 나므로 사람들의 동선(動線)을 확인해야 하고 상권분석은 필수입니다.

토지는 단기로 투자하기보다 10년 이상을 바라보고 투자하는 것이 좋습니다. 따라서 대출을 받기보다는 여유 자금으로 투자하는 것이 좋습니다. 토지는 진입로, 위치, 지목, 모양, 경사도, 방향 등과 같은 여러 조건에 따라 가격이 다르고 개발 여부에도 많은 영향을 받으므로 투자 전에 반드시 꼼꼼하게 따져보아야 합니다.

지금 당장 큰 수익을 내겠다는 욕심보다는 안정적으로 생활하기 위한 내 집 장만부터 시작하고, 그 이후 임대소득, 편안한 노후라는 목적을 가지고 미리미리 부동산 공부를 해두시기 바랍니다.

003

부동산 광고,
다 믿었다가는 큰일!

우리는 신문 같은 전통적인 방식이나 블로그, 유튜브 등 다양한 SNS를 통해 토지나 상가 등을 사라는 광고를 자주 접합니다. 그 광고에는 토지나 상가를 사면 금방이라도 대박이 난다는 말들로 가득합니다.

터무니없이 싼 땅은 이유가 있다

하지만 이렇게 광고하는 토지나 상가 등을 사면 대박이 아니라 쪽박을 찰 가능성이 높습니다. 돈이 안 되는 상가나 토지를 어떻게든지 팔아보려는 속셈으로 광고를 하는 것이기 때문입니다. 정말로 돈이 되는 상가라면 자기들이 먼저 샀겠죠.

신문이나 SNS를 통해서 광고하는 상가나 토지를 사면 무조건 손해를 보는 것만은 아닙니다. 이러한 광고를 보고 그 물건을 실제로 꼼꼼히 살펴본 후에 해당 상가나 토지가 있는 시청, 군청, 구청을 방문하여 담당 공무원에게 그 상가나 토지에 관한 규제 내용 등을 확인하여 광고대로 개발 가능성이나 수익성이 있는지 판단한 후 사야 합니다.

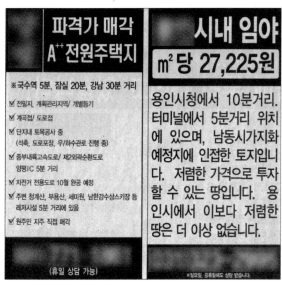

파격가 매각
A⁺⁺전원주택지

※국수역 5분, 잠실 20분, 강남 30분 거리

☑ 전필지, 계획관리지역/ 개별등기
☑ 계곡접/ 도로접
☑ 단지내 토목공사 중
  (석축, 도로포장, 우/하수관로 진행 중)
☑ 중부내륙고속도로/ 제2외곽순환도로
  양평IC 5분 거리
☑ 자전거 전용도로 10월 완공 예정
☑ 주변 청계산, 부용산, 세미원, 남한강수상스키장 등
  레저시설 5분 거리에 있음
☑ 원주민 지주 직접 매각

(휴일 상담 가능)

시내 임야
m²당 27,225원

용인시청에서 10분거리.
터미널에서 5분거리 위치
에 있으며, 남동시가지화
예정지에 인접한 토지입니
다. 저렴한 가격으로 투자
할 수 있는 땅입니다. 용
인시에서 이보다 저렴한
땅은 더 이상 없습니다.

※일요일, 공휴일에도 상담 받습니다.

'파격가'를 내세우며 사기만 하면 금방이라도 대박이 날 것처럼 현혹하는 과장광고
에 속지 않도록 주의해야 합니다.

소유권이전 전, 부동산 서류 확인은 필수!

평소 자신의 땅을 가지고 싶었던 P씨는 토지를 아주 싸게 판다는 SNS
광고를 보고는 '이게 웬 떡이냐!' 하는 생각이 들어 바로 연락을 했습니다.
그리고 사무실 직원과 함께 광고에 나온 땅을 보러 갔습니다. 실제로 가서
보니 마음에 들어 바로 계약을 했습니다.

그런데 잔금을 치르고 토지 주인의 이름을 자기 이름으로 바꾸고 난 후
(이를 '소유권이전'이라고 합니다), 그곳에 집을 지으려고 하니 군청에서 허가가 나
지 않았습니다. P씨가 산 토지는 들어가는 길이 없는 '맹지'였기 때문입니다.
P씨는 광고를 냈던 사무실을 찾아갔지만, 이미 사무실은 없어졌고 연락도
되지 않았습니다.

만약, P씨가 토지를 살 때 광고를 한 사무실 직원의 말만 믿지 않고, 해당 토지가 있는 군청에 가서 담당 공무원에게 그 토지에 관한 규제 내용을 물어보았거나 부동산 서류만 떼어보았어도 이러한 피해는 입지 않았을 것입니다.

과장광고에 속지 않기 위한 체크리스트

체크 사항	확인 내용	결론
지번/지목	해당 토지의 주소와 지목은?	
취득목적	토지를 사는 이유는?	
접하고 있는 도로, 하수관 설치	도로와 접해 있나? 도로 폭은? 하수관 설치는?	
혐오시설 여부	주변에 혐오시설이 있는가?	
형질변경 가능 여부/비용	토지를 개발할 수 있는가? 비용은?(리모델링 등)	
건축 가능 여부/비용	건물을 지을 수 있는 토지인가?(신축, 증축, 대수선 등)	
토지 모양/경사도	토지 모양은 어떤가? 경사는 심한가?	
도심으로의 접근성	도심과 시간상 거리는 어떤가?(지하철역과의 거리)	
용도지역·지구·구역	해당 토지의 제한사항들은?	
공부서류 간 내용 일치 여부	앞서 언급한 공부서류들의 내용이 서로 일치하는가?	
매매가/대출가능금액	토지 가격은? 대출한도는?	
취득세/등기비용/중개수수료	기타 추가비용은 얼마?	

※ 취득하고자 하는 부동산이 주택이나 상가인 경우 위의 체크리스트에서 괄호 안 내용을 참고하세요.
* 토지를 매매하기 위해 꼼꼼하게 살피고 싶다면 496쪽 '토지 체크리스트'를 참고하세요.

초보자는 피해야 할 공동투자

부동산 투자를 시작할 때 많은 사람들이 어려움을 겪는 부분 중 하나가 생각보다 많은 돈이 필요하다는 것입니다. 그래서 간혹 뜻이 맞는 사람들과 공동투자를 생각하곤 합니다.

공동투자의 장점은 적은 돈으로도 부동산에 투자할 수 있다는 것입니다. 하지만 공동투자자들 간의 생각이 다를 경우, 말다툼을 하다가 적당한 매도 매수 시점을 놓칠 수도 있고, 부동산 경매에 참여할 때 공동투자자 중 일부의 자격요건 미비로 매수를 하지 못하는 등의 단점도 있습니다. 따라서 초보자는 다양한 경험을 쌓기 전까지 공동투자는 하지 않는 것이 좋습니다.

참고로 요즘 신도시 등 개발 예정지역의 토지를 9.9~13.2㎡(3~4평)만 매입해도 개발 후 상가용지나 단독주택용지를 분양받을 수 있다는 광고가 유행하고 있어 투자자들의 주의가 필요합니다. 또한, 토지가 분할이 안 되는 경우 공유 지분 형태로 매입을 권하기도 하는데 나중에 매도하기 어려울 수 있으므로 신중하게 투자해야 합니다. 그리고 2022년 4월부터는 계약을 직접 체결한 공인중개사가 거래를 완료한 후에도 소위 '낚시성 매물'을 방치하면 500만원 이하의 과태료가 부과됩니다.

✎ 기획부동산이란?

개발이 제한되거나 가치가 낮은 토지를 머지않아 개발이 되고 가치가 급상승할 것처럼 속여 비싼 가격에 해당 토지를 매도하는 업체를 말합니다. 해당 토지의 일부를 여러 사람이 공동으로 소유하는 공유 지분 형태로 판매하기도 합니다. 가해자에 대해서는 사기죄로 처벌할 수 있으나 손해배상을 받기까지 많은 어려움이 있으므로 이런 투자 자체를 하지 않는 것이 좋습니다. 이 세상에 아무런 노력 없이 하루아침에 갑자기 대박 나는 일은 매우 드무니까요.

부동산 투자 도와주는
똑똑한 스마트폰 앱

컴퓨터를 사용할 수 없는 곳에서도 내가 원하는 부동산 매물을 찾아보고 싶으면 스마트폰
에서 관련 앱을 다운로드해 설치하면 됩니다. 이용자의 특징에 따라 선호하는 앱이 다를 수
있는데요. 대표적인 부동산 앱은 다음과 같습니다. 모두 인터넷 사이트가 있으니 먼저 둘러
보고 자신에게 편리해보이는 앱을 다운로드하세요.

1. 다방(dabangapp.com)

국내 최초 오픈형 부동산 플랫폼으로서 원룸, 투룸, 오피스텔, 아파트 등 다양한 집을 검색
할 수 있습니다. 주변의 CCTV, 치안센터 등 안전시설 여부도 확인할 수 있습니다. 집 정보
외에 분양 뉴스, 분양 일정, 청약 가이드까지 전국 모든 지역의 분양 정보를 알 수 있습니다.

2. 네이버 부동산(land.naver.com)

집주인에게 직접 확인한 아파트, 원룸, 고시원 매물 정보가 올라오고, '현장매물 360VR'을 이용하여 직접 가본 것처럼 생생하게 확인할 수 있습니다. 매물 주변의 초등학교, 마트, 병원을 살펴볼 수 있고 '매물 알림' 기능을 활용하면 자신이 원하는 매물 정보를 받아 볼 수 있습니다. 또한, 전세 계약 정보를 입력하여 '전세금 반환보증' 서비스도 이용할 수 있습니다.

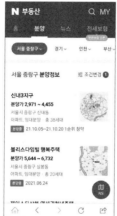

3. 호갱노노(hogangnono.com)

아파트 실거래가와 전세가가 한 시간마다 업데이트되고, 실시간 인기 아파트, 3D일조량, 호재, 학원가, 학군, 편의시설, 교통, 출퇴근, 거래량, 신고가 정보, 가격 변동, 인구 이동, 경매, 분양, 재건축 등의 정보를 손쉽게 확인할 수 있습니다.

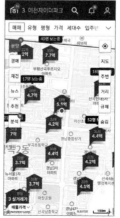

4. 직방(zigbang.com)

주택뿐 아니라 상가 매매와 임대, 업종별 상권을 찾아볼 수 있습니다. 아파트 시세, 분양 일정, 아파트 분양공고, 입주자 모집공고, 청약 결과, 경쟁률, 당첨 가점까지 살펴볼 수 있습니다. 가상현실 기술(VR)을 적용하여 아파트, 빌라, 원룸, 오피스텔 내부를 직접 가본 것처럼 구석구석 살펴볼 수 있습니다. 실제 살아본 사람들의 솔직한 평가를 확인할 수 있습니다.

5. KB부동산(kbland.kr)

KB 매물, 시세, 실거래가, 분양, 세금, AI 예측 시세까지 확인 가능합니다. 구글, 네이버, 다음 등 다양한 매체의 부동산 정보를 클릭 한 번으로 파악할 수 있습니다. 'KB비대면 전용대출'도 할 수 있고, 세를 얻은 주택이 안전한지 '전세안전진단'도 가능합니다.

 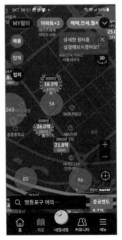

6. 안심전세 App

전국 시군구 아파트·연립·다세대·아파트 시세, 악성 임대인 여부, 보증사고 이력, 보증가입 금지 여부, 국세·지방세 체납 여부를 확인할 수 있는데요. 임차인이 카카오톡으로 집주인에게 신청하면 임차인 Phone으로 손쉽게 확인할 수 있습니다.

7. 부동산 계산기

중개수수료, 취득세, 재산세. 종합부동산세, 양도소득세, 상속세, 증여세, DSR, 대출이자 등 부동산과 관련된 모든 계산을 할 수 있습니다.

내 집 장만에 도움 주는 인터넷 사이트

내게 맞는 집을 장만하려면 많은 정보가 필요한데, 그렇다고 무작정 발로 뛰면서 알아보기에는 시간과 비용이 많이 듭니다. 다양한 정보를 효율적으로 얻을 수 있는 인터넷 사이트를 몇 곳 소개합니다.

부동산 정책

부동산 투자를 잘 하려면 수시로 바뀌는 부동산 정책을 남들보다 더 빠르고 정확하게 알아야 합니다. 그러기 위해서는 아래 사이트에 자주 들어가 보세요.

- 국토교통부(www.molit.go.kr) '뉴스·소식' → '보도자료', '정책자료' → '정책정보'와 '정책 Q&A'를 살펴보면 부동산 정책에 관한 사항을 자세히 알 수 있습니다.
- 기획재정부(www.moef.go.kr) '보도자료'를 살펴보면 대한민국의 경제정책과 대출 및 세금 규제에 관한 사항을 자세하게 알 수 있습니다.

- 금융위원회(www.fsc.go.kr) '보도자료'를 살펴보면 부동산 대출과 관련된 정책을 자세히 알 수 있습니다.
- 법무부(www.moj.go.kr) '보도자료'를 살펴보면 '주택임대차보호법'과 '상가건물임대차보호법'의 개정 내용을 알 수 있습니다.
- 국세청(www.nts.go.kr) 국세청 검색창에 '국세정책/제도' → '통합자료실' → '국세청 발간책자' → '세금안내 책자'에서 '주택과 세금'을 선택해 보세요. 취득세, 재산세, 종합부동산세, 임대소득세, 양도소득세, 상속세, 증여세를 쉽게 알 수 있어요.

부동산 대출

적은 금액으로 이익을 극대화하려면 대출을 받아 투자하는 것이 좋습니다. 이것을 '지렛대(레버리지) 효과'라고 하지요. 아래 사이트에서는 저리의 정부 대출상품, 각 시중은행의 대출금리 비교, 더 나아가 금융 관련 모든 정보를 얻을 수 있습니다.

- 주택도시기금(nhuf.molit.go.kr) 주택구입이나 전·월세를 얻을 때 부족한 자금을 시중보다 저리로 대출받을 수 있습니다.

주택도시기금

• 한국주택금융공사(www.hf.go.kr) 주택구입 시 부족한 자금을 시중보다 저리로 대출받을 수 있고 임대인에게 보증금을 돌려받지 못한 경우 임차인의 보증금을 책임져주기도 합니다. 또한, 주택을 담보로 맡기고 매달 연금(주택연금)을 받을 수도 있습니다.

한국주택금융공사

• 전국은행연합회 소비자 포털(www.kfb.or.kr) 은행별 주택담보대출, 신용대출의 금리, 대출기간, 상환조건 등을 비교할 수 있습니다.

전국은행연합회

• 금융소비자 정보포털 파인(fine.fss.or.kr) 일상 금융 생활에서 알아두면 유익한 실용 금융정보와 은행·카드, 보험·증권, 연금 등의 상식에 관한 모든 것을 한눈에 자세히 알 수 있습니다.

금융소비자 정보포털 파인

부동산 거래

부동산 투자에서 이윤을 남기려면 정확한 시세를 알아야 합니다. 그리고 거래를 했다면 등기를 하여 부동산 명의도 바꿔야 합니다.

- 국토교통부 실거래가 공개 시스템(rt.molit.go.kr) 아파트, 연립주택, 다

  세대주택, 단독주택, 다가구주택, 오피스텔, 분양권, 입주권, 상가, 토지, 공장, 창고 등 다양한 부동산 물건의 실제 거래가격을 알 수 있습니다.

국토교통부 실거래가 공개시스템

- 한국부동산원(www.reb.or.kr) 부동산 공시가격, 부동산 통계정보 등을

  알 수 있습니다. 특히 청약을 통해 주택을 구입하고자 한다면 반드시 알아야 할 '청약홈(www.applyhome.co.kr)'을 관리하고 있습니다.

한국부동산원

• 대한민국법원 법원경매정보(www.courtauction.go.kr) 대한민국 모든 법원에 나와 있는 경매 물건을 자세히 검색할 수 있습니다.

대한민국법원 법원경매정보

• 온비드(www.onbid.co.kr) 세금 체납으로 압류되었거나 국가나 지방자치단체, 금융기관 등이 팔아달라고 맡긴 부동산을 살 수 있습니다. 정해진 날에만 입찰이 가능한 경매와 다르게 일정한 기간 동안 입찰할 수 있고 할부로 잔금 납부가 가능하기도 합니다.

온비드

• 대법원 인터넷등기소(www.iros.go.kr) 등기사항전부증명서를 발급받을 수 있습니다. 등기신청을 할 수 있으며 확정일자도 받을 수 있습니다. 또한,

대법원 인터넷등기소

해당 건물이 경매에 넘어갔을 때 보증금의 일부라도 최우선으로 받을 수 있는 소액임차인 여부를 확인할 수 있습니다.

- 마이홈(www.myhome.go.kr) 주거급여, 임대주택, 공공분양주택, 임대사 업 등 에 대한 자세한 정 보를 알 수 있습니다. 또 한, 청년·신혼부부 주거 지원에 대한 자세한 정보 도 알 수 있습니다.

마이홈

꼭 알아야 할
부동산 서류 5총사

부동산을 살 때는 반드시 해당 부동산과 관련된 서류를 확인해봐야 합니다. 매수하려는 부동산의 주인이 누구인지, 매수한 후 해당 부동산을 다른 사람에게 뺏길 수도 있는지, 원하는 대로 부동산을 이용할 수 있는지 등을 정확하게 확인하기 위해서입니다. 한마디로 계약을 잘못하여 손해 보는 일이 없도록 하기 위해서죠.

부동산 서류의 공식 명칭은 '공부서류(公簿書類)'입니다. 부동산을 살 때 반드시 확인해야하는 공부서류에는 어떠한 것들이 있는지, 공부서류에서 확인할 내용은 무엇인지 간단하게 알아보겠습니다. 뒷장에서 하나씩 상세하게 설명할 것이므로 지금 당장은 잘 모르더라도 계속 읽어 나가세요.

부동산 서류 5총사의 종류와 내용

공부서류	발급처	확인할 수 있는 내용		사용 시기
1. 등기사항 전부증명서 (등기부등본)	관할 등기소, 대법원 인터넷 등기소(www. iros.go.kr)	건물 등기사항 전부증명서	건물 주인이 진짜인지, 매수한 건물을 나중에 다른 사람에게 뺏길 수 있는 요소가 있는지 정확히 알 수 있습니다.	건물이 있는 부동산을 살 때
		토지 등기사항 전부증명서	토지 주인이 진짜인지, 매수한 토지를 나중에 다른 사람에게 뺏길 수 있는 요소가 있는지 정확히 알 수 있습니다.	

2. 건축물대장	구청이나 군청, 정부민원포털 정부24 (www.gov.kr)	건물의 면적, 층수, 구조 등을 정확히 알 수 있습니다. 간혹 부동산 중개업자나 주인이 실제 면적이나 불법사항 등을 잘못 알고 매매할 수도 있기 때문에 반드시 필요합니다.	건물이 있는 부동산을 살 때
3. 토지대장		토지의 사용용도(지목), 실제 면적 등을 정확히 알 수 있습니다.	
4. 지적도		토지의 모양과 옆 토지와의 경계 등을 확인할 수 있습니다.	토지를 살 때
5. 토지이용계획 확인서	구청이나 군청, 토지이음(www.eum.go.kr) 정부민원포털 정부24 (www.gov.kr)	토지를 원하는 대로 이용할 수 있는지 확인할 수 있습니다. 개발 가능성을 살펴보는 데 필요합니다.	

토지의 모든 공부서류를 한눈에! 부동산종합증명서

정부는 2014년 1월 18일부터 등기사항전부증명서, 건축물대장, 토지대장, 지적도, 토지이용계획확인서 등 부동산 관련 공부서류 18종을 '부동산종합증명서' 하나로 통합했습니다. '부동산종합증명서'는 일사편리(www.kras.go.kr) 홈페이지나 동주민센터를 이용하면 열람하거나 발급받을 수 있습니다. 관심 있는 부동산에 대한 다양한 정보를 알기 위해서는 여러 공부서류를 발급받지 않아도 '부동산종합증명서' 하나만 보면 되지만, 등기신청을 할 때는 '부동산종합증명서'만으로는 안되고 각각의 공부서류를 발급받아야 합니다.

부동산 서류 5총사
① 등기사항전부증명서

세 든 부동산이 경매에 넘어가 자신의 보증금을 전부 돌려받지 못한다거나, 자신의 돈으로 산 부동산인데 나중에 엉뚱한 사람이 나타나 해당 부동산을 가져가 버린다면? 생각만 해도 끔찍한 일입니다. 그러므로 부동산 거래를 하기 전에는 반드시 등기사항전부증명서를 발급받아서 해당 부동산에 대출이 얼마나 있는지, 해당 부동산의 주인이라고 하는 사람이 진짜 주인인지, 나중에 다른 사람에게 해당 부동산을 빼앗길 수 있는 위험요인은 없는지 등을 꼼꼼하게 확인해야 합니다.

등기사항전부증명서는 세 부분으로 구성

등기사항전부증명서는 '표제부', '갑구', '을구'의 세 부분으로 이루어져 있습니다. 표제부에서는 부동산의 소재지, 면적, 층수, 호수, 대지권 비율 등 부동산에 대한 기본정보를 확인할 수 있고, 갑구에서는 부동산 주인이 해당 부동산을 소유하는 데 방해되는 권리는 없는지와 매매가격 등을 확인할 수 있습니다. 그리고 을구에서는 해당 부동산에 빚이 얼마나 있는지 등을 확인할 수 있습니다.

등기사항전부증명서의 구성

표제부	부동산에 대한 기본정보를 알 수 있습니다.
갑구	부동산의 소유관계 등을 알 수 있습니다.
을구	부동산을 담보로 진 빚이 얼마인지 등을 알 수 있습니다.

아파트, 연립주택, 다세대주택처럼 각자 소유권이 있는 여러 호수가 모여 1개 동을 이루는 집합건물은 표제부가 2개입니다. 첫 번째 표제부에서는 한 동 전체에 대한 정보를 알 수 있고 두 번째 표제부에서는 해당 부동산에 대한 정보를 알 수 있습니다.

표제부 1

【 표 제 부 】 (1동의 건물의 표시)

❶표시번호	❷접 수	❸소재지번,건물명칭 및 번호	❹건 물 내 역	❺등기원인 및 기타사항
2	2002년8월28일	서울특별시 광진구 중곡동 ▨▨ [도로명주소] 서울특별시 광진구 ▨▨▨▨▨	철근콘크리트조 평스라브지붕 5층 공동주택 및 근린생활시설 1층 105.40㎡ 2층 141.92㎡ 3층 141.92㎡ 4층 129.62㎡ 5층 100.20㎡	도로명주소 2014년7월8일 등기

❻ (대지권의 목적인 토지의 표시)

표시번호	소 재 지 번	지 목	면 적	등기원인 및 기타사항
1	1. 서울특별시 광진구 중곡동 ▨▨	대	246㎡	2002년8월28일

❶ **표시번호**: 등기한 순서를 매긴 번호입니다.

❷ **접수**: 거래하려는 부동산이 얼마나 오래된 것인지 알 수 있습니다.

이 집은 완공된 사실을 2002년 8월 28일에 접수하였군요.

❸ **소재 지번, 건물명칭 및 번호:** 거래하려는 부동산의 정확한 주소를 알 수 있습니다.

❹ **건물내역:** 거래하려는 부동산의 총 층수와 각 층의 면적을 알 수 있습니다.

❺ **등기원인 및 기타사항:** 등기를 하게 된 이유가 기록된 곳인데, 그냥 확인하고 넘어가면 됩니다.

❻ **대지권의 목적인 토지의 표시:** 해당 다세대주택이 건축된 토지의 지목과 면적을 알 수 있습니다. 지목은 주택이나 건물을 지을 수 있는 대이고 면적은 246㎡(약 74.5평)이네요.

표제부 2

【 표 제 부 】 (전유부분의 건물의 표시)			
표시번호	접 수 ❼ 건 물 번 호	❽ 건 물 내 역	등기원인 및 기타사항
1	2002년8월28일 제4층 제402호	철근콘크리트조 58.96㎡	
(대지권의 표시)			
표시번호	대지권종류	❾ 대지권비율	❿ 등기원인 및 기타사항
1	1 소유권대지권	246분의 25.791	2002년8월26일 대지권 2002년8월28일

❼ **건물번호:** 거래하려는 부동산의 층수와 호수를 알 수 있습니다. 이 집은 4층에 있는 402호입니다.

❽ **건물내역:** 거래하려는 부동산의 전용면적을 알 수 있습니다. 이 집의 전용면적은 58.96㎡로 약 17.8평이네요.

❾ **대지권비율:** 한 동의 아파트나 연립, 다세대주택이 깔고 앉아 있는 한 필지(토지등기사항전부증명서를 만들고 지번을 매기는 기준입니다. 하나의 필지에는 하나의 토지등기사항전부증명서와 하나의 지번만이 존재합니다)의 땅 중에서 다세대주택 호수별 주인의 땅은 얼마나 되는지를 알 수 있습니다. 이 다세대주택 한 동이 서 있는 한 필지의 땅은 246㎡(약 74.5평)이고, 그중에서 402호 주인의 땅은 25.791㎡(약 7.8평)이군요. 재개발이나 재건축될 때 지분이 클수록 넓은 평수의 아파트를 분양받을 수 있으므로 반드시 확인해야 합니다.

❿ **등기원인 및 기타사항:** 대지권을 등기한 날을 알 수 있습니다.

갑구

부동산의 주인이 누구인지, 자신의 돈으로 정당하게 매입한 부동산의 소유권을 잃게 되는 권리들이 있는지, 얼마에 매입했는지 등을 확인할 수 있습니다. 만약 이곳에 소유권이전청구 가등기, 소유권이전금지 가처분, 환매등기 등의 권리가 기록되어 있으면 거래해서는 안 됩니다. 나중에 이러한 권리를 주장하는 사람에게 부동산을 뺏길 수 있기 때문입니다.

❶ 순위번호	❷ 등 기 목 적	❸ 접 수	❹ 등 기 원 인	❺ 권리자 및 기타사항
1	소유권보존	2002년8월28일 제80311호		소유자 ▨▨▨ 660522-******* 서울 중랑구 면목동 ▨▨ ▨▨▨▨▨
6	소유권이전	2014년7월8일 제42879호	2014년6월3일 매매	소유자 ▨▨ 560903-******* 서울특별시 광진구 ▨▨▨▨▨ ▨▨ ▨▨▨ 거래가액 금188,000,000원

【 갑　　　구 】 (소유권에 관한 사항)

❶ 순위번호: 등기를 접수한 날을 기준으로 등기 순서를 확인할 수 있습니다. 갑구 안에 있는 권리들끼리 순위 다툼이 있다면 이 순위번호로 순위를 가립니다.

❷ 등기목적: 등기를 한 목적을 확인할 수 있습니다. 순위번호 2의 등기 목적을 보니 집의 소유권을 넘겨주는 것이 목적이군요.

❸ 접수: 등기를 접수한 연월일을 확인할 수 있습니다. 갑구에 있는 권리와 을구에 있는 권리들끼리 순위 다툼이 있다면 이 접수 날짜를 가지고 순위를 가립니다.

❹ 등기원인: 등기를 하게 된 이유를 확인할 수 있습니다. 이 집은 매매가 원인이 되어 소유권이 다른 사람에게 넘어갔군요.

❺ 권리자 및 기타사항: 현재 해당 부동산 주인의 성명, 주소, 주민등록번호와 거래가격 등을 확인할 수 있습니다. 반드시 확인해야 하는 부분입니다.

을구

【 을 　구 】	(소유권 이외의 권리에 관한 사항)		
순위번호	❶ 등 기 목 적	접 수	등 기 원 인	❷ 권리자 및 기타사항
1	근저당권설정	2002년8월31일 제81445호	2002년8월29일 설정계약	채권최고액　금120,000,000원 채무자　▨▨▨ 서울 중랑구 면목동 ▨▨▨▨▨▨▨▨▨ 근저당권자　주식회사우리은행　110111-0023393 서울 중구 회현동1가 203 (이천역지점)
2	1번근저당권설정등 기말소	2008년12월4일 제86700호	2008년12월4일 해지	

❶ 등기목적: 등기를 한 목적을 확인할 수 있습니다. 이 집은 '근저당권'

이 설정된 적이 있었네요. 은행에서 돈을 빌려줄 때 돈을 빌린 사람이 이자를 내지 않으면 은행은 손해를 보게 되겠죠. 그래서 은행은 빌려준 돈과 그 이자를 합한 금액만큼 저당을 잡는데, 이를 '근저당권'이라고 합니다.

❷ **권리자 및 기타사항**: 빚의 액수가 얼마인지를 확인할 수 있습니다. 채권 최고액은 은행에서 돈을 빌려줄 때 저당을 잡은 금액입니다. 즉, 은행에서 빌려준 돈의 원금과 이자를 합한 금액을 채권 최고액이라고 하는데, 보통 원금의 120% 정도입니다. 예를 들어 은행에서 빌린 돈이 1억원이라면 채권 최고액은 원금 1억원의 120%인 1억 2,000만원이 됩니다.

집주인인 임○○씨의 채권 최고액은 1억 2,000만원이었습니다. 그러므로 이자를 뺀 실제 채권액은 약 1억원이었다는 것을 알 수 있습니다(채권 최고액이 중요하므로 굳이 실제 채권액을 계산할 필요는 없습니다). 그리고 돈을 빌린 곳은 우리은행이었네요. 2008년 12월 4일 임○○씨는 빚을 모두 갚고 근저당권을 말소하였습니다.

부동산 소유자가 상대방 모르게 해당 부동산에 근저당을 설정하고 대출을 받을 수 있으므로 등기사항전부증명서는 계약 때, 중도금 때, 잔금 때에 모두 확인하는 게 좋습니다. 대법원 인터넷등기소에서 등기사항전부증명서를 열람 혹은 발급받으면 근저당 설정 여부 및 설정 금액 이외에 해당 부동산의 개별공시지가, 토지이용계획, 확정일자 등의 정보도 간편하게 확인할 수 있습니다.

참고로 해당 부동산의 주인이 누구인지에 대해서 등기사항전부증명서

상의 소유자와 대장(건축물, 토지) 상의 소유자가 다른 경우 등기사항전부증명서 상의 소유자가 해당 부동산의 소유자입니다.

✎ 등기사항전부증명서에는 세 가지 종류가 있다

'등기사항전부증명서'는 '집합건물등기사항전부증명서', '건물등기사항전부증명서'와 '토지등기사항전부증명서' 세 가지가 있는데요. 아파트, 연립, 빌라와 같은 집합건물은 '집합건물등기사항전부증명서' 하나만 떼어봐도 되지만, 단독주택, 다가구주택, 상가주택은 '건물등기사항전부증명서'와 '토지등기사항전부증명서'를 모두 떼어봐야 합니다. 열람이나 발급은 대법원 인터넷등기소(www.iros.go.kr)에서 하세요.

006

부동산 서류 5총사
② 건축물대장

건축물이 완성되면 시·군·구청에서 해당 건축물과 그 대지의 현황을 기록한 건축물대장을 만드는데요. 건축물대장에는 건축물의 구조, 용도, 면적, 층수, 호수, 허가일, 착공일, 사용승인일, 소유자 등이 기록됩니다.

건축물 자체에 관한 내용은 건축물대장이 기준

건축물의 구조, 용도, 면적, 층수 등 건축물 자체에 대한 기준은 '건축물대장'의 내용이 우선입니다. 그리고 부동산 소유자의 성명과 주소, 주민등록번호 등 소유권에 대한 기준은 '등기사항전부증명서'의 내용이 우선입니다.

그러므로 계약서를 작성할 때 해당 주택의 호수는 등기사항전부증명서가 아닌 건축물대장 상의 호수를 기재해야 합니다. 그래야 해당 주택에 세를 든 세입자의 경우 주택임대차보호법의 적용을 받아 자신의 보증금을 보호받을 수 있습니다.

건축물대장은 두 종류

건축물대장은 크게 두 가지 종류가 있습니다. 단독주택, 다가구, 상가주택은 일반건축물대장을 확인하면 됩니다. 그러나 아파트, 연립, 다세대(빌라)주택은 집합건축물대장의 표제부와 전유부 모두를 확인해야 합니다. 특히 여러 동으로 이루어진 아파트나 연립의 경우에는 필요 시 '건축물대장 총괄 표제부'도 추가로 확인해야 합니다.

집합건축물대장(전유부, 갑)

(2쪽 중 제1쪽)

고유번호	1121510100-3-■■■■■		정부24접수번호	20210711-■■■■■		명칭		호명칭	301
대지위치	서울특별시 광진구 중곡동		지번 ⑦	■■■		도로명주소	서울특별시 광진구 ■■■■■ ■ ■■■■■		

전유부분							소유자현황			
구분	층별	※ 구조	용도	면적(㎡)		성명(명칭) 주민(법인)등록번호 (부동산등기용등록번호)	주소	소유권 지분	변동일자	
									변동원인	
주	3층	철근콘크리트조	다세대주택	52.41		■■■■	서울특별시 광진구 ■■■■■■	1 / 1	2007.11.22	
		- 이하여백 -				720719-1******			소유권이전	

공용부분							- 이하여백 -			
구분	층별	구조	용도	면적(㎡)		※ 이 건축물대장은 현소유자만 표시한 것입니다.				
주	지하1층	철근콘크리트조	주차장	6.48						
주		철근콘크리트조	계단실	6.06						
		- 이하여백 -								

1 │ 대지위치와 지번 등

'대지위치', '지번', '도로명 주소'에서는 건축물이 있는 주소를 알 수 있습니다. '대지면적'에서는 건축물이 서 있는 땅의 면적을, '건축면적'에서는 실제 건축물의 바닥면적을, '건폐율'에서는 건축물이 서 있는 땅의 면적과 실제 건축물 바닥면적의 비율을, '조경면적'에서는 건축물이 서 있는 땅에 식물을 심거나 조경시설을 설치한 면적을, '공개공지/공간면적'에서는 건축물이 서 있는 땅 중에서 일반이 사용할 수 있도록 한 소규모 휴게시설 등의 면적을, '건축선 후퇴거리'나 '건축선 후퇴면적'에서는 원래 자리에서 후퇴한 건축물 경계선의 거리나 그 면적을, '연면적'에서는 건축물 각 층의 바닥면적의 합을, '용적률산정용 연면적'에서는 용적률을 구할 때 연면적 계산에서 제외되는 주차장, 취사장, 세탁실과 같은 시설의 면적을, '용적률'에서는 건축물이 서 있는 땅의 면적과 연면적과의 비율을 알 수 있습니다.

용적률 산정용 연면적 구하는 식

용적률을 계산하기 위해서는 먼저 연면적을 알아야 하는데, 건물 안에 지어졌음에도 불구하고 연면적에서 빠지는 면적이 있습니다. 바로 주차장 면적, 원룸형 도시형생활주택의 취사장, 세탁실, 휴게실 면적인데요. 이것을 어떻게 계산하는지 예시를 통해 알아보겠습니다.

예시

대지: 330㎡, 5층(1층 165㎡는 주차장), 각 층 바닥면적 165㎡

건폐율: (165㎡ ÷ 330㎡) × 100 = 50%

연면적: 5층 × 165㎡ = 825㎡

용적률 산정용 연면적: 4층(1층 주차장 면적 제외) × 165㎡ = 660㎡

용적률: (660㎡ ÷ 330㎡) × 100 = 200%

'지역', '지구', '구역'에서는 건축물이 서 있는 땅의 용도지역, 용도지구, 용도구역을 알 수 있는데, 이것으로 땅의 가치가 달라집니다. 어떤 용도지역인지에 따라 지을 수 있는 건축물의 층수가 달라지고, 어떤 용도지구인지에 따라 같은 건축 제한을 받을 수 있으며, 어떤 용도구역인지에 따라 건축물을 아예 짓지 못할 수도 있기 때문입니다.

'주 구조'에서는 어떠한 재료와 방법으로 건축물을 지었는지를, '주 용도'에서는 지어서 어떻게 쓰려고 했는지를, '층수'에서는 지어진 건축물의 층수를, '높이'에서는 지어진 건축물의 실제 높이를, '지붕'에서는 어떠한 재료와 방법으로 건축물의 지붕을 만들었는지를, '부속건축물'에서는 건축물을 관리하기 위해 지어진 또 다른 건축물이 있는지를 알 수 있습니다.

2 | 건축물 현황

'구분' 항목에 '주1'과 '주2'가 함께 기재되기도 하는데요. 이는 한 필지의 대지에 건축물이 2개가 있는 경우 각 건축물을 구분하기 위한 번호입니다.

'층별'에서는 건축물의 총층수를, '구조'에서는 해당 층들이 어떠한 재료와 방법으로 지었는지를, '용도'에서는 해당 층을 어떻게 쓰려고 지었는지를, '면적'에서는 해당 층의 면적을 알 수 있습니다.

3 | 허가일자 등

'허가일'에서는 관할 시장·군수·구청장이 건축허가를 내준 날을, '착공일'에서는 관할 시장·군수·구청장에 의해 공사 신고가 처리된 날을, '사용승인일'에서는 관할 시장·군수·구청장으로부터 해당 건축물의 사용승인을 받은 날을 알 수 있습니다.

4 | 제로에너지건축물 인증 등

친환경적인 요소와 건축물의 에너지 성능이 얼마나 좋은지를 평가합니다. 해당 건물이 이들 평가에서 높은 점수를 받았다면 그만큼 유지관리비도 적게 들고, 살기에도 아주 편리하다는 것이죠.

5 | 변동사항

주택을 사무실로 바꿨다든지, 면적을 넓혔다든지, 위법건축물을 지었다든지 등의 원인으로 건축물에 변동사항이 있는 경우 그 원인과 변동사항을 알 수 있습니다.

6 | 전유부분 등

해당 건축물에 거주하는 사람만 이용할 수 있는 공간(전유부분)과 다른 사람과 함께 사용하는 공간(공용부분)의 층수, 구조, 용도, 면적을 알 수 있습니다.

7 | 소유자 현황

건축물의 현재 소유자 및 전 소유자들의 이름과 주민등록번호를 알 수 있습니다. 그리고 소유자가 언제 어떠한 사유로 바뀌었는지도 알 수 있습니다.

참고로, 거래하는 건축물에 관청의 허가 없이 넓힌 공간이나 다른 시설물이 있으면 매입 후 이행강제금을 낼 수도 있습니다. 그러므로 건축물대장 확인 시 건축물 소유자에게 부탁하여 건축물의 도면도 함께 확인하는 것이 좋습니다.

> **토막상식**
>
> **건축물대장 발급받는 여러 가지 방법**
>
> 건축물대장은 정부24(www.gov.kr)에서 발급받거나 시·군·구청 지적과에서 발급받을 수 있습니다. 가까운 동주민센터에서 FAX 민원을 신청해도 됩니다. 시청이나 구청에 비치된 자동발급기를 이용해도 좋습니다. 참고로 해당 건축물 임차인이면 거주 여부와 상관없이 건축물현황도를 발급·열람할 수 있습니다.

부동산 서류 5총사
③ 토지대장

토지를 거래할 때는 토지등기사항전부증명서와 함께 토지(임야)대장도 함께 확인해봐야 합니다. 부동산 소유자의 성명과 주소, 주민등록번호 등 소유권에 대한 기준은 '등기사항전부증명서' 상 내용이 우선입니다. 그러나 지목이나 면적 등 토지 자체에 대한 기준은 토지(임야)대장 상의 내용이 우선이기 때문입니다.

고유번호	4514012100-			토 지 대 장	도면번호	32	발급번호	2021145140-
토지소재	전라북도 익산시 신동				장 번 호	1-1	처리시각	21시 51분 52초
지 번		축 척	수치		비 고		발 급 자	인터넷민원
토 지 표 시					소 유 자			
지 목	면 적(㎡)		사 유		변 동 일 자		주 소	
					변 동 원 인		성명 또는 명칭	등 록 번 호
(08)	*204.1*	(50) 1995년 05월 10일			2005년 10월 15일		전라북도 익산시 평화동	
대		이리시에서 행정구역명칭변경			(03)소유권이전			311004-1******
		--- 이하 여백 ---					--- 이하 여백 ---	

등 급 수 정 년 월 일	1985. 07. 01. 수정	1988. 04. 15. 수정	1989. 05. 01. 수정	1990. 05. 01. 수정	1991. 01. 01. 수정	1993. 01. 01. 수정	1994. 01. 01. 수정	1995. 01. 01. 수정
토 지 등 급 (기준수확량등급)	177	185	189	191	193	195	196	197
개별공시지가기준일	2015년 01월 01일	2016년 01월 01일	2017년 01월 01일	2018년 01월 01일	2019년 01월 01일	2020년 01월 01일	2021년 01월 01일	용도지역 등
개별공시지가(원/㎡)	280000	285000	305000	320000	345000	385000	412500	

토지대장에 의하여 작성한 등본입니다.
2021년 7월 11일

전라북도 익산시장인

❶ 토지소재: 토지가 어느 지역에 있는지를 알 수 있습니다.

❷ 지번: 토지의 번지수를 알 수 있습니다.

❸ 지목: 토지의 쓰임새를 알 수 있습니다. 이 토지의 쓰임새는 건축물을 지을 수 있는 '대'이군요.

❹ 면적: 토지의 면적을 알 수 있습니다.

❺ 사유: 토지의 지목이나 면적 등이 바뀐 경우 그 이유와 바뀐 날짜를 알 수 있습니다.

❻ 변동일자: 토지 주인이 바뀌었을 때 그 바뀐 날을 알 수 있습니다.

❼ 변동원인: 토지 주인이 바뀌게 된 원인을 알 수 있습니다. 이 토지는 토지 주인이 권리를 다른 사람에게 넘겨줌으로써(소유권이전) 토지 주인이 바뀌었군요.

❽ 주소: 토지 주인의 주소를 알 수 있습니다.

❾ 성명 또는 명칭: 토지 주인의 이름과 주민등록번호를 알 수 있습니다.

❿ 개별공시지가: 해당 토지의 개별공시지가를 알 수 있습니다. 이 토지의 2021년도 개별공시지가는 ㎡당 41만 2,500원이군요. 그럼 3.3㎡ (1평)당 136만 1,250원이네요.

공동소유자에 대한 정보를 알려주는 '공유지 연명부'

위의 예시처럼 공동소유자가 있는 토지의 경우에는 공유자들에 관한 내용을 담고 있는 '공유지 연명부'라는 것이 함께 발급됩니다.

'공유지 연명부'에는 어떠한 내용이 있는지 한번 살펴볼까요?

고유번호		공 유 지 연 명 부		장 번 호	
① 토지 소재		**②** 지 번		비 고	
③ 순번 **④** 변 동 일 자 **⑤** 변 동 원 인	**⑥** 소유권 지분	소 유 자			
		⑦ 주 소		**⑧** 등록번호 **⑨** 성명 또는 명칭	
년 월 일					
년 월 일					
년 월 일					
년 월 일					
년 월 일					
년 월 일					
년 월 일					
년 월 일					

① **토지소재:** 토지가 어느 지역에 있는지 알 수 있습니다.

② **지번:** 토지의 번지수를 알 수 있습니다.

③ **순번:** 해당 토지의 변동사항들에 대한 등록 순서를 알 수 있습니다.

④ **변동일자:** 토지 주인이 바뀌었을 때 그 바뀐 날을 알 수 있습니다.

⑤ **변동원인:** 토지 주인이 바뀌게 된 원인을 알 수 있습니다.

⑥ **소유권 지분:** 공동으로 소유한 토지에 대한 공유자 각각의 몫이 얼마인지 알 수 있습니다.

⑦ **주소:** 토지 공유자들의 주소를 알 수 있습니다.

⑧ **등록번호:** 토지 공유자들의 등록번호나 주민등록번호를 알 수 있습니다.

⑨ **성명 또는 명칭:** 토지 공유자들의 이름이나 명칭을 알 수 있습니다.

보통 토지를 살 때 토지등기사항전부증명서는 확인하면서도 토지(임야)대장은 잘 확인하지 않습니다. 그러나 토지를 살 때는 반드시 토지(임야)대장을 확인해야 하는 것을 기억하세요.

K씨는 시골에 있는 밭 990㎡를 토지등기사항전부증명서만 보고 샀습니다. 그런데 나중에 토지대장을 확인해 보니 자신이 산 토지의 실제 면적은 960㎡였습니다.

왜 이런 일이 생긴 걸까요? 예전에 전 주인이 사정이 생겨 990㎡인 토지를 960㎡와 30㎡로 쪼갰는데, 그 사실을 등기소에 신고하지 않아 토지등기사항전부증명서에는 쪼개기 전의 면적인 990㎡로 기재되어 있었던 것이었죠. 결국 K씨는 960㎡인 토지를 990㎡의 값을 주고 산 것입니다.

토막 상식

✎ **토지(임야)대장 발급받는 여러 가지 방법**

토지대장은 정부24(www.gov.kr)에서 발급받거나 시·군·구청 지적과에서 발급받을 수 있습니다. 가까운 동주민센터에서 FAX 민원을 신청해도 됩니다. 시청이나 구청에 비치된 자동발급기를 이용해도 좋습니다.

부동산 서류 5총사
④ 지적도(임야도)

　　오랫동안 방치된 토지는 자연재해나 현지 주민의 경작 등으로 토지의 원래 모양이나 경계나 면적이 바뀔 수도 있습니다. 그러므로 토지를 거래할 때는 반드시 지적도(임야도)를 가지고 토지가 있는 곳을 직접 방문하여 자신이 거래하려고 하는 토지의 모양과 경계와 면적을 확인해야 합니다. 또한, 건축물을 지을 수 있는 토지와 그렇지 못한 토지의 가치는 하늘과 땅만큼 차이가 나므로 지적도상, 현황상 해당 토지가 도로와 접해 있는지도 확인해야 합니다. 도로와 접하지 못해 건축물을 지을 수 없는 맹지는 가치가 아주 낮습니다.

지적도 확인 안 하면 토지의 실제 경계를 착각할 수도

　　O씨는 노후를 위해 서울 근교에 밭을 조금 사놓고 싶어 주말에 짬을 내 중개업소를 방문했습니다. 그런데 때마침 밭 660㎡가 매물로 나와 있다는 겁니다. O씨는 너무 기쁜 나머지 바로 해당 밭을 보러 갔습니다. 가서 보니 밭의 모양도 예쁘고 바로 옆에 계곡이 있어 경치도 좋았습니다.

그런데 1년 후 그곳에 집을 지으려고 측량을 해보니, 계곡과 붙어 있는 일부 토지는 국가 소유였습니다. 그러므로 토지를 살 때는 반드시 지적도를 확인하세요.

토지의 정확한 위치 찾는 법

구경하고 싶은 토지를 찾기 힘들면 현지 공인중개사에게 물어보는 것이 좋습니다. 그리고 해당 토지에 대한 좀 더 깊은 내막이나 이력을 알고 싶다면 마을 어르신이나 동네 토박이에게 물어보는 재치도 필요합니다.

토막상식

지적도 발급받는 여러 가지 방법

지적도는 정부24(www.gov.kr)에서 발급받거나 시·군·구청 지적과에서 발급받을 수 있습니다. 가까운 동주민센터에서 FAX 민원을 신청해도 됩니다.

지적도 등본

발급번호	20214277000██████	처리시각	00시 04분 37초	발 급 자	정부24
토지소재	강원도 정선군 남면 무릉리	지 번	██████	축 척	등록: 1/1200 출력: 1/1200

지적도등본에 의하여 작성한 등본입니다.
이 도면등본으로는 지적측량에 사용할 수 없습니다.

2021년 07월 12일

강 원 도 정 선 군

009

부동산 서류 5총사
⑤ 토지이용계획확인서

대한민국은 아무리 자신의 토지라도 토지를 이용하는 데 많은 제한이 있습니다. 그러므로 토지를 거래할 때는 토지이용계획확인서를 발급받아 해당 토지를 원하는 목적대로 이용할 수 있는지를 반드시 확인해야 합니다. 그렇지 않으면 나중에 큰 낭패를 볼 수 있습니다.

M씨는 전원주택을 지으려고 시골에 땅을 샀습니다. 그런데 잔금을 치르고 나서 집을 지으려고 군청에 신청하니 그곳에 집을 지을 수 없다는 것이었습니다. 알고 보니 그곳은 전기를 생산하기 위한 발전소 자리였던 것입니다. 결국 M씨는 전원주택은 고사하고 자기가 산 가격보다 터무니없이 낮은 가격으로 보상을 받고 국가에 넘겨야만 했습니다.

그럼 토지이용계획확인서를 보는 방법을 알아볼까요?

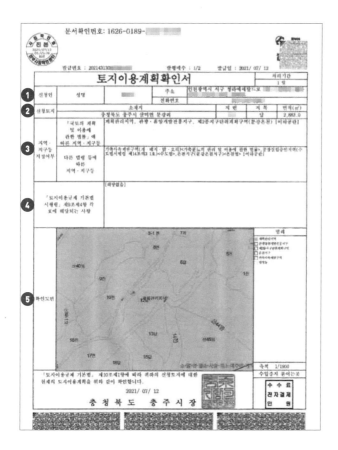

① 신청인: 토지이용계획확인서 발급을 신청한 사람의 이름과 주소, 전화번호를 알 수 있습니다.

② 신청토지: 확인하고 싶은 토지의 주소, 지목, 면적을 알 수 있습니다.

③ 지역·지구 등 지정 여부: '국토의 계획 및 이용에 관한 법률' 또는 다른 법에 의해 지정된 지역·지구·구역을 알 수 있는 곳으로, 토지이용계획확인서에서 가장 중요한 부분입니다.

❹「토지이용규제 기본법 시행령」 제9조 제4항 각호에 해당되는 사항: 시행령에 해당하는 내용이 있으면 그 내용을 알 수 있습니다.

❺ 확인도면: 지적도를 확인하지 않고도 대략적으로 해당 토지의 모양과 위치, 경계 등을 알 수 있습니다.

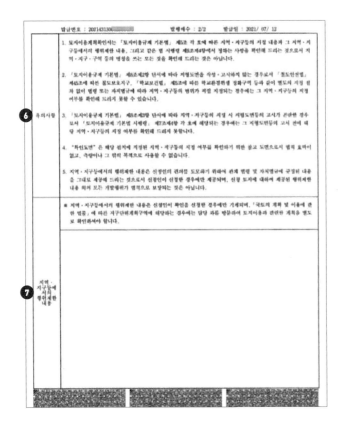

❻ 유의사항: 현재 발급해주는 토지이용계획확인서에서는 모든 제한사항을 확인할 수 없으므로 반드시 해당 토지가 있는 시·군·구청 담당 공무원에게 그 밖의 제한사항이 없는지 물어보라는 내용입니다.

❼ **지역·지구 등에서의 행위제한 내용:** 토지이용을 구체적으로 어떻게 제한하는지 그 내용을 확인할 수 있는 곳으로, 신청인의 신청이 있어야 구체적인 내용을 알 수 있습니다.

토막 상식

✎ **토지이용계획확인서 발급받는 여러 가지 방법**

지적도는 정부24(www.gov.kr)에서 발급받거나 시·군·구청 지적과에서 발급받을 수 있습니다. 가까운 동주민센터에서 FAX 민원을 신청해도 됩니다. 참고로 토지이음(www.eum.go..kr)에서도 토지이용계획의 내용을 확인할 수 있습니다.

010
부동산의 모든 것을 담아야 할 중개대상물 확인·설명서

부동산을 거래하다 보면 수많은 사건·사고가 발생합니다. 그러나 이것 만 잘해도 많은 사건·사고를 사전에 방지할 수 있는데요. 바로 개업 공인중 개사(공인중개사사무소 대표)가 거래계약서를 작성할 때 해당 중개대상물의 종 류, 소재지, 지목, 면적, 용도, 소유권, 저당권, 전세권, 거래예정금액, 중개보 수, 거래규제, 이용제한, 수도, 전기, 가스, 소방, 벽면, 도배, 일조, 소음, 도로, 대중교통, 시장, 학교, 취득세 등의 사항을 정확하고 성실하게 작성하여 중 개 의뢰인에게 자세히 확인·설명하는 것입니다.

중개대상물 확인·설명 시 함께 해야 할 일

개업 공인중개사는 중개대상물에 관한 내용이 담긴 중개대상물 확인· 설명서 3부를 작성하여 자신의 이름을 적고 도장을 찍어(서명 및 날인) 중개 의뢰인 각자에게 1부씩 주고, 1부는 자신의 사무실에 3년 동안 잘 보존해야 합니다. 중개업소의 직원인 소속 공인중개사가 중개를 한 경우에는 그 소속 공인중개사도 중개대상물 확인·설명서에 자신의 이름을 적고 도장을 찍어야 합니다.

개업 공인중개사는 중개 의뢰인에게 중개대상물에 관한 설명을 할 때는 본인이 직접 중개대상물을 확인해야 하고, 반드시 해당 부동산의 등기사항전부증명서, 건축물대장, 토지대장, 지적도(임야도), 토지이용계획확인서 등과 같은 근거자료를 제시해야 합니다.

개업 공인중개사의 자료 요구에 협조해야

개업 공인중개사는 필요한 경우 중개대상물의 매도 의뢰인이나 임대 의뢰인 등에게 해당 중개대상물의 상태에 관한 자료를 요구할 수 있습니다. 만약에 개업 공인중개사의 요구에도 불구하고 매도 의뢰인이나 임대 의뢰인이 자료 제출을 거부할 때에는 개업 공인중개사는 그 거부 사실을 중개대상물 확인·설명서에 기재해야 합니다.

중개대상물 확인·설명이 잘못됐다면?

개업 공인중개사가 중개대상물 확인·설명서를 중개 의뢰인에게 주지 않거나 사무실에 3년 동안 보관하지 않거나 중개대상물 확인·설명서에 자신의 이름을 적고 도장을 찍지 않은 경우에는 6개월의 범위 안에서 업무정지를 받을 수 있습니다.

소속 공인중개사가 중개대상물 확인·설명서를 성실·정확하게 확인·설명을 하지 않거나 설명의 근거자료를 제시하지 않거나 중개대상물 확인·설명서에 자신의 이름을 적고 도장을 찍지 않은 경우에는 6개월의 범위 안에서 자격정지를 받을 수 있습니다. 그리고 이와 별도로 500만원 이하의 과태료도 납부해야 합니다.

중개대상물 확인·설명서를 잘 작성해야 하는 이유

중개대상물 확인·설명서의 작성 의무가 개업 공인중개사에게 있다 보니 중개대상물 확인·설명이 잘못되면 개업 공인중개사만 손해를 보는 것으로 생각하기 쉽습니다. 그러나 중개대상물 확인·설명이 잘못되면 중개사고로 이어져 결국 중개 의뢰인도 손해를 보는 만큼 부동산 거래 시 개업 공인중개사나 중개 의뢰인 모두 중개대상물 확인·설명서를 정확하고 성실히 작성해야 합니다. 참고로 중개대상물에 대한 확인 소홀로 중개사고가 발생한 사건에서 법원은 중개 의뢰인의 책임을 20%로, 개업공인중개사와 한국공인중개사협회의 책임은 각각 40%로 판결(대구지방법원 2014. 12. 12. 선고 2014가단20483 판결) 하였습니다. 이 판례에서 눈여겨볼 점은 중개 의뢰인에게도 20%의 책임을 물었다는 점인데요. 중개 의뢰인에게도 중개 사고의 책임을 묻고 있다는 것입니다.

QRcode

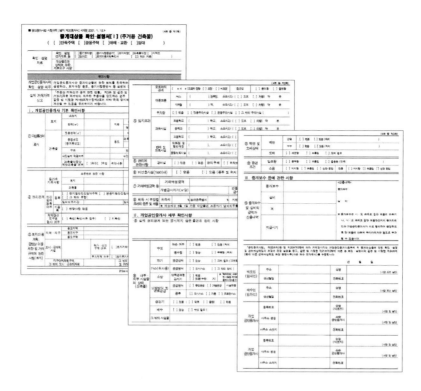

✎ 세 들 집의 건물주와 토지주가 다르다면?

세를 얻으러 다니다 보면 해당 집의 건물주와 토지주가 서로 다를 때가 있는데요. 이는 집을 지을 당시부터 건물주와 토지주(건축 승낙)가 달랐거나 아니면 집을 지을 당시에는 건물주와 토지주가 같다가 나중에 달라졌기 때문입니다. 이유야 어찌 되었든 이러한 집에 세를 들 때는 계약서의 임대인 란에 건물주의 서명과 도장을 받아야 주택임대차보호법의 적용을 받을 수 있습니다. 주택임대차보호법은 이름에서처럼 '주택'이라는 '건물'에 세 든 임차인을 보호하기 위한 법이니까요.

**Common Sense Dictionary
of Real Estate**

1

첫째
마당

손해 안 보는 똑똑한
세입자 되는 법

011 전·월세 구하는 절차 한눈에 쏙!

입학, 취업, 결혼 등으로 거주할 집을 새로 마련해야 하는 경우, 사람들은 바로 집을 사기보다 전세나 월세를 얻는 경우가 많습니다. 전·월세 구하는 절차를 간략하게 살펴보면 다음과 같습니다.

step 1	자신이 부담할 수 있는 보증금과 월세 확인하기
step 2	거주하고 싶은 지역과 주택의 종류 선택하기
step 3	인터넷을 통해 시세 및 물건 검색하기
step 4	중개업소 방문하여 집 구경하기
step 5	집주인 및 공부서류 확인 후 계약하기

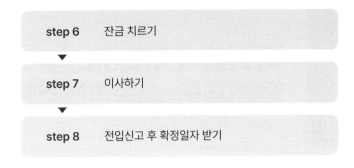

step 6	잔금 치르기
step 7	이사하기
step 8	전입신고 후 확정일자 받기

각 절차에 해당하는 내용은 이후의 장들에서 상세히 설명하겠습니다. 위의 절차도를 보며 집 구하는 순서에 대해 감을 잡은 후 이후의 장들을 읽어봅시다.

토막상식

✎ 이사하고 꼭 해야 할 일, 전입신고와 확정일자 받기

'전입신고'란 거주지를 옮길 때 새로 살게 된 곳의 관할 관청에 그 사실을 알리는 일을 말합니다. 새로 이사 온 날로부터 14일 이내에 관할 읍·면·동주민센터에 비치된 전입신고서를 작성하여 제출하면 됩니다. 만약, 기간 안에 신고하지 않으면 5만원 이하의 과태료를 내야 하니 조심하세요. 전입신고는 인터넷으로 정부24(www.gov.kr)에서도 할 수 있습니다.

'확정일자'는 증서가 작성된 일자를 법적으로 인정하는 것을 말합니다. 관할 관청에서 계약서에 기록해주는 날짜가 바로 확정일자가 됩니다. 확정일자를 받아야 자신의 보증금을 보호받을 수 있습니다. 대출이 필요한 경우, 세 든 집에 이사하기 전이라도 임대인과 상의하여 계약 후 바로 확정일자를 받을 수 있습니다. 일반적으로는 이사 후 계약서를 가지고 관할 읍·면·동 주민센터에 방문하여 확정일자를 받으면 됩니다. 확정일자는 대법원 인터넷등기소(www.iros.go.kr)에서도 받을 수 있습니다.

012 국가에서 지원하는 주거 안정제도, 공공임대주택

하루하루 치솟는 집값 때문에 내 집 마련은 남의 일이라고 생각하는 사람이 많아지고 있습니다. 정부는 높은 집값 때문에 힘들어하는 대학생, 사회초년생, 신혼부부, 저소득층 등의 주거안정을 위해 보증금과 월세가 저렴한 임대주택 공급에 힘쓰고 있습니다.

임대주택이란, 사업자가 거주 희망자에게 일정한 임대료를 받고 빌려주는 주택을 말하는데요. 이 중 공공임대주택이란, 공공주택사업자가 거주 희망자에게 임대하거나 임대 후 분양해 주는 주택으로 국가 또는 지방자치단체의 재정이나 주택도시기금을 지원받아 건설하거나 매입하거나 임차한 주택을 말합니다. 대표적인 공공임대주택의 유형은 다음과 같습니다.

좀 더 자세한 내용은 마이홈(www.myhome.go.kr)을 참조하세요.

영구임대주택

임대 기간은 50년으로 보증금과 월세가 시세의 30% 수준입니다. 공급 면적은 40㎡ 이하로 지방자치단체의 추천을 받은 생계급여 수급자, 의료

급여 수급자, 국가유공자, 귀환 국군포로, 수급자 신혼부부 등에게 공급됩니다.

국민임대주택

임대 기간은 30년으로 보증금과 월세가 시세의 60~80% 수준입니다. 소득 2~4 분위인 무주택세대구성원에게 공급되는데요. 좀 더 구체적으로 살펴보면 총자산 3억 4,500만 원 이하, 자동차 3,708만 원 이하로, 전용면적 60㎡ 이하를 공급받으려는 자는 전년도 도시근로자 가구원수별 월평균 소득 70% 이하, 전용면적 60㎡ 초과를 공급받으려는 자는 전년도 도시근로자 가구원수별 월평균 소득 100% 이하여야 합니다. 일반적으로 임대주택이 공급되는 지역 거주자에게 공급하되 미성년자 2자녀 이상 가구, 국가유공자, 영구임대 입주자, 비닐간이공작물 거주자, 혼인기간 7년 이내거나 6세 이하의 자녀가 있는 신혼부부, 예비 신혼부부, 6세 이하의 자녀를 둔 한부모가족, 사업지구 내 철거주택 소유자 또는 임차인, 고령자, 노부모부양자, 장애인, 파독근로자 등에게는 특별·우선 공급합니다.

장기전세

임대 기간은 20년으로 전세금이 시세의 80% 수준입니다. 무주택세대구성원에게 공급되는데요. 좀 더 구체적으로 살펴보면 총자산 2억 1,550만원 이하, 자동차 3,708만 원 이하로, 60㎡ 이하를 공급받으려는 자는 전년도 도시근로자 월평균 소득의 100% 이하, 60㎡ 초과를 공급받으려는 자는 전년도 도시근로자 월평균 소득의 120% 이하여야 합니다. 일반적으로 임대주택이 공급되는 지역 거주자에게 공급하되 미성년자 2자녀 이상 가구, 국가유공자, 영구임대 입주자, 비닐간이공작물 거주자, 혼인기간 7년 이내거나 6세 이하의 자녀가 있는 신혼부부, 예비 신혼부부, 6세 이하의 자녀를 둔 한부모가족, 사업지구 내 철거주택 소유자 또는 임차인, 고령자, 노부모부양자, 장애인, 파독근로자 등에게는 특별·우선 공급합니다.

공공임대(5년/10년/분납)

임대주택 중에서 유일하게 분양하는 주택입니다. 임대 기간은 5년 또는 10년으로 보증금과 월세가 시세의 90% 수준입니다. 무주택세대구성원에게 공급되는데요. 좀 더 구체적으로 살펴보면 총자산 2억 1,550만 원 이하, 자동차 3,708만 원 이하로, 60㎡ 이하 일반공급, 생애최초 우선공급, 신혼부부 우선공급을 받으려는 자는 기준중위소득 100% 이하, 다자녀, 노부모 특별공급을 받으려는 자는 기준중위소득 120% 이하, 신혼부부 잔여공급, 생애최초 잔여공급을 받으려는 자는 기준중위소득 130% 이하여야 합니다. 일반적으로 임대주택이 공급되는 지역 거주자에게 공급하되 미성년 자녀 3명 이상인 자, 혼인기간이 7년 이내 이거나 6세 이하의 자녀가 있는 신혼부부, 예비신혼부부, 6세 이하의 자녀를 둔 한부모가족, 최초로 주택을 구입하는 자, 노부모부양자, 국가유공자, 장애인, 철거민 등에게는 특별·우선 공급합니다.

행복주택

입주자 자격에 따라 차이가 있긴 하지만 임대 기간은 최장 30년으로 보증금과 월세가 시세의 60~80% 수준입니다. 공급면적은 60㎡ 이하이고 무주택세대구성원에게 공급되는데요. 좀 더 구체적으로 살펴보면 총자산 3억 6,100만원 이하, 자동차 3,683만원 이하로, 전년도 도시근로자 월평균 소득의 100% 이하(단, 맞벌이는 120% 이하)여야 합니다. 대학생(취준생 포함), 청년(사회초년생), 신혼부부·한부모가족(예비신혼부부 포함), 주거급여 수급자에게 공급합니다.

신혼희망타운

육아·보육을 비롯한 신혼부부 수요를 반영하여 건설하고, 전체를 신혼부부, 예비신혼부부, 한부모가정에게 공급하는 특화형 공공주택입니다.

신혼희망타운은 분양 방식으로 공급하되 장기임대주택 방식으로도 공급하는데요. 분양형과 임대형 공급조건은 다음과 같습니다.

분양형은 공고일부터 입주할 때까지 무주택세대 구성원으로 입주자저축 6개월 이상 가입과 6회 이상 납입 조건이 필요하고, 전년도 가구당 도시근로자 월평균 소득 130% 이하(배우자 소득 있을시 140% 이하), 총자산 3억 6,200만 원 이하여야 합니다. 신혼부부는 혼인 기간이 7년 이내 또는 6세 이하의 자녀를 둔 무주택세대 구성원이어야 하고 예비신혼부부는 공고일로부터 1년 이내에 혼인 사실을 증명할 수 있어야(혼인으로 구성될 세대가 전부 무주택) 하며 한부모가정은 6세 이하 자녀(태아 포함)를 둔 아빠 또는 엄마여야 합니다.

✎ 통합공공임대란?

기존 국민·영구·행복주택 등 서로 각각 다른 방식으로 운영되었던 임대주택을 하나의 유형으로 통합한 것을 '통합공공임대'라 합니다. 기존에 승인된 단지를 제외하고는 신규 물량은 모두 통합공공임대로 공급됩니다.

임대 기간은 30년으로 보증금과 월세가 시세의 35~90% 수준입니다. 무주택세대구성원이나 무주택자에게 85㎡ 이하로 공급되는데요. 총자산 3억4,500만원 이하, 자동차 3,708만 원 이하여야 하고, 우선공급은 기준 중위소득 100% 이하, 일반공급은 기준 중위소득 150% 이하여야 합니다. 일반적으로 청년, 신혼부부(예비 포함)·한부모가족, 고령자, 일반인에게 공급되고 철거민, 국가유공자, 다자녀가구, 장애인, 기초생활 보장급여수급자, 장기복무 제대군인, 북한이탈주민, 비닐간이공작물 거주자, 만 18세 이상 39세 이하 청년, 혼인기간 7년 이내 신혼부부, 한부모가족, 만 65세 이상 고령자, 만 2세 이하 자녀가 있는 세대에게는 특별·우선공급합니다.

013

전세와 월세,
뭐가 더 나을까?

국토교통부에 따르면 2010년 전세가구는 21.66%, 월세가구는 20.13%였으나 2022년 전세가구는 48.1%, 월세가구는 51.9%로 월세가구가 전세가구를 앞질렀습니다. 이는 고금리와 전세사기 걱정때문으로 보입니다. 그렇다면 임차인 입장에서는 전세와 월세 중 어떤 것이 더 유리할까요?

임차인에게는 전세가 유리!

임차인의 입장에서는 월세보다 전세가 유리합니다. 전세는 보증금만 내면 관리비 외에 추가로 들어가는 돈이 없지만, 월세는 보증금과 관리비 외에도 다달이 시중은행 대출이율보다 높은 1부(연 12%) 또는 1.5부(연 18%)의 월세를 내야 하기 때문입니다. 따라서 대출이율이 2~5%인 전세자금대출(18장 참고)을 받아서라도 전세로 사는 것이 월세로 사는 것보다 훨씬 경제적입니다.

하지만 대부분의 집주인들이 예금이자보다 많게는 3배 이상의 임대수익이 나오는 월세를 선호해서, 전세 물량이 점점 감소하는 추세죠. 물론, 집값 상승을 기대하는 갭투자(전세를 끼고 최소한의 자금으로 집을 사서 시세차익을 기대하는 투자, 35장 '내 돈 적게 들이고 시세차익을 노리는 갭투자' 참고) 때문에 일시적으로 전세 물량이 늘어나기도 하지만 대세는 월세 물량 증가입니다.

월세, 관리비가 비싼 편이다

1~2년 간 단기로 세를 얻거나 전세자금대출 금리가 높다면 전세 대신 월세로 사는 것이 유리합니다. 그러나 월세는 주의해야 할 점들이 있습니다.

자신의 월 주거비 지출로 달랑 월세만 생각해서는 안 됩니다. 원룸이나 오피스텔은 월세 이외에 청소비, 공용 전기요금 등의 관리비로 한 달에 적게는 5만원에서 많게는 30만원 이상 내기도 합니다. 간혹 주인이 임차인을 쉽게 구하기 위해 월세를 싸게 내놓고 부족한 금액을 관리비 명목으로 충당하는 경우도 있습니다. 그러므로 월세를 얻을 때는 계약 전에 관리비가 얼마인지를 공인중개사에게 꼼꼼하게 확인해야 합니다.

만약에 임대인과 직거래를 하는 경우라면 해당 오피스텔이 매물로 올라와 있는 부동산 중개 앱에서 해당 오피스텔의 이용 후기를 검색해 보거나 질문을 올리는 것도 하나의 방법입니다. 참고로 '전월세 전환률' 때문에 월세와 전세가 환산 전 같은 가격일 때의 중개수수료는 월세가 더 저렴합니다.

오피스텔은 부가가치세 10%도 내야 한다

오피스텔은 월세의 10%에 해당하는 부가가치세도 내야 합니다. 따라서 오피스텔에 세를 얻을 때는 부가가치세 포함 여부를 반드시 확인해야 합니다.

월세금액을 정할 때 1부, 1.5부가 뭘까?

월세금액을 정할 때 1부, 1.5부가 뭘까?'월세가 1부'라고 할 때는 전체 전세금에서 월세보증금을 제외한 나머지 금액에 대해 월 1%, 1.5%의 이율로 월세를 받는다는 뜻입니다.

예시 전세보증금이 **5,000만원**인 집을 보증금 **1,000만원**만 받고 나머지 **4,000만원**을 월세로 받을 때

- 1부: 4,000만원 × 1% = 월 40만원
- 1.5부: 4,000만원 × 1.5% = 월 60만원

전세보증금 중 일부를 월세로 전환하고자 할 때는 전세보증금의 10%나 기준금리 + 2% 중에서 낮은 비율을 더하여 월세로 전환해야 합니다. 「주택임대차보호법 제7조의2」 예를 들어 전세보증금 1억원 중 4,000만원은 보증금으로 6,000만원은 월세로 받고자 한다면, 6,000만원 × (기준금리 3.5% + 2%) = 330만 원이므로, 이를 12개월로 나누면 월세는 275,000원입니다.

정확한 임대료 인상률은?

주택의 임대료를 올려 받을 수 있는 한도는 5%입니다. 「주택임대차보호법 제7조」 상가도 또한 5%입니다. 「상가건물임대차보호법 제11조」

토막상식

✎ **공과금도 별도 납부가 많다!**

관리비와 별도로 가스나 수도, 전기 요금 등을 임차인이 따로 내야할 수 있으니 관리비 항목을 꼼꼼히 따져보세요. 월세 이외의 추가 비용 항목을 확인해야 합니다.

전세사기 피해자 지원 및 주거안정 대책

정부는 전세사기 피해자들을 지원하기 위해 여러 가지 방안들을 꾸준히 내놓고 있는데요. 그동안 나온 방안은 다음과 같습니다.

- 임차인은 임대차 계약일부터 임대차기간 시작일까지 임대인의 동의 없이 임대인의 미납 국세와 지방세 체납 여부를 확인할 수 있습니다.(국세는 전국 모든 세무서, 지방세는 전국 지방자치단체) 단, 임대차 계약 전에는 임대의 동의가 필요합니다.
- 임차인은 임대차계약 체결 시 임대인에게 해당 주택의 선순위 확정일자 부여일, 차임 및 보증금 등 임대차 정보와 국세 및 지방세 납세증명서를 요구할 수 있습니다.
- 임차인은 임대보증금에 대한 보증에 가입해야 하는 임대사업자가 임대보증금에 대한 보증에 가입하지 않으면 계약을 해제하거나 해지할 수 있습니다,
- 전세사기 피해자가 전세사기 피해주택을 취득하는 경우 취득세는 최대 200만 원까지 면제되고 재산세는 전용면적 60㎡ 이하는 50%, 60㎡ 초과는 25% 감면됩니다.
- 전세사기 피해자가 전세사기피해주택을 취득하더라도 이전에 다른 주택을 소유한 적이 없다면 나중에 새로운 주택 취득 시 생애최초 주택 취득에 따른 취득세 감면 혜택을 받을 수 있습니다.
- 신탁사기 피해자에게도 인근 공공임대주택(시세 30%~50% 수준, 최장 20년 거주)을 우선 공급하며, 퇴거위기에 처한 외국인·재외동포에게도 공공임대주택(시세 30% 수준, 최장 2년 거주)을 지원합니다.
- 기존 전셋집에 계속 거주가 불가피한 전세사기 피해자는 좀 더 이자가 저렴한 대출로 갈아탈 수 있는데요. 단, ❶ 임대차 계약 종료 후 1개월 이상 지났어야 하고, ❷ 임대인에게서 보증금 30% 이상을 돌려받지 못했어야 하고, ❸ 임차권등기명령에 기반한 임차권등기가 설정되었어야 하며, ❹ 전세사기 주택에 실제로 거주했어야 합니다. 소득이 1억 3천

만 원 이하, 보증금이 5억 원 이하이면, 대출은 연 1.2%~2.7% 선에서 4억 원 이하까지 가능합니다.

- 전세사기 피해자는 디딤돌 대출 시 소득이 7천만 원 이하이면, 대출은 연 1.85~2.70% 선에서 최대 4억 원 이하, 최장 30년(거치기간 최대 3년)까지 가능합니다.

- 전세사기 피해자는 특례보금자리론 대출 시 소득제한이 없으며, 대출은 연 3.65~3.95% 선에서 5억 원 이하, 최장 50년(거치기간 최대 3년)까지 가능합니다.

- 전세사기 피해자가 임차주택(85㎡ 이하, 수도권 3억 원 이하, 지방 1억 5천만 원 이하)을 경매 또는 공매로 낙찰받았더라도 청약 시 낙찰 주택의 처분 여부에 관계 없이 무주택으로 인정합니다. 단, 공공임대주택 신청 시에는 무주택으로 인정하지 않습니다.

- 2023년1월1일 이후 전세보증금반환보증에 가입한 전세보증금 3억원 이하, 연소득 5천만 원(신혼부부 7천만 원) 이하인 무주택 청년 임차인이 임차주택 주소지 관할 지자체에 신청하면 최대 30만 원까지 신청인 계좌로 보증료를 환급받을 수 있습니다. 청년 연령은 경기, 부산 만 34세 이하, 전남 만 45세 이하, 그 외 만 39세 이하입니다.

- 전세사기 피해자는 직접 경매 유예·정지 신청을 할 수 있습니다.

- 전세사기 피해자가 거주 중인 주택이 경.공매될 경우, 피해 임차인에게 우선 매수할 수 있는 권한이 있습니다.

- 임차인 외 다른 채권자가 없는 경우부터 LH가 피해주택을 협의 매수(감정가 이내)로 피해자의 보증금을 반환해 주기로 했습니다.

- 임대인 체납, 등기부에 포함되지 않는 확정일자 부여 현황, 국세·지방세 체납정보, 전입세대 확인서, 최우선변제금, 전세사기 방지 특약 등을 공인중개사가 직접 임차 의뢰인에게 확인·설명해 줘야만 합니다.

- 임대차분쟁조정위 조정사항에 중개사고를 추가하여 손해배상 지급기한을 2~4년에서 3개월로 단축했습니다.

- 기존 주택 매입시 통매입이 불가피한 다가구 주택도 매입할 수 있도록 매입임대 요건을 임차인 전원동의에서 피해자 전원동의로 완화했습니다.

- 경매 개시에 따른 피해자에게는 계약만료 전이라도 주거용 오피스텔도 구입 대출을 지원합니다.

014

내 힘으로 마련할 수 있는 돈은 얼마?

일반적으로 사람들은 전·월세를 구할 때 '그 정도 돈은 무난히 준비할 수 있을 거야!'라고 막연하게 생각하곤 합니다.

그런데 이렇게 막연한 생각만 가지고 있으면 어떠한 실수를 하게 될까요? 견물생심이라고, 좋은 것을 보면 가지고 싶은 것이 사람의 마음입니다. 전·월세를 구할 때도 마찬가지입니다. 누구나 허름하고 불편한 집보다는 깨끗하고 교통이 편리한 집에서 살고 싶어 합니다. 집을 보러 다닐 때 자신이 준비할 수 있는 돈의 액수를 정확히 알지 못하면 자신의 경제적 능력을 넘어서는 집에 마음이 기울게 됩니다. 대부분 비쌀수록 집 상태와 위치가 좋으니까요. 그리고 일단 계약을 결심하게 되지요.

전·월세를 구할 때 가장 먼저 할 일은 세를 얻기 위해 내가 마련할 수 있는 돈이 정확하게 얼마인지부터 확인하는 것입니다.

돈은 없는데 자꾸만 더 좋은 집에 눈이 간다

경제적 능력이 부족해도 집을 구경할 수는 있지만, 실제로 계약하려면 경제적인 능력이 반드시 있어야 합니다. 경제적인 능력이 부족한 상황에서 마음에 드는 집을 계약하려면 대출을 받아야 하고, 대출을 받기 어렵다면 계약을 포기해야만 합니다. 이렇게 마음에 두었던 집의 계약을 포기하고 이후 그보다 못한 집을 보게 되면, 당연히 눈에 차지 않겠지요. 그러다 보면 자신의 능력을 한탄하면서 계약을 망설이게 되고, '어딘가에 앞서 계약하려 했던 집처럼 좋은 집이 저렴한 가격에 나와 있을 거야!'라는 기대감을 품고 다시 집을 보러 다니게 됩니다.

그러나 그러한 집을 구하는 것은 거의 불가능하므로 많은 고생을 한 후에야 자신의 경제적 능력에 맞는 집으로 눈을 돌리게 됩니다. 그나마 앞서 계약을 망설인 집 정도라도 구하면 다행인데, 그보다 못한 집을 구할 수도 있습니다.

만약, 마음이 앞선 나머지 자신의 경제적 능력은 고려하지 않고 마음에 드는 집을 덜컥 계약하면 어떻게 될까요? 이때는 돈을 마련할 수 없어서 계약금을 날리게 되거나 아니면 무리한 대출로 이자 부담이 매우 커질 것입니다. 그러므로 전·월세를 구하기 전에는 자신이 준비할 수 있는 돈이 얼마인지부터 반드시 확인해야 합니다.

**토막
상식**

✎ **중개업자가 독촉하더라도 자신에게 맞는 집인지 한 번 더 확인!**

전·월세 집을 구하려고 중개소를 방문하면 중개업자들이 "이런 좋은 집은 구하기 힘드니 서둘러 계약해야 한다!"라며 빨리 계약하라고 독촉합니다. 하지만 분위기에 휩쓸리지 않고 자신의 조건에 맞는 집인지 한 번 더 확인하는 여유가 필요합니다.

015

집은 학교나 직장에서 가까운 곳에 구하자

내가 살 집은 어디에 구하는 것이 좋을 까요? 학생이나 직장인이라면 통학 또 는 통근 시간이 짧은 곳이 당연히 좋겠 지요. 오가는 시간이 길면 몸이 피곤할 뿐만 아니라 낭비하는 시간이 많아 지므로 학교생활이나 직장생활을 하는 데 장애요인이 되기 때문입니다.

어쩌다 막차를 놓치기라도 하면 밤늦게 택시를 타야 하는데, 그러다 보면 경제적으로나 안전상의 문제로 부담이 될 수밖에 없습니다.

그래서 주택의 상태에 비해 월세가 좀 비싸더라도 통학(통근) 거리가 가 까운 곳에 집을 구하는 것이 오히려 경제적입니다.

밤에도 환하고 사람의 왕래가 빈번한 곳

하지만 학교나 직장에서 가깝다고 해서 너무 외진 곳이나 밤에 사람의 왕래가 적은 골목 안쪽의 집을 구하는 것은 피하는 것이 좋습니다. 가능한 한 지하철역이나 버스정류장 근처에 있는 집, 집으로 가는 길이 넓은 도로에 접해 있어서 밤에도 환하고 사람들의 왕래가 빈번한 곳에 있는 집을 구해야 등하교나 출퇴근길이 편리하고 안전합니다. 또한 학교나 직장에서 거리가 가깝더라도 도보로 이동하는 시간이 오래 걸리는 곳보다 지하철역과 버스정류장과 가까운 곳, 갈아타지 않아도 한 번에 가는 곳 위주로 살펴보는 것이 좋습니다.

이렇게 교통이 편리하고 생활하기 편리한 곳에 있는 집이라야 계약이 만료된 후 이사를 할 때도 새로운 임차인을 쉽게 구할 수 있어서 보증금을 되돌려 받기가 쉽습니다.

토막상식

✎ 나중을 생각해서 세가 잘나가는 집을 얻어야 한다

보증금이나 월세가 조금 비싸더라도 세가 잘나가는 집을 얻는 것이 좋습니다. 전·월세를 얻어본 경험이 없는 학생이나 사회초년생은 급하게 집을 얻느라 세가 잘나가지 않을 만한 조건의 집을 얻는 경우가 많습니다. 그러면 다음에 들어올 세입자를 구하기 어렵거나 제때 집주인에게 보증금을 되돌려 받지 못해 원하는 날 이사를 나가지 못할 수도 있습니다. 지하철, 버스정류장 등 교통시설이 근처에 있거나 주변에 대형마트, 편의점 등의 편의시설이 입점해 있다면 세가 잘나가는 집이라고 판단해도 좋습니다.

016
부동산 시세!
선(先) 인터넷과 앱,
후(後) 발품

일반적으로 전·월세를 구할 때 가장 먼저 인터넷이나 앱을 통해 해당 지역의 매물과 시세를 확인합니다. 그렇다면 여기 올라온 매물과 시세가 믿을 만한 것일까요? 꼭 그렇지는 않습니다. 중개업소가 매물 정리를 안하거나, 일부 중개업소의 경우 고객을 유인할 목적으로 가짜 매물을 올리는 경우가 있기 때문입니다. 시세보다 저렴한데 좋아보이는 집을 보고 찾아가 보여달라고 하면 "그 집은 방금 나갔어요. 다른 집을 보여 줄게요. 이 집도 빨리 계약하지 않으면 놓쳐요."라고 말합니다. 결론적으로 허위 매물을 보고 중개업소를 찾아갔다가 생각한 것보다 더 비싼 집으로 전·월세 계약을 하게 되는 것입니다.

따라서 인터넷상의 가격은 시장조사 차원에서 참고하고, 직접 여러 중개업소를 방문하여 정확한 시세를 알아봐야 합니다.

만약의 사고에 대비해 중개업소를 통해 계약하자

전·월세를 구할 때는 가능한 한 중개업소를 통해 계약하는 것이 좋습니다. 보증금이나 월세 등의 문제로 집주인과 갈등이 생겼을 때 중간에서 조정해 줄 사람이 필요하고, 계약 후 세를 얻은 집이 경매에 넘어가기라도 하면 책임져 줄 사람이 필요하기 때문입니다.

경매 등으로 전·월세 보증금을 보호받지 못하는 사태가 발생했을 때 집주인과 직접 계약했다면 임차인이 모든 책임을 져야 합니다. 하지만 중개업소를 통해 계약했다면 그 책임의 일부를 중개업자에게 물을 수 있습니다. 참고로 중개업소를 이용할 때 중개하는 공인중개사가 중개업소의 벽에 걸려 있는 사업자등록증 상의 대표자인지 반드시 확인한 후에 거래해야 합니다.

부동산 사고의 피해를 최소한으로 줄여주는 보증보험이나 공제가입 여부도 중요합니다. 이를 확인하고 싶다면 계약 시 공인중개사에게 보증보험증서나 공제증서 사본의 발급을 요구하면 됩니다. 중개 의뢰인에게 보증보험증서나 공제증서 사본을 발급하는 것은 공인중개사의 의무사항이니까요 (공인중개사법 제30조 ⑤항). 단, 보증보험증서나 공제증서는 거래사고 시 일부를 배상해준다는 의미일 뿐, 사고 자체는 막지 못한다는 것을 명심하세요. 부동산 거래 시 공인중개사만 믿지 말고 반드시 스스로 확인하세요.

토막상식

✎ **중개 사고가 터졌다! 얼마나 보상받을까?**

개업 공인중개사 중에는 공인중개사협회가 운영하는 공제에 가입하는데요. 중개 사고 시 배상한도금액은 2억 원(법인은 4억 원)까지입니다. 하지만 이것도 사건별로 최대 2억 원씩 배상을 받을 수 있는 것이 아니라 해당 중개업소에서 터진 모든 사고에 대해 2억 원을 배상해 주는 것입니다. 또한, 앞선 사건 피해자가 한도금액까지 모두 배상받아 갔다면 뒤 사건 피해자는 한 푼도 배상받지 못할 수도 있습니다[2020가합457]. 그러므로 부동산 거래 시에는 스스로 꼼꼼하게 거래 과정과 내용을 확인해 보세요.

이런 중개업자는 최악!
반드시 피하자!

중개업자도 사람마다 천차만별이라는 것은 모두 알 것입니다. 이 중에서도 거래하지 말아야 할 유형의 중개업자가 있습니다. 사전에 알아두고 이런 중개업자를 만난다면 거래하지 않는 것이 좋습니다.

1. 고객의 나이가 어리다고 반말이나 막말하는 중개업자

이러한 중개업자는 나이 어린 고객을 심리적으로 위축시켜 분위기를 자신에게 유리한 쪽으로 이끌어가려는 사람입니다. 이러한 중개업자는 고객의 이익보다는 자신에게 이익이 되는 집을 선택하게 만들고, 법에서 정한 한도보다 더 많은 중개수수료를 요구할 수 있습니다.

2. 생각해 주는 척하면서 여성 고객에게 능글맞게 대하는 중개업자

이러한 중개업자는 은연중에 여성 고객을 무시하는 경향이 있으며, 염불보다 잿밥에만 관심이 많은 사람입니다. 이러한 중개업자에게서 성실하고 정확한 중개 서비스를 받는 것은 무리이므로 애초에 상대하지 말아야 합니다.

3. 계약 때, 중도금 때, 잔금 때 공부서류 발급을 꺼리는 중개업자

이러한 중개업자는 고객에게 중개료를 받는 이유를 모르는 사람입니다. 이러한 중개업자에게서는 등기사항전부증명서(등기부등본) 이외에 다른 공부서류들을 받아보기 어렵고, 그 밖에 필요한 서비스도 받기 어렵습니다. 그런 서비스를 요구하면 오히려 "젊은 사람이 세상 물정 모르고 왜 이렇게 빡빡하게 굴어!"라는 면박을 당할 수도 있습니다.

4. 집의 장점만 설명하는 중개업자

방금 지은 새집이라도 수리가 필요할 수 있습니다. 또한 세를 얻은 집이 나중에 경매로 넘어갈 수도 있고, 집 주변에 고물상이나 쓰레기 소각장 등이 있어 소음과 악취에 시달릴 수도 있습니다. 그럼에도 불구하고 세 얻을 집의 장점만 설명하는 중개업자는 오히려 집의 중대한 하자를 숨기려는 의도를 가진 것으로 볼 수 있습니다. 이러한 중개업자는 임차인에게 좋은 집을 알선해 주기보다는 빨리 중개를 성사시켜 중개수수료를 챙기려는 욕심만 앞서는 사람이라고 볼 수 있습니다.

5. 본인이 다 알아서 해주겠다고 큰소리치는 중개업자

부동산을 중개하다 보면 보증금이나 월세 조정, 방범창 설치나 보조키 설치 등의 사소한 문제로 집주인과 협상하기가 어려울 수도 있고, 예상하지 못한 문제로 중개에 어려움이 있을 수 있습니다. 그런데도 무조건 큰소리를 치는 중개업자는 중개를 성사시키기 위해 허세를 부리는 것일 수도 있고, 나중에 그 부담을 임차인에게 전가할 가능성이 있는 사람이라고 할 수 있습니다.

공인중개사 사무소를 방문하다 보면 여러 가지 이유로 믿음이 가지 않는 중개업자를 만날 수 있습니다. 불편한 마음이 들게 하거나 무례한 언행을 하는 중개업자에게 굳이 수수료를 내가며 중개를 부탁할 필요가 없습니다. 세상에는 성실하지 않은 중개업자보다는 성실하고 능력 있는 중개업자들이 더 많습니다. 마음의 여유를 가지고 여러 공인중개사 사무소를 방문하다 보면 신뢰가 가는 중개업자를 만날 수 있고, 그런 공인중개사에게 의뢰하면 만족할 만한 중개 서비스를 받을 수 있습니다.
참고로 '씨리얼(https://seereal.lh.or.kr) → 찾기서비스 → 부동산중개업조회'를 통해서 현재 거래하는 중개업자가 사무실을 대표하는 진짜 개업공인중개사인지 반드시 확인해 보세요.

집 보러 다닐 때
체크리스트 준비는 필수!

세 얻어 살 집을 보러 다닐 때는 일반적으로 집의 구조는 어떤지, 물이 샌 흔적은 없는지, 곰팡이는 없는지, 채광은 어떠한지 등을 눈으로 대충 살펴봅니다. 이렇게 하루에 대여섯 집을 보고 나면 머릿속에 보고 온 집들이 섞여 헷갈리기 시작합니다.

이러한 상태에서 중개업자가 독촉하면 지금까지 본 집 중에서 막연히 괜찮다고 생각되는 집을 골라 계약하고 이사를 하게 됩니다. 이렇게 해도 괜찮을까요?

어림짐작으로 집을 고르면 나중에 곤욕을 치를 수 있다

이사할 당시는 몰랐는데 시간이 지나면서 밤마다 크게 들리는 집 근처 공장 소음 때문에 잠을 잘 수 없다거나, 근처에 고물상이 있어서 벌레가 들끓고 고약한 냄새가 진동해 더운 여름에도 창문을 열어놓을 수 없다거나, 집이 오래되어 겨울에 외풍이 심한 경우 등 예상하지 못한 문제점들이 나타나기 시작합니다. 이렇게 되면 하루하루 사는 것이 고통일 수밖에 없습니다.

똑똑한 집 고르기를 도와주는 체크리스트

그렇다면 이러한 문제들을 미리 예방하고, 편안하고 안락하게 생활할 수 있는 집을 구하는 방법은 없을까요? 있습니다. 집을 보러 다닐 때 '체크리스트'를 가지고 다니는 것입니다. 그리고 집을 구경하면서 발견한 하자들을 체크리스트에 기록하는 것입니다. 그러면 구경한 여러 집 중에서 비교적 하자가 적으며 좋은 조건의 집을 고를 수 있습니다.

그러나 현실적으로는 체크리스트를 작성하면서 집을 구경하기가 어렵습니다. 하자가 전혀 없는 집이 많지 않을 뿐만 아니라 집의 하자를 숨기고 싶어 하는 집주인과 중개업자의 따가운 시선 때문이지요. 또 중개업자가 쉴 새 없이 옆에서 설명을 하기 때문에 체크리스트에 집중하기도 힘듭니다. 이 경우에는 스마트폰의 메모나 녹음 기능을 활용하는 것이 좋습니다. 스마트폰에 메모하면 개인적인 용무가 있다고 생각하므로 중개업자도 큰 방해를 하지 않고, 녹음하면 자연스럽게 집에 관한 기록을 남길 수 있습니다. 좀 더 체계적이고 꼼꼼한 체크를 원한다면 자신만의 온라인 설문지를 만들어 그것을 스마트폰에서 체크하는 것도 좋은 방법입니다.

QRcode

체크리스트를 꺼내기 전에 "집이 정말 좋네요!"라고 먼저 웃으면서 말하는 재치를 잊지 마세요. 단, 체크는 냉정하고 확실하게 하세요.

체크리스트의 'Yes'가 20개 이상인 집은 계약해도 무방!

마음에 드는 집을 발견했을 때 체크리스트의 항목 모두가 'Yes'라면 좋겠지만, 현실적으로 그런 집을 구하기는 매우 어렵겠죠?

다음의 체크리스트에 있는 사항들 중 'Yes'가 20개 이상이면 양호한 편이므로 그런 집은 계약해도 무방합니다. 또한 체크리스트의 01, 02, 03번은 매우 중요한 사항이므로 여기에 'No'라고 체크되는 집은 웬만하면 피하는 것이 좋습니다. 또 집을 볼 때 대충이라도 집의 구조를 그려놓으면 나에게 잘 맞는 집을 구할 수 있습니다.

체크리스트 활용해서 월세 흥정하기!

집을 보러 다닐 때 체크리스트를 가지고 다니면서 여기저기를 체크해 보면 여러 집의 장단점을 비교하기가 쉽습니다. 이렇게 해서 마음에 드는 집을 찾았다면 한 번 더 방문하여 싱크대, 가스레인지, 후드(환기장치), 방문, 창문, 양변기, 수도꼭지, 보일러 등이 고장 나거나 부서지지 않았는지 다시 한번 꼼꼼하게 체크합니다. 그래야만 계약할 때 고장 나거나 부서진 부분을 주인에게 수리해달라고 요구할 수 있고, 수리가 어려운 부분을 내세워 월세를 단 몇 만원이라도 깎을 수 있기 때문입니다.

당장 몇 만원은 푼돈처럼 느껴지지만, 1~2년 동안의 금액을 합치면 상당한 액수가 됩니다. 부지런한 발품과 작은 절약이 재테크의 시작입니다.

토막 상식

✎ **전·월세 체크리스트에서 치명적인 'No'는 반드시 피하자**

체크리스트에서 'Yes'가 많이 나오는 것도 중요하지만, 가장 중요한 것은 자신의 생활양식과 관련된 부분에서 'No'가 나오지 않는지를 살피는 것입니다. 출퇴근 시 지하철을 이용하기 때문에 지하철역에서 가까운 집을 꼭 구해야 한다면 26번이 'No'인 집은 선택하지 않는 것이 좋겠지요.

전·월세 체크리스트(준비물: 줄자, 펜)

	Yes	No
01. 햇빛은 잘 들어오는가?	☐	☐
02. 물이 샌(누수) 흔적은 없는가?	☐	☐
03. 천장이나 벽, 장판 아래 곰팡이가 핀 곳은 없는가?	☐	☐
04. 전기콘센트는 파손된 곳이 없는가?	☐	☐
05. 수도는 잘 나오는가?	☐	☐
06. 배수는 잘 되는가?	☐	☐
07. 싱크대, 후드, 수납장 등 파손된 주방시설은 없는가?	☐	☐
08. 냉장고를 놓을 수 있는 공간이 있는가?	☐	☐
09. 욕실의 변기나 샤워기, 거울 등 파손된 시설은 없는가?	☐	☐
10. 세탁기를 놓을 수 있는 공간이 있는가?	☐	☐
11. 발코니가 있는가?	☐	☐
12. 빨래를 건조할 수 있는 공간이 있는가?	☐	☐
13. 방의 높이가 장롱이 들어갈 수 있을 만큼 높은가?	☐	☐
14. 다용도실 같은 별도의 서비스 공간이 있는가?	☐	☐
15. 방충망이나 방범창이 있는가?	☐	☐
16. 환기가 잘 되는가?	☐	☐
17. 외풍이 심하지 않은가?	☐	☐
18. 전기와 수도 계량기는 별도로 사용하는가?	☐	☐
19. 주 출입구에 방범시설이 되어 있는가?	☐	☐
20. 주차장은 있는가?	☐	☐
21. 집 주변에 고물상, 공장 등 혐오시설은 없는가?	☐	☐
22. 집 주변에 시장이나 할인마트가 있는가?	☐	☐
23. 집 주변에 공원이나 놀이터 등이 있는가?	☐	☐
24. 집에서 학교, 어린이집, 학원 등이 가까운가?	☐	☐
25. 집에서 병원은 가까운가?	☐	☐
26. 지하철역과 버스정류장이 도보로 10분 이내에 있는가?	☐	☐
27. 집이 너무 외진 곳에 있지 않은가?	☐	☐
28. 근저당금액과 총 보증금의 합이 집값의 80%를 넘지 않는가?	☐	☐
29. 공부서류들의 내용이 서로 일치하는가?	☐	☐
30. 집을 내놓았을 때 잘 나갈 수 있겠는가?	☐	☐

018

아는 만큼 보인다!
나에게 맞는 저금리
전·월세자금대출

경기가 좋지 않을 때 전세나 월세가 오르게 되면 임차인들의 경제적 부담은 클 수밖에 없습니다. 이렇게 오르는 전세나 월세 부담을 조금이나마 덜어줄 수 있는 것이 바로 전·월세자금대출입니다. 전·월세자금대출은 정부의 주택도시기금을 기반으로 대출해 주는 것과 시중 은행 자체의 자금을 기반으로 대출해주는 것이 있습니다.

중소기업 청년을 위한 '중소기업취업청년 전월세보증금대출'

이 상품은 중소·중견기업에 재직 중이거나 또는 중소기업진흥공단, 신용보증기금 및 기술보증기금의 청년창업 지원을 받는 만 19세 이상 만 34세 이하(병역의무를 이행한 경우 최대 만 39세까지) 청년에게 대출해 주는 상품입니다. 이 상품을 이용하려면 부부합산 연소득 5,000만원 이하(외벌이 3,500만원 이하), 순자산가액 3억 4,500만원 이하인 무주택 세대주(예비세대주 포함)이어야 합니다. 이 상품은 세를 얻고자 하는 주택의 보증금이 2억원 이하, 전용면적이 85㎡ 이하(85㎡ 이하 주거용 오피스텔 포함)인 주택에 한해 최대 1억원까지, 최대 10년간, 연 1.5%에 이용이 가능합니다. 단, 생애 1회만 가능합니다.

청년의 보증금과 월세 부담을 한꺼번에 덜어주는 '청년 전용 보증부 월세대출'

이 상품은 만 19세 이상 만 34세 이하 청년에게 대출해 주는 상품입니다. 이 상품을 이용하려면 부부합산 연소득 5,000만원 이하, 순자산가액 3억 4,500만원 이하인 무주택 단독 세대주(예비세대주 포함)이어야 합니다. 이 상품은 세를 얻고자 하는 주택의 보증금이 6,500만원, 월세 70만원 이하, 전용면적이 60㎡ 이하(60㎡ 이하 주거용 오피스텔 포함)인 주택에 한해 보증금대출은 최대 4,500만원, 월세금대출은 최대 1,200만원(24 개월 기준 월 최대 50만원 이내)까지, 최대 10년 5개월, 보증금 연 1.3 %, 월세 0%(20만원 한도)~1.0%(20만원 초과)에 이용이 가능합니다.

청년의 전세금 부담을 덜어주는 '청년 전용 버팀목전세자금'

이 상품은 만 19세 이상 만 34세 이하 청년에게 대출해 주는 상품입니다. 이 상품을 이용하려면 부부합산 연소득 5,000만원 이하, 순자산가액 3억 4,500만원 이하인 무주택 세대주(예비세대주 포함)이어야 합니다. 이 상품은 세를 얻고자 하는 주택의 보증금이 3억원 이하, 전용면적이 85㎡ 이하(85㎡ 이하 주거용 오피스텔 포함)인 주택에 한해 최대 2억원 이하(임차보증금의 80% 이내)까지, 최대 10년간, 연 1.8~2.7%에 이용이 가능합니다.

부부합산 연소득	임차보증금 3억원 이하
2,000만 원 이하	연 1.8%
2,000만원 초과~4,000만원 이하	연 2.1%
4,000만원 초과~6,000만원 이하	연 2.4%
6,000만원 초과~7,500만원 이하	연 2.7%

청년의 월세 부담을 덜어주는 '주거안정 월세대출'

이 상품은 우대형과 일반형 두 가지가 있는데요. 우대형은 취업준비생, 희망키움통장 가입자, 근로장려금 수급자, 사회초년생, 자녀장려금 수급자, 주거급여수급자인 청년에게 대출해주는 상품입니다. 일반형은 부부합산 연소득 5,000만원 이하로 우대형에 포함되지 않는 청년에게 대출해주는 상품입니다. 이 상품을 이용하려면 순자산가액 3억 4,500만원 이하인 무주택 세대주(예비세대주 포함)이어야 합니다. 이 상품은 세를 얻고자 하는 주택의 보증금이 1억원 이하 및 월세 60만원 이하, 전용면적이 85㎡ 이하(85㎡ 이하 주거용 오피스텔 포함)인 주택에 한해 보증금대출은 최대 1,440만원(24개월 기준 월 최대 60만 원 이내)까지, 최대 10년간, 우대형은 연 1.3%, 일반형은 연 1.8%에 이용이 가능합니다.

신혼부부의 전세자금 부담을 덜어주는 '신혼부부 전용 전세자금'

이 상품은 신혼부부(혼인 기간 7년 이내 또는 3개월 이내 결혼예정자)에게 대출해주는 상품입니다. 이 상품을 이용하려면 부부합산 연소득 7,500만 원 이하,

순자산가액 3억 4,500만 원 이하인 무주택 세대주여야 합니다. 이 상품은 보증금이 수도권은 4억원, 수도권 외는 3억원을 넘지 않는 전용면적 85㎡ 이하(85㎡ 이하 주거용 오피스텔 포함)인 주택에 한해 최대 수도권은 3억원, 수도권 외는 2억원까지, 최대 10년간, 연 1.5~2.7%에 이용이 가능합니다.

부부합산 연소득	임차보증금			
	5,000만원 이하	5,000만원 초과 ~1억원 이하	1억원 초과~1억 5,000만원 이하	1억 5,000만원 초과
2,000만원 이하	연 1.5%	연 1.6%	연 1.7%	연 1.8%
2,000만원 초과~ 4,000만원 이하	연 1.8%	연 1.9%	연 2.0%	연 2.1%
4,000만원 초과~ 6,000만원 이하	연 2.1%	연 2.2%	연 2.3%	연 2.4%
6,000만원 초과~ 7,500만원 이하	연 2.4%	연 2.5%	연 2.6%	연 2.7%

근로자 서민의 주거안정을 위한 '버팀목전세자금'

이 상품은 근로자 및 서민에게 대출해 주는 상품입니다. 이 상품을 이용하려면 부부합산 연소득 5,000만원 이하, 순자산가액 3억 4,500만원 이하인 무주택 세대주(대출 실행일로부터 1개월 이내에 세대분가 또는 세대합가로 인한 세대주 예정자도 포함)여야 합니다. 이 상품은 수도권은 3억원(2자녀 이상 가구 4억원), 수도권 이외는 2억원(2자녀 이상 가구 3억원)을 넘지 않는 전용면적 85㎡ 이하(85㎡ 이하 주거용 오피스텔 포함)인 주택에 한해 수도권은 1.2억원(2자녀 이상 가구 3억원), 수도권 이외는 8,000만원(2자녀 이상 가구 2억원)까지, 최대 10년간, 연

2.1~2.9%에 이용이 가능합니다.

부부합산 연소득	임차보증금		
	5,000만원 이하	5,000만원 초과 ~1억원 이하	1억원 초과
2,000만원 이하	연 2.1%	연 2.2%	연 2.3%
2,000만원 초과~4,000만원 이하	연 2.3%	연 2.4%	연 2.5%
4,000만원 초과~6,000만원 이하	연 2.5%	연 2.6%	연 2.7%
6,000만원 초과~7,500만원 이하	연 2.7%	연 2.8%	연 2.9%

은행에서 대출받으려면 보증은 필수!

세를 얻는 과정에서 부족한 전세자금을 대출받고자 한다면 한국주택금융공사(HF), 주택도시보증공사(HUG), 서울보증보험(SGI)에서 전세자금대출에 대한 보증을 받아야 합니다. 한국주택금융공사(HF)의 경우 전세보증금이 7억원(수도권 외 지역 5억원) 이하여야 전세자금보증을 이용할 수 있습니다.

주택 수가 많으면 대출받기가 어려운데요. 전세자금보증 시 분양권·조합원입주권(잔금 지급 또는 등기 시 주택보유 수 포함), 관리처분계획 인가가 입증된 재개발·재건축 지역의 주택, 2018년 9월 13일까지 매매계약이 체결되어 임대사업등록을 한 개인 임대사업자의 주택, 무허가 건물, 오피스텔, 노인복지주택, 기숙사, 고시원 등은 전세자금대출 시 주택 보유 수에 포함되지 않습니다.

부부합산 소득이 1억원을 초과하는 1주택자와 보유주택 가격이 9억원을 초과하는 1주택자도 전세대출 보증을 받을 수 있습니다. 2020년 7월

10일 이후부터는 본인과 배우자(결혼예정자 포함)가 투기지역·투기과열지구 지역 안의 3억원을 넘는 아파트를 취득하면 전세자금대출이 즉시 회수됩니다. 단, 매입한 주택에 기존 임차인이 살고 있다면 해당 임대차계약이 만료될 때까지 회수가 연기될 수 있습니다. 전세대출 만기가 임대차계약 만료일보다 빠르면 전세대출 만기일에 전세대출을 갚아야 합니다. 참고로 9억원을 넘거나 또는 투기지역·투기과열지구의 시가 3억원 초과 아파트를 매입했음에도 불구하고 근무상의 형편, 학업, 질병의 치료·요양, 부모 봉양 등에 따라 다른 시·군에 소재한 주택에 세 든 경우에는 전세자금보증 이용이 가능합니다. 단, 전세자금보증을 받은 후 1개월 이내에 매입한 집과 셋집 양쪽에 본인 또는 부양가족이 전입해야 합니다.

참고로 정부는 무주택 청년 대상으로 저리의 전세대출을 지원하기 위한 청년 맞춤형 전세대출보증을 운영하고 있는데요. 만 34세 이하 무주택 세대주, 연소득 7,000만원 이하로 임차보증금 7억원(지방 5억원) 이하에 한해 2억원 한도로 보증을 해줍니다. 보증요율도 0.02%로 최저보증요율을 적용합니다.

토막 상식

✎ **전·월세자금대출을 받을 때 유의할 점**

전·월세 계약서상의 임차인과 보증신청인이 반드시 일치해야 합니다. 또한, 허위로 작성한 임대차계약서로 보증 받은 사실이 적발되면 향후 일전 기간 신용보증을 받지 못하게 됩니다. 그리고 소득 입증이 어려워 건강보험료 납부액을 기준으로 소득 추정 시에는 연간소득을 최대 2,000만원까지 인정하며, 신청일 기준 최근 3개월 이상 건강보험료를 납부한 사실이 있어야 하고 미납한 사실이 없어야 대출이 가능합니다.

019

전세자금대출
진행 과정과 유의사항

집주인에게 미리 전세자금대출 사실을 알릴 것

전세자금대출 계획이 있다면 미리 집주인에게 이 사실을 알리는 것이 좋습니다. 그래야 대출 시 집주인의 협조를 수월하게 받을 수 있기 때문입니다.

조금이라도 저렴한 전세자금대출을 찾아라!

전세자금대출은 1, 2금융권에서 모두 가능합니다. 여기서 제1금융권이란 KB국민은행, 우리은행 등과 같은 일반 시중은행을 말합니다. 대출이자가 저렴한 대신 대출조건이 까다롭습니다. 제2금융권은 시중은행을 제외한 금융기관을 말합니다. 저축은행, 새마을금고, 신용협동조합, 리스회사, 벤처캐피털 등이 이에 해당하며, 제1금융권에 비해 이자가 비싼 대신 대출조건이 덜 까다롭습니다. 제3금융권은 주로 사채업을 말합니다.

계약서에 확정일자 챙기는 것은 필수

전세자금대출 시 확정일자를 받은 계약서 사본이 필요합니다. 보통 전입신고를 해야만 확정일자를 받을 수 있는 것으로 알고 있는데, 동주민센터에 가서 전세자금대출 때문에 왔다고 말하면 전입신고를 하지 않고서도 계약서에 확정일자를 받을 수 있습니다. 참고로 이사를 하기 전에 전입신고를 했다가는 현재 거주 중인 집의 보증금을 보호받을 권리가 사라지니 주의해야 합니다.

각종 서류 제출하면 대출 완료!

이렇게 확정일자까지 받았으면 임대차계약서, 계약금 영수증, 재직증명서, 소득증빙서류, 주민등록등본, 신분증 사본 등 각종 서류를 준비하여 은행에 제출하면 됩니다. 그러면 이삿날에 은행에서 집주인의 통장으로 대출금을 입금해 줍니다. 참고로 계약 만료 시 집주인은 임차인이 갚았든 갚지 않았든 관계없이 은행에서 받은 대출금은 은행에 돌려줘야 합니다. 따라서 집주인은 은행에서 받은 대출금을 임차인에게 바로 주면 안 됩니다.

전세자금대출, 이렇게 진행된다!

임대차계약 전 은행에 방문하여 대출 예상금액 확인

▼

집주인과 임차인 간 임대차계약 체결

▼

은행에 방문하여 대출신청

▼

은행은 집주인에게 임차인의 대출 사실을 통지하고 임대차계약 사실을 확인

▼

보증기관의 해당 대출에 대한 보증서 발급

▼

은행과 임차인 간의 전세자금대출 계약 체결, 은행은 임차인의 동의를 거쳐 대출금을 집주인 통장에 직접 입금

▼

계약 만기 시 집주인은 은행에 대출금 상환

수수료 없고 편리한 대출모집인을 이용하세요!

일반 시중은행에서 대출받고 싶은데 직장에 다니거나 개인 업무가 바빠 따로 시간을 내기 어렵다면 대출모집인을 이용하는 것도 하나의 방법입니다. 대출모집인은 은행과 대출모집업무 위탁계약을 체결하고 해당 금융업협회에 등록한 개인이나 법인을 말합니다. 대개 중개업소를 통해 소개받을 수 있습니다. 내 조건에 맞는 대출상품을 소개해주고, 대출업무까지 무료로 대행해줍니다. 하지만 간혹 대출상담사의 명의를 도용한 대출사기가 발생하기도 하므로 대출상담사를 이용할 경우 대출상담사와 직접 만나 본인 여부를 확인해야 합니다. 대출성 금융상품판매대리 / 중개업자 통합조회 (www.loanconsultant.or.kr)에 접속 후 대출모집인 등록번호와 성명을 입력하여

은행연합회에에 등록된 대출상담사인지를 반드시 확인하세요. 만약에 조회가 되지 않거나, 등록 증명사진과 얼굴이 일치하지 않거나, 대출을 조건으로 수수료를 요구할 경우 이용하지 않는 것이 좋습니다.

대출모집인 포털 사이트(www.loanconsultant.or.kr)

참고로 전국은행연합회 소비자포털(portal.kfb.or.kr)이나 금융소비자 정보포털 파인(fine.fss.or.kr)을 이용하면 자신에게 적합한 대출상품과 대출조건을 편리하게 검색할 수 있습니다. 신용점수를 올리면 좀 더 낮은 금리로 다양한 대출을 받을 수도 있습니다.

토막 상식

✎ **상호금융 등은 업권별 조회**

농·축협 상호금융, 수협 상호금융, 산림조합중앙회, 새마을금고중앙회 등에 등록된 대출모집인은 '대출성 금융상품판매대리·중개업자 통합조회'에서 조회가 되지 않으니 업권별 조회 홈페이지를 통해서 조회해야 합니다.

내 전세금 지켜주는 '전세보증금 반환보증'

살던 집이 경매에 넘어가서 전세보증금을 보호받지 못하거나 임대차계약 만료 후에도 깡통전세라 전세보증금을 돌려받지 못하는 경우를 종종 볼 수 있습니다. 전세금이 곧 전 재산인 임차인에게는 맑은 대낮에 날벼락이나 마찬가지일 것입니다. 이와 같은 불안감을 해소하기 위해 '전세보증금 반환 보증보험' 상품이 등장했습니다.

이 보험은 보험공사가 집주인 대신 임차인에게 전세보증금을 돌려주고, 이후의 일은 보험공사가 집주인과 협의하여 진행합니다. 임차인의 전 재산과 같은 전세금을 지켜주는 아주 좋은 제도입니다.

보증회사별로 상품명, 보증대상 보증금의 범위, 보증대상 주택의 종류, 보증상품 취급소가 조금씩 다르니 다음 표를 살펴보세요.

전세보증금 반환보증 상품 비교 (2024년 5월 기준)

보증기관	주택도시보증공사(HUG)	한국주택금융공사(HF)	서울보증보험(SGI)
상품명	전세보증금반환보증	일반전세지킴보증	전세금반환보증보험
보증대상 보증금	아파트, 연립·다세대주택, 단독다가구·다중주택, 주거용 오피스텔, 노인복지주택	아파트, 연립·다세대주택, 단독다가구주택, 주거용 오피스텔, 노인복지주택	아파트: 제한없음, 아파트 외 주택: 10억원 이내

대상 전세보증금	수도권 7억 원 그 외 지역 5억 원 이하	수도권 7억 원 그 외 지역 5억 원 이하	아파트: 제한 없음, 아파트 외 주택: 10억 원 이내
취급기관	신한·국민·우리·광주·KEB하나·IBK기업·NH농협·경남·수협·대구·부산은행, 네이버부동산, 카카오페이, 토스	경남·국민·광주·기업·농협·대구·부산·수협·신한·우리·제주·하나은행, 토스뱅크	서울보증 영업지점

※ 주택도시보증공사의 전세보증금반환보증은 우리은행의 경우 모바일 앱이나 카카오페이를 통해서도 가입이 가능합니다.

주택도시보증공사(HUG)의 전세보증금 반환보증에 가입하려면 신규 전세계약은 잔금지급일과 전입신고일 중 늦은 날에서 전세계약기간의 2분의 1이 지나기 전까지, 갱신 전세계약은 갱신 전세계약서상 전세계약기간의 2분의 1이 지나기 전까지 신청하면 됩니다. 그리고 보증기간 동안 「주택임대차보호법」 상의 대항요건(전세계약, 전입신고, 점유)을 유지해야 합니다. 참고로, 깡통전세 사기가 빈번하게 발생하자 정부는 임차인이 전세가격, 매매가격, 악성임대인 명단, 임대보증 가입 여부, 불법·무허가건물, 임대차계약 시 주의사항, 계약 이후 조치 필요사항 등을 알 수 있는 '자가진단 안심전세 앱'을 구축했습니다.

지방자치단체에서는 등록임대사업자가 임대보증에 가입하지 않거나, 철회하거나, 승인이 거절된 경우, 그 사실 및 사유를 임차인에게 문자로 통보합니다. 다세대주택의 공시가격 인정비율은 140%, 전세가율은 90%로 강화되어 전세보증보험 최대 한도가 공시가의 150%에서 공시가의 126%(공시가의 140%×90%)로 낮아집니다. 강화된 요건은 2024년 7월부터 적용되는데, 기존에 등록한 임대주택은 2026년 7월 1일 이후 적용됩니다.

전세보증금 일부도 보증 가입이 가능하다

임차인이 가입하는 전세보증금 반환보증은 전세보증금의 일부라도 가입이 가능합니다.

보증 조건은?

공인중개사가 확인(날인)한 전세계약서로 보증 대상 주택에 이사한 후 반드시 당일날 전입신고와 확정일자를 마쳐야 합니다. 보증 대상 주택의 건물과 토지는 모두 동일 임대인의 소유여야 하고, 보증 대상 주택에 경매신청, 압류, 가압류, 가처분 및 가등기 등이 없어야 합니다. 또한, 건축물대장에 위반건축물로 기재되어 있지 않아야 하며, 전세계약기간은 1년 이상이어야 보증 가입이 가능합니다.

묵시적 계약갱신인 경우는?

묵시적 계약갱신인 경우 별도의 갱신 계약서를 작성하지 않아도 되며, 종전 계약과 동일한 조건에 보증기간을 2년으로 하는 보증신청이 가능합니다. 또한, 최초 전세계약 시 공인중개사를 통해 이미 확정일자를 받았다면 별도의 확정일자를 받지 않아도 됩니다.

대리인도 보증 가입이 가능한가?

대리인 또는 우편으로 신청할 경우 약관법상의 채권양도계약서 등 중요사항의 설명의무를 이행한 것으로 보기 어려우므로 반드시 본인이 직접 지사를 방문하여 신청해야 합니다.

셋집의 주인이 바뀌었다면?

보증 가입 시 셋집의 소유자와 전세계약서상 임대인은 같아야 합니다. 그러므로 셋집의 주인이 바뀌었다면 임차인은 새로운 주인과 전세계약을 다시 체결하든지, 기존 전세계약서의 임대인을 새로운 주인의 이름으로 변경하여야 합니다. 단, 임차인이 새로운 소유자에게 대항력을 주장할 수 있거나, 전 소유자와 새 소유자 간에 기존 임대차계약 승계에 대한 합의가 있음을 입증할 수 있는 경우에는 기존 전세계약서의 임대인 명의 변경 없이 보증 가입이 가능합니다.

임대인 명의를 변경하고자 하는 경우 은행에서 최초 보증 발급받았다면 은행을 방문하여야 하고, 공사 영업지사에서 신청하였다면 영업지사를 방문하거나 인터넷보증(https://khig.khug.or.kr)을 이용하면 됩니다. 보증보험에 가입할 때는 약관을 반드시 꼼꼼하게 확인한 후에 가입하세요.

토막상식

 전세자금 대출보증과 전세보증금 반환보증을 한 번에 해결한다!

주택도시보증공사(HUG)의 '전세금 안심대출보증'에 가입하면 임차인은 금융기관에 전세자금대출의 원리금 상환(전세자금 대출특약보증)과 전세보증금반환(전세보증금 반환보증)을 함께 해결할 수 있습니다. 대상 주택은 단독·다중·다가구, 연립·다세대, 아파트, 주거용 오피스텔입니다. 전세보증금이 수도권은 7억원 이하, 그 외 지역 5억원 이하여야 가입이 가능합니다. 자세한 사항은 HUG의 개인보증을 참고하세요.

진짜 집주인 맞을까?
진위 확인하는 방법

세를 얻는 사람의 입장에서는 보증금이 전 재산이나 마찬가지입니다. 그런데 집주인이 아닌 사람과 자칫 잘못 계약하면 보증금을 모두 잃고 빈털터리가 되고 맙니다. 전·월세 계약을 할 때 집주인이라며 나타난 사람이 진짜 집주인인지 확인할 수 있는 방법은 없을까요?

아주 간단한 방법이 있습니다. 계약서를 작성하기 전에 집주인이 내민 주민등록증이나 운전면허증이 위조된 것인지 아닌지 진위 확인을 해보면 됩니다. 그래야만 처음부터 진짜 집주인과 계약할 수 있으니까요.

그럼 주민등록증이나 운전면허증이 위조되었는지 알 수 있는 방법은 무엇일까요? 다음 네 가지 중 한 가지 방법을 이용하면 됩니다.

방법 1: ARS 전화 '1382'로 주민등록증 진위 확인하기

첫 번째 방법은 ARS 전화 서비스를 이용하는 것입니다. 국번 없이 '1382'를 누르고 안내 멘트에 따라 주민등록번호와 발급일자를 입력하면 됩니다.

예를 들어 주민등록번호가 123456-1234567이고, 발급일자가 1988년 9월 17일이라면, 안내 멘트에 따라 1234561234567과 19880917을 차례대로 입력하면 됩니다.

방법 2: 정부24 홈페이지에서 주민등록증 진위 확인하기

두 번째 방법은 인터넷으로 확인하는 것입니다. 정부24(www.gov.kr)에 접속한 후 다음과 같이 따라 하세요.

① 정부24 홈페이지 상단 왼쪽의 '민원서비스' 콤보박스를 클릭합니다.

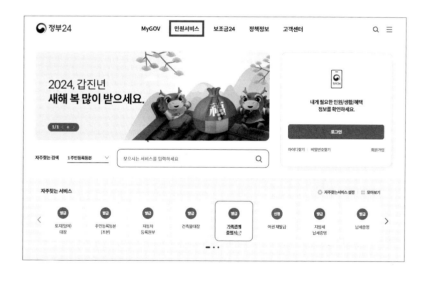

② '민원서비스'에서 "사실/진위확인"을 클릭한 후 '주민등록증 진위확인/잠김해제'를 클릭합니다.

③ 화면 중앙의 '주민등록증 진위확인'을 클릭합니다.

④ 정부24는 개인정보 보호를 위해 공동인증서(구 공인인증서)와 간편인증을 운영하고 있습니다. 만약 인터넷뱅킹을 이용하기 위해 받아둔 공동인증서가 있다면 인증서 암호를 입력하고 '확인'을 클릭해 로그인하면 되고, 그렇지 않다면 토스, 삼성패스, 카카오톡, NH인증서, 네이버, 페이코, 통신사 PASS 등을 이용하여 간편인증을 하면 됩니다.

⑤ 진위를 확인하고자 하는 주민등록증 상의 성명과 주민등록번호, 주민등록 발급일자를 입력한 후, '입력확인' 칸의 숫자를 입력란에 똑같이 입력하고 '확인'을 클릭합니다.

⑥ 다음 페이지의 화면처럼 "입력하신 내용은 등록된 내용과 일치합니다."라는 문구가 나타나면 진짜 주민등록증 소유자이므로 계약해도 무방합니다. 하지만 "일치는 하지만 분실신고된 증입니다." 또는 "일치하지 않습니다."라는 문구가 나타나면 그 주민등록증을 제시한 사람과 계약해서는 안 됩니다.

방법 3: 스마트폰에서 주민등록증 진위 확인하기

스마트폰으로도 언제 어디서나 주민등록증 진위를 확인할 수 있습니다.

① '정부24' 앱(App)을 열어 로그인을 합니다.

② 앱 화면의 왼쪽 상단에 메뉴 아이콘을 터치합니다.

③ 민원서비스, 사실/진위확인을 터치합니다.

④ 주민등록증 진위확인/잠김해제를 터치합니다.

⑤ 주민등록진위확인을 터치합니다.

⑥ 성명, 주민등록번호, 발급일자, 캡차(CAPTCHA)를 입력하고 확인을 터치합니다.

⑦ "입력하신 내용은 등록된 내용과 일치합니다."라는 문구가 나타나면 진짜 주민등록증 소유자이므로 계약해도 무방합니다.

※ 캡쳐 방지 기능으로 해상도가 좋지 못한 점 양해바랍니다.

방법 4: 스마트폰에서 운전면허증 진위 확인하기

가끔 주민등록증이 아닌 운전면허증을 가지고 오는 임대인이 있습니다. 이런 경우에는 운전면허증의 진위확인를 확인해야 하는데요. 방법은 다음과 같습니다.

① '경찰청 교통민원24' 앱App을 열어 로그인을 합니다.

② 앱 화면의 왼쪽 상단에 메뉴 아이콘을 터치합니다.

③ '운전면허·조사예약'을 터치합니다.

④ '운전면허증 진위여부조회'를 터치합니다.

⑤ 생년월일, 성명, 면허번호, 식별번호를 입력하고 조회를 터치합니다.

⑥ "전산 자료와 일치 합니다. 식별번호가 일치합니다."라는 문구가 나타나면 진짜 운전면허증 소유자이므로 계약해도 무방합니다.

※ 캡쳐 방지 기능으로 해상도가 좋지 못한 점 양해바랍니다.

**토막
상식**

✎ **집주인이 아닌 대리인과 계약할 때**

집주인이 아닌 대리인과 계약해야 하는 경우라면 진위를 어떻게 확인할 수 있을
까요? 가장 좋은 방법은 대리인이 집주인의 인감증명과 위임장을 가지고 계약하
러 올 때, 집주인의 주민등록증도 함께 가지고 오도록 하는 것입니다. 만약 이것이
여의치 않을 때는 집주인과 전화 통화를 해서 집주인의 이름과 주민등록번호 그
리고 발급 날짜를 직접 확인해야 합니다. 그리고 대리인이 가지고 온 인감증명이
집주인 본인이 직접 서명하여 발급된 것인지 정부24 홈페이지 '민원서비스 → 사
실/진위확인 → 본인서명발급 사실확인'을 통해 반드시 확인해 보시기 바랍니다.
또한, 등기사항전부증명서상 소유자 이름과 주민등록상 이름이 일치하는지도 확
인하고 잔금을 치르기 전에 반드시 집주인을 만나봐야 합니다. 참고로 부부 공동
명의 집에 세를 얻을 때는 부부 모두와 계약해야 합니다.

022 전·월세계약서, 임차인에게 유리하게 쓰기

학생이나 직장인 또는 신혼부부가 부모님과 함께 살던 집을 떠나 세를 얻을 때는 혼자 계약서를 작성해야 합니다. 처음으로 전·월세 계약을 맺는 초보자라면 계약하러 갈 때 챙겨야 할 준비물과 계약서 작성 방법을 미리 똑똑히 알고 가야겠죠?

계약하러 갈 때 준비물

임차인: 도장, 주민등록증(또는 운전면허증)

임대인(집주인): 도장, 주민등록증

만약 임대인이 도장을 가지고 나오지 않았다면 지장(손도장)을 찍으면 됩니다. 지장보다 도장을 더 믿을 수 있다고 하는 사람도 있지만, 위조가 가능한 도장보다 지문이 남는 지장이 오히려 더 좋을 수도 있습니다. 그리고 계약서를 완전히 쓰기 위해서는 서명이 필요하므로, 계약서를 컴퓨터로 작성해서 출력한다 하더라도 임대인과 임차인의 이름은 계약서에 직접 손으로 적는 것이 좋습니다. 주택임대차 계약을 할 때는 법무부에서 제공하는 '주택

임대차 표준계약서'를 이용하는 것을 추천합니다. 임차인의

보증금이 잘 보호받을 수 있도록 만들어져 있기 때문입니다.

QRcode

▼ 전·월세계약서 샘플

[이 계약서는 법무부가 국토교통부 서울시 및 관련 전문가들과 함께 민법, 주택임대차보호법, 공인중개사법 등 관계법령에 근거하여 만들었습니다. 법의 보호를 받기 위해 【중요확인사항】(별지)을 꼭 확인하시기 바랍니다.]

주택임대차표준계약서

① ☐보증금 있는 월세
☐전세 ☐월세

② 임대인(   )과 임차인(   )은 아래와 같이 임대차 계약을 체결한다

③ [임차주택의 표시]

소 재 지	[도로명주소]			
토 지	지목		면적	㎡
건 물	구조·용도		면적	㎡
임차할부분	상세주소가 있는 경우 동·층·호 정확히 기재		면적	㎡

④
계약의종류	☐ 신규 계약	☐ 합의에 의한 재계약
	☐ 「주택임대차보호법」제6조의3의 계약갱신요구권 행사에 의한 갱신계약	
	⁕ 갱신 전 임대차계약 기간 및 금액	
	계약 기간: 보증금: 원, 차임: 월 원	

⑤ 미납 국세·지방세 | **⑥** 선순위 확정일자 현황

☐ 없음 (임대인 서명 또는 날인 ⑩)	☐ 해당 없음 (임대인 서명 또는 날인 ⑩)	**⑦** 확정일자 부여란
☐ 있음(중개대상물 확인·설명서 제2쪽 II. 개업공인중개사 세부 확인사항 '⑨ 실제 권리관계 또는 공시되지 않은 물건의 권리사항'에 기재)	☐ 해당 있음(중개대상물 확인·설명서 제2쪽 II. 개업공인중개사 세부 확인사항 '⑨ 실제 권리관계 또는 공시되지 않은 물건의 권리사항'에 기재)	⁕ 주택임대차계약서를 제출하고 임대차 신고의 접수를 완료한 경우에는 별도로 확정일자 부여를 신청할 필요가 없습니다.

[계약내용]

⑧ 제1조(보증금과 차임 및 관리비) 위 부동산의 임대차에 관하여 임대인과 임차인은 합의에 의하여 보증금과 차임 및 관리비를 아래와 같이 지불하기로 한다.

보 증 금	금	원정(₩)		
계 약 금	금	원정(₩)은 계약시에 지불하고 영수함. 영수자 (인)		
중 도 금	금	원정(₩)은 년 월 일에 지불하며		
잔 금	금	원정(₩)은 년 월 일에 지불한다		
차임(월세)	금	원정은 매월 일에 지불한다(입금계좌:)		
관 리 비	(정액인 경우) 총액 금 원정(₩)			
	월 10만원 이상인 경우 세부금액 기재			
	1. 일반관리비 금 원정(₩)	2. 전기료 금 원정(₩)		
	3. 수도료 금 원정(₩)	4. 가스 사용료 금 원정(₩)		
	5. 난방비 금 원정(₩)	6. 인터넷 사용료 금 원정(₩)		
	7. TV 사용료 금 원정(₩)	8. 기타관리비 금 원정(₩)		
	(정액이 아닌 경우)			
	관리비의 항목 및 산정방식을 기재(예: 세대별 사용량 비례, 세대수 비례)			

⑨ 제2조(임대차기간) 임대인은 임차주택을 임대차 목적대로 사용·수익할 수 있는 상태로   년   월   일까지 임차인에게 인도하고, 임대차기간은 인도일로부터   년   월   일까지로 한다.

⑩ 제3조(입주 전 수리) 임대인과 임차인은 임차주택의 수리가 필요한 시설물 및 비용부담에 관하여 다음과 같이 합의한다.

수리 필요 시설	☐ 없음 ☐ 있음(수리할 내용:)
수리 완료 시기	☐ 잔금지급 기일인 년 월 일까지 ☐ 기타 ( )
약정한 수리 완료 시기까지 미 수리한 경우	☐ 수리비를 임차인이 임대인에게 지급하여야 할 보증금 또는 차임에서 공제 ☐ 기타 ( )

⑪ 제4조(임차주택의 사용·관리·수선) ① 임차인은 임대인의 동의 없이 임차주택의 구조변경 및 전대나 임차권 양도를 할 수 없으며, 임대차 목적인 주거 이외의 용도로 사용할 수 없다.
② 임대인은 계약 존속 중 임차주택을 사용·수익에 필요한 상태로 유지하여야 하고, 임차인은 임대인이 임차주택의 보존에 필요한 행위를 하는 때 이를 거절하지 못한다.
③ 임대인과 임차인은 계약 존속 중에 발생하는 임차주택의 수리 및 비용부담에 관하여 다음과 같이 합의한다. 다만, 합의되지 아니한 기타 수선비용에 관한 부담은 민법, 판례 기타 관습에 따른다.

임대인부담	(예컨대, 난방, 상·하수도, 전기시설 등 임차주택의 주요설비에 대한 노후·불량으로 인한 수선은 민법 제623조, 판례상 임대인이 부담하는 것으로 해석됨
임차인부담	(예컨대, 임차인의 고의·과실에 기한 파손, 전구 등 통상의 간단한 수선, 소모품 교체 비용은 민법 제623조, 판례상 임차인이 부담하는 것으로 해석됨

④ 임차인이 임대인의 부담에 속하는 수선비용을 지출한 때에는 임대인에게 그 상환을 청구할 수 있다.

❶ 계약 종류 표시

보증금이 있는 월세라면 보증금 있는 월세란에 체크, 전세라면 전세란에 체크, 순수하게 월세만 내거나 1개월 월세에 해당하는 예치금을 보증금 대신 지불하는 방식이라면 월세란에 체크합니다.

❷ 임대인과 임차인 이름

임대인과 임차인 각자의 주민등록상 이름을 적습니다. 이때 임대인의 이름이 등기사항전부증명서와 건축물대장의 이름과 일치하는지 확인해야 합니다.

❸ 임차주택의 표시

세를 얻고자 하는 집의 주소와 동·호수, 집이 지어져 있는 토지의 지목과 면적, 집의 구조, 용도, 면적과 주택의 일부분만 임차할 경우 그 부분과 면적 등을 기재합니다. 이때 주의할 점은 등기사항전부증명서 상이 아니라 건축물대장과 토지대장의 내용을 기준으로 기재해야 한다는 것입니다.

❹ 계약의 종류

본 계약이 신규 계약인지, 아니면 임대인과 임차인이 합의한 재계약인지, 계약갱신요구권에 의한 갱신계약인지 표시하고 갱신계약이라면 갱신 전 임대차계약 기간, 보증금, 차임을 기재합니다.

❺ 미납국세·지방세

임대인에게 밀린 국세나 지방세가 있는지 확인하여 그 사실 여부를 기재합니다. 만약에 임대인이 국세나 지방세를 연체했다면 해당 주택이 경매로 넘어갈 수 있기 때문입니다. 중개대상물 확인·설명서에도 기재해야 합니다.

❻ 선순위 확정일자 현황

세를 얻고자 하는 집에 자신보다 먼저 입주한 임차인이 있는 경우, 해당 임차인들의 보증금 액수와 확정일자 부여 여부를 임대인에게 확인하여 그 사실을 기재해야 합니다. 만약에 해당 주택이 경매에 넘어간다고 가정했을 때 자신의 보증금을 보호받을 수 있는지를 예측할 수 있기 때문입니다. 계산 결과 근저당권의 채권 최고액과 선순위 임차인의 모든 보증금 그리고 자신의 보증금을 합한 금액이 해당 주택가격의 80%를 넘는다면 계약을 심각하게 고민해 봐야 합니다.

❼ 확정일자 부여

해당 주택으로 이사하고 전입신고를 한 후 확정일자를 받을 때 이곳에 확정일자 도장을 찍으면 됩니다. 임대차신고를 한 경우에는 확정일자를 받지 않아도 됩니다.

❽ 제1조 보증금과 차임과 관리비

보증금과 월세 금액을 적을 때는 위조를 막기 위해 아라비아 숫자로만 기재하지 말고, 한글이나 한자로 한 번 더 적어줍니다. 계약일과 잔금일 사이의 기간은 여유 있게 한 달 이상으로 잡는 것이 좋습니다(월세의 경우 금액이 적어 중도금은 대부분 생략합니다). 또한 계약금을 지불했다는 계약금 영수증은 분실할 위험이 있으므로, 계약서의 영수자란에 임대인의 사인과 도장을 받아 계약금 영수증을 대체하면 좋습니다. 월세의 경우 입금계좌란에 임대인의 은행명과 계좌번호를 기재합니다. 월 10만 원 이상 정액 관리비의 경우 항목별로 자세하게 기록합니다.

❾ 제2조 임대차 기간

임차인이 입주하는 날짜와 임대차계약 기간을 기재합니다.

❿ 제3조 입주 전 수리

입주 전에 수리가 필요한 시설이 있는지, 있다면 언제까지 수리해 줄 것인지, 약속한 날까지 수리가 되지 않으면 임대인에게 주어야 할 임대보증금에서 수리비를 제하고 준다든지 하는 약정내용을 기재해야 합니다. 이러한 내용이 없으면 계약기간 이내 또는 만료 후에 시설수리 비용 등으로 다툼이 발생하게 됩니다. 이렇게 약정내용을 기재해두면 다툼을 사전에 방지할 수 있지요.

⓫ 제4조~제11조

셋집의 전대·임차권 양도 금지·수리·수선비용 부담에 관한 내용, 계약 포기에 따른 계약해제 내용, 채무불이행과 관련한 손해배상 내용, 주택 일부 멸실이나 임차인의 월세 연체로 인한 계약 해지 내용, 계약갱신요구권과 거절에 관한 내용, 계약종료 시 공과금·관리비·장기수선충당금 정산에 관한 내용, 분쟁 시 원만하게 해결하자는 내용 등입니다. 꼼꼼하게 읽어보고, 이해가 가지 않는 부분이 있으면 바로 공인중개사나 전문가에게 물어보고 자신에게 불리한 내용이 없는지 확인해야 합니다.

제5조(계약의 해제) 임차인이 임대인에게 중도금(중도금이 없을 때는 잔금)을 지급하기 전까지, 임대인은 계약금의 배액을 상환하고, 임차인은 계약금을 포기하고 이 계약을 해제할 수 있다.

제6조(채무불이행과 손해배상) 당사자 일방이 채무를 이행하지 아니하는 때에는 상대방은 상당한 기간을 정하여 그 이행을 최고하고 계약을 해제할 수 있으며, 그로 인한 손해배상을 청구할 수 있다. 다만, 채무자가 미리 이행하지 아니할 의사를 표시한 경우의 계약해제는 최고를 요하지 아니한다.

제7조(계약의 해지) ① 임차인은 본인의 과실 없이 임차주택의 일부가 멸실 기타 사유로 인하여 임대차의 목적대로 사용할 수 없는 경우에는 계약을 해지할 수 있다.

② 임대인은 임차인이 2기의 차임액에 달하도록 연체하거나, 제4조 제1항을 위반한 경우 계약을 해지할 수 있다.

제8조(갱신요구와 거절) ① 임차인은 임대차기간이 끝나기 6개월 전부터 2개월 전까지의 기간에 계약갱신을 요구할 수 있다. 다만, 임대인은 자신 또는 그 직계존속·직계비속의 실거주 등 주택임대차보호법 제6조의3 제1항 각 호의 사유가 있는 경우에 한하여 계약갱신의 요구를 거절할 수 있다.
※ 별지) 계약갱신 거절통지서 양식 사용 가능

② 임대인이 주택임대차보호법 제6조의3 제1항 제8호에 따른 실거주를 사유로 갱신을 거절하였음에도 불구하고 갱신요구가 거절되지 아니하였더라면 갱신되었을 기간이 만료되기 전에 정당한 사유 없이 제3자에게 주택을 임대한 경우, 임대인은 갱신거절로 인하여 임차인이 입은 손해를 배상하여야 한다.

③ 제2항에 따른 손해배상액은 주택임대차보호법 제6조의3 제6항에 의한다.

제9조(계약의 종료) 임대차계약이 종료된 경우에 임차인은 임차주택을 원래의 상태로 복구하여 임대인에게 반환하고, 이와 동시에 임대인은 보증금을 임차인에게 반환하여야 한다. 다만, 시설물의 노후화나 통상 생길 수 있는 파손 등은 임차인의 원상복구의무에 포함되지 아니한다.

제10조(비용의 정산) ① 임차인은 계약종료 시 공과금과 관리비를 정산하여야 한다.

② 임차인은 이미 납부한 관리비 중 장기수선충당금을 임대인(소유자인 경우)에게 반환 청구할 수 있다. 다만, 관리사무소 등 관리주체가 장기수선충당금을 정산하는 경우에는 그 관리주체에게 청구할 수 있다.

제11조(분쟁의 해결) 임대인과 임차인은 본 임대차계약과 관련한 분쟁이 발생하는 경우, 당사자 간의 협의 또는 주택임대차분쟁조정위원회의 조정을 통해 호혜적으로 해결하기 위해 노력한다.

⑫ 제12조(중개보수 등) 중개보수는 거래 가액의 _____%인 _____원(□ 부가가치세 포함 □ 불포함)으로 임대인과 임차인이 각각 부담한다. 다만, 개업공인중개사의 고의 또는 과실로 인하여 중개의뢰인간의 거래행위가 무효·취소 또는 해제된 경우에는 그러하지 아니하다.

⑬ 제13조(중개대상물확인·설명서 교부) 개업공인중개사는 중개대상물 확인·설명서를 작성하고 업무보증관계증서 (공제증서등) 사본을 첨부하여 _____년_____월_____일 임대인과 임차인에게 각각 교부한다.

⑭ **[특약사항]**

- 주택을 인도받은 임차인은 _____년___월___일까지 주민등록(전입신고)과 주택임대차계약서상 확정일자를 받기로 하고, 임대인은 위 약정일자의 다음날까지 임차주택에 저당권 등 담보권을 설정할 수 없다.
- 임대인이 위 특약에 위반하여 임차주택에 저당권 등 담보권을 설정한 경우에는 임차인은 임대차계약을 해제 또는 해지할 수 있다. 이 경우 임대인은 임차인에게 위 특약 위반으로 인한 손해를 배상하여야 한다.
- 임대차계약을 체결한 임차인은 임대차계약 체결 시를 기준으로 임대인이 사전에 고지하지 않은 선순위 임대차 정보(주택임대차보호법 제3조의6 제3항)가 있거나 미납 또는 체납한 국세·지방세가 _____원을 초과하는 것을 확인한 경우 임대차기간이 시작되는 날까지 제5조에도 불구하고 계약금 등의 명목으로 임차인에게 교부한 금전 기타 물건을 포기하지 않고 임대차계약을 해제할 수 있다.
- 주택임대차계약과 관련하여 분쟁이 있는 경우 임대인 또는 임차인은 법원에 소를 제기하기 전에 먼저 주택임대차분쟁조정위원회에 조정을 신청한다. (□ 동의 □ 미동의)
   ※ 주택임대차분쟁조정위원회 조정을 통할 경우 60일(최대 90일) 이내 신속하게 조정 결과를 받아볼 수 있습니다.
- 주택의 철거 또는 재건축에 관한 구체적 계획 (□ 없음 □ 있음 ☞공사시기: ※ 소요기간: 개월)
- 상세주소가 없는 경우 임차인의 상세주소부여 신청에 대한 소유자 동의여부 (□ 동의 □ 미동의)

⑮ 본 계약을 증명하기 위하여 계약 당사자가 이의 없음을 확인하고 각각 서명날인 후 임대인, 임차인, 개업공인중개사는 매 장마다 간인하여, 각각 1통씩 보관한다.
_____년_____월_____일

임대인	주 소					서명 또는 날인인
	주민등록번호		전 화		성 명	
	대 리 인	주 소		주민등록번호		성 명
임차인	주 소					서명 또는 날인인
	주민등록번호		전 화		성 명	
	대 리 인	주 소		주민등록번호		성 명
개업공인중개사	사무소소재지		사무소소재지			
	사무소명칭		사무소명칭			
	대 표	서명 및 날인	㉑	대 표	서명 및 날인	㉑
	등 록 번 호		전화	등 록 번 호		전화
	소속공인중개사	서명 및 날인	㉑	소속공인중개사	서명 및 날인	㉑

⑫ 제12조 중개보수 등

중개수수료에 관한 내용입니다. 요율과 금액을 적고 중개수수료 소득공제와 관련하여 현금영수증을 받을 경우, 중개수수료에 부가가치세가 포함되는지를 확인해야 합니다(26장 '정확한 중개수수료 계산하기' 참고).

⑬ 제13조 중개대상물확인·설명서 교부

공인중개사는 임차인에게 근거자료를 제시하고 중개대상물에 대해 성실·정확하게 확인 후 설명해야 할 의무가 있습니다. 주택임대차계약 시 공인중개사는 임대인으로부터 확인 서류를 받아 해당 주택의 임차인이 계약갱신요구권을 행사했는지, 임대차계약기간은 얼마나 남았는지 등에 대해 새로 세를 들어오고자 하는 임차인에게 확인·설명해야 합니다.

⑭ 특약사항

임차인이 대항력을 갖추기 전에 임대인이 저당권 등을 설정하거나, 임대차 계약 체결 시 임차인에게 알리지 않은 선순위 임대차 정보나 미납·체납된 국세·지방세가 있으면 임차인은 임대차 계약을 해제·해지할 수 있습니다. 주택의 철거나 재건축 계획이 있으면 이에 대해 자세하게 기록해야 합니다. 임차인은 임대인에게 상세 주소 부여를 요구할 수도 있습니다. 또한, 특약사항을 기록할 때는 자신에게 불리한 내용이 없는지 다시 한번 확인해 보고, 애매한 점이 있으면 주위 사람에게 물어본 후에 신중히 작성하세요.

⓯ 임대인, 임차인, 중개업자의 주소, 연락처, 주민등록번호 등

임대인, 임차인, 공인중개사사무소의 주소, 연락처, 주민등록번호, 사업자등록번호 등을 기재하는 칸입니다. 임대인의 연락처를 기재할 때는 칸의 크기가 작다는 이유로 집 전화번호나 휴대전화 번호 중 하나만 적지 말고, 가능하면 두 가지 모두 적어두어야 합니다. 또한 계약서에 기재된 임대인의 이름이 주민등록증과 등기사항전부증명서의 이름과 일치하는지 반드시 확인해야 합니다(21장 '진짜 집주인이 맞을까? 진위 확인하기' 참고). 그리고 계약서에 기재된 중개인의 이름과 사업자등록번호가 중개업소 벽에 걸려 있는 사업자등록증과 일치하는지도 반드시 확인하세요.

법의 보호를 받기 위한 중요사항! 반드시 확인하세요

부동산거래관리시스템(https://rtms.molit.go.kr/)에서 제공하는 '주택임대차 표준계약서' 뒷부분에는 임차인의 권리 보호를 위하여 반드시 알아 둬야 할 대항력 및 우선변제권 확보에 관한 내용, 계약 전 해당 주택의 선순위 권리 및 세금 체납 사실을 확인해 봐야 한다는 내용, 보증금 증액은 기존 증액 후 1년이 지난 다음에 해주는 것이라는 내용, 약정한 임대차 기간이 지나가는데도 임대인과 임차인이 기존 임대차 계약에 관해 아무런 이야기가 없으면 임대차 계약이 자동으로 2년 더 연장된다는 내용, 임차인이 해당 주택에 더 살고 싶으면 임대인에게 요구할 수 있는 권리가 있다는 내용 등이 자세하게 설명되어 있으니 꼭 읽어보세요!

참고로 임대인이 임차인의 계약갱신 요구를 거절하고자 할 때 필요한 '계약갱신 거절통지서'도 있습니다.

별지2)

계약갱신 거절통지서

임대인		임차인	
(성명)		(성명)	
(주소)		(주소)	
(연락처)		(연락처)	
임차목적물 주소			
임대차계약 기간			

임대인(_____)은 임차인(_____)로부터 ____년 ____월 ____일 주택임대차계약의 갱신을 요구받았으나, 아래와 같은 법률상 사유로 위 임차인에게 갱신요구를 거절한다는 의사를 통지합니다.

◆ **계약갱신거절 사유**(주택임대차보호법 제6조의3 제1항 각 호)

1. 임차인이 2기의 차임액에 해당하는 금액에 이르도록 차임을 연체한 사실이 있는 경우 ☐
2. 임차인이 거짓이나 그 밖의 부정한 방법으로 임차한 경우 ☐
3. 서로 합의하여 임대인이 임차인에게 상당한 보상을 제공한 경우 ☐
   (상당한 보상의 내용 : _____)
4. 임차인이 임대인의 동의 없이 목적 주택의 전부 또는 일부를 전대(轉貸)한 경우 ☐
5. 임차인이 임차한 주택의 전부 또는 일부를 고의나 중대한 과실로 파손한 경우 ☐
6. 임차한 주택의 전부 또는 일부가 멸실되어 임대차의 목적을 달성하지 못할 경우 ☐
7. 주택의 전부 또는 대부분을 철거·재건축하기 위하여 점유를 회복할 필요가 있는 경우
   7-1. 임대차계약 체결 당시 공사시기 및 소요기간 등을 포함한 철거 또는 재건축 계획을 임차인에게 구체적으로 고지하고 그 계획에 따르는 경우 ☐
   7-2. 건물이 노후·훼손 또는 일부 멸실되는 등 안전사고의 우려가 있는 경우 ☐
   7-3. 다른 법령에 따라 철거 또는 재건축이 이루어지는 경우 ☐
8. 임대인 또는 임대인의 직계존비속이 목적 주택에 실제 거주하려는 경우 ☐
   (실거주자 성명 : _____, 임대인과의 관계 : ☐ 본인 ☐직계존속 ☐직계비속)
9. 그 밖에 임차인이 임차인으로서의 의무를 현저히 위반하거나 임대차를 계속하기 어려운 중대한 사유가 있는 경우 ☐

◆ **위 계약갱신거절 사유를 보충설명하기 위한 구체적 사정**

_____
_____
_____

※ 선택하신 사유를 소명할 수 있는 문서 등 별도의 자료가 있는 경우 해당 자료들을 본 통지서에 첨부하여 임차인에게 교부하시기 바랍니다.

작성일자 : 년 월 일	임대인 :	(서명 또는 날인)

• 거절통지의 효력은 위 계약갱신 거절통지서를 작성 및 발송한 후, 임차인에게 통지가 도달한 때에 발생합니다.

일단 계약서에 도장을 찍으면 번복할 수 없다

계약서를 썼더라도 마음이 바뀌면 계약 후 24시간 안에 이 계약을 없었던 것으로 할 수 있다고 생각하는 사람들이 있습니다. 그러나 이는 잘못된 상식입니다. 일단 계약서에 도장을 찍으면 그 계약은 번복할 수 없습니다. 만약에 번복하고 싶다면 임차인은 자신의 계약금을 포기해야 하고, 임대인은 계약금의 2배를 내놓아야 합니다. 그러므로 계약서에 도장을 찍기 직전까지 자신에게 불리한 내용이 없는지 확인, 또 확인해야 합니다.

임차인에게 유리한 계약기간은 1년일까, 2년일까?

1년 계약해도 1년 더 연장할 수 있다

전·월세 계약을 할 때 임대인이 계약기간을 1년만 요구하는 경우도 있고, 2년을 요구하는 경우도 있습니다. 또는 임차인에게 맡기기도 합니다. 그러면 임차인에게 유리한 계약기간은 1년일까요, 2년일까요? 계약기간이 2년인 임차인은 세 얻은 주택에서 2년간 아무런 방해를 받지 않고 편안하게 살 수 있습니다. 그렇다면 계약기간이 1년인 임차인은 계약을 1년으로 했으니 1년밖에 살지 못할까요? 아닙니다. 비록 임차인이 계약을 1년으로 했다 하더라도 더 살고 싶으면 1년을 더 연장하여 살 수 있습니다. 「주택임대차보호법」에 그렇게 나와 있기 때문입니다.

> **주택임대차보호법 제4조(임대차기간 등)**
> ① 기간을 정하지 아니하거나 2년 미만으로 정한 임대차는 그 기간을 2년으로 본다. 다만, 임차인은 2년 미만으로 정한 기간이 유효함을 주장할 수 있다.
> ② 임대차기간이 끝난 경우에도 임차인이 보증금을 반환받을 때까지는 임대차관계가 존속되는 것으로 본다. [전문개정 2008. 3. 21.]

「주택임대차보호법」에 의해 2년까지 보장

다시 말해 전·월세 계약을 1년으로 하든 2년으로 하든 임차인은 계약기간에 상관없이 세를 얻은 집에서 최대 2년까지 아무런 방해를 받지 않고 살 수 있는 것입니다. 그래서 임차인

입장에서는 계약기간을 1년으로 하는 것이 더 유리합니다. 임차인이 계약기간을 마치고 이사를 가면 다음 임차인과 임대인 간의 계약 시 중개수수료를 집주인이 내지만, 임차인이 계약기간을 마치지 못하고 도중에 이사를 가게 되면 중개수수료를 임차인이 내야 하기 때문입니다. 즉 계약기간을 2년으로 하면 2년 후에 이사를 가야만 중개수수료를 부담하지 않습니다.

요즘 같이 경기가 좋지 않은 때 계약서 하나 잘 써서 중개수수료로 줄 돈 40~50만원을 아낄 수 있다면 이것 역시 훌륭한 재테크가 아닐까요?

아무도 말해주지 않는 계약서의 묵시적 갱신

주택 임대차 기간이 끝나기 6개월 전부터 2개월 전까지 임대인이 임차인에게 갱신거절이나 계약조건 변경의 통지를 하지 않으면 그 기간이 끝난 때에 이전 임대차와 동일한 조건으로 다시 임대차한 것으로 봅니다. 이때 임대차 기간은 2년이며 이것을 묵시적 갱신이라 합니다. 그런데 이렇게 묵시적으로 계약이 연장된 경우 임차인은 임대인에게 언제든지 계약의 해지를 통지할 수 있고 그 통지를 받은 날로부터 3개월이 지나면 임대인은 임차인에게 보증금을 돌려줘야 합니다.

묵시적 갱신으로 계약기간이 2년으로 자동 연장된 임차인이라도 2기(2개월분)의 월세를 연체하거나 그 밖에 임차인으로서의 의무를 현저히 위반하게 되면 묵시적 갱신의 효력은 발생하지 않습니다. 「주택임대차보호법」 제6조(계약의 갱신).

2년, 한 번 더 살 수 있다. 계약갱신청구권!

임차인이 임대차 기간이 끝나기 6개월 전부터 2개월 전까지 임대인에게 1회에 한하여 해당 임차주택에 2년간 더 살겠다고 요구할 수 있습니다. 임차인은 계약갱신 후 반드시 2년을 거주할 의무는 없으며, 임대인에게 계약 해지를 청구할 수 있고, 통고를 받은 날로부터 3개월이 지나면 임대인은 임차인에게 보증금을 돌려줘야 합니다. 임대인은 자신 또는 직계가족이 거주하고자 하는 경우 임차인의 계약 갱신 요구를 거절할 수 있습니다. 단, 이 사실이 거짓일 경우 임차인에게 손해배상을 해야 합니다.

두 번 세 놓는 전전세와 전대차, 주의할 점은?

사람들이 집을 사기보다는 계속 세를 살거나, 이와 반대로 수요는 많은 데 공급이 받쳐주지 못하는 경우 전·월세 가격이 상승합니다. 이런 상황은 내 집이 없는 사람들에게 큰 경제적 부담이 될 수밖에 없습니다. 그러나 '하늘이 무너져도 솟아날 구멍이 있다!'라고 했던가요?

이러한 상황에서도 저렴하게 세를 사는 방법이 있습니다. 그 방법은 바로 전전세와 전대차입니다. 임차인이 전세 또는 월세로 다시 세를 놓는다는 면에서는 전전세와 전대차가 비슷해 보입니다. 하지만 자세히 살펴보면 둘은 엄연히 다릅니다.

집주인의 동의가 필요 없는 전전세

전세 임차인이 자신의 보증금을 보호받기 위해 '전세권설정등기'를 해놓고 다시 세를 주는 경우 임대인의 허락이 필요 없습니다. 전세권설정등기란, 전세금을 지급한 전세권자가 자신의 용도에 따라 해당 부동산을 사용할 수 있는 권리를 말합니다(28장 '확정일자 vs 전세권설정등기, 더 강력한 것은?' 참고).

'전세권설정등기'에 의한 전세권은 임대인이 관여할 수 없는 임차인의 권리입니다. 그러므로 임차인은 해당 전세권이 설정된 주택을 다른 사람에게 자유롭게 빌려줄 수 있는 것입니다. 그러나 전전세라도 지켜야 할 몇 가지 조건이 있습니다.

- 전전세의 보증금은 기존 전세의 보증금을 넘을 수 없다.
- 전전세로 인해 해당 주택에 하자가 발생하거나 사고가 생겼을 경우, 기존 임차인이 책임져야 한다.
- 기존 임차인과 임대인 간의 계약이 만료되면 전전세 계약도 끝난다.

전전세로 들어온 임차인이 자신의 보증금을 보장받으려면 기존 임차인의 전세권에 다시 '전세권설정등기'를 해야 합니다. 그래야만 전전세의 효력이 발생합니다.

집주인의 동의가 필요한 전대차

전세권설정등기를 하지 않은 기존 임차인(전대인)에게 다시 세를 얻는 것을 '전대차'라고 하는데, 이때는 반드시 임대인의 허락이 필요합니다. 만약, 임대인의 허락 없이 기존 임차인에게 세를 얻었다면(이때 새로 세를 들어온 사람은 '전차인'이라고 합니다.), 임대인은 기존 임차인과의 임대차계약을 해지하고 새로 들어온 임차인(전차인)에게 나가라고 할 수 있습니다(「민법」 제629조). 단,

임차인의 전대차가 임대인에 대한 배신적 행위라고 할 수 없는 특별한 사정이 인정되는 경우에는 임대인은 자신의 동의 없이 전대차가 이루어졌다는 것만을 이유로 임대차계약을 해지할 수 없으며, 전차인은 전대차 및 그에 따른 사용·수익

QRcode

을 임대인에게 주장할 수 있습니다(대법원 2010.6.10, 선고, 2009다101275). 또한, 임차인은 임대인의 동의를 얻지 않고 그 주택의 아주 일부분을 다른 사람에게 사용하게 할 수 있으며, 이 경우에도 임대인은 계약을 해지할 수 없습니다(「민법」제632조).

전대차에는 기존 전셋집을 다시 전세로 얻는 경우, 기존 전셋집을 월세로 얻는 경우, 기존 월셋집을 다시 월세로 얻는 경우 등이 있는데, 어떤 경우이든 전대차를 할 때는 반드시 임대인의 동의를 받아야 합니다. 그리고 전대차 계약을 하기 전에 주변의 보증금이나 월세 시세를 확인해 보는 것이 좋습니다.

방 하나만 세놓는 하우스메이트

돈이 부족한 대학생들이나 직장인들 사이에서 인기 있는 방법인데, 줄여서 '하메'라고 합니다. 전대차나 전전세가 상당한 액수의 보증금과 월세를 주고 해당 주택 전부 또는 일부의 세를 얻는 것이라면, 하메는 아예 보증금이 없거나, 있더라도 아주 적은 보증금만 주고 해당 주택의 방 하나만 세를 얻는 것입니다. 그리고 해당 주택의 월세를 1/n로 나누어 내므로 전전세나 전대차에 비해 경제적으로 부담이 적습니다.

그렇다면 하메의 단점은 없을까요? 물론 있습니다.

- 프라이버시 침해가 있을 수 있다.
- 쌀, 반찬, 치약, 비누, 화장지 등 식료품과 생필품, 전기요금, 수도요금, 가스비 등 관리비 부담 등을 구체적으로 정해야 분쟁이 없다.
- 이성 하메를 구하는 데 집착한다면, 다른 목적이 있는지 의심해 볼 필요가 있다. 특히, 남성이 여성 하메를 구하는 경우에는 조심해야 한다.
- 하메 계약을 할 때 기존 임차인이 맞는지 확인하라. 임대인을 통해 기존 임차인이 맞는지 확인한 후에 계약하고 월세를 지불해야 한다.

하메가 불법이냐 아니냐에 대해 말들이 많은데, 하메는 일종의 '전대차'라고 할 수 있습니다. 따라서 하메를 구하려면 그 전에 반드시 임대인의 동의를 받아야 합니다.

하우스메이트 계약서

1. 부동산의 표시

소재지(주소)	
계약 공간	

2. 비용관계, 계약기간 및 용어 정의
(1) 용어정의 : 상기 부동산에서 메이트를 들이는 자는 "갑" 메이트로 들어가는 자는 "을"로 정의합니다.
(2) 을은 상기 표시 부동산의 하우스메이트보증금 및 월세를 다음과 같이 지불하기로 합니다.

하우스메이트보증금 술		원整(₩	)
계약금	술	원整은 계약시에 지불하고 영수합니다.	
월 세	술	원整은 매월 일까지 지불하기로 합니다.	
계약기간	20 년 월 일부터 20 년 월 일까지		

3. 갑과 을의 책임, 의무 및 권리
(1) 갑의 책임과 의무 및 권리
　1) 갑은 상기 부동산(계약공간)이 갑의 실소유가 아닌 임대공간일 경우, 을이 계약공간을 사용함에 있어 실소유인과 갑의 임대차관계로 발생하는 문제에 을이 손해가 없도록 모든 책임을 집니다.
　2) 갑은 계약시 체결된 상기 비용관계, 및 4의 상호특약사항에 있어, 을이 약속을 지키지 않았을 경우 계약관계를 파기할 수 있으며, 손해비용을 청구할 수 있는 권리를 갖습니다.
(2) 을의 책임과 의무 및 권리
　1) 을은 계약시 체결된 상기 비용관계, 및 4의 상호특약사항에 있어, 갑이 약속을 지키지 않았을 경우 계약관계를 파기할 수 있으며, 손해비용을 청구할 수 있는 권리를 갖습니다.

셰어하우스

화장실과 주방 등 공용공간을 함께 사용하는 공동주거 형태를 말하는 것으로 앞서 언급한 하메와 비슷한 개념으로 볼 수 있습니다. 이용 형태는 공용공간만 공유하는 플랫 셰어와 방까지 공유하는 룸 셰어, 대문만 공유하고 집을 따로 구분하는 하우스 셰어까지 다양합니다. 셰어하우스에는 서로 다른 사람들이 함께 거주하다 보니 습관이나 문화적인 차이에 의해 갈등이 있을 수 있고, 국내 셰어하우스들은 대부분 임대인이 직접 운영하는 것이 아니라 기존 임차인이 자신이 세 든 집을 다시 세를 놓는 전대차 형태여서 법의 보호를 받기 어려울 수도 있습니다. 그러므로 셰어하우스에 세를 들고자 한다면 임대인의 동의하에 계약해야 합니다. 개인이 아닌 전문업체든 지방자치단체나 공공 기관이 위탁 운영하는 셰어하우스라 하더라도 명성만 믿지 말고 임대인의 동의 여부, 업체가 임대인에게 지급하는 보증금 액수, 셰어하우스의 방 개수와 보증금 총액 등을 꼼꼼하게 확인한 후 계약해야 합니다.

보증금이 거의 없는 무보증 월세

일부 지역의 역세권 주변 원룸이나 오피스텔의 경우, 입주할 때 1개월 월세에 해당하는 예치금을 보증금 대신 지불하고 월세를 선불로 내면서 생활할 수 있는데 이것을 '무보증 월세'라고 합니다. 무보증 월세는 계약기간을 합의하에 계약기간을 1~5개월 정도로 짧게 정할 수 있고 세탁기, 싱크대, 냉장고 등의 가전제품이 갖추어져 있어 생활하기가 편리합니다. 단, 보증금이 없어서 월세가 다소 비싼 편이고, 약속한 계약기간을 지키지 못하고 이사를 가는 경우 예치금을 전혀 되돌려 받지 못할 수도 있으니 주의가 필요합니다.

전세사기 방지, 공유주거

전월세보증금 사기 우려가 커지면서 공유주거에 관심을 갖는 2030 세대가 늘어나고 있고 이에 발맞추어 부동산 스타트업, 대기업, 해외 자산운용사까지 공유주택을 선보이고 있는데요. 공유주거(Co-living·코리빙)란 침실과 화장실은 독립된 원룸 형태로 사용하되 거실과 주방은 입주민이 함께 쓰도록 만든 주택 상품을 말합니다.

토막상식

✎ **전전세, 전대차 사기 예방을 위한 계약서 작성 팁**

① 임대인에게 해당 주택의 기존 임차인이라는 사람과의 전세계약 사실 여부를 직접 확인하세요. 이때 임대인 신분증의 이름이 등기사항전부증명서 이름과 전세계약서의 이름과 일치하는지, 또 기존 임차인 신분증의 이름이 전세계약서의 이름과 일치하는지 살펴보세요.

② 전전세의 경우 전전세 사실을 임대인에게 알리고, 전대차의 경우 임대인의 동의를 받아야 합니다.

③ 부동산에 하자가 없는지 살펴보고, 등기사항전부증명서의 을구에 경매의 위험이 없는지 확인한 후 계약하세요. 이때 계약금은 임대인의 통장으로 직접 입금하는 게 안전합니다.

④ 전입신고를 하고 확정일자를 받아 소중한 보증금을 지키세요.

024

사고 없이 일사천리로 잔금 치르는 요령

계약한 집으로 이사하려면 먼저 잔금을 치러야 합니다. 금액이 적은 전세나 월세는 일반적으로 중도금을 생략하므로 잔금만 치르면 됩니다. 잔금을 치러야 집 열쇠를 받을 수 있고, 그제야 비로소 그 집에 들어갈 권리를 가지게 됩니다. 그런데 잔금을 치르는 요령이 없어서 잔금 받을 사람과 다툼이 일어나거나 사고가 생기는 경우가 종종 있습니다.

잔금 치르기 2~3일 전에 잔금 받을 사람과 통화하기

잔금을 치르기 전에 잔금을 받을 사람(대개 임대인)과 통화해서 잔금을 현찰로 받을 것인지, 계좌이체로 받을 것인지를 미리 정해놓아야 차질 없이 잔금을 치를 수 있습니다.

잔금 치르는 날이 휴일이라면 그전에 미리 준비해야

공휴일에 인터넷뱅킹이나 모바일뱅킹이 아닌 현금으로 잔금을 치러야 한다면, 하루나 이틀 전에 미리 현금을 준비해놓아야 합니다.

현금은 1천원, 1만원, 5만원권으로 골고루 준비하자

이사 나가는 사람은 이사 들어올 사람에게 잔금을 받아 그 돈으로 관리비와 각종 공과금을 정산합니다. 이럴 때 이사 들어올 사람이 깔끔하게 수표 한 장으로 잔금을 치르면 난감해집니다. 잔금을 현금으로 치르는 경우에는 잔금 일부를 1천원, 1만원, 5만원 등의 잔돈으로 준비하는 게 좋습니다.

타 은행 수표를 송금할 때는 하루나 이틀 전에 송금

잔금을 받을 사람이 거래하는 은행이 아닌 다른 은행의 수표라면 사용하는 데 하루가 더 걸립니다. 예를 들어 KB국민은행 수표를 신한은행으로 송금하면 다음 날 영업일에나 출금할 수 있습니다. 따라서 타 은행 수표를 송금할 때는 적어도 하루 전에 송금해야 합니다.

가능하면 현금보다는 은행 계좌이체를 이용!

현금으로 잔금을 치르면 영수증을 받아야 해서 번거롭고 돈을 분실할 위험도 있으므로, 가능하면 거래내역이 기록되는 인터넷뱅킹이나 모바일뱅킹, 텔레뱅킹을 이용하는 것이 좋습니다.

**토막
상식**

✎ 중도금 치르는 날짜는 여유 있게 잡으세요

전·월세도 보증금 액수가 커서 중도금을 치러야 하는 경우가 있습니다. 이 경우에는 중도금 날짜를 계약 날짜에서 조금 길게 잡아야 돈을 여유 있게 마련할 수 있습니다.

025

계획 세워 이사하면 깨알같이 돈 아낀다!

요즘에는 포장이사를 많이 합니다. 그런데 과연 포장이사만 하면 모든 이사가 일사천리로 진행될까요? 이번에는 손쉽고 빠르게, 그러면서 비용도 함께 절약할 수 있는 이사 방법을 알아보겠습니다.

한 달 전에 미리 준비할 것
이삿짐센터 예약하기

이사철에는 늦어도 한 달 전에는 이삿짐센터에 예약해야 합니다. 또한 이삿짐센터별로 서비스의 질과 비용이 천차만별이므로 한 달 전부터 여유를 가지고 비교해야 좋은 이삿짐센터를 고를 수 있습니다.

이사 갈 집 배치도 그려서 가상으로 가구 배치해보기

계약한 후에는 바로 종이와 줄자, 펜을 준비해서 세 얻은 집에 다시 방문하여 구조도를 그립니다. 특히 벽면의 폭과 높이를 잘 기록해야 합니다. 이사하면 기존 가구나 전자제품을 새로운 집에 맞춰 재배치해야 하는데, 벽의 폭과 높이를 모르면 이사 당일 이삿짐을 배치하는 데 어려움을 겪을 수 있습니다.

또한 이사하면서 가구를 새로 주문하기도 하는데, 벽의 폭과 높이를 모르면 곤란합니다. 만약 이를 무시하고 가구를 샀는데 그 가구가 새집에 맞지 않으면 반품 비용을 물어야 합니다. 더욱이 이사할 집이 고층이라면 반품할 때 사다리차 비용도 자신이 부담해야 합니다. 쓰지 않아도 되는 돈을 낭비하게 되는 것이지요.

2~3주 전에 준비할 것

버릴 물건에 폐기물 스티커 붙이기

이사하기 2~3주 전에는 버릴 물건과 새로 구입할 물건을 체크해야 합니다. 그리고 버릴 물건에는 동주민센터나 구청 홈페이지 또는 지정 슈퍼나 편의점 등에서 폐기물 스티커를 구입하여 미리 붙여놓습니다. 참고로 가전 폐기물은 무료 서비스를 이용할 수 있습니다. 폐가전무상배출예약시스템(www.15990903.or.kr) 또는 전화(1599-0903)을 통해 무료 수거가 가능한 지역인지 확인한 후 배출하면 돈 들이지 않고 가전제품을 처리할 수 있습니다.

새로 살 물건 치수 확인하고, 배달 예약하기

새로 구입할 물건들은 미리 그려온 집 내부의 구조도를 참고하여 알맞은 치수로 구입합니다. 물건의 배달일은 이삿날로, 배달 장소는 이사할 집으로 미리 예약해두면 새로 구입한 물건을 옮기기 위한 사다리차 비용이 추가로 들지 않습니다.

필요한 경우 도배장판 예약하기

임차인이 도배장판을 새로 해야 하는 경우에는 세를 얻은 집 근처의 지물포를 방문해 구조도를 보여주고 원하는 도배지와 장판을 골라둡니다. 그리고 이사 전날이나 이삿날에 맞추어 예약해놓습니다. 만약 세를 얻은 집이 비어 있다면 집주인의 동의를 얻어 3~4일 전에 도배장판을 새로 하면 됩니다. 하지만 임차인이 살고 있다면 이사 당일에 도배장판을 해야 합니다.

이삿날 확인하기

부동산 중개업소에 연락해 자신이 알고 있는 이삿날이 맞는지 확인합니다. 계약서를 작성할 때는 분위기가 어수선하다 보니 종종 이삿날을 서로 다르게 아는 경우가 생기기 때문입니다. 그리고 이삿짐센터에도 예약이 제대로 이루어져 있는지 다시 한번 확인해 봅니다.

1주 전에 준비할 것
이삿날 재확인하기

부동산 중개업소에 전화해서 이삿날을 다시 한번 확인합니다. 요즘은 부동산 중개업소에서 먼저 전화해서 확인시켜주기도 합니다.

우체국, 은행, 보험회사 등에 연락하여 집주소 변경하기

우체국이나 은행, 카드회사, 보험회사 등에 연락하여 우편물의 주소지를 새로 이사할 집으로 변경해달라고 요청합니다. 신문, 우유 등은 영업소에 전화해서 그만 넣어달라고 요청합니다.

참고로 '주소변경 원클릭 서비스 ktmoving(www.ktmoving.com)'을 이용하면 주소변경을 일괄적으로 신청할 수 있습니다.

인터넷, 케이블, 도시가스 변경 신청하기

이사하자마자 인터넷이나 전화, TV 그리고 도시가스를 사용해야 하므로 통신사나 지역 도시가스공사에 미리 변경 신청을 해두어야 합니다.

세 들어갈 집에 살고 있는 임차인과 연락하여 잔금 준비하기

'24장 사고 없이 일사천리로 잔금 치르는 요령!'을 참고하여 임차인이 잔금을 어떻게 받기 원하는지 확인한 후 그에 맞춰 준비합니다.

버릴 물건 내놓기, 구입한 물건 배송일 체크하기

버리려고 앞서 폐기물 스티커를 붙여둔 물건들은 수거 날짜에 맞춰 밖에 내놓습니다. 또한 새로 구입한 물건들이 이삿날에 차질 없이 배달되는지 다시 한번 확인합니다.

관련 서류 준비하기

전세권설정 등기를 해야 하는 경우에는 필요한 서류들을 따로 빼내어 보관해둡니다. 이삿날에는 정신이 없을 뿐만 아니라 이삿짐이 모두 포장된 상태라서 서류를 미리 빼놓지 않으면 각종 신고에 필요한 서류를 재발급 받아야 하거나 제때 등기를 하지 못해 나중에 큰 손해를 볼 수도 있습니다.

이사 당일
공과금 계산하여 정산하기

이사 가는 날 오전에 계량기 수치를 확인한 후 각 영수증(도시가스, 전기요금, 상하수도요금)에 적혀 있는 전화번호로 전화해서 확인한 계량기의 수치를 불러줍니다. 그러면 그곳에서 정확한 요금을 알려줍니다. 그렇게 해서 금액과 내용을 적어놓았다가 새로 들어오는 임차인에게 내역서와 돈을 건네주면 됩니다.

요즘은 이사 가는 당일까지 쓴 공과금을 직접 인터넷뱅킹으로 납부할 수도 있습니다. 또 부동산 중개업소에서 임차인을 대신해 이사 가는 날 오전에 공공요금을 정산해주기도 하므로 중개업소에 부탁하면 편하게 처리할 수 있습니다.

이삿짐 들이기

세를 얻은 집에 이삿짐을 들일 때는 미리 그려놓은 배치도를 보고 계획한 대로 하면 됩니다. 가구 배치를 머릿속으로만 생각하고 이사하면 짐을 이리저리 자꾸 옮기게 되어 이사 시간이 오래 걸리고, 이삿짐센터 직원과 다툼이 일어나기 쉽습니다. 또한 이사가 끝난 후에 시간과 비용을 들여 가구를 다시 옮겨야 하는 경우도 생깁니다. 그러므로 배치도에 이삿짐 옮길 곳을 미리 지정해놓는 것이 좋고, 배치도를 이삿짐센터에도 전달해 둡니다.

전입신고하고 확정일자받기

이사를 왔으면 자신의 보증금을 보호받기 위해 동주민센터에 가서 전입신고를 하고 확정일자를 받아야 합니다. 참고로 전입신고는 정부24(www.gov.kr)에서, 확정일자는 대법원인터넷등기소(www.iros.go.kr)에서 하면 편리합니다. 그리고 주택임대차신고 대상이면 부동산거래관리시스템(rtms.molit.go.kr)에 신고하시면 됩니다.

전학 신청하기

초등학생 자녀가 있다면 동주민센터에 전입신고와 확정일자를 받으러 갈 때 '취학아동 전입통지서'를 받아놓습니다. 이것을 학교에 제출하면 바로 전학이 됩니다. 중학생은 '전학용 재학증명서'를 떼어 관할 교육청에 제출한 후 학교를 배정받아 전학시키면 됩니다. 고등학생은 이사한 주소의 주민등록등본을 떼어 관할 교육청에 제출한 후 학교를 배정받아 전학시킵니다.

토막 상식

✎ **이사 비용 조금이라도 절약하려면 이렇게!**

이사 비용은 운송 거리, 층수, 작업여건, 이사 물량, 손 없는 날·공휴일·평일 등 이사 날짜에 따라 비용이 다르게 책정됩니다. 그러므로 가능하면 불필요한 물건은 미리 버려 이삿짐을 줄이고, 평일에 이사하면 이사 비용을 줄일 수 있습니다. 또한, 허가받은 이사업체와 계약을 해야 이삿짐 피해가 발생했을 때 수월하게 손해배상을 받을 수 있습니다. 이삿짐 견적 또는 계약 시 관련 운송주선사업 허가증 사본을 요구하거나 전국화물자동차운송주선사업연합회 홈페이지(http://www.kffa.or.kr)를 방문하여 확인해 보세요.

믿거나 말거나!
재미있는 풍수 인테리어

집 안의 기가 원활하게 흐르도록 도와주고, 나쁜 기운을 막아주며, 복이 넝쿨째 들어오도록 만든다는 풍수 인테리어에 대해 알아보겠습니다.

현관은 동쪽에, 바닥엔 빨간 타일을

풍수에 따르면 현관은 사람과 함께 운기가 드나드는 출입문입니다. 그래서 남동쪽, 동쪽, 남쪽, 북서쪽 방위에 있는 것이 좋습니다. 젊은 부부라면 동쪽 현관이 가장 좋고, 바닥은 빨간색 계통의 타일이 좋으며, 회색이나 검은색 같은 어두운 색은 피하는 것이 좋습니다.

거울은 현관과 정면으로 마주 보지 않게

거울은 흰색 테두리에 긴 것이 좋고, 현관에 들어서서 볼 때 오른쪽에 거는 것이 좋습니다. 그 아래에 붉은색이나 파란색으로 포인트를 준 흰색 매트를 깔아주면 전체적으로 운이 상승합니다. 현관과 정면으로 마주 보는 거울은 들어오는 행운을 되돌려 보내므로 피하는 것이 좋습니다. 그리고 너무 큰 거울은 사람의 기운을 빼앗을 수 있으므로 절반 정도 가려주는 것이 좋습니다.

거실에는 목재 테이블

유리 테이블이나 원형 테이블은 노력해서 힘차게 살아가려는 의욕을 빼앗기 때문에 풍수상 거실에 유리 테이블이나 원형 테이블을 놓는 것은 좋지 않습니다. 대리석 등 석재 테이블도 젊은 사람에게는 좋지 않습니다. 거실에는 목재 테이블이 가장 좋으며, 나뭇결이 살아 있는 목재 테이블에 천을 씌우는 것은 바람직하지 않습니다.

아이 방은 분홍색 소품으로 장식

아이 방에는 꽃무늬 커튼을 걸어주는 것이 좋습니다. 분홍색 소품들은 방안에 좋은 기가 흐르게 해주어 아이의 기분이 좋아지고 건강에도 도움이 됩니다. 특히 건강이 나쁜 아이의 방은 밝고 화려한 분홍색이나 주황색, 베이지색을 주로 사용해서 꾸미는 것이 좋습니다. 벽에는 풍경화를 걸어두는 것이 좋으며, 침대 옆에 흰색 꽃이나 분홍색 소품을 장식해두는 것도 기의 흐름을 좋게 합니다. 주의가 산만하여 학습능력이 떨어지는 아이라면 흰색 가구를 놓아두는 것이 좋으며, 책상 옆에는 활동적인 느낌의 액자를 걸고 작은 화분을 하나 정도 놓아두는 것이 좋습니다.

관엽식물 한 그루쯤은 있어야

관엽식물이 한 그루도 없는 집은 운기가 멎기 쉽습니다. 관엽식물이 있더라도 말라 있으면 좋은 운이 달아나버립니다. 또한 높이가 1.8m 이상 되는 관엽식물은 식물이 주인이 되어버리므로 좋지 않습니다.

텔레비전이나 오디오를 거실 서쪽에 놓아두면 아이들이 텔레비전에 빠져들어 공부를 등한시하는 경향이 있으므로 가능하면 피하는 것이 좋습니다. 서쪽 자체가 좋은 방향인데 집의 기운이 텔레비전에 쏠려 텔레비전이 집주인 행세를 하기 때문입니다. 참고로 요즘은 자녀 교육상 텔레비전을 없애는 가정이 늘고 있으며, 실제 교육적으로 큰 효과를 보고 있습니다.

현관에서 바로 보이는 곳에는 가족사진

인물화나 추상화는 좋은 기운을 얻을 수 없으므로 피하는 것이 좋습니다. 반면에 꽃 그림은 어느 방향에 걸어도 행운의 힘을 부르므로 좋습니다. 가족사진 역시 풍수로 볼 때 좋은 아이템으로, 현관에서 바로 보이는 곳에 걸어두는 것이 좋습니다.

정확한 중개수수료 계산하기

전·월세를 얻을 때 가능하면 중개업소를 이용하는 것이 좋습니다. 중개업자를 통하면 직거래보다 좀 더 안전할 수 있고, 비록 거래 사고가 발생하더라도 그 손해의 일부를 중개업자에게 물을 수 있기 때문입니다. 이렇게 중개업소를 통해 계약하면 당연히 중개업자에게 중개수수료를 줘야 하겠죠?

중개업자에게 주는 중개수수료는 정확히 얼마인지, 만약 과다하게 수수료를 요구하면 어떻게 대처해야 하는지 알아보겠습니다.

법으로 정해진 중개수수료가 있다

다음 표는 서울시 조례에서 정한 중개수수료 요율입니다. 다른 지역도 이와 크게 다르지 않으므로 이 요율을 기준으로 삼으면 됩니다. 이 요율의 범위를 넘어 10원만 더 받아도 위법입니다.

주택 중개수수료율

거래내용	거래금액	상한요율	한도액	비고
매매·교환	5,000만원 미만	0.6%	25만원	• 수수료를 받을 수 있는 부동산 - 주택의 부속토지 - 주택의 분양권 • 거래금액 - 매매: 매매가격(대금) - 교환: 교환대상 중 금액이 큰 중개대상물을 기준으로 함
	5,000만원 이상~ 2억원 미만	0.5%	80만원	
	2억원 이상~ 9억원 미만	0.4%	없음	
	9억원 이상~ 12억원 미만	0.5%	없음	
	12억원 이상~ 15억원 미만	0.6%	없음	
	15억원 이상	0.7%	없음	
임대차 등 (매매·교환 이외의 거래)	5,000만원 미만	0.5%	20만원	• 거래금액 - 전세: 전세금 - 월세: 보증금 + (월세 × 100) 단, 거래금액이 5,000만원 미만일 경우: 보증금 + (월세 × 70)
	5,000만원 이상~ 1억원 미만	0.4%	30만원	
	1억원 이상~ 6억원 미만	0.3%	없음	
	6억원 이상~ 12억원 미만	0.4%	없음	
	12억원 이상~ 15억원 미만	0.5%	없음	
	15억원 이상	0.6%	없음	

주거용오피스텔 중개수수료(토지, 상가, 업무용오피스텔 등: 0.9%) (2024년 1월 기준)

거래내용	상한요율	비고
매매·교환	0.5%	주거용 오피스텔은 전용면적 85㎡ 이하로, 전용 입식부엌과 수세식 화장실, 목욕시설을 갖추어야 함. 단, 실제 용도가 업무용인 경우 적용대상이 아님
임대차 등	0.4%	

중개수수료는 거래금액에 수수료율을 곱하면 구할 수 있습니다. 한도액이 있는 경우 계산 금액이 한도액을 초과하면 한도액 이내로 제한하고, 한도액이 없는 경우에는 계산하여 나온 대로 내면 됩니다.

> 중개수수료 한도 = 거래금액 × 상한요율

거래금액이 9억원 이상(매매·교환)·6억원 이상(임대차)인 주택과 주택 외의 중개대상물인 경우 개업 공인중개사는 상한요율의 범위 안에서 자신이 받고자 하는 중개수수료의 상한요율을 중개보수 한도액 표에 의무적으로 미리 명시해야 합니다.

1 | 5억원 매매인 경우

→ 5억원 × 0.4% = 200만원

한도액이 없으므로 200만원을 수수료로 내면 됩니다.

2 | 9,000만원 전세인 경우

→ 9,000만원 × 0.4% = 36만원

계산결과 36만원이 나왔지만, 한도액이 30만원이므로 30만원만 수수료

148 | 첫째마당

로 내면 됩니다.

월세는 계산이 조금 복잡합니다. 월세에 100을 곱한 금액과 보증금을 합한 금액을 기준으로 수수료를 정해 계산합니다. 단, 거래금액이 5,000만 원 미만일 경우에는 월세에 70을 곱한 금액에 보증금을 합한 후, 그 금액을 기준으로 수수료를 계산합니다.

3 | 보증금 2,000만원, 월세 50만원인 경우

→ 2,000만원 + (50만원 × 100) = 7,000만원

→ 7,000만원 × 0.4% = 28만원

4 | 보증금 1,000만원, 월세 30만원

→ 1,000만원 + (30만원 × 100) = 4,000만원

거래금액이 5,000만원 미만이므로 다시 계산

→ 1,000만원 + (30만원 × 70) = 3,100만원

→ 3,100만원 × 0.5% = 15만 5,000원(월세에 100을 곱할 때보다 4만 5,000원 절감)

동일한 중개대상물에 대해 동일 당사자 간의 매매를 포함한 둘 이상의 거래가 동일 기회에 이루어지는 경우 매매계약에 관한 거래금액만을 적용합니다. 또한, 중개대상물인 건축물 중 주택의 면적이 1/2 이상인 경우에는 주택의 수수료를 내면 되고, 주택의 면적이 1/2 미만인 경우에는 주택 외의 수수료를 내면 됩니다(「공인중개사법 시행규칙」 제20조).

중개업자가 과다한 중개수수료를 요구하면?

일단 정확한 금액을 계산해서 그 금액만큼만 주겠다고 말합니다. 그래도 계속 요구하면 시·군·구청의 해당 부서에 고발하겠다고 하세요. 그러면 더 이상 요구하지 않는 경우가 많습니다.

고발이 들어가면 6개월의 자격정지를 받을 수 있고(「공인중개사법」 제36조), 심할 경우 중개사무소의 개설등록을 취소당할 수도 있기 때문입니다(「공인중개사법」 제38조).

이미 중개수수료를 지불했다면?

이미 중개수수료를 과다하게 지불했다면, 중개업자에게 연락해서 과다하게 지불한 중개수수료를 되돌려줄 것을 요구합니다. "과다하게 받은 수수료를 되돌려주지 않으면 중개수수료 지불내역을 가지고 시·군·구청 해당 부서에 고발하겠어요."라는 말과 함께요. 쉽지는 않겠지만 과다하게 지불한 중개수수료를 되돌려 받을 수 있습니다.

중개수수료는 계좌이체로 입금하는 것이 좋다

과다한 중개수수료를 받은 중개업자를 처벌하려면 중개업자에게 수수료를 지급했다는 증거가 필요합니다. 그런데 중개업자는 자신에게 불리한 경우가 발생할 것을 우려하여 명백한 증거가 되는 영수증을 잘 써주지 않습니다. 그러므로 중개수수료를 지불할 때는 현금보다는 개업 공인중개사 명의의 계좌로 이체하는 것이 좋습니다.

더 큰 이익을 위해 중개수수료를 많이 줄 수도 있다

대한민국에서는 중개업자가 법으로 정한 요율의 범위를 넘어 중개수수료를 받으면 처벌을 받습니다. 하지만 때로는 더 큰 이익을 위해 융통성이 필요한 경우도 있습니다.

마음에 드는 집이 있는데 월세가 90만원이라고 합시다. 이런 경우 중개업자에게 수수료를 30만원 더 줄 테니 주인을 설득해서 월세를 80만원으로 깎아달라고 하면 중개업자는 온 힘을 다해 월세를 80만원으로 조정해놓습니다. 그러면 1년에 90만원(12달×10만원-30만원)을 절약하는 셈입니다.

중개업자는 하자 없는 중개를 하고 이에 대한 중개수수료를 받을 뿐, 임차인의 월세를 깎아줄 의무는 없습니다. 그러나 때로는 중개수수료를 더 얹어주는 방법으로 이익을 얻을 수도 있다는 점을 알아두세요.

토막상식

 중개수수료도 소득공제가 된다!

2009년부터 중개수수료에 대해서도 소득공제를 받을 수 있습니다. 소득공제를 받으려면 중개수수료를 지불한 현금영수증이 있어야 하는데, 현금영수증 발급을 요구하면 부가가치세(중개수수료의 10%)를 별도로 요구하는 중개업소가 있을 수 있습니다. 하지만 이 경우 연 매출 4,800만원 미만인 간이과세자는 세금계산서를 발행할 수 없어 부가가치세를 요구할 수 없으니 이 부분을 확인하세요. 해당 중개업소가 일반과세사업자인지 간이과세사업자인지를 확인하고 싶다면 중개업소의 벽에 걸려 있는 사업자등록증을 보면 됩니다.

027 내 보증금 지키는 화룡정점! 전입신고&확정일자

전·월세를 얻으면 임차인은 자신의 보증금을 보호받기 위해 전입신고를 하고 확정일자를 받아야 합니다. 전입신고는 내가 이 집에 들어왔다는 사실을 신고하는 것이고, 확정일자는 이 집에 언제 들어왔다고 등록하는 것입니다.

전입신고를 해야 집주인이 바뀌더라도 자신의 보증금을 돌려받을 때까지 그 집에서 계속 살 수 있습니다. 또한 확정일자를 받아놓아야 자신이 세를 얻은 집이 경매로 넘어가더라도 자신보다 순서가 늦은 권리에 우선하여 자신의 보증금을 돌려받을 수 있습니다. 셋집에 자신 외에 다른 임차인이 있는 경우, 전입신고나 확정일자를 한 날짜에 따라 우선순위가 달라집니다. 그러므로 이사 후 가능한 한 빨리 전입신고하고 확정일자를 받으세요.

전입신고와 확정일자는 동주민센터에서!

준비물: 전·월세계약서

전입신고하고 확정일자를 받으려면 어떻게 해야 할까요? 어렵지 않습니다. 다음 절차대로 하면 됩니다.

1 | 동주민센터(동사무소)에 갑니다

전입신고와 확정일자는 셋집이 있는 동네의 관할 동주민센터에 가서 받아야 합니다. 동주민센터는 대부분 평일에만 운영하므로, 이삿날이 공휴일이라면 집주인의 양해를 얻어 이사 전 평일에 미리 전입신고하고 확정일자를 받는 것이 좋습니다. 참고로 동주민센터가 멀거나 방문할 시간이 없으면 정부24(www.gov.kr) 이용도 가능합니다. 매우 편리하답니다. 단, 오후 6시 이후나 공휴일에 신청하면 다음날 전입 처리가 이루어지니 참고하세요.

2 | 전입신고서 양식을 작성합니다

동주민센터에 비치된 전입신고서 양식에 내용을 기재한 후 담당 공무원에게 제출하면 됩니다.

3 | 확정일자를 받습니다

셋집이 경매로 넘어가는 등 문제가 생겼을 때 자신의 보증금을 안전하게 되돌려 받으려면 확정일자를 받아야 합니다. 전입신고서와 전·월세계약서를 담당 공무원에게 주면서 확정일자를 요청하면 됩니다. 그러면 담당 공무원은 계약

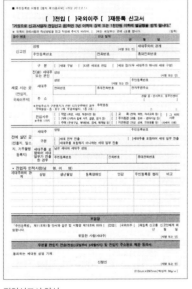

전입신고서 양식

서의 앞면 또는 뒷면에 확정일자 도장을 찍어줍니다. 참고로 직장이나 바쁜 일 때문에 동주민센터를 방문하기 어려운 경우에는 대법원인터넷등기소

(www.iros.go.kr)에서 확정일자를 받을 수 있습니다.

4 │ 확정일자를 받았다는 확인 장부에 서명합니다

확정일자 확인 장부에 임차인의 도장 또는 지장을 찍거나 사인을 하면 모든 절차가 끝납니다. 확정일자를 받은 계약서는 잘 보관하세요.

참고로, 임차인이 전입신고와 확정일자를 받았더라도 집주인이 국세를 체납했다면 정부는 임차인의 보증금보다 우선해 체납된 세금을 충당할 수 있습니다. 공매로 주택을 매각한 대금에서 국세를 징수하고 난 후 남는 것이 없으면 임차인은 자신의 보증금을 돌려받지 못하게 됩니다. 그러므로 임대차 계약을 할 때는 임차인(임차인 가족도 가능)은 반드시 '미납국세 열람 신청서'에 집주인의 서명 또는 도장을 받은 다음 집주인과 본인의 신분증 사본을 가지고 해당 주택을 관할하는 세무서에 방문하여 미납국세 여부를 확인하는 것이 좋습니다. 또한, 임대차 계약은 부동산거래관리시스템에서 제공하는 '주택임대차표준계약서'로 하세요.

토막 상식

 내 보증금 돌려받을 수 있는 기간은 몇 년?

임차인이 임대인에게 준 보증금을 돌려달라고 요구할 수 있는 권리를 보증금 반환채권이라고 하는데요. 채권은 보통 10년이면 효력을 상실합니다(민법 제126조). 그러나 임차인이 셋집을 점유하고 있는 경우 보증금 반환채권은 10년이 지나도 소멸하지 않습니다(대법원 2020. 7. 9. 선고 2016다244224).

QRcode

확정일자 vs 전세권설정 등기, 더 강력한 것은?

임차인이 전·월세를 얻을 때 가장 중요한 것은 '보증금을 지키는 것'입니다. 보증금을 보호받는 데는 확정일자 외에도 한 가지 방법이 더 있습니다. 바로 '전세권(또는 임차권) 설정등기'입니다. 둘의 차이는 무엇이고, 어떤 것이 보증금을 보호하는 데 더 효과적일까요?

보증금 보호받는 방법 1: 확정일자 받기

보증금을 보호받는 가장 간단한 방법은 전입신고하고 확정일자를 받는 것입니다.

보증금 보호받는 방법 2: 전세권설정등기

보증금을 보호받는 또 다른 방법은 집주인의 동의를 얻어 전세권설정등기를 하는 것입니다. 전세권설정등기는 등기소에 가서 세 든 집의 등기사항 전부증명서에 자신이 전세를 사는 사람이라는 사실을 기록하는 것입니다.

이렇게 하면 그 집의 등기사항전부증명서를 보는 사람은 누구나 이 집에 임차인이 살고 있다는 사실을 바로 알 수 있습니다.

확정일자와 전세권설정등기의 차이점은?

1 | 주인의 동의 필요 유무

확정일자는 집주인의 동의가 필요 없지만, 전세권설정등기는 집주인의 동의가 필요합니다. 확정일자를 받는 것이 훨씬 간편하겠죠?

2 | 비용의 차이

확정일자를 받는 데는 수수료 600원이 전부인 데 비해, 전세권설정등기는 훨씬 많은 돈이 듭니다. 전세보증금이 1억원이라면 전세권설정등기를 하는 데는 약 26만원 정도가 들죠. 그러므로 부득이한 경우가 아니라면 전세권설정등기보다 확정일자를 받는 것이 좋습니다.

3 | 경매 시 보증금 보상 차이

세 든 집이 경매에 넘어간다면, 확정일자를 받은 경우 세 든 집의 건물과 토지 가격을 합한 금액에서 보증금을 보상해 줍니다. 하지만 전세권설정등기만 한 경우에는 세 든 집의 건물값만 따져서 보상해 주므로 확정일자를 받았을 때보다 보증금을 더 적게 보상받을 수도 있습니다.

예시 경매에 넘어간 집이 건물값 **5,000만원**, 토지값 **1억원**, 내 보증금 **7,000만원이라면?**

- **확정일자를 받은 경우**: 5,000만원(건물값) + 1억원(토지값) = 1억 5,000만원으로 내 보증금을 보상해주므로 보증금 7,000만원 전액을 보상받을 수 있음.
- **전세권설정등기를 한 경우**: 5,000만원(건물값)에서만 내 보증금을 보상해주므로 보증금 7,000만원 중에서 2,000만원은 보상받을 수 없음.

4 | 전입신고 필요 유무

확정일자를 받기 위해서는 세 든 집에 이사하고 전입신고를 해야 하지만, 전세권설정등기는 세 든 집에 이사하거나 전입신고를 하지 않아도 할 수 있습니다.

확정일자와 전세권설정등기의 차이점

	확정일자	전세권설정등기
근거법	주택임대차보호법(특별법)	민법(일반법)
동의	집주인 동의 불필요, 임차인 단독	집주인 동의 필요
절차	동주민센터, 등기소, 공증인사무소에서 임대차계약서에 날인	서류 구비해서 관할등기소에서 등기 • 집주인: 인감증명서(또는 본인서명사실확인서) 1통, 인감도장, 등기필증, 위임장(직접 가지 않을 경우에만 필요) • 임차인: 신청서, 주민등록등본 또는 초본, 도장, 전세권설정계약서, 등록면허세 영수필확인서, 등기신청수수료 영수필확인서, 도면 등

비용	보증금의 액수에 관계없이 600원 (계약증서가 4장을 초과할 경우, 초과 4장마다 100원 추가)	등록세: 보증금의 0.2% 지방교육세: 등록면허세의 20% 등기신청수수료: 1만 5,000원 법무사 비용 말소등기 비용(차후 말소할 경우에 발생)
요건	입주 후 전입신고를 해야만 가능	입주, 전입신고 불필요
효력	익일부터 효력발생	당일에 효력발생
	묵시적 계약갱신인 경우, 2년 더 보장	묵시적 계약갱신의 경우라도 집주인 요구 시 6개월 안에 나가야 함
	보증금반환소송 후 강제집행	보증금반환소송 없이 강제집행
전대차	임대인 동의 필요	임대인 동의 불필요
유지수선	임대인	전세권자
배당	건물과 토지의 가격을 합한 금액에서 보상	건물 가격에서만 보상
대상	일반적인 경우	전전세의 경우, 집주인이 전입신고를 꺼리는 오피스텔의 경우

확정일자 받는 게 낫다! 단, 오피스텔이라면 전세권설정등기

지금까지 살펴본 대로 전세권설정등기는 확정일자에 비해 번거롭고 돈도 많이 듭니다. 그래서 전세권설정등기보다는 확정일자를 받는 게 빠르고 간편합니다.

하지만 상가인 오피스텔의 경우 임차인이 전입신고하고 확정일자를 받으면 주택으로 간주됩니다. 그 결과 오피스텔 주인이 1세대 다주택자가 되어 나중에 기존에 2년 이상 가지고 있던 12억원 이하의 주택을 팔 때 1세대 1주택자 비과세 혜택을 받지 못하고, 그동안 발생한 차익에 따라 6~45%를 세금으로 내야 합니다.

　이러한 이유로 간혹 오피스텔 주인 중에 임차인이 전입신고하고 확정일자를 받는 것을 꺼리는 경우가 있습니다. 이 같은 경우 자신의 보증금을 보호받기 위해 전세권설정등기를 해야 합니다.

**토막
상식**

✎ **최우선변제액 모두 배당받는 것은 아니다?**

QRcode

경제적으로 열악한 소액 임차인을 보호하기 위하여 세 든 집이 경매에 넘어갔을 때 그의 보증금 일부를 최우선으로 배당을 해주는 것을 최우선변제라 합니다. 그러나 상황에 따라 이것 역시 모두 배당받을 수는 없습니다. 우선변제받을 임차인 및 보증금 중 일정액의 범위와 기준은 주택가액(대지 가액 포함)의 1/2을 넘지 못하기 때문입니다(「주택임대차보호법」 제8조). 예를 들면, 주택가액이 5억원인데 보증금 5,000만원(최초 담보물권 설정일이 2021.5.11. 이후인 서울특별시 물건)의 소액 임차인이 8명이라면 [2억 5,000만원(5억원의 1/2)/8명 = 3,125만원] 5,000만원이 아닌 3,125만원만 최우선으로 배당받을 수 있습니다.

029

중간에 올려준 보증금까지 확실히 보장받는 방법

임차인 K씨는 계약기간이 끝날 무렵, 2년 전 계약 당시에 비해 전셋값이 상승해 집주인의 요구대로 보증금을 조금 더 올려주고 계속 살기로 했습니다. 이때 올려준 보증금을 보호받기 위해서는 계약서를 똑똑하게 작성해야 합니다.

예시

기존 보증금 1억원, 이번에 올려준 보증금 500만원

→ 보증금의 총 합계 1억 500만원

새로운 계약서 작성할 때는 변경계약으로

기존 계약서, 즉 보증금 1억원짜리 계약서는 그대로 보관합니다. 그리고 이번에 올려준 보증금 500만원을 합한 보증금 1억 500만원짜리 계약서를 새로 작성하여 그 계약서에 확정일자를 받습니다.

이때 기존 임대차계약기간이 종료되어 다시 계약관계를 맺는다는 뜻의 재계약이 아니라 기존에 임차인과 임대인 간 합의한 계약 내용 중 일부가 변경되었다는 뜻의 변경계약을 해야 합니다. 그래야 나중에 세 든 집이 경매에 넘어가더라도 임대차계약 효력과 관련된 다툼에서 자유로울 수 있습니다. 이런 사실은 아래와 같은 특약으로 명시하면 좋습니다.

[특약사항]
* 주택 임대차 계약과 관련하여 분쟁이 있는 경우 임대인 또는 임차인은 법원에 소를 제기하기 전에 먼저 주택임대차 분쟁조정위원회에 조정을 신청한다 (■ 동의   □ 미동의)
  ※ 주택임대차분쟁조정위원회 조정을 통할 경우 60일(최대 90일) 이내 신속하게 조정 결과를 받아볼 수 있습니다.
* 주택의 철거 또는 재건축에 관한 구체적 계획 (□ 없음   ■ 있음)※공사시기: 2023년 8월 ■ 소요기간 : 36개월)
* 상세주소가 없는 경우 임차인의 상세주소부여 신청에 대한 소유자 동의여부 (□ 동의   □ 미동의)

본계약은 보증금 증액에 관한 계약임.
2020.01.24.일 임대차 계약에 의한 기존 보증금은 1억원임, 2022.01.24. 임차인 박○○의 계약갱신요구에 따른 임대인 김○○이 증액한 보증금은 500만원임. 본 임대차계약의 보증금은 기존 보증금 1억원과 증액한 보증금 500만원을 합한 1억500만원임.

본 계약을 증명하기 위하여 계약 당사자가 이의 없음을 확인하고 각각 서명날인 후 임대인, 임차인, 개업공인중개사는 매 장마다 간인하여, 각각 1통씩 보관한다.   2022년 01월 24일

임대인	주 소	서울특별시 광진구 군자동 333-333						서명 또는 날인인
	주민등록번호	451212-7234562		전 화	010-9999-9999	성 명	나주인	
	대 리 인	주 소			주민등록번호	성 명		
임차인	주 소	서울특별시 광진구 중곡동 222-333						서명 또는 날인인
	주민등록번호	880822-7774321		전 화	010-7777-7777	성 명	이세입	
	대 리 인	주 소			주민등록번호	성 명		
개업공인중개사	사무소소재지	서울특별시 광진구 군자동 453-33						
	사 무 소 명 칭	대박부동산						
	대 표	서명 및 날인	금대박 ⑪					
	등 록 번 호	12345-6789	전화 02-235-4578					
	소속공인중개사	서명 및 날인	⑪					

기존 계약서의 보증금 금액을 절대 지우지 마라

올려준 보증금을 확실히 보장받으려면 앞에서 소개한 방법으로 계약서를 작성하면 됩니다. 아예 기존 계약서의 보증금을 수정액이나 빨간색 줄로 지우고, 그 위에 기존 보증금과 올려준 보증금을 합산한 금액을 새로 적어 확정일자를 다시 받는 방법은 어떨까요? 이것도 좋은 방법일까요? 아닙니다. 이렇게 하면 기존 보증금을 확인할 수 없게 되니, 절대 이렇게 하지 마세요!

전세권설정등기를 한 경우 보증금 보호받는 법

기존 보증금에 전세권설정등기를 한 이후 추가로 보증금을 올려줬다면 먼저 확인할 사항이 있습니다.

기존 보증금을 임대인에게 준 이후 집에 근저당권 같은 다른 권리가 설정되어 있지 않다면 증액된 금액만큼만 변경등기(전세금증액등기)를 하면 됩니다. 그러나 만약 다른 권리가 설정되어 있다면 올려준 보증금만큼 추가로 전세권설정등기를 해야 합니다. 등기할 때 필요한 계약서 작성 방법은 확정일자를 받을 때와 같습니다.

토막상식

✎ **확정일자를 새롭게 받는다고 예전 확정일자가 무효가 되는 것은 아니다**

보증금 증액으로 인해 확정일자를 새로 받으면 예전에 받은 확정일자가 무효가 되는 것으로 생각하는 분들이 많은데, 그렇지 않습니다. 처음 계약 당시의 보증금은 예전에 받은 확정일자를 기준으로 보호를 받고, 이번에 새로 올려준 보증금은 새롭게 받은 확정일자를 기준으로 보호받게 됩니다. 즉, 두 보증금을 따로따로 보호받는 것이지요.

전·월셋집에 생긴 하자, 수리 비용은 누구 부담?

세를 살다 보면 집이 낡아 수리해야 하는 경우가 생깁니다. 이때 무조건 임차인에게 알아서 수리를 하라는 집주인이 있는데, 이 문제의 해결책은 해당 주택의 건축연도나 원인에 따라 다릅니다.

통상은 이렇다!

난방, 상하수도, 전기시설 등 임차주택의 주요 설비에 대한 노후·불량으로 인한 수선은 임대인이 부담하고, 임차인의 고의·과실에 기한 파손, 전구 등 통상의 간단한 수선, 소모품 교체 비용은 임차인이 부담합니다.

건축연도와 세입자의 과실 여부도 따져봐야!

집이 오래되면 집 자체나 그 안에 있는 시설들 역시 낡고 고장이 날 수밖에 없습니다. 특히 주택이 지어진 지 10년이 넘으면 보일러뿐만 아니라 가스레인지도 고장 나고 수도꼭지나 환풍기 등도 고장 날 수 있습니다. 그러므로 해당 주택이 지어진 지 10년 이상인 경우, 해당 주택이나 그 주택 내 시설들이 고장이 나면 집주인이 수리 비용을 부담하는 경우가 많습니다. 하지만 이것도 건축한 지 오래되었다고 해서 집주인이 무조건 수리 비용을 부담해야 하는 것이 아니라 임차인의 과실이 없는 경우에 한해서입니다. 이런 경우 수리공을 불러 임차인의 과실 여부를 확인합니다.

이에 반해 해당 주택을 지은 지 4~5년밖에 되지 않았는데, 해당 주택이나 그 주택 안에 있는 시설들이 고장 났다면 임차인이 수리 비용을 부담하는 경우가 많습니다. 물론 이러한 경우에도 현재 발생한 하자가 부실 건축으로 인해 발생한 것인지, 임차인의 과실에 의한 것인지 확인해야 합니다.

문제의 소지가 있는 부분은 특약사항에 기록해두어라!

그렇다면 세 들어 사는 집에 하자가 발생했을 때 수리 비용을 누가 부담하느냐 하는 문제로 분쟁이 일어나는 것을 사전에 막을 방법은 없을까요? 수리와 관련된 분쟁을 막고 싶다면 계약 전에 분쟁이 생길 수 있는 부분에 대한 체크리스트를 만들어 집주인과 서로 합의하고, 그 사실을 계약서 특약사항에 기록해두는 것이 좋습니다.

수리할 때 반드시 지켜야 할 절차

첫째, 휴대폰을 이용해 고장이 나서 수리가 필요한 부분의 사진 혹은 동영상을 찍은 후 집주인에게 전송합니다. 그리고 수리해 줄 것을 기록으로 남기고 요구해야 합니다. 만약 집주인에게 알리지 않고 임차인 마음대로 수리한 경우에는 수리 비용을 집주인에게 청구할 수 없을 뿐만 아니라 오히려 추가 비용을 들여 원상복구까지 해야 할 수도 있습니다.

둘째, 집주인이 수리를 허락하면 수리공을 불러 수리를 하고, 반드시 영수증을 받아놓아야 합니다. 영수증이 없으면 집주인이 정확한 수리 비용을 알 수 없어 분쟁의 소지가 되기 때문입니다.

셋째, 수리공으로부터 받은 영수증을 휴대폰을 이용해 촬영하거나 스캔해 문자나 이메일로 집주인에게 보낸 후 수리 비용을 청구하면 됩니다.

집주인은 크고 작은 고장을 떠나 자신이 수리 비용을 부담하는 경우라도 적극적으로 수리를 해주는 것이 좋습니다. 그래야만 집의 수명이 길어지기 때문입니다. 임차인 역시 고장이 발생하면 자신이 먼저 수리 비용을 부담하더라도 집주인에게 바로 알리고 수리를 하는 것이 좋습니다. 호미로 막을 일을 가래로 막아야 할 수도 있으니까요.

분양 받은 공동주택에 하자가 발생했다면?

분양받은 공동주택에 하자가 발생했다면 국토교통부에서 관리하는 하자관리정보시스템(www.adc.go.kr)의 '하자심사·분쟁조정위원회'에 분쟁해결을 신청해 보세요. 소송없이 신속하게 분쟁을 해결할 수 있습니다.

030

전·월세 계약 끝날 때 필요한 상식들

이사를 하고 싶은데 집주인에게 언제까지 말해야 하나요?

계약기간이 아직 남아 있는 상태에서 이사 나가고 싶을 때는, 적어도 이사를 하고 싶은 날의 2~3개월 전에 집주인에게 말해야 합니다. 집주인에게도 새로운 임차인을 구할 시간적인 여유를 줘야 하기 때문입니다. 그리고 계약기간을 다 못 채우고 나가는 경우, 새로운 임차인을 들이는 중개수수료는 집주인이 아닌 기존 임차인이 부담해야 합니다.

또한 계약기간이 다 끝나서 나가는 경우라도 계약기간이 끝나기 2~3개월 전에 집주인에게 말하는 것이 예의입니다. 이때는 계약기간을 모두 채우고 나가는 것이므로, 새로운 임차인을 들이는 중개수수료는 집주인이 부담합니다.

이사 올 때 해놓은 전입신고, 확정일자는 어떻게 하나요?

새로 이사하는 집이 있는 동네의 관할 동주민센터에 가서 전입신고를 하고 확정일자를 받으면, 이전에 해놓은 전입신고와 확정일자는 자동으로 사라집니다. 이전 것은 신경 쓸 필요 없이, 새로 이사 가는 집의 전입신고와 확정일자만 신경 쓰면 됩니다.

이사 나갈 때 보증금은 언제 받나요?

이사 나가는 집에 새로운 임차인이 들어오기로 되어 있다면, 그 임차인이 이사 오는 날에 보증금을 받으면 됩니다. 단, 이때 주의할 것이 있습니다. 이사를 나가고 들어오는 날이 같으면 문제 될 것이 없지만, 이사 나가는 사람이 이사 들어올 사람보다 먼저 나가는 경우에는 상황이 복잡해집니다. 보증금을 돌려받는 타이밍이 맞지 않기 때문입니다. 이 경우에는 이사 들어올 사람에게 부탁해서 이사 나가는 날로 보증금을 앞당겨 받는 것이 가장 좋습니다(이사 들어올 사람은 확정일자를 일찍 받으면 됩니다).

그런데 이사 들어올 사람이 미리 보증금을 주지 않아 보증금을 돌려받지 못하고 먼저 이사를 나가야 한다면 이때는 반드시 주민등록을 그대로 둔 채 시설이나 집기를 일부 남겨두고 이사를 해야 합니다. 판례에 의하면 점유를 유지하지 않으면 대항력과 우선변제권을 상실하기 때문입니다(대구지방법원 2006. 3. 15. 선고 2005나 10249).

QRcode

기존 계약서는 어떻게 하나요?

임차인이 세 든 집에서 나오게 되면 예전에는 차후 발생할 수 있는 사기를 방지하기 위해서 이삿날 임대인과 임차인이 가지고 있던 기존 계약서를 모두 없앴습니다. 그러나 요즘은 그렇지 않은 경우도 많은데요. 가장 좋은 방법은 이삿날 기존 계약서를 스마트폰으로 촬영하는 것입니다. 이렇게 하면 기존 계약서를 따로 보관할 필요도 없고 차후 분쟁이 있을 때 근거자료로도 사용할 수 있으니까요.

🖊 무허가 건물에도 주택임대차보호법이 적용된다

허가를 받지 않고 지은 무허가 건물에 살면 무조건 보증금을 돌려받지 못하는 줄 아는 분들이 있는데, 그렇지 않습니다. 무허가 건물이라도 「주택임대차보호법」이 적용되며 미등기 건물, 준공검사를 받지 못한 건물, 용도변경 건물 등도 「주택임대차보호법」을 적용받을 수 있습니다. 참고로 임차인의 주택임차보증금 보호를 강화하기 위하여 2023년 4월 1일 이후 매각결정(공매) 또는 매각허가 결정(경매)하는 분부터 확정일자보다 법정기일이 늦은 당해세(상속세, 증여세, 종합부동산세, 재산세 등) 배분 한도만큼은 주택임차보증금이 우선 변제받을 수 있습니다. 이는 우선변제만 양보하는 것이며, 임대인의 세금체납액이 소멸되는 것은 아닙니다.

031 보증금을 되돌려주지 않는 임대인에게 대처하는 방법

9,000만원에 전세를 살던 G씨는 계약기간이 다 되어 이사를 하기로 하고 임대인에게 미리 그 사실을 알렸습니다. 그런데 막상 이삿날이 되자, 임대인은 "지금 돈이 없으니 보증금은 2주 후에 주겠다."라고 했습니다. 너무나 황당하고 어이가 없었지만, 별도리가 없었던 G씨는 그 말만 믿고 이사를 갔습니다. 그러나 약속한 날이 되어도 임대인은 "아직 세가 나가지 않아서 보증금을 못 주겠다."라고 말했고, 6개월이 지난 지금까지도 보증금을 되돌려주지 않고 있습니다.

이와 같이 계약기간이 만료되었으나 임대인은 보증금을 되돌려줄 생각을 않는데, 사정상 이사를 나가야 하거나 이미 이사했을 때는 어떻게 해야 할까요?

가장 먼저 할 일은 내용증명 보내기

가장 먼저 해야 할 일은 '계약기간 만료에 따른 보증금 반환'에 관한 내용증명을 보내 임대인에게 강력한 항의 의사를 전달하는 것입니다. 내용증명에는 임대인 주소와 성명, 현재 임차인 주소와 성명, 임대차계약기간과 보증금액, 보증금 미반환 시 이에 따른 법적조치와 비용 및 손해배상을 청구한다는 내용 등을 기재하면 됩니다. 그런데도 반응이 없다면 다음과 같은 법적 조치를 취해보세요.

방법 1: 새로운 임차인에게 모든 권리를 물려주는 '임차권 양도'

'임차권 양도'란, 계약기간 만료 전 이사할 때 임차인이 직접 새로운 임차인을 찾아 그 임차인에게 임차권을 양도하고 대신 그 새로운 임차인에게서 보증금을 받아 이사를 나가는 것입니다. 보증금을 되돌려주기 어려울 정도로 집주인의 경제 상황이 악화되었다면, 이미 대출도 많이 받았을 테니 이러한 상황에서는 새로운 임차인을 찾기가 어렵습니다.

이때 '임차권 양도'를 통해 새로운 임차인이 기존 임차인이 가지고 있던 집에 대한 모든 권리를 그대로 물려받으면, 만약 이 집이 잘못되어 경매에 넘어가더라도 새로운 임차인은 자신의 보증금을 보호받을 수 있습니다(단, 기존 임차인의 순위가 다른 임차인이나 권리보다 앞서 있어야 합니다). 새로운 임차인은 이전 임차인의 남은 계약 동안만 해당 집에서 살 수 있습니다. 새로 계약한 것이 아니라 이전의 권리를 물려받은 것이니까요.

임차권 양도를 위해 가장 먼저 해야 할 일은 임대인의 동의서(임차권 양도 승낙서)를 받는 것입니다. 임대인의 동의가 없는 임차권 양도는 무효라서 새로운 임차인은 보증금을 보호받을 수 없기 때문입니다. 그런 다음 기존 임차인과 새로운 임차인 간에 '임차권 양도 계약서'를 작성합니다.

마지막으로 임대인의 '임차권 양도 승낙서' 원본, 임차인들 간에 작성한

'임차권 양도 계약서' 원본, 나가는 임차인이 예전에 이사 올 때 임대인과 작성한 '주택임대차계약서' 원본을 새로운 임차인에게 건네주면 됩니다.

▼ 임차권 양도 승낙서와 임차권 양도 계약서 샘플

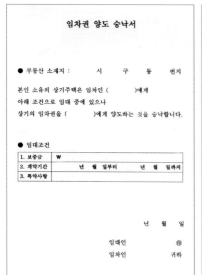

방법 2: 전입신고와 확정일자의 효력상실 방지 '임차권 등기명령'

계약기간이 다 되어 이사할 때 보증금을 되돌려주겠다는 주인의 말만 믿고 이사를 가버리면, 보증금을 스스로 포기한 것이 되어 보증금을 되돌려 받기가 매우 어렵습니다.

그러므로 이런 경우에는 '임차권 등기명령'이라는 것을 신청하고, 신청이 받아들여졌는지 반드시 확인한 후에 이사를 가야 됩니다. 임차권 등기명령이 받아들여지면 다른 집으로 이사 가서 그 집에 전입신고하고 확정일자를 받더라도, 전에 살던 집에 대한 대항력과 우선변제권의 효력을 잃지 않아 나중에라도 임대인에게서 보증금을 돌려받을 수 있습니다. 임차권 등기명령 신청 방법은 다음과 같습니다.

임차권 등기명령 신청 방법

준비서류	임차권 등기명령 신청서 1부, 임대차계약서 1부, 등기사항전부증명서 1부, 주민등록등본 1부, 내용증명서 1부, 부동산표시목록 5부, 주택의 도면(임차한 부분이 주택의 일부인 경우만 해당) 1부
절차	관할법원 방문 → 신청서 작성·제출(등록면허세, 지방교육세, 등기신청수수료 등 비용 납부) → 법원심사(보정명령) → 법원결정 → 집주인·임차인에게 전달 → 전달 확인 후 관할등기소에 임차권등기 신청 → 임차권등기 확인
비용	• 등록면허세: 건당 6,000원 • 지방교육세: 등록면허세의 20% • 등기신청수수료: 3,000원(부동산 1개당) • 송달료: 3,700원(1회) • 기타 비용
처리기간	약 2주 이상 소요

방법 3: 최후의 수단 '보증금반환소송'

이 방법은 집주인과 임차인 간의 갈등이 극에 다다랐을 때 사용하는 방법입니다. 집주인을 상대로 '보증금반환소송'을 하는 데에는 시간과 비용이 많이 소요되므로 되도록 임차권 양도나 임차권 등기명령을 이용해서 해결하는 것이 좋습니다.

참고로 정부는 임대인에게 임차권등기명령 결정이 고지되기 전에도 임차권등기가 이루어질 수 있게 함으로써 임차인의 대항력, 우선변제권, 거주이전의 자유, 보증금반환채권을 좀 더 강화하였습니다.

✎ **임대차 3법이란?**

계약갱신청구권, 전월세상한제, 전월세신고제, 이 세 가지를 말합니다.

- 계약갱신청구권은 임차인이 세 든 집에서 1회에 한해 2년을 더 살 수 있는 권리입니다.

- 전월세상한제는 임차인의 계약갱신청구로 임대차기간이 연장될 때 기존 임대료의 5% 이내에서만 올려 받을 수 있도록 한 것입니다.

- 전월세신고제는 수도권, 광역시, 세종시, 도(道)의 시(市) 지역 내 임대차계약 시 보증금이 6,000만원을 넘거나 월세가 30만원을 넘는 경우 임대인과 임차인이 30일 이내에 동주민센터나 부동산거래관리시스템(rtms.molit.go.kr)에 신고해야 하는 제도입니다. 참고로, 전월세신고제 계도기간을 2023년 05월 31일까지 1년 더 연장하며, 계도기간 중에는 과태료가 부과되지 않습니다.

032

월세 금액도 세액공제 받을 수 있다!

　부동산 경기가 좋지 않아 집값이 하락하면, 싼 가격에 집을 마련할 좋은 기회라 생각하고 너도나도 집을 사려 할까요? 아닙니다. 오히려 이럴 때 집을 사면 손해를 본다고 생각하고 주택을 사기보다는 전세나 월세로 살려고 합니다. 이로 인해 전세보증금이 오르거나, 전셋집이 월셋집으로 바뀌는 등 집 없는 서민들의 경제적인 부담이 커지게 됩니다. 특히 월세를 사는 임차인의 경제적 부담은 아주 클 수밖에 없습니다. 이에 정부에서는 월세를 사는 임차인들의 경제적 부담을 조금이나마 덜어주기 위해 임대인에게 지급한 월세를 세액공제해주고 있습니다.

월세 세액공제, 이런 사람이 이럴 때 받는다!

월세 금액 세액공제를 받을 수 있는 사람은?

　총급여액이 8,000만원 이하이고, 근로소득이 있는 무주택세대주 또는 배우자는 낸 월세에 대해 세액공제를 받을 수 있습니다. 단, 종합소득금액이 7,000만원을 초과하면 세액공제를 받을 수 없습니다. 만약 세대주가 공제를 받지 않았다면 세대원이 대신 받을 수도 있습니다.

공제 대상 주택규모는?

전용면적 85㎡ 이하 또는 기준시가 4억 원 이하인 아파트, 단독주택, 다세대주택, 다가구주택뿐만 아니라 오피스텔, 고시원도 세액공제 대상입니다. 단, 임대차계약서상의 주소와 주민등록상의 주소가 같아야 합니다.

세액공제 신청방법은?

임대인의 동의가 없더라도 월세임대차계약서와 월세납입증명(계좌이체확인서)만으로 세액공제 신청을 할 수 있고, 확정일자를 받지 않아도 가능하며, 해당 연도 연말정산 때 신고하지 못하더라도 5년 이내에 청구하면 공제받을 수 있습니다.

세무서를 직접 방문하거나 우편으로 신청할 수 있고, 인터넷에서 국세청 홈페이지(www.hometax.go.kr)를 이용하여 신청할 수도 있습니다.

홈페이지 메인화면의 '상담·불복·고충·제보·기타' 콤보박스를 클릭한 후 화면의 아래쪽의 '주택임차료(월세) 현금영수증 발급 신청'에서 '주택임차료 월세액 세액공제신청'을 클릭하면 됩니다.

제출해야 할 증명서류는?

- 임대차계약서 사본
- 현금영수증, 계좌이체 영수증, 무통장 입금증 등 주택 임대인에게 월세 금액을 지급했다는 것을 증명할 수 있는 서류
- 주민등록등본

세액공제 한도는?

월세액의 15%에 해당하는 금액을 세액에서 공제해 주는데, 연간 월세 지급액 중 최대 1,000만원까지 종합소득산출세액에서 공제받을 수 있습니다. 만약 월세가 70만원(연 월세지급액 840만원)인 경우, 840만원×15%인 126만원을 세액공제 받을 수 있습니다. 총 급여액 5,500만원 이하인 경우 (종합소득금액이 4,500만원을 초과하는 사람은 제외) 월세액의 17%에 해당하는 금액을 공제받을 수 있습니다(조세특례제한법 제95조의2).

토막상식

✎ **아파트에서 이사 나갈 때, 장기수선충당금 꼭 되돌려 받으세요!**

아파트에서 장기수선과 보수 계획에 따라 목돈이 들어갈 것에 대비해 매달 집주인에게 미리 돈을 걷어 적립하는 돈을 장기수선충당금 또는 특별수선충당금이라고 합니다. 보통은 관리비에 포함되어 나오기 때문에 임차인이 관리비와 함께 납부합니다. 월세나 전세 계약이 끝나고 이사 갈 때 관리소에 납부내역을 뽑아달라고 요청하여 집주인에게 반환받으면 됩니다.

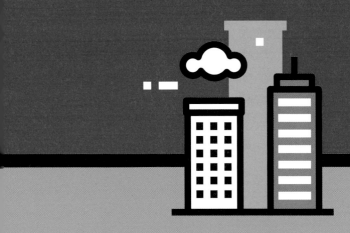

**Common Sense Dictionary
of Real Estate**

2

둘째
마당

내 집을 계약하기 전
알아야 할 상식들

033 내 집 장만 절차
한눈에 쏙!

    정부에서 아무리 살기 좋은 집을 지어 싼 가격에 빌려주어도 사람들은 대부분 내 집을 가지길 원합니다. 낡고 허술하더라도 내 집에서 살아야 마음이 편하기 때문이죠. 또한 집이라도 한 채 가지고 있어야 노후에 걱정없이 살 수 있을 것이라 생각하기 때문입니다.

    내 집 장만 절차를 간략하게 살펴보면 다음과 같습니다.

step 1	자신이 마련할 수 있는 돈 정확히 확인하기
▼	
step 2	거주하고 싶은 지역과 주택의 종류 선택하기
▼	
step 3	인터넷을 통해 시세 및 물건 검색하기
▼	
step 4	중개업소 방문하여 집 구경하기
▼	
step 5	대출 및 전·월세 가능 여부 알아보기

step 6	공부서류 확인 후 계약하기

step 7	중도금·잔금 치르고 소유권이전등기 하기

step 8	이사하기

 토막 상식

✏️ **집을 살 때는 대출이 가능한지, 전·월세를 놓을 수 있는지 체크하라!**

집을 살 때는 보통 자기가 가지고 있는 돈으로만 사는 것이 아니라 은행에서 집값의 일부를 빌립니다. 이때 주의해야 할 것이 있습니다. 아파트는 정형화되어 있어 은행에 가면 대출이 얼마까지 가능한지 바로 알 수 있습니다. 하지만 다세대주택이나 일반주택은 집마다 모양, 구조, 면적 등의 차이가 커 감정 기간이 오래 걸립니다. 그러므로 대출이 얼마까지 가능한지 미리 확인해놓지 않으면 잔금을 치를 때 큰 낭패를 볼 수 있습니다.

전·월세 가능 여부는 집을 산 사람이 그 집에서 살지 않고 세를 놓을 경우를 대비해 알아두는 것이 좋습니다. 보증금과 월세를 얼마나 받을 수 있는지, 전·월세를 쉽게 놓을 수 있는지 등을 미리 따져보지 않으면 나중에 관리하는 데 어려움이 생길 수 있습니다.

큰돈 들어가는 내 집 마련, 도대체 얼마나 필요할까?

가지고 있는 돈이 정확히 얼마인지부터 확인

편안하게 살기 위해, 안정된 노후를 보내기 위해 집을 살 때 가장 먼저 해야 할 일은 지금 자신이 가지고 있는 돈이 정확히 얼마인지를 아는 것입니다. 그래야만 예산에 맞게 어느 지역에서, 어떤 종류의 집을 살지 정할 수 있고, 대출은 얼마나 받아야 하는지를 알 수 있기 때문입니다.

가지고 있는 돈을 정확하게 모르고 집을 사러 다니면 으리으리한 저택도 살 수 있을 것 같은 기분에 휩싸여 계획 없이 이 지역 저 지역을 보면서 시간과 비용만 낭비하게 됩니다. 어쩌다가 집을 사게 되더라도 돈이 부족해서 자신의 처지에 맞지 않게 과도한 대출을 받거나, 대출을 받았는데도 불구하고 돈이 부족하여 애를 먹을 수 있습니다. 따라서 집을 사기 전에는 자신이 가지고 있는 돈이 정확히 얼마인지부터 확인해야 합니다.

대출은 집값의 30%를 초과하지 마세요!

집 살 때 자신이 가지고 있는 돈만으로 집을 사는 사람은 거의 없습니다.

대부분 대출을 끼고 사지요. 그렇지만 대출은 집값의 30%를 넘지 않는 선까지만 받는 것이 좋습니다. 무리해서 너무 많은 대출을 받으면 갚아 나가기도 힘들고, 또 부동산 경기가 안 좋아 집값이 하락하기라도 하면 애써 마련한 자신의 소중한 집을 팔아야 하는 수도 있습니다. 2008년 전 세계 경제의 위기를 가져온 미국의 서브프라임 모기지(비우량 주택 담보 대출) 사태를 한번 돌이켜볼까요? 당시 사람들은 너도나도 과도하게 대출을 받아 집을 샀는데, 부동산시장이 침체되어 집값이 하락하고 대출금리가 상승하자 많은 사람들이 신용불량자가 되었고, 이는 전 세계 경제의 도미노 몰락을 초래했지요.

이처럼 무리한 대출로 집을 샀다가 혹여 경제 침체로 대출금리가 상승한다면 가계 경제에 큰 부담이 될 수 있습니다. 참고로 한국주택금융공사의 대출자(보금자리론, 디딤돌대출, 적격대출) 중 일시적 자금난을 겪고 있는 고객은 원금상환을 얼마간 미룰 수 있는 '원금상환유예' 제도를 이용할 수 있습니다. 자세한 사항은 한국주택금융공사 홈페이지(www.hf.go.kr)나 전화 1688-8114로 문의해 보세요.

집값에서 추가로 5%는 세금, 수수료 등 부대비용으로 들어갑니다!

집을 사는 데 필요한 비용을 산출할 때는 여러 가지 부대비용도 반드시 포함시켜야 합니다. 예산을 빡빡하게 짰다가 세금, 중개수수료 등과 같은 부대비용이 발생하면, 그 돈을 빌리러 여기저기 뛰어다녀야 할 수도 있기 때문이죠.

예산을 짤 때는 대략 집값에서 추가로 5%는 부대비용과 예상치 못한 일들을 위한 예비비용으로 책정해서 예산을 짜세요. 집을 살 때 들어가는 부대비용에는 중개수수료, 이사 비용, 법무사 비용, 취득세, 등기비용, 교통비 등이 있습니다. 다음 내용을 참고하여 집을 사는 데 필요한 부대비용 체크리스트를 직접 만들어 보세요.

주택 구입 시 부대비용 체크리스트

	내역	비용		내역	비용
☐	취득세	₩	☐	이사비용	₩
☐	중개수수료	₩	☐	입주청소비용	₩
☐	등기비용	₩	☐	에어컨 설치비	₩
☐	각종 공과금	₩	☐	도시가스 설치비	₩
☐	교통비	₩	☐	인터넷 설치비	₩
☐	기타	₩			
☐		₩			
☐	합계	₩			

**토막
상식**

✎ **궁금한 주택 가격을 바로 알 수 있다! 국토교통부 실거래가 정보**

국토교통부 실거래가 공개시스템(rt.molit.go.kr)에서는 아파트, 연립주택, 다세대주택, 단독주택, 다가구주택, 오피스텔, 입주권, 분양권, 상가, 공장, 창고의 실제 매매가격 및 전·월세가격을 바로바로 확인할 수 있습니다.

035 내 돈 적게 들이고 시세차익 노릴 수 있는 갭투자

전세 끼고 집 사는 갭투자

2016년 저금리와 부동산 가격 상승 분위기를 타고 '갭(gap)투자'가 사람들의 관심을 끌었습니다. 갭투자는 전세가격과 매매가격과의 차이(gap)가 적은 주택을 전세금을 끼고 사서 매매가격 상승을 유도한 후, 매매가격이 상승하면 되팔아 투자원금 회수는 물론, 시세차익까지 노리는 투자 방식을 말합니다.

전세가격이 높아 매매가격과의 차이가 작을수록 투자금액은 적게 들고, 구입 후 매매가격이 상승할수록 시세차익도 그만큼 더 커져 수익이 커지는 방식이죠.

소액으로 누구나 시작할 수 있는 갭투자

갭투자의 가장 큰 매력은 소액으로도 시작할 수 있는 부동산 재테크라는 점입니다. 4,500만원으로 3억원짜리 집을 살 수 있고, 1년 만에 5,000만원이 넘는 시세차익을 얻었다는 소문은 정말 꿈만 같죠.

2016년 봄, 회사원 A씨는 자신이 살고 있는 동네의 아파트 전세가율이 85%까지 상승하며 매매가 3억원인 아파트의 전세가가 2억 5,500만원까지 오르자, 목돈 4,500만원을 투자하여 해당 아파트를 사고 부족한 금액은 세입자로부터 받은 전세금으로 충당했습니다. 추후 전세가격이 3억원까지 오르고, 이에 힘입어 매매가격이 3억 5,000만원까지 올라주기만 한다면 투자원금 4,500만원을 회수할 수 있을 뿐만 아니라 5,000만원의 시세차익까지 얻을 수 있을 것으로 판단했기 때문입니다. 그러나 A씨는 왠지 불안한 느낌이 들었습니다. 그 이유는 무엇이었을까요?

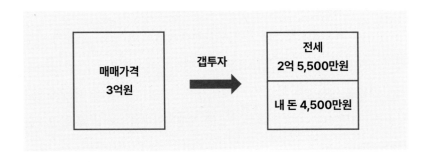

매매가격이 상승한다는 확신으로 시작해라!

매매가격만 상승하면 소액으로도 큰 시세차익을 얻을 수 있다는 게 갭투자의 장점입니다. 하지만 바꿔 말하면 매매가격이 상승하지 않으면 큰 손해를 볼 수도 있는 게 갭투자입니다. 만약 매매가격이 상승하지 않거나 오른 폭이 아주 적을 경우 주택을 사는 데 들어간 취득세, 법무사 비용, 중개수수료 등을 감안하면 오히려 손해를 볼 수도 있습니다.

2년 뒤 회사원 A씨는 전세 계약이 끝나는 세입자에게 전세금을 돌려줘야 하는 상황에 처했습니다. 하지만 2년 동안 주택 가격은 상승은커녕 3억 원에서 2억 8,000만원으로 하락했고, 전세 역시 2억 5,500만원에서 2억 3,000만원으로 떨어졌습니다. 세입자는 이사를 가면서 전세금을 요구했고, 회사원 A씨는 2억 3,000만원에 새로운 임차인을 구한 후 여기에 2,500만원의 대출을 받아 전세금 2억 5,500만원을 전 임차인에게 전달했습니다. 시세 차익은커녕 2,500만원의 손해만 보게 된 것이죠.

또 원하는 시기에 팔지 못하거나, 세입자에게 전세금을 돌려줘야 하는데 다음 세입자를 구하지 못할 경우에는 자금조달에 어려움이 생겨 대출을 받아야 하는 등 금전적인 문제가 발생할 수 있습니다.

갭투자를 하려는 지역 주변에 추후 대규모 분양이 있어서 주택 공급량이 많아지거나, 부동산 경기가 나빠져 거래가 활발하지 못하면 갭투자는 실패할 확률이 높습니다. 또한 같은 지역 안에서도 전세가율은 주택마다 다를 수 있습니다. 그러므로, 갭투자는 부동산 경기, 부동산 정책, 지역 특성 등 여러 가지 여건을 고려한 후에 신중하게 접근하는 것이 좋습니다.

토막 상식

 갭투자의 함정! '깡통전세'

깡통전세는 갭투자의 실패 사례에 자주 등장하는 용어로, 집값의 80~90%를 전세로 주는 주택에서 많이 발생합니다. 집값이 전세보증금 이하로 하락하거나, 집주인의 대출로 집이 경매에 넘어갔을 때 임차인의 전세보증금보다 낙찰금액이 낮으면 깡통전세가 됩니다. 깡통전세가 되면 집주인은 임차인에게 전세보증금을 되돌려주기 위해 무리하게 대출을 받아야 하고, 임차인은 부동산이 경매로 넘어갈 경우 전세보증금을 제대로 받지 못하고 쫓겨날 수밖에 없습니다.
깡통전세를 피하려면 집주인은 무리한 갭투자를 자제하고 임차인은 계약 전 등기사항전부증명서를 확인하여 근저당액과 전세보증금을 합한 금액이 매매가의 80%를 넘지 않는지 반드시 체크해 봐야 합니다.

부동산 기사에 꼭 나오는 LTV, DTI, DSR은 무엇?

LTV(주택담보인정비율)나 DTI(총부채상환비율), DSR(총부채원리금상환비율)은 집을 담보로 한 과도한 대출로 은행과 개인이 부실해지는 것을 막기 위한 것으로, 대출에 대한 심사와 규제를 강화하여 무분별한 대출을 막고 부동산 투기를 억제하기 위해 등장했습니다. 부동산 기사에 빠지지 않고 나오는 이 용어들, 하나하나 자세히 살펴볼까요?

LTV: 집을 담보로 얼마나 대출받을 수 있나?

LTV(Loan To Value ratio)는 집을 담보로 얼마까지 돈을 빌릴 수 있는지를 말합니다. 가령 3억원짜리 집의 LTV가 70%라면 최대 2억 1,000만원까지 대출을 받을 수 있지요.

예시 1 시가 3억원인 주택, LTV 70% 적용, 전세 2억원인 경우

　　➡ 대출 불가

시가 3억원인 주택(서울지역), LTV 70% 적용, 방 2개인 경우

➔ {(3억원 × 70%) - (5,000만원 × 2)} = 1억 1,000만원까지 대출 가능

　　만약 대출받고자 하는 주택에 세입자가 있다면 전세금액에 따라 다르지만 위의 '예시 1'처럼 해당 주택에 대한 대출이 불가능할 수 있습니다. 또한 '예시 2'처럼 대출받을 주택에 방이 있다면 은행에서는 방 개수에 해당하는 최우선변제금액을 제하고 대출해 줍니다. 집주인이 대출받은 후 각각의 방을 세 놓았는데 만약 해당 집이 경매에 넘어갈 경우, 각 방의 세입자들은 다른 어떠한 권리보다도 앞서 최우선으로 변제금액을 돌려받을 수 있습니다. 이렇게 되면 은행에서는 그만큼의 돈을 되돌려 받지 못하게 되므로, 그 대비책으로 방의 개수만큼 최우선변제금액을 제하고 대출해 주는 것입니다.

지역별 소액임차인의 최우선변제금액 보증금 범위　　　　　(2024년 1월 기준)

저당권 설정일	지역	보증금 범위	최우선변제금액
2023년 2월 21일부터	서울특별시	1억 6,500만원 이하	5,500만원 이하
	과밀억제권역, 용인·화성·세종·김포	1억 4,500만원 이하	4,800만원 이하
	광역시, 안산·광주·파주·이천·평택	8,500만원 이하	2,800만원 이하
	그 밖의 지역	7,500만원 이하	2,500만원 이하

　　2023년 7월 3일 이전에 임대차 계약이 체결된 사례 중 임대차 계약만료(2024년 7월 31일까지)로 임차인에게 전세보증금을 돌려줘야 하나 전세금 반환이 어려운 집주인(개인·임대사업자)은 '역전세 반환대출'을 받을 수 있습니다. 대출금액은 역전세로 부족한 전세금 차액이 원칙이나, 필요시 전세금 전액

대출도 가능합니다. 대출 시 DTI 60%만 적용되고 DSR 40%는 적용되지 않으며 임대사업자는 RTI 1.0배 적용을 받습니다. 단, 전세금 반환 목적 외 타용도로 대출금을 사용해서는 안 되고 '역전세 반환대출' 기간동안 신규주택 구입도 금지됩니다.

DTI: 소득수준 고려했을 때 얼마까지 대출 가능한가?

DTI(Debt To Income)는 연 총소득에서 매년 갚아야 하는 원금 및 이자가 차지하는 비율을 말합니다. 대출자의 채무상환 능력을 평가하는 제도인 셈이지요. 예를 들어 연소득이 5,000만원이고 DTI가 60%라면 원리금이 연 3,000만원을 넘지 않도록 대출 규모를 제한합니다. 그러므로 DTI가 낮을수록 대출 가능 금액은 줄어듭니다.

지역에 따라 대출 비율이 달라진다

각각의 대출 비율은 정부가 지정한 조정대상지역, 투기과열지구, 투기지역에 따라 다르게 적용됩니다. 정부는 2018년 '9.13 주택시장 안정대책'과 '12.16 주택시장 안정화 방안'을 발표하며 LTV, DSR, DTI에 대한 비율을 강화함으로써 부동산 투기를 억제해왔습니다. 그러나 생애최초주택구입자는 지역, 주택가격, 소득에 상관없이 LTV가 80%까지 가능하고 대출한도도 4억 원에서 6억 원으로 확대됩니다. 2025년 12월 31일까지 12억 원 이하인 주택을 취득하면 취득세도 100% 감면(200만 원 한도)받습니다.

주택가격	구분		투기과열지구 및 투기지역		조정대상지역		조정대상지역 외 수도권		기타	
			LTV	DTI	LTV	DTI	LTV	DTI	LTV	DTI
고가주택 기준 이하 주택 매수 시	서민실수요자		50% (70%)	60%	60% (70%)	60%	70%	60%	70%	없음
	무주택세대		40%	40%	50%	50%	70%	60%	70%	없음
	1주택 세대	원칙	0%	-	0%	-	60%	50%	60%	없음
		예외	40%	40%	50%	50%	60%	50%	60%	없음
	2주택 이상		0%	-	0%	-	60%	50%	60%	없음
고가주택 매수 시	원칙		0%	-	0%	-	고가주택 기준 이하 주택 매수 시 기준과 동일			
	예외		20%	40%	30%	50%				

※ 서민실수요자 : 부부합산 연소득 9,000만 원 이하, 투기과열지구·투기지역 주택가격 9억원 이하(단, 조정대상지역은 8억 원 이하), 무주택세대주 등의 요건을 모두 충족하는 경우 LTV 70%까지 적용(6억 원 한도 폐지)

※ 투기과열지구·조정대상지역 내 무주택자·1주택자(기존 주택 처분조건부)는 주택 가격과 무관하게 LTV 50%

※ 다주택자의 규제지역 내 주택 매입 목적 주택담보대출 LTV 30%까지 가능, 주택 임대·매매사업자의 주택담보대출 취급 허용(규제지역 LTV 30%, 비규제지역 LTV 60%)

DSR: 소득 대비 총부채의 비율

DSR(Debt Service Ratio)이란, 연소득에서 전체 대출에 대한 원금 및 이자가 차지하는 비율을 말합니다. 주택담보대출 원리금뿐만 아니라 신용대출, 신용카드미결제액, 자동차할부금, 전세보증금담보대출, 예·적금담보대출, 유가증권담보대출의 원리금 등까지 모두 반영하기 때문에 대출이 더 까다로울 수밖에 없습니다.

스트레스 DSR

정부는 상환능력 중심의 대출 관행을 정착시키기 위해서 DSR에 미래금리 상승 가능성까지 추가하는 '스트레스 DSR' 제도를 도입했습니다. 이로써 대출 한도는 기존 DSR 방식보다 더 줄어들게 되었습니다.

스트레스 DSR는 시장금리에 가산금리를 더하여 계산합니다. 여기에서 가산금리란, 과거 5년간 최고금리(한국은행 기준 2022년 12월 5.64%)에서 현재 금리를 뺀 값을 말하는 것으로, 상한은 3%포인트 하한은 1.5%포인트를 적용합니다.

스트레스 DSR은 2024년 7월 1일~12월 31일까지 2단계, 2025년 1월 1일 이후로 3단계를 시행합니다. 2단계에서는 은행권 신용대출과 2금융권 주택담보대출에 스트레스 DSR이 적용됩니다. 3단계에서는 모든 가계대출에 스트레스 DSR이 적용됩니다.

1주택 세대를 위한 생활안정 주택담보대출

생활안정 목적의 주택담보대출이란 의료비, 교육비 등 생활자금 조달목적으로 이미 보유한 주택을 담보로 받는 대출을 말합니다. LTV와 DTI 범위 내에서 대출이 가능합니다.

토막상식

✎ **추가 대출이 가능한 MCI, MCG**

은행에서 대출을 실행할 때는 사정상 해당 주택이 경매에 넘어갈 경우 손해를 최소화하고, 임차인 보호를 위해 최우선변제금을 공제하고 대출을 해줍니다. 이때 MCI(Mortgage Credit Insurance, 모기지신용보험)와 MCG(Mortgage Credit Guarantee, 모기지신용보증)라는 보증보험에 가입하면 최우선변제금을 공제하지 않고 대출을 받을 수 있습니다. MCI는 가입비용을 은행에서 부담하고 MCG는 대출자가 부담하며 정부의 정책 변화나 은행에 따라 취급하지 않을 수도 있습니다.

037 나한테 딱 맞는 대출상품 찾기

앞에서 언급했듯이 사람들은 대부분 집을 살 때 은행에서 대출을 받습니다. 그런데 막상 대출받으려고 하면 자신에게 딱 맞는 대출상품이 무엇인지 찾기가 어렵습니다.

대출받을 때 우선적으로 따져봐야 할 점은 무엇이고, 여러 대출상품을 한눈에 비교해서 나한테 딱 맞는 대출상품을 쉽게 찾을 수 있는 방법은 무엇인지 알아보겠습니다.

가장 먼저 따져볼 것은 대출이자와 상환조건

대출받을 때 가장 먼저 따져봐야 할 것은 대출이자입니다. 이자는 내가 필요한 자금을 빌린 대가로 내는 돈이지만, 매달 꼬박꼬박 빠져나갈 때면 꼭 공돈이 나가는 것만 같죠. 따라서 최우선 조건으로 대출상품들의 이자를 비교해보고, 그중에서 조건이 좋은 것을 3개 정도 선택합니다. 그런 다음, 선택한 대출상품들의 상환조건이 어떤지 꼼꼼히 따져봅니다. 그 중에서 가장 유리한 대출상품을 고르면 됩니다.

금융감독원 금융상품통합비교공시에서 나에게 딱 맞는 대출상품 찾기

자신에게 딱 맞는 대출상품을 찾으려고 여러 은행을 찾아다니면서 대출 상담을 하다 보면 공연히 개인정보만 유출되고, 자신도 모르는 사이에 신용 조회가 되어 신용등급까지 낮아질 수 있습니다. 그렇다면 은행별로 일일이 대출상담을 하지 않고도 각 은행의 대출상품, 이자 그리고 상환조건을 알 수 있는 방법은 없을까요? 답은 금융감독원 금융상품통합비교공시 홈페이지(finlife.fss.or.kr)에 있습니다.

① 금융상품통합비교공시 홈페이지 중앙에서 필요한 대출을 선택합니다.

② 주택가격, 대출금액, 대출기간, LTV, 주택종류, 금리방식, 상환방식에 체크하면 은행별 대출상품의 대출조건을 알 수 있습니다.

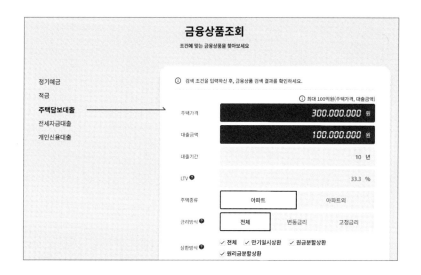

이렇게 '금융감독원 금융상품통합비교공시' 홈페이지에서 자신에게 맞는 대출상품을 3개 정도 찾은 후, 해당 은행에 직접 방문하여 대출가능 금액을 알아보면 됩니다.

주택도시기금 대출상품

주택이나 오피스텔을 구입할 때 신용등급과 소득수준이 해당된다면 금리가 저렴한 주택도시기금 대출상품 '신혼부부전용구입자금', '내집마련디딤돌대출', '수익공유형모기지', '손익공유형모기지', '오피스텔구입자금'을 이용해 보세요.

주택도시기금 주택구입 대출상품

신혼부부 전용구입 자금	대상	부부합산 연소득 8,500만원 이하, 생애최초, 신혼부부(혼인기간 7년 이내 또는 3개월 이내 결혼예정자), 순자산가액 4.69억원 이하 무주택세대주			
	한도	최대 4억원 이내(LTV 80%, DTI 60% 이내)			
	소득(부부합산 연소득)	10년	15년	20년	30년
	2,000만원 이하	연 2.15%	연 2.25%	연 2.35%	연 2.40%
	2,000만원 초과 ~4,000만원 이하	연 2.50%	연 2.60%	연 2.70%	연 2.75%
	4,000만원 초과 ~7,000만원 이하	연 2.75%	연 2.85%	연 2.95%	연 3.00%
	7,000만원 초과 ~8,500만원 이하	연 3.00%	연 3.10%	연 3.20%	연 3.25%
내 집 마련 디딤돌 대출	대상	부부합산 연소득 6,000만원 이하(생초, 2자녀 이상 7,000만원 이하, 신혼 8,500만원 이하), 순자산가액 4.69억원 이하 무주택세대주			
	한도	일반 2.5억원(생애최초 3억원), 신혼가구 및 2자녀 이상 가구 4억원 이내(LTV 70%, 생애최초 LTV 80%, DTI 60% 이내)			
	소득(부부합산 연소득)	10년	15년	20년	30년
	2,000만원 이하	연 2.45%	연 2.55%	연 2.65%	연 2.70%
	2,000만원 초과 ~4,000만원 이하	연 2.80%	연 2.90%	연 3.00%	연 3.05%
	4,000만원 초과 ~7,000만원 이하	연 3.05%	연 3.15%	연 3.25%	연 3.30%
	7,000만원 초과 ~8,500만원 이하	연 3.30%	연 3.40%	연 3.50%	연 3.55%
신혼희망 타운 전용 주택담보 장기대출	대상	LH가 공급할 주거전용면적 60㎡이하의 신혼희망타운 주택 입주자			
	한도	최고 4억원 이내(주택가액의 최대 70%)			
	주택	LH가 공급하는 주거전용면적 60㎡이하의 신혼희망타운 주택			
	금리	연 1.6%(고정금리)			

전세사기 피해자 전용 디딤돌 대출	대상	전세사기피해자, 부부합산 연소득 7천만 원 이하, 순자산가액 4.69억 원 이하 무주택 세대주			
	한도	최대 4억 원 이내(LTV 80%, DTI 60% 이내)			
	소득(부부합산 연소득)	10년	15년	20년	30년
	2,000만원 이하	연 1.85%	연 1.95%	연 2.05%	연 2.10%
	2,000만원 초과 ~4,000만원 이하	연 2.20%	연 2.30%	연 2.40%	연 2.45%
	4,000만원 초과 ~7,000만원 이하	연 2.45%	연 2.55%	연 2.65%	연 2.70%
신생아 특례 디딤돌 대출	대상	대출접수일 기준 2년 내 출산('23.1.1. 이후 출생아부터 적용)한 무주택 세대주 및 1주택 세대주(대환대출), 부부합산 연소득 1.3억 원 이하, 순자산가액 4.69억 원 이하			
	한도	최대 5억 원 이내(LTV 70%, 생애최초 주택구입자는 LTV 80%, DTI 60% 이내)			
	소득(부부합산 연소득)	10년	15년	20년	30년
	2,000만원 이하	연 1.60%	연 1.70%	연 1.80%	연 1.85%
	2,000만원 초과 ~4,000만원 이하	연 1.95%	연 2.05%	연 2.15%	연 2.20%
	4,000만원 초과 ~6,000만원 이하	연 2.20%	연 2.30%	연 2.40%	연 2.45%
	6,000만원 초과 ~8,500만원 이하	연 2.45%	연 2.55%	연 2.65%	연 2.70%
	8,500만원 초과 ~1억 원 이하	연 2.70%	연 2.80%	연 2.90%	연 3.00%
	1억 원 초과~1억 3,000만원 이하	연 3.00%	연 3.10%	연 3.20%	연 3.30%

※ 대출 기간은 2년씩 9회까지 연장 가능, 최대 20년 만기일시상환 가능

한국주택금융공사 대출상품

주택을 구입할 때는 한국주택금융공사 대출상품인 '특례보금자리론', '디딤돌대출'도 이용해보세요.

구분		보금자리론(일반)	내집마련 디딤돌대출
지원대상	대상자	민법상 성년	민법상 성년
	연소득	부부합산 연소득 7천만 원 이하	(일반) 6,000만 원 이하 생초, 2자녀 이상 7,000만 원 이하, 신혼 8,500만 원 이하
	주택수	무주택 또는 1주택	무주택 세대주
	처분조건 1주택자	대체취득을 위한 일시적 2주택자로, 기존주택 처분조건부로 취급 가능, 기존주택은 대출실행일로부터 3년내 처분	불가능
	주택가격	6억 원 이하 공부상 주택	5억 원(신혼가구 및 2자녀 이상 가구 6억 원) 이하
	주택규모	제한 없음	전용면적이 85㎡
만기		10, 15, 20, 30, 40, 50년	10, 15, 20, 30년
중도상환수수료		없음	3년 이내, 대출실행일로부터 경과일수 별로 1.2% 한도 내에서 부과
상환구조		분할상환 (거치기간 없음)	분할상환 (1년 거치가능)
대출한도		최대 3.6억 원 (다자녀·전세사기피해자 4억 원, 생애최초 4.2억 원)	일반 2.5억 원, 생애최초 주택구입자 3억 원, 신혼가구 및 2자녀 이상 가구 4억 원
한도제한		LTV 최대 70%, DTI 최대 60%	LTV : 70%(생애최초 주택구입자 80%), DTI 60%

※ 슬라이딩: 조기상환 수수료가 날짜에 따라 감소하는 방식, 일할계산, n/365
※ 투기지역 및 투기과열지구, 조정대상지역 대출 규제 적용

늘어나는 가계부채를 막기 위한 대출 규제

주택도시보증공사(HUG)의 주택구입자금보증 건수는 세대당 최대 2건까지만 가능(기존 주택구입자금보증 이용 건수 및 HF 중도금보증 건수 포함)합니다. 규제지역(투기지역, 투기과열지구, 조정대상지역)은 세대당 1건만 가능합니다. 보증비율은 대출금액의 100%까지이며 보증한도는 건당 분양대금의 60% 이내입니다.

예시

- **보증비율 적용 사례:**

  분양가격: 5억 원

  보증비율: 100%

  보증금액: 5억 원 (5억 원 × 100%)

- **보증한도 적용 사례:**

  분양가격: 5억 원

  보증비율: 100%

  보증한도: 분양가격의 60%

  보증금액: 3억 원 (보증비율에 따라 계산한 금액이 5억 원이지만, 보증한도가 건당 60%이므로 최대 보증금액은 3억 원으로 제한됨)

12.16 주택시장안정화방안 대출 규제

대출자가 투기지역 혹은 투기과열지구의 초고가 아파트(시가 15억원 초과)를 구입할 때도 주택담보대출을 받을 수 있습니다. 또한, 재개발 혹은 재건축 조합원이 1주택 세대로서 조합설립인가 전까지 1년 이상 실거주한 경우 등 불가피한 사유가 인정될 때도 대출이 가능합니다.

토막상식

✎ 대출금리 더 낮출 수 있다! 금리인하요구권

대출을 받을 당시보다 상환능력이 좋아진 대출자가 금융사에 대출금리를 내려달라고 요구할 수 있는 권리를 '금리인하요구권'이라고 말합니다. 전 직장보다 안정적인 직장으로 이직, 승진, 연소득 상승, 전문자격증 취득, 거래실적 변동 등의 요건을 갖추면 금리인하 혜택을 볼 수 있으니 조건에 해당한다면 잊지 말고 꼭 신청하세요. 2019년 11월 26일부터는 직접 은행을 방문하지 않아도 온라인뱅킹이나 콜센터를 통해 금리인하를 요구하고 약정까지 할 수 있습니다. 신협 등 상호금융에서 대출받은 사람들도 신용 상태가 개선되면 금리 인하를 적극적으로 요구할 수 있습니다. 2023년 2월 10일 정부는 금융회사가 금리인하 가능성이 높은 차주에 대해서 금리인하요구권을 선제적으로 안내하고, 금리인하여부 심사 시 승인요건을 보다 구체적으로 안내하도록 하였습니다.

초보자는 피해야 할
골치 아픈 등기사항들!

소유권이전청구권 가등기

'돈 주고 부동산을 샀지만, 소유자의 이름을 자신의 이름으로 바꾸지 않고 그냥 전 소유자의 이름으로 놓아두었다가 나중에 자신의 이름으로 바꾸겠다.'라는 뜻의 등기입니다.

예를 들면, 부동산 소유자 B의 신용상태가 나빠서 부동산 산 사람 A가 잔금을 치르기도 전에 압류가 들어와 해당 부동산이 경매로 넘어갈 가능성이 클 때는 소유권이전청구권 가등기를 이용합니다. 이렇게 해두면 설사 뒤에 압류가 들어오더라도 소유권이전청구권 가등기가 앞선 순위이므로 부동산을 산 A는 자신이 치른 계약금과 중도금을 보호받을 수 있습니다. 그뿐만 아니라 정해진 잔금날에 잔금을 치르고 해당 부동산을 온전히 소유할 수 있습니다.

그런데 그 사실을 모르는 C가 부동산 소유자 B에게 해당 부동산을 샀다고 합시다. 소유권이전청구권 가등기를 해놓은 A가 나중에 부동산 소유자의 이름을 B에서 자신의 이름으로 바꾸면 C는 A에게 해당 부동산을 빼앗기게 됩니다. 그러므로 소유권이전청구권 가등기가 되어 있는 부동산은 절대 사면 안 됩니다.

담보 가등기

돈을 빌려준 사람이 돈 받을 권리를 담보하기 위해 돈을 빌려간 사람 소유의 부동산에 임시로 한 등기를 말합니다.

담보가등기는 채권의 담보가 목적이긴 하지만 저당권설정등기와는 달리 등기사항전부증명서상에 채권액·채무자 등을 아예 기재하지 않습니다. 법원은 소유권의 이전에 관한 가등기가 되어 있는 부동산에 대한 경매개시결정이 있는 경우에는 가등기 권리자의 담보를 목적으로 한 가등기인지 아니면 소유권이전을 목적으로 한 가등기인지를 법원에 신고하도록 하고 있습니다. 경매 시 가등기 담보권자는 가등기인 채로 그 가등기의 순위를 가지고 우선 변제권을 행사할 수 있습니다.

소유권이전금지 가처분

'부동산을 다른 사람에게 팔 수 없다.'라는 것을 알려주는 등기입니다. 이런 부동산은 돈을 주고 사더라도 자기의 부동산이 되지 않습니다. 예를 들어 A가 B에게 돈을 빌려주었는데 B가 돈을 갚지 않는다면 A는 소송을 통해 자신이 B에게 빌려준 돈을 받아내야 합니다. 그런데 소송기간 중에 B가 자신의 부동산을 팔아 도망을 갈 수도 있으므로 B가 자신의 부동산을 마음대로 팔 수 없도록 취하는 법적 조치가 바로 소유권이전금지 가처분입니다.

환매등기

'빌린 돈을 갚으면 부동산을 되돌려 받는다.'라는 뜻의 등기입니다. 돈을 빌려준 사람이 돈을 빌려 간 사람의 부동산을 가져갔더라도 돈을 빌려 간 사람이 약속한 기한 안에 돈을 갚으면 그 사람의 부동산을 다시 되돌려 줘야 합니다. 환매기간은 부동산의 경우 5년을 넘지 못합니다. 만약에 환매기간을 정하지 않았거나 아니면 5년 이상으로 약정했더라도 환매기간은 5년입니다.

가압류

빚을 진 사람이 돈을 갚지 않고 자신의 재산을 숨기거나, 몰래 가지고 도망가거나, 빈번하게 주소를 옮긴다면 돈을 되돌려 받기가 어렵습니다. 그러므로 돈을 되돌려 받을 사람은 사전에 이런 일이 발생하지 않도록 조치를 하는데, 이것이 바로 '가압류'입니다. 가압류를 해놓으면 빚진 사람이 해당 재산을 마음대로 팔 수 없습니다.

압류

빌려준 돈을 되돌려 받기 위해 빚진 사람의 특정 재산을 강제로 확보하는 조치를 말합니다. 압류의 본래 취지는 빚진 사람이 해당 재산을 팔 수 없도록 권리를 박탈하는 것이며, 압류한 후에는 경매나 공매를 통해 해당 재산을 팔아 빌려준 돈을 되돌려 받을 수 있습니다.

참고로 압류·가압류가 잡혀 있는 매물은 되도록 피하는 것이 좋습니다. 불가피하게 거래를 해야 한다면 계약서 특약사항란에 "매도인은 잔금 지급일까지 압류나 가압류를 모두 말소한다. 그렇지 않을 경우 계약은 무효가 된다."라고 써넣어야 합니다. 또한 중도금은 제3자(에스크로 대리인)에게 맡겨두는 것이 안전합니다. 매도인이 잔금으로 압류나 가압류를 제거하고자 한다면 채권자와 사전에 조율하게 하여 잔금지급일에 채권자가 취하서를 가지고 직접 오도록 합니다. 이때 압류를 전부 취하하는지 반드시 확인해야 하며, 변호사나 법무사와 함께하는 것이 좋습니다.

법정지상권

'토지의 소유자와 토지 위의 건물의 소유자가 다를 경우, 토지의 소유자가 경제적 가치가 아직도 남아 있는 건물을 무조건 철거하도록 하는 것은 불합리하다.'라고 해서 건물의 소유자에게 일정 기간 건물을 철거하지 않아도 되는 권리를 주는데, 이를 '법정지상권'이라고 합니다. 법정지상권은 건물을 토지 위에 건축할 당시 건물의 소유자와 토지의 소유자가 같다가, 나중에 거래 과정에서 건물의 소유자와 토지의 소유자가 달라지면 성립합니다. 법정지상권이 설정되면 자신의 토지라 하더라도 마음대로 사용할 수 없습니다. 단, 토지에 저당권을 설정할 당시 건물이 없었는데 나중에 건물이 지어진 경우나, 토지에 저당권을 설정할 당시 토지 위에 건물이 있었으나, 토지 소유자와 건물 소유자가 다른 경우에는 건물에 법정지상권이 설정될 수 없습니다.

038 아파트 vs 다세대주택 vs 단독주택

집의 종류에는 아파트, 다세대주택(빌라), 단독주택 등 여러 종류가 있습니다. 실거주가 목적이든 투자가 목적이든 주택의 종류별 특징을 알아야 자신에게 적합한 집을 살 수 있겠죠? 그럼, 아파트, 빌라, 단독주택에 대해 자세하게 알아보도록 하겠습니다.

아파트, 빌라, 단독주택 중 뭐가 좋을까?

자신이 거주하다가 나중에 시세차익을 보려 한다면 아파트, 빌라, 단독주택 중 무엇을 선택해야 할까요? 역세권에 있는 아파트가 제일 좋습니다. 역세권에 있는 아파트는 통학이나 출퇴근이 편리하고 아파트 특성상 단지 안에 필요한 시설들을 모두 갖추고 있어 상대적으로 단기간에도 가격이 많이 오르기 때문입니다. 만약 역세권에 있는 아파트를 살 형편이 못 된다면 교통이 편리하고 주변에 학교, 병원, 대형마트, 공원 등이 있어서 주거환경이 좋은 빌라를 사는 것도 좋습니다. 비록 아파트만큼 가격이 많이 오르지는 않지만, 아파트에 비해 가격이 저렴해서 같은 금액으로 여러 채를 살 수 있으며, 교통이 편리하고 주거환경이 좋다면 집값에 비해 비교적 많은 월세를 받을 수 있습니다.

조용한 것을 최우선으로 생각하며 한 동네에서 오랫동안 거주할 거라면 단독주택도 괜찮습니다. 단독주택은 아파트나 빌라처럼 다른 집과 다닥다닥 붙어 있지 않아 주변의 방해를 받지 않고 거주할 수 있고, 장기적으로 보면 비록 건물은 낡더라도 땅이 남기 때문에 그 지역이 개발되면 많은 시세차익을 볼 수 있습니다. 단, 단독주택을 월세로 얻으려는 사람은 흔하지 않으므로, 임대 목적으로는 적합하지 않습니다.

집의 종류별 크기는 어느 정도가 좋을까?

아파트나 빌라는 85㎡(30평대) 이하가 적당합니다. 85㎡ 이하 소형주택이 투자금액도 적게 들면서 나중에 세 주기가 좋기 때문입니다. 만약에 임대가 목적이라면 최소 21㎡(10평대)~최대 85㎡(30평대) 이하가 적당합니다. 1인 가구 증가로 소형의 수요가 증가하고 있기 때문입니다. 단독주택은 대지면적이 최소 150㎡(45평) 이상인 집이 좋습니다. 지금은 예전과 달리 옆집과 일정한 거리를 두고 지어야 하고 주차장도 의무적으로 만들어야 하므로, 대지면적이 최소한 150㎡ 이상은 되어야 살기 편한 크기의 집을 지을 수 있습니다.

기존 아파트와 새 아파트 중 뭐가 더 좋을까?

기존 아파트는 관심 있는 지역의 중개업소를 방문해서 시세를 알아보고, 마음에 드는 아파트를 사면 되기 때문에 투자하기가 가장 편합니다. 물론, 이미 가격이 많이 오른 상태라면 팔 때 시세차익을 적게 보거나 손해를 볼 수도 있지만요. 기존 아파트를 살 때는 지역에 따라 수요가 많은 면적이 조금씩 다르므로 반드시 소형만을 고집할 것이 아니라, 그 지역에서 사람들이 가장 원하는 면적이 어떤 것인지 확인할 필요가 있습니다.

새로 지은 아파트는 기존 아파트보다 공간설계 또는 편의시설이 잘 되어 있고, 신도시의 경우 개발계획에 따라 지하철, 학교, 대형병원, 대형할인점, 영화관, 공원 등 편의시설이 체계적으로 들어서 생활하기가 매우 편리하고 주변 환경이 쾌적합니다. 차후 인구가 점차 유입되고 상권이 안정화되면 가격도 상승할 수 있습니다. 단, 같은 지역에 있는 같은 면적의 아파트라도 분양가격에 큰 차이가 있을 수 있고, 특히 위치나 개발호재, 브랜드 등에 의해 향후 시세가 결정되므로 각 아파트 간에 꼼꼼한 비교가 필요합니다.

좋은 주택 고르는 포인트!

무엇보다 교통이 편리해야 합니다. 걸어서 5~10분 이내에 지하철역이 있어야 좋으며, 지하철 노선이 2개 이상 겹치는 더블역세권이면 더욱 좋습니다. 노선이 많으면 그만큼 출퇴근이 편리해지기 때문입니다. 만약 아파트가 지하철역과 멀리 떨어져 있다면, 아파트 근처에 노선이 많은 버스정류장이라도 있어야 합니다.

학군이 좋아야 합니다. 좋은 고등학교나 유명 학원가 근처에 있는 아파트는 언제나 수요가 많기 때문에 가격 방어가 잘 됩니다. 1분도 아까운 학생들에게는 짧은 통학시간은 큰 메리트가 되기 때문입니다.

일반적으로 강이 보이는 아파트를 많은 사람들이 선호합니다. 강이 보이면 시야가 탁 트여 조망이 좋아 가격이 높은 경우가 많습니다. 한편 산이 근처에 있으면 공기가 쾌적해서 좋습니다.

거실의 방향도 잘 따져봐야 합니다. 집의 방향에 따라 일조량에 차이가 나고, 이것이 곧 가격의 차이로 이어지기 때문입니다. 참고로 최근에는 정남향보다는 남서향, 동남향처럼 양쪽 방향 사이를 향하도록 지어진 집이 많습니다. 그러므로 관심이 있는 집이 있다면 하루 날을 잡아 햇빛이 드는 시간을 체크해보는 것이 좋습니다.

주택가 주변에 기피시설인 쓰레기 매립장, 매연과 소음이 심한 공장, 교도소 등이 있으면 가격이 오르기보다는 시간이 지날수록 떨어집니다.

아파트라면 단지 크기는 1,000세대 이상이 좋습니다. 그 정도 규모는 되어야 단지 내 상가가 활성화되어 생활하기에 편리하기 때문입니다. 또한 수요가 풍부해야 주변에 대형할인마트나 스포츠센터 등도 생길 수 있고요.

참고로 긴 복도를 따라 여러 집이 나란히 있는 복도식 아파트는 복도를 지나다니는 사람들 때문에 사생활을 침해받을 수 있어 좋지 않습니다. 그러나 리모델링할 때는 엘리베이터를 중심으로 두 채의 집이 서로 마주 보고 있는 계단식보다 유리합니다. 계단식 아파트에 비해 가격이 저렴해서 리모델링으로 더 많은 시세차익을 볼 수 있기 때문입니다.

마지막으로 베란다와 다용도실 같은 서비스 공간이 많으면 잡다한 물건들을 정리하기 좋고, 세탁기나 빨래건조대 등을 충분히 놓을 수 있어서 편리합니다.

얼마 동안 가지고 있어야 할까?

집이 한 채만 있는 사람(12억원 이하, 1세대 1주택자)은 집을 팔 때 그 집에 살아야 하는 의무기간은 없고, 2년 이상만 보유하면 양도소득세를 내지 않습니다. 단, 조정대상지역은 다를 수도 있으므로 유의하세요.

혹시라도 대형마트 입점이나 공원 조성과 같은 개발호재가 있다면 개발이 가시화될 때까지 팔지 않고 가지고 있는 것이 좋습니다. 실제로 눈에 보이는 개발이 이루어지면 집값이 더 오르기 때문입니다. 만약에 임대수익을 목적으로 한다면 건물이 낡아 유지비가 많이 들어가기 전까지는 가지고 있는 것이 좋습니다.

✎ 엄격해진 분양 규제 속에 뜨는 생활숙박시설 vs 아파텔

정부가 청약가점제와 특별공급 등을 한층 엄격하게 관리하자 아파트를 대체할 틈새시장으로 '생활숙박시설'과 '아파텔'에 대한 관심이 높아졌습니다. 그러나 생활숙박시설은 더 이상 용도변경 없이 주거용으로 사용할 수 없도록 법이 개정되었습니다. 이에 반해 아파텔은 주거용 오피스텔로 아파트와 내부 설계는 비슷하면서도 일반적으로 상업지역에 지어져 생활편의시설을 편리하게 이용할 수 있는 장점이 있습니다. 가격도 비교적 저렴해 신혼부부 등 소규모 가정을 위한 대체 주거 상품으로 계속해서 인기를 얻고 있습니다.

039

새 아파트 분양받는
첫걸음, 청약!

좋은 아파트의 조건은 기존 아파트나 새 아파트나 비슷합니다. 일반적으로 새 아파트는 짓기 전에 청약 신청을 해야 합니다. 다른 말로 선분양이라고 합니다.

새 아파트 분양받는 절차

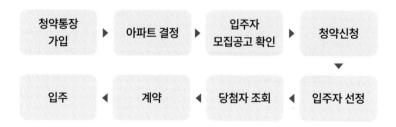

새 아파트를 분양받기 위해 가장 먼저 해야 할 일은 청약통장에 가입하는 것입니다. 국민주택 또는 민영주택을 공급받고 싶다면 주택청약종합저축에 가입하면 됩니다. 다음으로 나에게 적합한 아파트를 결정합니다. 그후 일정한 기간이 지나 청약할 수 있는 조건이 되면, 신문이나 인터넷(청약홈,

마이홈)을 통해 아파트를 분양하는 곳이 있는지 살펴봅니다. '청약'은 '아파트 계약을 청한다'라는 뜻입니다. 다시 말해 새 아파트를 사고 싶으니 아파트를 분양해달라고 요청하는 것입니다. 분양하는 아파트가 있으면 청약하고, 만약 당첨되면 계약하면 됩니다.

청약홈 사이트 이용하기

그럼 분양정보는 어디서 확인할까요? 그리고 청약은 어떻게 할까요? 이 두 가지 궁금증을 한꺼번에 해결할 수 있는 방법이 있습니다. 청약홈(www.applyhome.co.kr)을 방문하는 것입니다.

QRcode

① 청약홈 사이트에서 '청약일정 및 통계 → 분양정보/경쟁률' 순으로 클릭하면 분양 중인 아파트뿐만 아니라 청약경쟁률까지 확인할 수 있습니다.

② '청약신청 → APT 또는 오피스텔/생활형숙박시설/도시형/민간임대 또는 공공지원민간임대'를 클릭하면 분양 중인 아파트, 오피스텔·생활형숙박시설·도시형생활주택·민간임대, 공공지원민간임대에 청약할 수 있습니다. 참고로 청약신청을 하려면 공동인증서나 금융인증서 등이 필요합니다.

참고로 금융결제원에서 담당하던 청약 업무(아파트투유)는 2020년 2월 3일부터 한국감정원의 '청약홈'이 수행하게 되었습니다. 그리고 2020년 12월 10일 한국감정원은 '한국부동산원'으로 명칭이 변경되었습니다.

토막상식

✎ **주택청약종합저축 해지가 무효로 되는 경우!**

사업주체의 파산, 입주자모집승인 취소 등으로 이미 납부한 입주금을 반환받았거나 해당 주택에 입주할 수 없게 된 자가 그 사실을 통보받은 날부터 1년 이내에 주택청약종합저축 납입금을 다시 납입하는 경우, 부적격 당첨자로 당첨이 취소된 사람이 당첨이 취소된 날부터 1년 이내에 주택청약종합저축 납입금을 다시 납입하는 경우, 분양전환되지 않는 공공임대주택의 입주자로 선정된 사람이 주택청약종합저축을 해지한 날부터 1년 이내에 주택청약종합저축 납입금을 다시 납입하는 경우에는 종전의 주택청약종합저축은 해지되지 않은 것으로 봅니다(「주택공급에 관한 규칙」 제14조).

040 새 아파트 사고 싶다면 주택청약종합저축 가입부터!

과거에는 새 아파트를 사려면 청약저축, 청약부금, 청약예금, 주택청약 종합저축 중에 골라 가입해야 했습니다. 그런데 2015년 9월 1일부터 네 가지 통장이 주택청약종합저축으로 통합되었습니다. 청약저축, 청약부금, 청약예금에 이미 가입한 사람들은 계속 유지하고 청약도 할 수 있지만, 신규 가입은 불가능합니다. 주택청약종합저축은 소득공제 혜택을 받을 수 있으니 꼭 챙기세요.

주택청약종합저축, 그것이 알고 싶다!

주택청약종합저축은 청약 자격을 갖추기 위한 필수품입니다. 청약 경쟁은 갈수록 치열해져서 국민주택이나 민영주택에 당첨되려면 1순위 조건을 충족해야 그나마 성공률이 높습니다. 또 주택청약종합저축에 가입한 무주택세대주는 소득공제도 받을 수 있으니 없다면 일단 만들어두는 것이 좋습니다.

주택청약종합저축 연말정산 소득공제 조건

대상자	총급여액이 7,000만원 이하 근로자인 무주택세대주
소득공제 조건	과세연도의 다음연도 2월 말까지 가입은행에 "무주택확인서"를 제출한 자
소득공제 한도	해당 과세연도 납부분(연간 300만원 한도)의 40%(120만원 한도)
추징대상	• 가입일로부터 5년 이내 해지 시(해외 이주, 전용면적 85㎡ 이하 당첨 해지 등 예외) • 전용면적 85㎡를 초과하는 주택에 당첨된 자(기간 제한 없음)
추징금액	무주택확인서를 제출한 과세연도부터 이후에 납입한 금액(연간 300만원 한도) 누계액의 6%

가입 조건과 납입금액, 취급은행은?

'주택청약종합저축'은 대한민국 국민뿐만 아니라 국내에 거주하는 재외동포와 외국인이라도 누구나 가입할 수 있습니다. 단, 1인 1통장만 가능하고 은행이 다르더라도 추가 가입은 불가능합니다.

매월 2만~50만원까지(10원 단위까지 납입가능) 자유롭게 납입할 수 있고, 잔액이 1,500만원 미만인 경우 월 50만원을 초과하여 잔액이 1,500만원이 될 때까지 일시예치가 가능합니다. 잔액이 1,500만원 이상인 경우 월 50만원 이내에서 자유적립이 가능합니다. 단, 공공분양주택 청약 때의 인정금액은 최대 월 25만 원입니다.

우리은행, KB국민은행, IBK기업은행, NH농협, 신한은행, KEB하나은행, 대구은행, 부산은행, 경남은행에서 취급합니다.

어떤 종류의 집을 살 수 있나요?

주택청약종합저축으로는 국민주택뿐만 아니라 민영주택도 신청할 수 있습니다. '국민주택'은 국가, 지방자치단체, LH공사 등에서 짓거나 주택도시기금(서민을 위한 주택을 지을 때 정부에서 지원해주는 기금) 등의 지원을 받아 건설하는 85㎡ 이하 주택이며, '민영주택'은 민간건설업체가 주택도시기금의 지원 없이 지어진 주택이거나 전용면적이 85㎡를 초과하는 주택을 가리킵니다.

국민주택과 민영주택 1순위 요건은?

국민주택과 민영주택의 1순위 요건은 가입기간 및 납입횟수 등에 따라 달라집니다. 1순위 안에서도 무주택기간, 부양가족 수, 청약통장 가입기간에 따라 가점이 부여되는데, 이를 청약가점제라고 합니다. 청약을 신청한 사람 중 1순위를 대상으로 먼저 분양이 이뤄지고 남은 주택이 2순위로 넘어갑니다.

하지만 1순위 조건을 충족하는 사람이 워낙 많으므로 분양은 대부분 1순위에서 끝납니다. 따라서 아파트 청약을 목표로 한다면 1순위 요건은 필수로 충족해야 합니다. 참고로 주택청약종합저축의 명의변경은 가입자가 사망하여 그의 주택청약종합저축을 상속받는 경우만 가능합니다. 개명, 주민등록번호 변경 등 가입자 본인의 정보 수정도 가능합니다.

청약통장 1순위 발생 기준

	국민주택	민영주택
수도권	- 가입 후 1년 경과 - 매월 약정납입일에 월 납입금을 연체 없이 12회 이상 납입	- 가입 후 1년 경과 - 납입금액이 지역별 예치금액 이상
수도권 외	- 가입 후 6개월 경과 - 매월 약정납입일에 월 납입금을 연체 없이 6회 이상 납입	- 가입 후 6개월 경과 - 납입급액이 지역별 예치금액 이상

※ 국민주택 : 투기과열지구·청약과열지역의 경우에는 가입 후 2년이 경과하고 매월 약정납입일에 월 납입금을 연체 없이 24회 이상 납입해야 하며, 위축지역인 경우에는 가입 후 1개월이 경과하고 월 납입금을 1회 이상 납입해야 1순위가 될 수 있습니다.

※ 민영주택 : 투기과열지구·청약과열지역의 경우에는 가입 후 2년이 경과하고 납입급액이 지역별 예치금액 이상이어야 하며, 위축지역인 경우에는 가입 후 1개월이 경과하고 납입급액이 지역별 예치금액 이상이어야 1순위가 될 수 있습니다.

지역별·평형별 예치금

전용면적	서울·부산	기타 광역시	기타지역
85㎡ 이하	300만원	250만원	200만원
102㎡ 이하	600만원	400만원	300만원
135㎡ 이하	1,000만원	700만원	400만원
모든 면적	1,500만원	1,000만원	500만원

※ ㎡ ↔ 평 환산하는 법: ㎡ × 0.3025 = 평, 평 × 3.3058 = ㎡

청약자격은?

청약자격은 최초 입주자모집공고일 현재 해당 주택 지역 또는 인근 지역에 거주하는 자로서 만 19세 이상과 자녀를 양육하거나 부모의 사망·실종으로 형제자매를 부양하는 세대주인 미성년자여야 합니다. 청약홈(www.

applyhome.co.kr)에서 청약자격을 확인할 수 있습니다.

이자는 얼마나 주나요?

이율은 1개월 이내는 무이자, 1개월 초과 1년 미만은 2.0%, 1년 이상 2년 미만은 2.5%, 2년 이상은 2.8%입니다.

참고로 2024년 3월부터 민영주택 일반공급 가점제에서 배우자 통장 가입기간의 50%(최대 3점)까지 합산할 수 있고, 부부 중복 청약신청도 가능합니다. 민영주택 일반공급 가점제에서 동점자가 발생하면 청약통장 장기 가입자를 당첨자로 결정한다. 미성년자 가입 인정기간이 5년으로 확대됩니다.

토막 상식

✎ **국민주택과 공공분양부택**

국민주택이나 공공주택 모두 공급 목적 서민의 주거안정이라는 점에서, 전용면적이 85㎡ 이하라는 점에서는 같으나 국민주택의 공급 주체는 공공이나 민간 모두 가능한 반면 공공분양주택의 공급 주체는 공공만 가능하다는 점에서 차이점이 있습니다. 국민주택이 공공분양주택보다 범위가 좀 더 넓다고 볼 수 있습니다.

청년 주택드림
청약통장

기존 주택청약종합저축의 청약기능과 소득공제 혜택은 그대로 유지하면서 재형기능을 강화한 청약통장입니다.

가입 가능한 나이는?

만 19세 이상 만 34세 이하입니다. 단, 병역증명서에 의한 병역 이행기간이 증명되는 경우 현재 연령에서 병역 이행 기간(최대 6년)을 빼고 계산한 연령이 만 34세 이하인 사람이어야 합니다.

소득수준은?

직전년도 신고소득이 있는 자로 연소득 5천만 원 이하인 근로, 사업, 기타소득자로 소득세 신고·납부 이행 등이 증빙되어야 합니다. 근로기간 1년 미만으로 직전년도 신고소득이 없는 근로소득자눈 한해 당해 급여명세표 등으로 연소득 환산 후 가입할 수 있습니다.

주택소유여부는?

주택을 소유하지 않은 무주택자이어야 합니다.

준비할 서류는?

소득확인증명서(국세청홈텍스 등에서 발급가능), 원천징수영수증(근로·사업·기타소득), 무주택 확인 각서 등

이자는 얼마나 주나?

이율은 1개월 이내는 무이자, 1개월 초과~1년 미만은 2.0%, 1년 이상~2년 미만은 2.5%, 2년 이상~10년 이내는 4.5%, 10년 초과는 일반 주택청약종합저축처럼 1.8%입니다.

기존 '청년우대형 주택청약종합저축' 가입자도 '청년 주택드림 청약통장'으로 전환되나?

기존 '주택청약종합저축' 가입자도 가입요건 충족 시 '청년 주택드림 청약통장'으로 전환이 가능합니다. 단, 기존 계좌가 청약당첨계좌인 경우에는 전환할 수 없습니다.

비과세도 받는다!

「조세특례제한법」에서 정하는 바에 따라 가입기간 2년 이상 경과 시 이자소득의 500만 원, 원금 연 600만 원 한도로 비과세됩니다.

명의변경은 가능한가?

가입자가 사망한 경우, 상속인이 청년 주택드림 청약통장 가입조건을 갖추지 못하였더라도 상속인 명의로 변경할 수 있습니다. 다만, 상속의 경우 비과세 혜택은 받을 수 없으며, 저축 해지 시 우대이율 적용 조건은 상속인 기준으로 합니다.

041 새 아파트 분양받을 때 필수, 청약가점제 & 분양가상한제

새 아파트를 갖고 싶다면 청약해서 당첨되어야 합니다. 그런데 청약하기 전에 알아두어야 할 것이 있는데, 바로 '청약가점제'와 '분양가상한제'입니다. 하나씩 살펴볼까요?

점수 높은 사람이 유리한 청약가점제

청약통장에 1년 이상(지방은 6개월 이상) 일정한 돈을 한 번에, 또는 매달 나누어 넣으면 아파트를 먼저 분양받을 수 있는 자격인 1순위가 됩니다. 그러나 같은 1순위라도 집이 없는 무주택기간, 먹여 살려야 하는 부양가족 수, 청약통장 가입기간에 따라 점수를 매겨 더 높은 점수를 받은 사람 순으로 당첨자를 결정하는데, 이것을 바로 '청약가점제'라 합니다.

청약가점제에서 만점이 되려면 ① 15년 이상 무주택, ② 부양가족 6명 이상, ③ 청약통장 가입기간 15년 이상이라는 조건을 충족해야 합니다.

청약가점제 산정 기준표

가점 항목	가점	가점 구분	점수	가점 구분	점수
① 무주택기간	32	1년 미만(무주택자에 한함)	2	8년 이상 9년 미만	18
		1년 이상 2년 미만	4	9년 이상 10년 미만	20
		2년 이상 3년 미만	6	10년 이상 11년 미만	22
		3년 이상 4년 미만	8	11년 이상 12년 미만	24
		4년 이상 5년 미만	10	12년 이상 13년 미만	26
		5년 이상 6년 미만	12	13년 이상 14년 미만	28
		6년 이상 7년 미만	14	14년 이상 15년 미만	30
		7년 이상 8년 미만	16	15년 이상	32
② 부양가족수	35	0명(가입자 본인)	5	4명	25
		1명	10	5명	30
		2명	15	6명 이상	35
		3명	20	-	
③ 청약통장 가입기간	17	6개월 미만	1		
		6개월 이상 1년 미만	2	8년 이상 9년 미만	10
		1년 이상 2년 미만	3	9년 이상 10년 미만	11
		2년 이상 3년 미만	4	10년 이상 11년 미만	12
		3년 이상 4년 미만	5	11년 이상 12년 미만	13
		4년 이상 5년 미만	6	12년 이상 13년 미만	14
		5년 이상 6년 미만	7	13년 이상 14년 미만	15
		6년 이상 7년 미만	8	14년 이상 15년 미만	16
		7년 이상 8년 미만	9	15년 이상	17

본인 청약가점 점수 = ① + ② + ③ =   점

청약가점제, 어떻게 강화되었나?

2023년 4월 1일 이후 사업 주체가 모집공고를 승인신청하는 경우부터는 청약과열지역의 전용면적 60㎡ 이하는 40%, 60㎡ 초과 85㎡ 이하는 70%, 85㎡ 초과는 50%로 강화되었고, 투기과열지구의 전용면적 60㎡ 이하는 40%, 60㎡ 초과 85㎡ 이하는 70%, 85㎡ 초과는 80%로 개선됩니다.

그리고 2018년 '9·13 주택시장 안정대책 후속조치'로 투기과열지구, 청약과열지역 및 수도권, 광역시 지역에서 추첨제로 입주자 선정 시 추첨제 대상 주택의 75% 이상을 무주택자에게 우선 공급합니다. 참고로 기존주택 처분 조건으로 주택을 공급받은 1주택자는 입주 가능일부터 2년 이내에 처분해야 합니다(2022.10.27. 기준 기존주택 처분 기한이 도래하지 않은 처분의무자도 2년 적용).

2023년 2월 28일부터 추첨제 당첨 1주택자에게 부과된 기존주택 처분 의무가 폐지됩니다(2월 28일 전에 입주자로 선정된 경우도 적용).

2023년 2월 28일 이후 사업 주체가 모집공고를 승인신청하는 경우부터 투기과열지구에서 공급되는 주택의 분양가격이 9억원을 초과하더라도 특별공급이 가능합니다.

정부가 아파트 분양가를 제한하는 분양가상한제

분양가상한제는 정부가 적당하다고 판단되는 수준으로 건축비를 정하면 시행사가 여기에 적정한 이윤을 붙여 분양가를 책정하는 제도입니다. 2019년 11월 6월부터는 민간택지에도 분양가상한제가 도입되었습니다.

분양가상한제를 적용받는 주택은 최장 3년간 전매할 수 없고 5년간 해당 주택에서 실제 거주까지 해야 합니다.

거주의무기간을 채우지 못한 경우에는 해당 주택을 공공주택사업자에게 의무적으로 다시 팔아야 합니다. 거주의무기간 중에 실제로 거주를 하지 않았다면 1년 이하의 징역 또는 1,000만원 이하의 벌금을 내야 합니다.

분양가상한제 적용주택 전매제한기간 (2024년 1월 기준)

구분			투기과열지구	그 외 지역
수도권	공공택지	인근 시세의 80~100%	3	3(3)
		인근 시세의 80% 미만	3	3(5)
	공공택지 외	인근 시세의 80~100%	3	1년~6개월(2)
		인근 시세의 80% 미만	3	1년~6개월(3)
수도권 외	공공택지		1	1
	공공택지 외		1	6~0개월

※ 전매행위 제한기간 이내에 해당 주택에 대한 소유권이전등기를 완료한 경우 소유권이전등기를 완료한 때에 전 매행위 제한기간이 지난 것으로 봄
※ ( )은 의무거주기간
※ 행정중심복합도시 중 투기과열지구로 이전·신설기관 등 종사자의 의무 거주기간은 3년

민간택지 분양가상한제 적용지역

서울	강남구, 서초구, 송파구, 용산구

분양가상한제 미적용 지역에서의 전매제한

앞서 분양가상한제 적용지역에서의 전매제한에 대해서 알아보았는데 요. 분양가상한제 적용지역이 아닌 곳에서도 전매제한은 있습니다.

투기과열지구에서 건설·공급되는 주택은 소유권이전등기일(5년을 초과하 는 경우 5년), 조정대상지역에서 건설·공급되는 주택은 청약과열지역 소유권 이전등기일(3년을 초과하는 경우 3년), 위축지역 6개월(공공택지)까지 전매가 금지 됩니다.

여러 조건의 전매제한기간이 2개 이상 겹칠 때는 그중 가장 긴 전매제한기간을 적용합니다. 단, 부동산 경기가 침체된 위축지역의 경우에는 가장 짧은 기간을 적용합니다. 참고로 정부는 수도권의 경우 공공택지 및 규제지역 3년, 과밀억제권역 1년, 그 외 6개월, 비수도권의 경우 공공택지 및 규제지역 1년, 광역시(도시지역) 6개월, 그 외는 폐지할 계획입니다. 또한, 분양가 상한제 주택 등에 적용되는 실거주 의무도 폐지할 계획입니다.

분양권 불법전매의 경우 매도자뿐만 아니라, 불법임을 알고 거래한 매수자도 처벌(3년 이하 징역 또는 3,000만원 이하 벌금)을 받습니다.

경쟁이 치열한 지역은 청약 재당첨 제한

2016년 11월 3일 정부는 '실수요 중심의 시장형성을 통한 주택시장의 안정적 관리방안'을 발표하고, 주택에 청약하여 당첨된 자 및 그 세대에 속한 자(세대 분리된 배우자 포함)에게 주택의 종류 또는 지역별로 일정 기간 다른 주택의 당첨을 제한하기로 했습니다.

민영주택은 투기과열지구 또는 청약과열지역에서 공급하는 주택에 대해서만 재당첨 제한이 적용되므로 과거 재당첨 제한을 받는 주택에 당첨된 사실이 있다 하더라도 규제지역(투기지역, 투기과열지구, 조정대상지역)이 아닌 지역에서는 제한 없이 청약할 수 있습니다.

재당첨 제한 기간

당첨된 주택	적용기간(당첨일로부터)		
투기과열지구 분양가상한제	10년		
조정대상지역	7년		
기타	과밀억제권역	85㎡ 이하	5년
		85㎡ 초과	3년
	그 외	85㎡ 이하	3년
		85㎡ 초과	1년

청약홈 홈페이지에서 청약가점 확인하자!

내 청약가점이 얼마인지 알고 싶다면 청약홈 홈페이지(www.applyhome. co.kr)의 '공고단지 청약연습 → 청약가점 계산하기'를 이용하세요.

무순위 신청자격 완화

　무순위청약의 거주요건 및 무주택 요건이 폐지되었습니다. 단, 공공주택의 경우 무주택 세대구성원인 성년자에게 공급됩니다. 입주자모집 공고일 기준으로 2세 이하의 자녀(태아 포함)가 있으면 특별(우선)공급 자격을 부여합니다. 또한, 저금리 주택자금 지원을 위한 '신생아 특례 대출'을 신설합니다. 2024년 3월 25일(예정) 이후 동일 일자에 당첨자가 발표되는 특별공급 등에 있어 부부가 각각 신청하여 모두 당첨될 경우 선 접수분에 대하여 당첨 효력이 인정됩니다.

민간 사전청약과 공공 사전청약

QRcode

　민간 사전청약의 사전당첨자로 선정된 자와 그 세대 구성원은 다른 주택의 공공·민간 사전청약 및 일반 분양주택(분양전환 임대주택을 포함)에 청약을 신청할 수 없으나, 사전당첨자 지위를 포기하는 경우에는 제한 없이 청약을 신청할 수 있습니다. 이에 반해 공공 사전청약의 입주예약자로 선정된 자와 그 세대 구성원은 공공·민간 사전청약을 신청할 수는 없으나, 일반 분양주택(분양전환 임대주택 포함)의 청약은 신청할 수 있습니다.

토막
상식

✎ **과거 당첨된 후 계약하지 않았어도 재당첨 제한을 받나요?**

계약 체결 여부와 관계없이 당첨된 것은 사실이므로 재당첨 제한 기간 동안 청약 자격을 제한받으며, 과거 당첨된 통장을 이용하여 다시 청약할 수도 없습니다.

042

부동산 열기를 잠재울 수 있을까? 조정대상지역, 투기과열지구, 투기지역

문재인 정부는 2017년 부동산 투자 열기를 가라앉히기 위해 조정대상지역, 투기지역, 투기과열지구를 지정했습니다. 하지만 윤석열 정부는 2023년 1월 서울특별시 강남, 서초, 송파, 용산을 제외한 전 지역을 투기과열지구, 조정대상지역, 투기지역에서 전면 해제했습니다. 각 지역의 특징과 규제 사항이 무엇인지 알아보겠습니다.

투기과열지구와 조정대상지역 지정 현황

	투기과열지구(4개)	조정대상지역(4개)
서울	강남구, 서초구, 송파구, 용산구	강남구, 서초구, 송파구, 용산구

조정대상지역

정부는 주택가격, 청약경쟁률, 분양권 전매량 및 주택보급률 등을 고려하였을 때 주택 분양 등이 과열됐거나 과열될 우려가 있는 지역이거나 아니면 주택가격, 주택거래량, 미분양주택의 수 및 주택보급률 등을 고려하여

주택의 분양매매 등 거래가 위축됐거나 위축될 우려가 있는 지역을 조정대
상지역으로 지정합니다.

어떠한 것들을 규제하나?

2020년 9월부터 주택을 거래하는 경우 거래가액과 무관하게 자금조달
계획서를 제출해야 합니다. 2022년 3월 4일부터 1주택자가 주택을 구입하
기 위해 주택담보대출을 받는 경우 주택가격과 관계없이 2년 이내에 기존
주택을 처분하면 됩니다. 또한, 신규 주택에 전입하지 않아도 됩니다. LTV
는 50%까지 적용되나 다주택자는 대출이 불가합니다.

1세대 1주택자는 보유기간과 거주기간이 2년 이상인 경우 12억원까지
비과세 혜택을 받을 수 있고, 등록임대주택도 2019년 12월 17일부터 거주
요건 2년을 충족해야 비과세 혜택을 받을 수 있습니다.

2022년 취득분부터 분양권도 대출, 청약, 양도소득세 계산 시 모두 주택
수에 포함됩니다. 민영주택 재당첨제한은 7년입니다.

투기과열지구

정부는 주택가격의 안정을 위해 필요한 경우 일정한 지역을 투기과열지
구로 지정합니다. 2017년 서울 전 지역을 시작으로 경기도 일부 지역과 광
역시 일부 지역이 지정되었다가 2023년 1월에 대부분의 지역이 해제되면
서 서울특별시 강남, 서초, 송파, 용산만 남아 있습니다.

어떠한 것들을 규제하나?

시가 15억원을 넘는 아파트(주상복합 아파트 포함)도 주택 구입 목적의 담보대출이 가능하고, 임차보증금 반환목적의 대출도 가능합니다. LTV는 40%까지 적용되나 다주택자는 대출이 불가합니다.

재건축·재개발 조합원이 1주택 세대로서 조합설립인가 전까지 일정 기간(1년 이상) 실거주한 경우 등에는 대출이 가능합니다. 그러나 아직까지 분양주택의 중도금대출과 잔금대출, 재건축·재개발주택의 이주비대출과 추가분담금에 대한 중도금대출과 잔금대출이 금지됩니다. 단, 재건축·재개발 조합원이 1주택 세대로서 조합설립인가 전까지 일정 기간(1년 이상) 실거주한 경우 등에는 대출이 가능합니다.

시가 9억원 초과 주택담보대출 차주에 대해서는 차주 단위로 은행권 40%, 비은행권 60%(단계적으로 2021년까지 40%) DSR 규제를 적용합니다.

또 2020년 9월부터 주택 거래 시 거래가액과 상관없이 자금조달계획서와 항목별 증빙자료를 제출해야 합니다. 2022년 3월 4일부터 1주택자가 주택을 구입하기 위하여 주택담보대출을 받는 경우 주택가격과 관계없이 2년 이내에 기존주택을 처분하면 됩니다. 또한, 신규 주택에 전입하지 않아도 됩니다.

시가 3억원 초과 아파트를 구입하는 경우 기존 전세대출이 회수되며 추가 보증도 제한됩니다. 단, 구입주택의 기존 임대차 계약 미완료 등 불의의 피해가 발생할 수 있는 경우에만 회수규제가 유예됩니다.

소규모 재개발, 민간 재건축, 소규모 재건축, 가로주택정비사업은 조합설립인가 후에, 민간 재개발은 관리처분계획인가 이후에 해당 사업의 건축물 또는 토지를 양수한 자는 조합원이 될 수 없습니다. 정비사업 분양주택의 재당첨 제한은 5년이고 민영주택 재당첨 제한은 10년입니다.

투기지역

정부는 직전 월 주택매매가격 상승률이 전국 소비자물가 상승률보다 30% 이상 높거나 직전 2개월 평균 가격상승률이 직전 2개월 평균 전국가격 상승률보다 30% 이상 등인 지역을 투기지역으로 지정합니다. 규제 사항은 투기과열지구와 같습니다.

한눈에 파악하는 규제지역

정부는 부동산 투기를 근절하고 서민의 주거 안정을 위해 수많은 부동산 정책을 발표합니다. 부동산 정책의 효과성 여부는 논외로 하고, 부동산 투자자는 자주 바뀌는 정책 때문에 투자 시 실수를 하기도 하는데요. 조정대상지역, 투기과열지구 등 규제지역을 한눈에 보고 싶다면 청약홈(www.applyhome.co.kr) 홈페이지 '청약제도안내' → '규제지역정보'를 클릭해보세요.

청약 관련 규제를 한눈에 보고 싶다면 청약홈(www.applyhome.co.kr) 홈페이지 '청약소통방' → '자주묻는질문'을 클릭해보세요.

해당 아파트의 분양권전매금지 기간을 정확하게 알고 싶다면 청약홈 (www.applyhome.co.kr) 홈페이지 '청약소통방' → '분양권 정보(전매제한 등)'을 클릭해 보세요.

✎ **고분양가관리지역이란?**

고분양가관리지역이란 해당 지역의 분양가 상승이 전체 주택시장에 미치는 영향력이 큰 지역 또는 분양가 및 매매가 상승이 지속되어 고분양가사업장이 발생할 우려가 있는 지역을 말합니다. 해당 사업장의 평균 분양가가 인근 아파트 평균 분양가 또는 평균 매매가의 110%를 초과할 경우, 해당 사업장의 평균 분양가 또는 최고분양가가 입지·세대수·브랜드 등이 유사하고 최근 1년 이내 분양한 해당 지역 아파트의 평균 분양가 또는 최고 분양가를 초과할 경우에 고분양가로 규정합니다. 고분양가관리지역 내 고분양가사업장 기준에 해당되면 주택도시보증공사(HUG)가 분양보증을 해주지 않습니다. 그러면 시행사 입장에서는 아파트를 분양할 수 없으므로 분양가를 낮출 수밖에 없습니다. 수요자는 이렇게 규제받는 아파트를 분양받으면 바로 시세차익을 볼 수 있어 매우 선호합니다. 제2의 분양가상한제라고 할 수 있죠. 2022년 10월 현재 서울 전 지역, 경기(과천시, 광명시, 성남분당구, 하남시), 세종시가 고분양가관리지역으로 지정되어 있습니다.

공공주택은
이렇게 공급됩니다!

정부는 '청년·서민 주거 안정을 위한 50만 호 공급방안'으로 주택을 3가지 유형으로 구분하여 공급하기로 하였는데요.

나눔형은 처음부터 시세의 70% 이하로 공공주택을 분양받고 의무거주기간 5년 후 공공에 환매 시 시세차익의 70%를 분양자가 가져갑니다. 그리고 분양가격의 80%까지 1.9~3.0% (고정금리)로 40년 만기 최대 5억원(LTV 최대 80%, DSR 미적용)까지 대출받을 수 있습니다.

선택형은 시세의 70~80% 수준으로 월세를 살다가 6년 차에 분양 여부를 선택(분양 미선택 시 추가로 4년간 임대할 수 있으며, 거주기간과 청약통장 납입기간 인정받음)합니다. 분양가격은 입주 시 추정분양가와 분양 시점 감정가를 합한 가격의 평균으로 하며, 입주 시점 추정분양가의 절반을 보증금으로 납부합니다. 임차 시 보증금은 최저 1.7%, 최대 3억원까지 대출받을 수 있으며 6년 후 분양자금은 나눔형과 유사합니다.

일반형은 분양가상한제를 적용하여 시세의 80%로 공급합니다. 신혼부부는 2.15~3.0% (고정금리)로 30년 만기 4억원(LTV 70%, DSR 미적용)까지 생애최초주택구입자는 2억원까지 대출받을 수 있습니다.

대상별 청약 자격 및 소득·자산요건

지원대상	지원요건	
	자격	소득·자산요건
청년	• 주택 소유 이력이 없는 19~39세, 미혼	• 1인가구 월평균소득 140% 이하 • 순자산 2억 6,000만원 이하
신혼부부	• 예비 신혼부부 또는 혼인 7년 이내 신혼부부 • 6세 이하 자녀가 있는 부부, 또는 한부모 가족	• 월평균소득 130% 이하(맞벌이 140%) • 순자산 3억 4,000만원 이하
생애최초	• 주택 소유 이력이 없고, 배우자나 미혼자녀가 있는 근로자 • 자영업자로 소득세 5년 납부자	• 월평균소득 130% 이하 • 순자산 3억 4,000만원 이하
중장년층	• 다자녀·노부모 등	• 월평균소득 120% 이하 등 • 순자산 3억 4,000만원 이하

※ 일반형은 특공·일반공급 모두 기존 기준 유지(부동산 2억 1,600만원 이하, 자동차 3,600만원 이하)
※ 선택형의 경우에는 소득요건 등 적용 시 가구원 수별 기준 적용

출처: 국토교통부

신규 모델인 선택형, 나눔형에 미혼 청년특별공급(19~39세 대상)을 신설하고 3가지 유형 모두 일반공급 물량의 20% 추첨제로 합니다. 생애주기 상 소득·자산이 적은 청년층(미혼 청년·신혼·생애최초)에 선택형에서 60%, 나눔형에서 80%를 배정하고 상대적으로 자금 마련이 쉬운 무주택 40, 50대를 위해 일반형은 일반공급 비율을 15%에서 30%로 확대하며 선택형에도 다자녀·노부모 등 특별공급을 30% 배정합니다.

043

분양광고, 모델하우스
똑부러지게 살펴보는 법

우리는 신문이나 인터넷 등에서 새 아파트를 분양받으라는 광고를 자주 접합니다. 그리고 관심 있는 사람은 모델하우스를 직접 방문하여 내부를 살펴보고 마음에 들면 계약을 하죠. 그러나 분양광고와 모델하우스에는 우리를 현혹하는 많은 함정이 도사리고 있습니다.

분양광고 보는 법
세대수부터 파악하자!

분양광고에서 아파트 세대수가 1,000세대 이상인지 살펴보세요. 세대수가 많을수록 주변 편의시설이 좋아 거래량이 많고 가치가 올라갑니다. 단독으로 1,000세대가 아니라도 주변에 여러 아파트 단지가 있어도 괜찮아요.

아파트 분양광고

주변 환경을 꼼꼼히 점검!

교통이 편리한지, 주변에 개발계획은 없는지, 녹지율(대지면적에 대한 녹지 비율과 옥상의 조경비율을 합한 것)은 얼마인지 등을 확인합니다. 이는 앞으로 가격이 얼마나 상승할 것인지, 주거환경이 얼마나 쾌적한지 알아보기 위해서입니다.

경쟁률도 하나의 변수다!

자신이 원하는 면적의 세대수, 분양가 그리고 대지지분을 확인합니다. 자신이 원하는 면적의 세대수가 적으면 그만큼 경쟁이 심할 것이므로 경쟁률도 고려해야겠죠.

모델하우스 보는 법
아파트 위치를 확인한다!

아파트를 분양한다고 해서 무조건 모델하우스부터 구경하러 가지 말고, 인터넷으로 분양하는 아파트의 위치를 확인해 봅니다. 또한 아파트 근처에 지하철역이 있는지, 학교까지의 거리는 얼마나 되는지, 쓰레기소각장과 같은 혐오시설이 없는지 등을 미리 확인한 후에 모델하우스를 방문합니다.

현장에 있는 대형지도를 먼저 본다!

모델하우스를 방문하면 아파트 내부를 구경하기 전에 현장에 있는 대형 지도를 먼저 봅니다. 지도를 보면서 인터넷으로 미처 확인하지 못한 사항들이 있는지 체크하고, 궁금한 점은 도우미에게 물어보세요.

아파트의 모형도를 살핀다!

모델하우스에는 지어질 아
파트의 모형도가 있습니다. 이
것을 보면서 동별로 방향이 어
느 쪽인지, 전망이 좋은지, 햇빛
은 잘 들어오는지, 조경은 잘되
어 있는지, 주차장 출입구는 어

아파트 모형도

디인지 등을 확인합니다. 단, 분양할 아파트를 좋게 보이려는 생각에 조경
이나 산 등을 과장해서 만들기도 하므로 모형도를 보이는 그대로 믿어서는
안 됩니다.

참고로 동과 동 사이의 거리가 멀어 탁 트인 느낌이 들도록 아파트 크기
를 실제 비례 크기보다 80% 정도 축소할 수도 있으니 이 점도 참고하세요.

내부 동선을 확인한다!

내부를 구경할 때는 먼저 집 구조가 활동하기에 편리한지 확인합니다.
예를 들어 안방에서 거실로 가려면 다른 방을 거쳐야 한다거나, 멀리 돌아
서 가야 한다거나, 주방이 너무 구석진 곳에 있다면 생활하기에 불편할 수
있습니다.

또한 거실, 방, 주방, 욕실 등에 햇빛이 잘 들어오게 설계되었는지, 통풍
이 잘되는 구조인지 꼼꼼히 체크합니다.

고급 가구에 현혹되지 않는다!

내부를 볼 때는 조명이나 대형 TV, 고급 테이블, 조각상, 소파와 같은 소품들에 현혹되어서는 안 됩니다. 고급 가구와 소품에 현혹되면 아파트의 단점이 눈에 잘 들어오지 않기 때문입니다. 또한 주방 싱크대, 인터폰, 욕조는 어느 회사 제품인지, 바닥은 나무인지 대리석인지 등을 도우미에게 자세히 물어보고 기록합니다. 필요하다면 스마트폰으로 사진을 찍어둡니다.

인기 있는 아파트는 대기 시간만 반나절 이상!

지역의 랜드마크가 될 만큼 인기 있는 아파트가 분양되면 모델하우스 오픈 초기부터 많은 사람이 몰립니다. 사람이 너무 많이 몰릴 때 방문하면 모델하우스를 자세히 살펴볼 수도 없고, 이것저것 물어보기도 힘듭니다. 며칠 후에 방문한다고 해서 모델하우스가 달라지는 것도 아니므로 분위기가 다소 진정된 다음에 찾아가는 것도 한 가지 방법입니다. 단, 분양이 모두 완료되면 얼마 지나지 않아 모델하우스를 철거하므로 그전에 다시 한번 방문하여 기억에 잘 새겨놓으세요.

언택트 시대, E-모델하우스!

환경보호, 비대면, 비용 절감 등의 이유로 일부 시행사는 오프라인 모델하우스 대신 온라인 모델하우스(E-모델하우스)를 선보이고 있습니다. E-모델하우스는 시간 제약 없이 언제든지 붐비지 않고 여유롭게 구석구석 모델하우스를 구경할 수 있다는 장점이 있습니다. 그러나 벽, 바닥, 싱크대 등의 자재와 시설을 직접 만져보거나 작동해 볼 수 없고, 방, 거실, 욕실 등의 크기를 직접 보지 못해 가늠하기 어렵고, 특히 집 안 동선의 흐름을 매끄럽게 파악하기 어렵습니다. 그러므로 E-모델하우스를 이용할 때는 꼼꼼하게 여러 번 반복해서 구석구석 살펴봐야 합니다. E-모델하우스는 오프라인 모델하우스보다 편리하긴 하지만 집을 살펴보는 눈썰미와 상상력이 더 필요합니다.

계약하기 전에 확인할 것들
계약조건을 확인한다!

내부 구조를 모두 살펴보았으면 계약조건을 확인합니다. 계약일은 언제인지, 계약금, 중도금, 잔금은 언제 얼마가 필요한지, 중도금대출은 얼마까지 가능한지, 대출이자는 얼마인지, 입주 시점은 언제인지, 전매제한기간은 몇 년 동안인지 등을 꼼꼼히 확인합니다.

이때 차후에 문제가 발생할 것에 대비하여 스마트폰으로 녹음하는 것도 좋습니다.

아파트 공사현장을 방문한다!

모델하우스에서 직접 보고 확인한 모든 것이 마음에 든다고 해서 덜컥 계약하지 말고 실제 아파트 공사현장을 방문하여 지하철역, 학교, 대형할인점 등의 생활편의시설까지의 실제 거리를 확인합니다. 또한 주변에 쓰레기 소각장과 같은 혐오시설이 있는지 확인하고, 모델하우스의 모형도에서 본대로 산이 실제로 보이는지 등을 확인합니다.

이때 주변 시설 답사는 가능하면 도보로 하는 것이 좋으며, 방향이나 동 간 거리 등이 비슷한 아파트가 주변에 있다면 해당 아파트를 직접 방문해 시간대별로 햇빛이 드는 정도나 통풍이 잘 되는지 등을 확인하는 것이 좋습니다.

그리고 시공을 맡은 회사가 최근에 지어 입주한 아파트를 방문해보고, 커뮤니티 등에서 입주민들의 만족도를 확인해봅니다. 만약 시공사에 대한 입주민들의 불만과 심각한 하자가 많다면 다시 한번 생각해보는 것이 좋습니다.

2Bay, 3Bay, 4Bay

베이(Bay)란, '건물의 기둥과 기둥 사이의 공간'을 말하는 것으로 이 중에서도 햇볕이 들어오는 공간을 말합니다. 거실과 1개 방이 햇볕이 들어오는 방향에 위치하면 2Bay, 거실과 2개 방이 햇볕이 들어오는 방향에 위치하면 3Bay라 합니다.

2Bay는 현관에 들어섰을 때 거실을 바로 볼 수 있어 집이 환하고 넓어 보입니다. 3Bay는 현관 입구가 방으로 가려져 있어 거실의 사생활을 보호받을 수 있으며 공간을 활용하기가 좋습니다. 4Bay는 거실과 방 모두에 햇볕이 들어 난방비를 절감할 수 있고 공간활용도가 뛰어난 구조입니다.

**토막
상식**

✎ **아파트 브랜드에 숨겨진 비밀, 시공사와 시행사**

시공사는 아파트를 건축하는 건설회사이고, 시행사는 건설회사에 이러저러한 아파트를 지어달라고 의뢰하는 건축주입니다. 즉, 시공사는 시행사와 계약을 맺고 설계대로 공사합니다. 대한민국에서는 아파트를 분양받을 때 시행사보다 시공사의 브랜드를 더 중요시하는데, 시행사의 재정상태도 확인해볼 필요가 있습니다. 실질적인 사업주체는 시공사가 아니라 시행사이기 때문입니다.

044

새 아파트 분양받은 후
계약금, 중도금,
잔금 내는 법

아파트를 분양받으면 계약부터 입주까지 통상적으로 3년여 동안 계약금과 중도금 그리고 잔금을 치르게 되는데요. 언제, 얼마 정도의 금액을 계약금, 중도금, 잔금으로 치러야 하는지 알아보겠습니다.

계약금 치르기

미분양 아파트는 분양가(아파트 가격)의 5%를 계약금으로 정하기도 하지만, 통상적으로 계약금은 분양가의 10~20%입니다. 청약에서 당첨되면 거의 일주일 내에 계약금을 납입해야 하므로 분양받기를 원하는 아파트의 분양공고를 확인하여 계약금을 미리 준비해두어야 합니다.

은행에서 계약금을 대출받을 수 있을까요? 답은 "NO"입니다. 은행은 아직 분양받지 않은 아파트를 담보로 계약금을 대출해주지 않습니다.

중도금 치르기

중도금은 미분양 아파트일 경우 분양가의 40%까지 낮아지기도 하지만, 통상 분양가의 60% 정도입니다. 아파트 공사기간에 따라 4~6회에 걸쳐 나누어 내는데, 여유자금이 있다면 선납하여 할인받는 것도 좋은 방법입니다.

이와 반대로 중도금을 정해진 날에 내지 못하고 연체하면 연체기간에 따라 연체이자를 내야 합니다. 그러니 여유자금이 없다면 은행에서 미리 중도금 대출을 받으세요.

중도금 대출은 주로 시행사와 연계된 은행에서 취급하므로 계약 전에 반드시 어느 은행과 연계되어 있는지, 대출은 어느 정도까지 가능한지 그리고 이자와 이율은 얼마인지, 상환조건은 어떻게 되는지 등을 꼼꼼하게 확인해봐야 합니다.

만약 시행사와 연계된 은행이 없다면 전국은행연합회 소비자포털 홈페이지(portal.kfb.or.kr)를 방문하여 자신에게 맞는 대출상품을 2~3개 고른 후에 은행에 방문하면 발품을 줄일 수 있습니다.

잔금 치르기

잔금은 통상 분양받은 아파트 가격의 30% 정도이고 입주하기 전까지 납부하면 됩니다. 만약 분양받은 아파트가 가격이 계속 오르는 지역에 있다면 잔금까지 대출받을 수 있지만, 불경기라면 대출이 쉽지 않고 설령 대출이 되더라도 대출액이 커지면 많은 위험부담이 따릅니다. 그리고 미분양 아파트는 시행사가 빨리 팔기 위해 계약금과 중도금 비율을 많이 내리므로,

나중에 분양가격의 55%에 해당하는 큰 금액을 잔금으로 치러야 하는 부담
이 생길 수도 있습니다.

　간혹 분양권 전매를 할 때 세금을 줄이기 위해 실제 거래가격과 계약서
상의 보증금을 다르게 적으라는 유혹에 빠지기도 합니다. 이것은 엄연한 범
죄입니다. 정부는 이러한 업·다운 계약에 과태료를 부과(구청)하고, 국세청에
통보합니다. 또한 편법 증여 등 탈세 의심 대상은 국세청에 통보하고, 불법
전매 등 형사처분 의심 대상은 경찰청에 통보하며, 편법·불법 대출 의심 대
상은 금감원에 통보합니다. 잠깐의 유혹이 있더라도 불법을 저지르는 일은
하지 마세요. 합법적인 방법으로도 얼마든지 성공적인 투자가 가능합니다.

**토막
상식**

✎ 분양보증에 가입한 건설회사인지 확인하세요!

아파트를 분양받을 때는 건설회사가 부도나더라도 계약자들이 보호받을 수 있는
'분양보증'에 가입했는지를 반드시 확인해야 합니다. 분양보증에 가입한 건설회
사는 입주자 모집공고에 '주택보증회사 분양'이라는 문구를 넣습니다. 여기서 잠
깐! 분양보증은 주택도시보증공사(HUG)에서 해주는데, 분양가격이 지나치게 높
으면 분양보증을 거절함으로써 분양가격을 조정하는 역할을 합니다. 제2의 분양
가상한제인 셈이죠.

아파트 입주자모집공고
완전정복!

입주자모집공고란 아파트를 공급하는 사업주체가 아파트를 분양받으려는 사람에게 해당 아파트의 정보를 사실 그대로 제공하는 것을 말합니다. 사람들의 관심을 끌기 위해 약간 과장하는 분양광고와는 법적인 책임부터가 다르죠. 「주택공급에 관한 규칙」에 따르면, 사업주체는 입주자를 모집하고자 할 때는 입주자모집공고를 해당 주택건설지역 주민이 널리 볼 수 있는 일간신문, 관할 시·군·자치구의 인터넷 홈페이지 또는 해당 주택건설지역 거주자가 쉽게 접할 수 있는 일정한 장소에 게시하여 공고하여야 합니다.

입주자모집공고, 어떤 것을 알 수 있나?

입주자모집공고를 보면 일단 읽어야 할 내용이 너무나 많은데, 그 이유는 정부에서 규제하는 사항이 많기 때문입니다. 그러므로 내용이 많더라도 모두 읽어봐야 합니다. 입주자모집공고를 꼼꼼하게 살펴보다 보면 어느새 청약 전문가가 되어 있을 것입니다. 그럼, 입주자모집공고에 어떠한 내용이 실려 있는지 살펴볼까요? 참고로 입주자모집공고 형식은 사업주체마다 조금씩 차이가 있으나 대부분 다음 내용과 대동소이합니다.

0. 청약일정 및 청약 제한사항

입주자모집공고문에서의 맨 처음으로 등장하는 내용으로 청약일정과 정부 정책에 따른 규제 및 제한사항, 분양권 전매금지기간, 재당첨 제한기간, 투기 적발자 처벌 등에 관한 내용을 확인할 수 있습니다.

I. 공급내역 및 공급금액

분양하는 주택의 면적, 세대수, 분양가격 등에 관한 내용을 확인할 수 있습니다.

II. 특별공급 신청자격 및 당첨자 선정방법

다자녀가구, 신혼부부, 노부모 부양자 등을 위한 특별공급에 관해 자세한 사항을 확인할 수 있습니다. 이 부분은 특별공급을 하는 아파트만 내용이 작성됩니다.

III. 일반공급 신청자격 및 당첨자 선정방법

입주자저축 순위별 요건, 민영주택의 청약예치 기준금액, 청약 가점제 적용기준, 주택소유 여부 확인방법 및 판정기준, 부적격 당첨자에 대한 명단관리 등에 관한 내용을 확인할 수 있습니다.

IV. 신청일정 및 장소, 구비서류

신청일정 및 장소, 인터넷 청약서비스 이용방법 및 절차 안내, 고령자·장애인 등 은행창구 청약, 입주자 선정방법 및 동·호수 결정 등의 내용을 확인할 수 있습니다.

V. 당첨자 발표

당첨자발표 일정, 예비입주자 유의사항 및 공급방법, 인터넷, 휴대폰 문자 당첨자발표 서비스 이용안내 등에 관한 내용을 확인할 수 있습니다.

VI. 입주대상자 자격검증 서류 제출

당첨자 사전 서류 제출 안내, 당첨자 자격검증서류 제출 일정 및 장소, 당첨자 자격검증서류 안내 등에 관한 내용을 확인할 수 있습니다.

VII. 계약체결 절차 및 유의사항

계약체결 일정 및 장소, 계약체결 구비서류 안내, 분양대금 납부계좌 및 납부방법, 계약 시 유의사항, 부적격 당첨자에 대한 명단관리, 계약자 대출 안내, 분양권 전매 및 재당첨 제한 기간, 입주자 사전방문, 입주예정일 등에 관한 내용을 확인할 수 있습니다.

VIII. 발코니 확장 및 추가선택 품목, 마이너스 옵션

발코니 확장, 무상 옵션, 유상 옵션, 공동주택 마이너스 옵션, 납부계좌 등에 관한 내용을 확인할 수 있습니다.

IX. 기타 유의사항

주택소유에 의한 유의사항, 청약 및 계약관련 유의사항, 소형·저가주택 1호 또는 1세대를 소유한 경우의 특례 등에 관한 내용을 확인할 수 있습니다.

X. 단지 여건 사항

개발여건 및 단지 외부여건, 학교 관련 사항, 단지 내부여건 등에 관한 내용을 확인할 수 있습니다.

XI. 설계 관련 주요사항

단위세대 및 마감재 등에 관한 내용을 확인할 수 있습니다.

XII. 기타

입주자 사전점검, 입주예정시기, 공동주택 하자 등에 따른 소비자 피해보상, 내진성능 및 능력 공개, 감리자 및 감리금액, 주차장 차로 및 출입구의 높이, 사업주체 및 시공회사 등에 관한 내용을 확인할 수 있습니다.

입주자모집공고를 볼 때 반드시 체크해야 할 사항들

구분	확인내용	체크
1. 아파트 위치	주소지 외에 지하철역과의 거리, 주변시설, 환경 등 확인 필요	☐
2. 공급 규모	재개발, 재건축의 경우 일반 분양분 확인(소규모 단지는 투자 가치 떨어짐)	☐
3. 평형별 세대수	원하는 평형의 공급세대수가 적으면 상대적으로 경쟁이 심함	☐
4. 중도금 횟수 및 일자	중도금 지연에 따른 지연이자 등 경제적 손실 예방	☐
5. 청약 순위별 자격요건	자격 미달에 따른 청약 실수 방지, 청약가점제가 적용되는 경우 자신의 가점 확인	☐
6. 청약 순위별 접수일정 및 시간	순위별로 접수일이 다르므로 자신의 순위에 맞는 접수일 확인	☐
7. 접수장소	은행, 모델하우스, 홈페이지 등 접수장소 확인	☐

8. 당첨자 발표일	뒤늦은 당첨 사실 확인으로 인한 계약 차질 방지	☐
9. 당첨자명단 발표장소 및 발표방법	당첨자명단을 볼 수 있는 신문이나 홈페이지 등 체크	☐
10. 입주예정일	입주 지연에 따른 손해배상 청구 및 이사나 세놓는 날을 정하기 위함	☐
11. 분양보증 여부	분양사업자의 파산 등의 이유로 공사가 지연되는 경우, 공사를 중단하지 않고 진행하거나 아니면 분양대금을 돌려받기 위함	☐
12. 청약 시 구비서류	구비서류 미비에 따른 청약 지연 및 청약 차질 방지	☐
13. 계약조건	계약금·중도금 지연에 따른 지연 이자율 또는 계약해지나 그밖에 불리한 조건이 있는지 체크	☐
14. 유의사항	투기지역, DTI, LTV, DSR 적용 여부 및 비율, 분양권 전매금지 여부 및 기간	☐
15. 기타사항	중도금 대출은행은 어느 곳인가? 이율은 얼마인가? 등	☐

045 재개발·재건축 투자의 목적은 시세차익!

어떤 사람들은 많은 시세차익을 보기 위해 재건축 지역이나 재개발 지역에 투자하기도 합니다. 그렇다면 왜 재건축이나 재개발이 좋은 투자처로 알려진 것일까요?

재건축이나 재개발을 하게 되면 주택이나 주변 시설이 전과는 비교가 안 될 정도로 새로워지고 주변 환경도 쾌적해집니다. 두꺼비가 헌집을 가져가고 새집을 주는 것처럼 말이죠. 이런 이유로 많은 사람이 몰리고 이러한 사람들을 대상으로 돈을 벌려는 투자자들도 모여듭니다. 그리고 이러한 영향으로 집값이 개발 전보다 더 올라 많은 시세차익을 볼 수 있는 것입니다.

참고로 재건축은 주로 낡은 아파트를 새 아파트로 짓는 것이고, 재개발은 낡은 주택뿐만 아니라 주변 도로, 공원, 상하수도 등 기반시설까지 재정비하는 것입니다.

개발 전부터 살던 원주민에게 주는 조합원 자격

개발되는 지역 안에 낡은 집이나 땅을 가지고 있으면 조합원 자격을 주는데, 조합원은 새로 지은 아파트를 일반인보다 저렴하게 분양받을 수 있습니다. 어떻게 이게 가능할까요?

보통 재개발 지역에 있는 집들은 층수가 그리 높지 않은 단독주택이거나 5층 이하의 다세대주택들로, 주택들이 옹기종기 모여 있는 땅의 넓이 대비 주택 수가 많지 않습니다. 만약에 이런 곳에 20층 이상의 아파트를 지으면 조합원 수보다 훨씬 많은 아파트를 지을 수 있습니다. 조합원들은 남는 아파트를 일반인들에게 분양하고 그 이익을 조합원들이 내야 할 분양가에 충당합니다. 이렇게 해서 조합원들은 일반인들보다 저렴한 가격에 아파트를 분양받을 수 있는 것입니다. 그리고 저렴하게 분양받은 아파트를 시세대로 팔면, 바로 일반 아파트에 투자하는 것보다 더 많은 시세차익을 볼 수 있는 것입니다.

재건축이든 재개발이든 새로운 주택은 땅 위에 짓는 것이므로 조합원은 자신이 가지고 있는 땅(지분)이 넓을수록 가치를 더 많이 인정받아 더 넓은 아파트를 분양받을 수 있습니다.

그러나 재건축·재개발에 장점만 있는 것은 아닙니다. 개발이 늦어지게 되면 개발지연 시 소요되는 경비를 고스란히 조합원들이 부담해야 합니다. 개발이 오랫동안 지연되면 될수록 사업비가 늘어나 일반 아파트에 투자한 것보다 더 비싸게 분양받는 셈이 될 수도 있습니다. 그러므로 재건축이나 재개발에 투자하려면 진행 상황을 유심히 살펴본 후에 신중하게 투자해야 합니다.

그리고 재건축의 경우 2018년 1월부터 재건축 초과이익 환수제가 부활함에 따라, 2017년 12월 31일까지 관리처분 인가를 받은 단지와 그렇지 않은 단지 간에 가격 차이가 나는 현상이 발생했습니다.

지분이 있다고 무조건 분양받는 것은 아니다

그런데 재개발 지역에 지분이 있다고 해서 무조건 분양받을 수 있는 것은 아닙니다. 다음은 용산에서 실제로 있었던 일입니다. 재개발로 얻는 이익이 많다 보니 너도나도 조합원이 되기 위해 지분을 마구 쪼개는 일이 일어났습니다. 원래는 주인이 1명이었던 낡은 집을 허물고, 주인이 15명이나 되는 집을 새로 지은 것입니다. 결국은 새로 지어질 아파트 수보다 분양받을 조합원의 수가 더 많아지는 사태가 발생했습니다. 그리고 이로 인해 재개발이 잠시 중단되는 상황까지 가게 되었고, 우여곡절 끝에 재개발은 진행되었으나 지분을 쪼갠 15명은 아파트를 분양받지 못하고 기존 집값만 받아야 했습니다(이를 '현금청산'이라고 합니다). 이에 용산구에서는 지나치게 지분을 잘게 쪼개는 경우 ㎡당 6만~9만원의 벌금을 물리는 등 단속을 강화했습니다.

참고로 2018년 2월 9일 「도시 및 주거 환경정비법」이 전면 개정되어 주택과 오피스텔, 부대복리시설만 지을 수 있었던 재개발 사업에 쇼핑몰, 아파트형 공장 등 상업 및 업무시설을 추가할 수 있게 되었습니다. 따라서 사업성 측면에서 유리해졌고 조합원 자격기준도 20세 이상에서 19세 이상으로 변경되었습니다.

원활한 사업 추진이 가능하도록 재개발사업과 재건축사업 모두 시공사가 시중은행 대출금리 수준으로 추가 이주비(금융기관의 이주비 대출 외의 이주비)를 조합에 빌려 줄 수 있습니다. 다만, 이사비, 이주비, 이주촉진비 등을 무상으로 지원하거나, 은행의 대출금리보다 낮은 금리로 지원할 수는 없습니다.

재개발 시 임대주택 의무 건립 비율을 전체 세대수 기준으로 뿐만 아니라 전체 연면적 기준으로도 산정할 수 있습니다.

관리처분계획인가 단계에서 총 사업비의 큰 비중을 차지하는 공사비의 산출 근거를 명확히 하기 위해 관리처분인가 신청 시 공사 도급계약서 사본을 제출해야 합니다.

참고로 정부는 2023년 1월 5일부터 재건축 기준을 개정하여 시행했는데요. 평가항목별 비중을 구조안전성 30%, 주거환경 30%, 설비노후도 30%, 비용편익 10%로 변경했습니다. 평가항목별 점수를 합산한 총 점수가 45점 이하면 재건축, 45~55점이면 조건부재건축, 55점을 초과하면 유지보수를 합니다. 조건부재건축이라도 지방자치단체가 검토한 후 요청하는 경우에만 확인이 필요한 사항에 한해서 2차 안전진단을 합니다.

토막상식

 분양권과 조합원입주권의 차이는?

분양권이란, 청약을 통해 신축아파트에 입주할 수 있는 권리이며 청약통장이 필요합니다. 이에 반해 조합원입주권은 재개발이나 재건축으로 인해 새로 짓는 아파트에 조합원 자격으로 입주할 수 있는 권리로, 청약통장이 필요 없습니다. 또한 분양권과 입주권은 아직 완공되지 않았더라도 1세대 1주택 비과세 판정 시 주택수에 포함됩니다.

또 분양권은 일반적으로 소유권이전등기를 할 때 전용면적에 따라 1.1~3.5%의 취득세를 내야 하지만, 조합원입주권은 토지 가격의 4.6%를 취득세로 내야 합니다. 재산세에 대해서도 분양권은 보유기간 중 재산세를 내지 않아도 되지만, 조합원입주권은 토지분에 대한 재산세를 내야 합니다.

재건축·재개발 용어
완전정복!

감정가

재건축이나 재개발을 할 때 시장 또는 군수는 감정평가법인에게 조합원들이 가지고 있는
주택과 대지의 가치가 얼마나 되는지를 평가하도록 하는데, 이때 계산되는 금액을 '감정가'
라 합니다.

비례율

개발이 완료되었을 때의 주택과 대지의 총액에서 총사업비용을 뺀 금액을 개발하기 전의
주택과 대지의 총액으로 나눈 금액을 '비례율'이라고 합니다. 각 조합원의 개발 전 주택과
지분의 감정가에 비례율을 곱하면 조합원의 권리가액이 되므로, 비례율이 높을수록 각 조
합원에게 돌아가는 금액이 커져 개발가치가 높다고 판단합니다. 그러나 비례율이 높다고
무조건 좋은 것은 아닙니다. 추진위원회에서 개발을 추진하기 위해 현실성 없는 비례율을
주장하는 경우도 있기 때문입니다.

$$비례율(\%) = \frac{개발완료\ 후\ 주택과\ 대지의\ 총가액 - 총사업비}{개발\ 전의\ 주택과\ 대지의\ 총평가액} \times 100$$

권리가액

조합원의 개발 전 주택과 대지의 감정가에 비례율을 곱해 계산한 금액을 '권리가액'이라고
합니다. 조합원 분양가에서 권리가액을 뺀 차액만큼만 추가분담금으로 지불하면 개발된
아파트에 입주할 수 있습니다. 예를 들어 조합원 분양가가 7억원이고, 권리금액이 4억원이
라면 3억원을 추가로 부담해야 합니다.

재건축 무상지분율

재건축 단지 조합원이 추가분담금 없이 넓혀서 갈 수 있는 면적비율을 '재건축 무상지분율'
이라고 합니다. 예를 들어 어느 가구의 대지지분이 66㎡이고, 무상지분율이 200%라면 이
가구는 132㎡를 추가분담금 없이 공급받을 수 있습니다. 재건축 무상지분율은 주택의 가
치는 고려하지 않고 단순하게 대지지분만 고려합니다. 재개발의 경우는 주택과 대지지분
을 모두 고려합니다. 재건축 무상지분율을 구하는 방식은 다음과 같습니다.

$$무상지분율 = \frac{전체\ 무상\ 지분\ 면적}{총\ 대지\ 면적} \times 100$$

$$전체\ 무상지분면적 = \frac{총\ 분양\ 수입 - 총\ 사업비}{평균\ 분양가} \times 100$$

추가분담금 & 청산금

재개발에서 조합원 분양가가 권리가액보다 크거나 재건축에서 원하는 주택면적이 무상지
분면적보다 커서 조합에 추가로 내야 하는 금액을 '추가분담금'이라고 합니다. 이와 반대로
권리금액이 조합원 분양가보다 크거나 무상면적이 원하는 주택면적보다 커서 조합으로부
터 되돌려 받는 금액을 '청산금'이라고 합니다.

현금청산

재건축이나 재개발에서 조합원이 현금을 받고 조합원 지위를 포기하는 것을 '현금청산'이
라고 합니다. 처음부터 분양신청을 하지 않거나 분양신청을 철회한 경우, 아파트를 분양받
기에는 권리금액이 너무 적은 경우 현금청산 대상이 됩니다.

재건축 초과이익 환수제

재건축으로 인해 정상 주택가격 상승분을 초과하는 이익이 생길 경우, 국가가 그 이익을
환수하는 제도를 '재건축 초과이익 환수제'라고 합니다. 재건축 준공 때까지 조합원 1인당
평균 이익이 3,000만원을 넘을 경우, 그 초과 금액의 최고 50%를 세금으로 내야 하는데,

2017년 말까지 관리처분계획인가를 신청한 단지는 재건축 초과이익 환수제 적용을 받지 않습니다.

이주비

재건축이나 재개발에서 조합원에게 지급하는 비용으로, 공사 기간에 거처를 옮길 수 있도록 조합이 알선하여 소유주인 조합원에게 지급합니다. 대출 규제가 심하면 이주비대출 역시 줄어들어 이주가 지연되고, 이로 인해 개발이 오랫동안 연기되기도 합니다.

정비예정구역

자치구의 구청장 또는 광역시의 군수는 노후된 지역을 계획적으로 정비하기 위해 주민설명회나 공람 등을 통해 재건축 재개발을 위한 정비구역을 예정하는데, 이렇게 예정된 정비구역을 '정비예정구역'이라 합니다. 정비예정구역 지정 후 개발계획이 수립되어 정비구역으로 지정받아야 개발할 수 있습니다.

지구단위계획

도시를 좀 더 체계적·효율적으로 개발하기 위해 기반시설의 배치와 규모, 가구의 규모, 건축물의 용도, 건폐율, 용적률, 높이 등을 제한하거나 유도하는 도시관리계획을 말합니다. 다시 말해, 수립된 지구단위계획을 살펴보면 도시가 앞으로 어떻게 개발될 것인지 예상할 수 있습니다. 지구단위계획구역으로 지정되면 3년 안에 해당 구역에 대한 지구단위계획을 세워야 하며, 그렇지 않으면 지구단위계획구역의 효력이 상실됩니다.

2·4 대책 '현금청산'

2021년 2월 5일 이후 공공이 주도하는 사업예정지구에서 취득한 다세대주택 등은 입주권이 나오지 않고 현금청산될 수 있습니다. 또한, 다세대주택 신축 등을 통해서 추가 지분 쪼개기를 하거나 건물 한 채나 한 개 필지를 다수가 공유하더라도 우선공급권은 한 개만 허용할 계획입니다.

046 재건축·재개발 과정 완전정복

재건축과 재개발 투자에 성공하려면 가장 먼저 재건축과 재개발의 차이점부터 아는 것이 중요합니다. 그리고 그다음으로 재건축과 재개발의 각 단계를 잘 이해해야 합니다. 단계마다 투자 포인트가 다르기 때문이죠.

그럼 가장 먼저 재건축과 재개발의 차이점에 대해서 알아볼까요?

재건축과 재개발, 이렇게 달라요!

재건축은 도시를 처음 조성할 때 함께 만들었던 도로, 주차장, 광장, 공원, 상·하수도, 공동구, 학교, 문화시설 등 기반시설은 대부분 그대로 놔두고 주로 낡은 주택만을 다시 짓는 것을 말합니다. 반면에 재개발은 낡은 주택뿐만 아니라 기반시설도 함께 다시 조성합니다. 이유는 재건축하는 지역은 개발한지 40~50년 정도밖에 되지 않아 대부분의 기반시설이 양호한 편이지만 재개발하는 지역은 개발한지 오래되어 기반시설 대부분이 매우 불량하기 때문입니다. 그러다 보니 재건축은 기반시설을 위한 비용 부담이 적고 재개발은 기반시설을 위한 비용 부담이 상대적으로 큽니다. 재건축과 재개발의 또 다른 차이점은 아래 표의 내용을 참조하세요.

재건축과 재개발의 차이점

차이점	재건축	재개발
조합원 자격	조합설립에 동의해야 함 미동의 시 청산대상 (임의가입) 거절가능	조합설립 동의 여부와 관계없이 조합 설립과 동시에 조합원이 됨 (강제가입) 거절 불가능
	건물과 토지 모두 소유해야 함	건물, 토지 중 하나만 소유해도 됨
정비기반시설	양호함	열악함
기반시설 기부채납	재개발보다 적은 편임	재건축보다 많은 편임
세입자 이사비 손실보상비 주거이전비	해당 없음	지급, 주거이전비는 주민공람공고일 3개월전부터 사업시행인가일(이주· 철거)까지 거주한 경우 가구원 수에 따라 4개월 분 지급
안전진단 실시 여부	실시함(단독주택 재건축은 안 함)	실시하지 않음
임대주택 건설의무	상한용적률과 법적상한용적률 차이 의 50%(시·도 조례에 따라 다름)	서울 10~20%, 경기·인천 5~20% 지방 5~12%(구역 특성에 따라 10% 추가)
사업진행 속도	재개발보다 원활한 편	재건축보다 원활하지 않은 편
현금청산자 비율	비교적 적음, 2% 미만	재건축 보다 많은 편, 10~20%
현금청산 방법	매도청구	수용
현금청산	시세기준 (개발이익 포함)	감정평가액 기준 (개발이익 배제)
개발부담금	재건축초과이익환수제 (2018년 1월부터 시행)	해당 없음
실투자금액	재개발보다 많은 편	재건축보다 적은 편

재건축·재개발! 단계에 따라 투자 포인트가 다르다!

재건축이나 재개발의 차이점에 대해서 알았으면 그다음으로 각각의 개발 단계를 알아야 합니다. 그래야만 내가 생각하고 있는 투자자금과 시기에 맞춰 정확하게 투자할 수 있기 때문이죠. 투자하고 싶은 재건축이나 재개발 지역의 사업진행 단계를 알고 싶다면 서울특별시는 정비사업 정보몽땅에서, 경기도는 경기도 홈페이지 → '정보공개' → '사전정보공표' → '도시/주택'에서 다른 지역은 시도 홈페이지나 관련 부서에 문의해 알아보세요.

1 | 기본계획 수립

특별시장·광역시장·특별자치시장·특별자치도지사 또는 시장이 관할 구역에 대하여 10년 단위로 도시·주거환경정비기본계획을 세우는 단계입니다. 초기 단계라서 개발이익에 대한 프리미엄이 적게 형성되어 투자금액이 다른 단계보다 적으나, 자금이 오랫동안 묶일 수 있고 상황에 따라서는 개발이 무산될 수도 있습니다. 그러니 개발이 확실하지 않다면 섣불리 투자에 뛰어들지 마세요.

2 | 안전진단 진행

재건축의 경우 기본계획 수립 이후 안전진단이 진행됩니다. 재개발은 안전진단을 하지 않습니다. 정부는 2022년 12월 8일에 '재건축 안전진단 합리화 방안'에 따라 평가항목별 비중을 구조안전성 30%, 주거환경 30%, 설비노후도 30%, 비용편익 10%로 수정하였습니다.

3 | 구역 지정

특별시장·광역시장·특별자치시장·특별자치도지사·시장 또는 군수가
기본계획에 적합한 범위에서 노후·불량 건축물 밀집 등 주거환경이 열악한
구역을 정비구역으로 지정하는 단계입니다. 이쯤 되면 동네 사람들이 "우리
동네 개발된대!" 하고 알 정도입니다. 이 단계에서도 투자금액은 적게 들어
갈 수 있으나 자금이 오랫동안 묶일 수 있으므로 장기적인 안목으로 투자해
야 합니다.

4 | 추진위원회 구성

조합이 설립될 때까지 개발을 준비하는 단계로, 토지등소유자 1/2 이상
의 동의를 받아 조합설립을 위한 추진위원회를 구성하여 시장·군수 등의
승인을 받는 단계입니다. 투기과열지구 내 재건축단지에 투자하고자 한다
면 늦어도 이 단계에서는 투자해야 합니다. 이유는 조합설립 후 투자할 경
우 현금청산 대상이 되기 때문입니다. 단, 투기과열지구가 아니라면 개발
진행 상황을 좀 더 지켜본 후에 다음 단계에서 투자하는 것도 좋습니다.

5 | 조합설립 인가

재개발은 추진위원회가 토지등소유자의 3/4 이상 및 토지면적의 1/2 이
상 토지소유자의 동의를 받는 단계입니다. 재건축은 추진위원회가 전체 소
유자 3/4 이상 및 동별 소유자 2/3 이상의 동의를 받아 시장·군수 등에게 조
합설립인가를 받는 단계입니다. 추진위원회는 조합설립에 필요한 동의를
받기 전에 추정분담금 등 정보를 토지등소유자에게 제공하여야 합니다.

조합원 간에 단결이 잘되고 개발에 대한 의지가 강하다면 이 단계에서

투자해도 좋습니다. 단, 조합설립에 대한 동의를 수월하게 받기 위해서 사업비용을 줄이고 일반분양가격을 높게 계산하기도 하므로 반드시 주변 개발단지와 가격 비교를 해봐야 합니다.

6 │ 시공사 선정

공사할 건설회사를 선정하는 단계로, 여러 건설회사를 대상으로 경쟁입찰을 통해 시공사를 선정합니다. 시공사를 선정하기 전에는 조합이 '갑', 시공사가 '을' 입장이지만 막상 시공사가 선정되면 시공사가 '갑', 조합이 '을' 입장이 됩니다. 그러므로 시공사를 선정할 때는 선심성 공약에 현혹되지 말고 현실성 있는 공약인지, 추가로 부담해야 할 공사비는 없는지 꼼꼼하게 확인해봐야 합니다.

7 │ 사업시행 인가

"개발을 이러한 방법으로 진행했으면 합니다"라는 사업시행계획서를 시장·군수 등에게 제출하고 정비사업을 진행해도 좋다는 인가를 받는 단계입니다. 이때 계획한 사업시행계획은 구체적인 것이 아니라 하나의 밑그림이라고 보면 됩니다. 이 단계에 들어서면 건축 세대수, 소형주택 세대수, 임대주택 세대수 등을 알 수 있어 어느 정도 수익성을 예측할 수 있으므로 투자자 수요가 많아지기 시작합니다. 투기과열지구 내 재개발 지역에 투자하고자 한다면 이 단계가 투자 여부를 결정할 마지막 시기입니다. 2018년 1월 15일 이후부터 관리처분인가 단계에서 투자할 경우 현금청산 대상이 되기 때문입니다.

8 | 조합원 분양신청

조합원 분양신청을 받는 단계로 분양신청을 받기 전에 분양대상자별로 종전의 토지 또는 건축물의 명세, 사업시행계획 인가 고시가 있던 날을 기준으로 한 평가금액, 분양대상자별 분담금의 추산액, 분양신청 기간 등을 알려야 합니다.

9 | 관리처분계획 인가

이 단계에서는 아파트를 분양받을 수 있는 조합원의 조건과 아파트 면적 등을 정합니다. 이에 따라 조합원이라고 하더라도 아파트를 분양받을 수 있는 조건이 되지 않는다면 아파트 대신 현금을 받게 되고, 다행히 현금 대신 아파트를 받는다고 하더라도 원하는 면적을 분양받지 못할 수도 있습니다. 뿐만 아니라 두 사람이 공동으로 주택이나 토지를 가지고 있을 때는 아파트를 한 채만 분양받을 수 있다든지 하는 등의 사항이 결정됩니다.

구체적인 사업성이 산출되는 시기로 공사비, 기타사업비, 세입자별 손실보상액, 감정평가액, 일반분양분, 임대주택, 분담금 등을 자세하게 알 수 있습니다. 안전하고 투자 기간이 짧아 투자 수요가 많고 프리미엄도 많이 붙어 투자금액 역시 많이 필요합니다. 하지만 이 단계에서도 정확한 일반분양가격은 알 수 없습니다. 그 이유는 부동산시장 분위기에 따라 분양가격에 변동이 있을 수 있고 미분양이 발생할 수도 있기 때문입니다. 그러니 투자 전에 관리처분계획총회 안내 책자나 조합을 통해 구체적인 내용을 반드시 확인해보세요.

10 | 이주 및 철거

기존 건물을 헐고 공사하기 위해 주민들이 이주하는 단계입니다.

11 | 착공 및 일반분양

공사에 착수하는 단계로, '조합원 분양신청' 단계에서 조합원들에게 분양하고 남은 아파트가 있다면 일반인들에게 분양합니다. 일반분양가격이 결정됨에 따라 총 분양수입 등 모든 것이 확정되어 투자수익을 정확하게 판단할 수 있는 시기입니다. 이 단계는 투자 시기라기보다는 투자한 물건의 수익성 등을 평가한 후 보유할 것인지 아니면 매도할 것인지를 결정해야 하는 단계입니다.

12 | 준공 및 입주

설계한 그대로 아파트가 지어졌는지 확인하고 아파트에 입주하는 단계입니다. 준공된 주택이라고 해도 청산 전까지는 미분양 등을 이유로 추가분담금이 발생할 수 있습니다.

13 | 이전 고시

조합원들이 분양받은 아파트 소유자의 이름을 자신의 이름으로 변경하는 단계입니다(소유권이전).

14 | 청산

앞의 '⑨ 관리처분계획 인가' 단계에서 결정한 대로 조합원 주택의 감정가격이 분양가격보다 적으면 돈을 더 내고, 반대로 조합원 주택의 감정가격이 분양가격보다 크면 돈을 받습니다. 이로써 재건축이나 재개발의 모든 단계가 끝나고 조합은 해체됩니다.

재건축이나 재개발에 투자하고 싶다면 그 지역의 중개업소를 방문하여 공인중개사에게 사업 진행 정도와 조합원들의 화합 여부를 확인해야 합니다. 해당 지역을 직접 방문해 근처 식당에서 밥을 먹거나 시장에서 물건을 사면서 분위기를 확인할 필요도 있습니다.

재개발·재건축 규제가 강화되다!

새로 지은 아파트를 분양하려면 지방자치단체의 '분양승인'이 필요한데, 이 승인을 받기 위해서는 분양사업자가 파산 등의 사유로 분양계약을 지킬 수 없게 되더라도 계약한 대로 분양해주거나 납부받은 분양대금을 되돌려주겠다는 '분양보증'이 있어야 합니다. 2016년의 11·3대책 이전에는 재개발·재건축 단지의 일반분양 분양보증은 기존 건축물 철거 전에도 받을 수 있었지만, 11·3대책 이후부터는 기존 건축물 철거가 완료되어야만 받을 수 있게 되었습니다.

또한 조합원 이주비 등 각종 사업비를 금융기관에서 대출받을 때 원리금 상환을 책임지는 대출보증도 관리처분계획인가 이후에나 가능해졌습니다. 이렇게 바뀐 제도로 인해 앞으로는 재건축·재개발 사업 기간이 좀 더 지연될 수 있습니다. 참고로 헌법재판소는 2019년 12월 27일 재건축초과이익환수제도에 대해 합헌 결정을 내렸습니다.

공공재개발, 공공재건축

정부는 수도권의 부족한 주택을 공급하기 위하여 2020년 8월 4일 '서울권역 등 수도권 주택공급 확대방안'을 발표했는데요, 그 방안 중의 하나가 공공재건축과 공공재개발입니다.

공공재건축의 특징은 공공이 참여하므로 사업 속도가 빨라질 수 있다는 것이고, 준주거지역으로 용도지역 상향한 경우 주거비율을 완화와 최대 50층까지 허용, 용적률 완화, 공원 설치 의무 완화 등 도시규제가 완화되나, 증가한 용적률로 인해 오히려 거주환경의 질이 하락할 수 있다는 우려로 공공재건축을 반대하기도 합니다.

공공재개발의 특징은 공공이 참여하므로 공공재건축처럼 사업 속도가 빨라질 수 있다는 것이고, 용적률이 법적상한용적률의 120%까지 완화된다는 것입니다. 또한, 분양가상한제를 피할 수 있고, 주택도시기금을 활용하여 사업비 및 이주비를 저리로 융자받을 수 있다는 것입니다. 공공재개발이 아니면 개발이 어려운 지역보다는 공공재개발이 아니더라도 개발이 되는 지역을 더 눈여겨볼 필요가 있습니다.

**토막
상식**

 다양한 재개발 재건축 형제들

어느 지역을 개발하는 방법으로는 재개발과 재건축 이외에 도심공공주택복합사업, 자율주택정비사업, 가로주택정비사업, 소규모 재개발사업, 소규모 재건축사업 등이 있습니다. 이들에 대해 좀더 쉽고 자세하게 알고 싶다면 '정보몽땅' → '정보센터' → '자료실'에서 '우리집 우리동네 정비사업 가이드'를 참조해 보세요.

재건축·재개발 포인트! 땅의 면적을 살펴보자

재건축과 재개발에 투자하는 이유는 일반분양 가격보다 저렴하게 분양받아 많은 시세차익을 얻기 위해서입니다. 그렇다면 재건축과 재개발 지역에 있는 집을 사기만 하면 원하는 면적의 아파트를 분양받을 수 있을까요?

재건축과 재개발 지역에서 원하는 면적의 아파트를 분양받으려면 반드시 살펴봐야 할 것이 있습니다.

재건축, 대지지분과 용적률을 살펴보라!

재건축에 투자하려면 매수하려는 아파트의 대지지분과 현재 용적률과 개발 가능한 용적률을 먼저 살펴봐야 합니다. 대지지분이 크면 평가금액을 많이 받을 수 있어 추가분담금의 부담을 줄일 수 있습니다.

용적률이란 대지면적에 대한 건축물의 연면적 비율로, 용적률이 클수록 건축물의 크기를 키워 투자가치를 높일 수 있습니다. 현재 아파트의 용적률은 낮으나 개발 가능한 용적률이 높으면 새롭게 지어지는 세대수가 많아져 사업성이 좋습니다.

용적률은 용도지역에 따라 달라집니다. 용도지역은 경제적·효율적인 토지 이용을 위해 건축물의 용도와 건폐율, 용적률, 높이 등을 제한하는 지역을 말합니다. 도시관리계획에 따라 네 가지로 분류되는데 그중 주거지역은 다시 제1종전용, 제2종전용, 제1종일반, 제2종일반, 제3종일반, 준주거지역으로 나뉩니다. 한 가지 예를 들어보겠습니다. 용도지역이 3종 주거지역으로 현재 용적률이 190%인 아파트와 용도지역이 2종 주거지역으로 현재 용적률이 195%인 아파트가 있다고 합시다. 3종 주거지역은 개발 가능한 용적률이 300%로 현재 190%에 110%를 추가로 받아 건축물의 크기를 더 키워 투자가치를 높일 수 있습니다. 그러나 2종 주거지역은 개발 가능한 용적률이 250%라 현재 195%에 55%만 추가할 수 있습니다.

2017년 6·19대책 이후 투기과열지구 또는 조정대상지역에서 사업시행계획인가(최초 사업시행계획인가)를 신청하는 주택재건축사업의 경우 원칙적으로 1주택까지만 분양받을 수 있습니다. 다만, 종전 소유 주택의 가격 또는 주거전용면적 범위 내에서 1주택을 60㎡ 이하로 선택할 경우 예외적으로 2주택까지 분양받을 수 있으니 참고하세요.

주거지역 종류에 따른 용적률 차이 예시

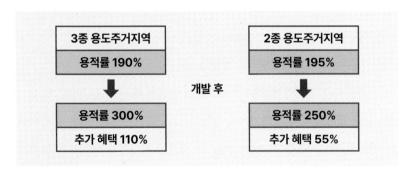

대지면적은 집을 세울 수 있는 땅의 넓이

B씨와 K씨는 재개발이 예정된 성북구 보문동에 투자 목적으로 집을 각각 한 채씩 샀습니다. B씨와 K씨가 투자한 돈은 1억원 차이가 납니다.

> **예시**　**B씨** : 대지 100㎡(약 30평)의 낡은 한옥 한 채, 4억
>
> 　　　**K씨** : 대지 24㎡(약 7평)의 낡은 빌라 한 채, 3억

3년 후 재개발이 되면서 B씨는 시가 9억원인 152㎡(약 46평)의 아파트를 분양받았고, K씨는 시가 6억원인 80㎡(약 24평)의 아파트를 분양받았습니다. 그 이유는 B씨가 산 한옥의 대지면적이 K씨가 산 빌라의 대지지분보다 넓었기 때문입니다. 그러므로 집을 살 때는 건물 상태도 중요하지만, 땅의 넓이(지분)도 중요하므로 대지지분이 얼마나 큰지를 등기사항전부증명서에서 꼭 확인하세요.

[집합건물] 서울특별시 광진구 중곡동

	(대지권의 표시)		
표시번호	대지권종류	대지권비율	등기원인 및 기타사항
1	1 소유권대지권	246분의 25.791	2002년8월26일 대지권 2002년8월28일
2			~~별도등기 있음~~ ~~1토지(을구 1번 근저당권 설정 등기)~~ ~~2002년8월28일~~
3			2번의 1토지에 관한 별도등기 말소 2002년9월5일

공동주택의 대지지분은 집합건물등기사항전부증명서에서 확인할 수 있습니다.

재개발도 '건물 노후도'를 무시하면 큰코다친다!

재개발 지역의 집을 사는 사람들은 대부분 실제 거주보다는 투자 목적이 강합니다. 그래서 집을 살 때 집은 보지도 않고 등기사항전부증명서만 보고 사는 일이 많지요.

그러나 재개발 지역의 집을 살 때는 집의 안과 밖의 상태도 꼼꼼히 살펴봐야 합니다. 추후 조합원들에게 아파트를 분양할 때 그 집이 깔고 앉은 땅뿐만 아니라 건물의 가치도 함께 평가하기 때문입니다.

Y씨는 재개발에 투자하면 많은 돈을 벌 수 있다는 말을 듣고 재개발지역 안에 있는 기와집을 한 채 샀습니다. 계약 당시 Y씨는 '어차피 헐릴 집인데 꼼꼼하게 봐서 뭐해?' 하는 생각으로 집을 꼼꼼하게 살펴보지도 않고 잔금을 치렀습니다. 몇 달 후 장마가 시작되었고, 아침 일찍 세입자에게 "지붕에서 비가 샌다"라며 전화가 걸려왔습니다. 세입자는 밤새 빗물을 받아냈다며 지친 목소리로 "당장 고쳐주지 않으면 나가겠다!"라고 했습니다.

Y씨는 당장 세를 빼줄 만한 돈이 없었고, 장마철이라 낡은 집에 들어올 새로운 세입자를 구하기도 어려워 500만원을 들여 지붕을 수리해 주었습니다. 그러면서 비로 젖은 도배장판도 새로 해주고, 마침 고장 난 보일러도 고쳐주고, 부실한 대들보도 보강해 주었습니다.

집을 꼼꼼히 살펴보지 않고 덜컥 투자한 대가로 예상치 못한 돈을 써야 했던 것이죠. Y씨의 사례에서 알 수 있듯이 재개발 지역의 건물들은 대부분 낡고 허름하므로 나중에 수리비가 추가로 들지는 않을지 집 안팎을 꼼꼼히 살펴보는 것이 중요합니다.

등기사항전부증명서와 건축물대장을 살펴보는 것은 필수!

재개발과 재건축 지역에 있는 집을 살 때는 등기사항전부증명서와 건축물대장을 잘 살펴봐야 합니다. 앞에서 말한 바와 같이 재건축과 재개발 투자는 지분을 얼마나 가지고 있는가가 가장 중요한데, 등기사항전부증명서에서 지분이 얼마인지 확인할 수 있습니다. 그리고 건축물대장에서는 원래 하나였던 지분이 쪼개졌는지, 쪼개졌다면 언제 쪼개졌는지를 알 수 있습니다.

서울특별시는 2003년 12월 30일 전에 단독 또는 다가구주택을 다세대주택으로 전환하여 구분등기를 완료한 주택에 대하여는 전용면적 60㎡ 이하의 주택을 공급하거나 정비구역 내 임대주택을 공급할 수 있으며, 다세대

고유번호	1121510100-3-■■■■		민원24접수번호	2021002 - ■■■■		명칭	파인빌		호수/가구수/세대수	2호/1가구/8세대
대지위치	서울특별시 광진구 중곡동			지번		■■	도로명주소	서울특별시 광진구 ■■■■		

구분	성명 또는 명칭	면허(등록)번호		※주차장				승강기		허가일	
건축주		660522-2-■■■■		구분	옥내	옥외	인근	면제	승용 대 / 비상용 대	착공일 2002.4.12	
설계자		11985							※하수처리시설	사용승인일 2002.8.26	
공사감리자	(주)21에이럭종합 건축사사무소	강남구건축사사무소-		자주식	대 ㎡	6대 70㎡	대 ㎡		형식 부패탱크방법	관련 주소	
공사시공자	(주)호동종합건설	성동구건축공사업-		기계식	대 ㎡	대 ㎡	대 ㎡		용량 700인용	지번	

※제로에너지건축물 인증		※건축물 에너지효율등급 인증		※에너지성능지표 (EPI)점수		※녹색건축 인증		※지능형건축물 인증		
등급		등급	등급	점	등급		등급		도로명	
에너지자립률 %		1차에너지 소요량 (또는 에너지절감률)	kWh/㎡(%)	※에너지소비총량		인증점수 점		인증점수 점		
유효기간: ~		유효기간: ~		kWh/㎡	인증점수 점	유효기간: ~		유효기간: ~		

내진설계 적용여부		내진능력		특수구조 건축물	특수구조 건축물 유형					
지하수위 G.L m		기초형식		설계지내력		구조설계 해석법	1/㎡		

	변동사항					
변동일	변동내용 및 원인		변동일	변동내용 및 원인		그 밖의 기재사항
2002.08.26.	주택이 다세대주택으로 전환					
				- 이하여백 -		

※ 붉은 색으로 표시한 항목은 총괄표제부가 있는 경우에 기재하지 않습니다.

주택의 주거전용 총면적이 60㎡를 초과하면 종전 관련 조례의 규정에 따릅니다. 다만, 하나의 다세대전환주택을 공유지분으로 소유하고 있는 경우에는 주거전용 총면적에 포함하지 않습니다. 전용면적 85㎡ 이하 주택을 분양신청 조합원에게 배정하고 잔여분이 있는 상황에서 전용면적 60㎡ 이하 주택 배정조합원의 상향요청이 있을 시에는 권리가액이 많은 순서대로 추가배정할 수 있습니다(「서울특별시 도시 및 주거환경정비 조례」부칙 제26조(분양대상 기준의 적용례 및 경과조치) ②항).

집(지분)을 쪼갠 아파트 공급조건

60㎡(약 18평) 이하	전용면적 60㎡ 이하 아파트나 임대아파트 공급
60㎡(약 18평) 초과	집과 땅의 가치를 평가한 평가금액에 따라 전용면적 결정

토막상식

✎ **빌라를 사려면 대지지분이 최소 23㎡(약 7평)여야 한다?**

보통 전용면적이 약 66㎡(20평)인 빌라는 대지지분이 약 33㎡(10평) 전후입니다. 하지만 아파트는 전용면적이 85㎡(실제 평수 약 25평, 분양 평수 32평)이어도 대지지분은 약 10~16㎡(3~5평)에 불과합니다. 같은 면적의 대지라도 아파트는 세대수가 많아서 대지지분이 적기 때문이죠. 일반적으로 전용면적의 넓이로 거래하므로 대지지분을 따지지 않는 편이지만, 재건축이나 재개발 지역 안에 있는 빌라 같은 다세대주택은 대지지분에 따라 거래가격이 정해지므로 대지지분이 매우 중요합니다. 재건축이나 재개발을 할 때는 대지지분이 많을수록 평가금액이 더 많이 나옵니다. 따라서 빌라를 산다면 대지지분이 적어도 23㎡(약 7평) 이상 되는 것을 사는 것이 좋습니다.

다가구주택도 가구별로
아파트를 분양받을 수 있다?

앞에서 살펴봤듯이 서울특별시 도시 및 주거환경 정비조례 시행일(2003.12.30.) 이전에 다가구주택에서 다세대주택으로 변경되었다면, 전용면적 60㎡ 이상일 때는 평가금액에 맞는 아파트를 분양받을 수 있습니다.

그렇다면 다가구주택에서 다세대주택으로 전환하지 않으면 어떻게 될까요? 모두 알고 있다시피 모든 가구에 1개의 입주권만 주어지는 것이 원칙입니다. 하지만 예외적으로 가구별로 아파트를 분양받을 수도 있습니다. 단, 다음 조건을 충족해야 합니다.

1. 1997년 1월 15일 전에 가구별로 지분 또는 구분소유등기를 한 다가구주택의 경우
2. 1990년 4월 21일 다가구주택제도 도입 이전에 단독주택으로 건축허가를 받아 지분 또는 구분등기를 한 사실상의 다가구주택의 경우

다시 말해 다가구주택이나 단독주택이라도 여러 가구가 독립적으로 생활할 수 있는 구조이고, 가구별로 해당 주택의 지분을 나누어 등기했거나 다세대주택처럼 가구별로 구분 소유권등기를 했다면 입주권을 받을 수 있습니다.

048 재개발·재건축 투자수익률 계산하는 방법

주변을 둘러보면 재건축이나 재개발에 투자해 돈을 벌었다는 사람이 적지 않습니다. 현재 투자하고 있다는 사람도 있고요. 그럼 재건축이나 재개발에 투자하기만 하면 무조건 돈을 벌 수 있을까요? 재건축이나 재개발로 돈을 벌고 싶다면 투자하기 전에 반드시 체크해야 할 것이 있습니다. H씨의 사례를 통해 자세히 알아보겠습니다.

H씨의 재건축·재개발 투자 준비 과정

2억 5,000만원의 여유자금을 지닌 H씨는 이 돈을 어디에 투자할까 고민한 끝에 평소 관심이 많던 재개발에 투자하기로 했습니다. 먼저 서울시의 재건축·재개발 등 정비사업의 정보를 공개하는 정보몽땅 홈페이지(cleanup.seoul.go.kr)를 방문해 재개발이 이루어지는 지역을 알아본 후 집에서 가까운 미아동, 교통이 편리한 왕십리, 한강 조망권이 있는 한남동을 투자 후보지로 골랐습니다.

그런데 막상 세 곳을 직접 방문해 알아보니 왕십리와 한남동은 이미 가격이 많이 올라 2억 5,000만원으로는 살 만한 집이 없었습니다. 그래서 미아동에 있는 2억원짜리 빌라를 프리미엄 5,000만원을 얹어 사기로 했습니다. 재건축이나 재개발에 '묻지 마' 투자를 했다가 손해 본 사람을 주변에서 여럿 보았기 때문에, H씨는 철저하게 수익률을 계산해보고 투자하기로 마음먹었습니다.

　H씨는 그 집을 샀을 때 자신이 분양받게 될 가격을 가늠해보기 위해 주변의 아파트 시세를 먼저 알아보았습니다. 또한 조합원이 나중에 부담해야 할 추가분담금과 분양가도 꼼꼼히 알아보고, 수익률을 계산해 보았습니다.

H씨의 재건축·재개발 투자수익률 계산

　투자수익률을 계산하려면 부동산 가격 외에도 프리미엄, 사업비, 분담금 등과 같은 여러 가지 요소를 고려해야 합니다. 하지만 사업비와 분담금은 정해져 있지 않은 데다 계산도 복잡하므로 초보자가 이해하기가 매우 어렵습니다. 따라서 여기서는 프리미엄 하나만을 기준으로 투자수익률을 계산해보겠습니다.

　먼저 그동안 알아본 정보를 기준으로 투자비용을 뽑아보았습니다. H씨가 재개발에 투자한 비용은 다음과 같습니다.

재개발 예정 주택가격 : 2억원
프리미엄 : 5,000만원

※ 프리미엄 : 미래에 가치가 오를 것을 감안하여 현재가치에 얹어주는 웃돈으로, 부동산 업계에서는 프리미엄 (premium)의 첫 자를 따서 통상 '피'라고 합니다.

다음은 H씨가 재개발에 투자하여 얻는 수익 계산입니다.

> **조합원 분양가** : 6억원
> **일반분양가** : 6억 9,000만원
> **시세로 매매** : 9억원

H씨는 이후 조합원 분양가로 아파트를 6억원에 받을 수 있습니다. 그렇다면 같은 아파트를 일반분양가(6억 9,000만원)보다 9,000만원, 시세로 매매(9억원)하는 것보다 3억원 싸게 살 수 있습니다. 이러한 차익에 프리미엄 5,000만원을 제외하면 손익 금액이 나옵니다.

> 일반분양가 대비(9,000만원 - 5,000만원 프리미엄) = 4,000만원 이익
> 시세로 매매 대비(3억원 - 5,000만원 프리미엄) = 2억 5,000만원 이익

※ 추정사업비나 계략적인 분담금을 알고 싶다면 정보몽땅 홈페이지(cleanup.seoul.go.kr)의 '사업비 및 분담금 추정프로그램'을 참고하세요.

일반분양가와 비교하면 큰 이익은 아닙니다. 그렇지만 인기 있는 단지는 일반분양에서 당첨되기가 어렵습니다.

또한, 시세와 비교하면 2억 5,000만원의 이익을 볼 수 있습니다. 더구나 현재 거래되는 아파트보다 신축이지요. 이 정도라면 시간이 좀 걸리더라도 재건축이나 재개발에 투자할 만하지 않나요?

참고로 앞에서 제시한 재건축과 재개발 수익률 계산방법은 여러 산정방법 중 하나이며 모든 재건축이나 재개발 지역에 적용되는 것은 아닙니다.

조합원분양가와 일반분양가는 추진위원회나 조합사무실에 문의!

재건축이나 재개발 지역에 투자하기 전 공인중개사에게 반드시 조합원분양가와 일반분양가를 물어보되, 다시 한번 추진위원회 또는 조합사무실에 직접 확인해봐야 합니다. 그래야만 정확한 가격을 알 수 있기 때문입니다. 참고로 서울특별시에서 개발되는 재개발이나 재건축 사업의 추정사업비나 분담금을 알고 싶다면 '정비사업 정보몽땅' 홈페이지(cleanup.seoul.go.kr)의 '사업비 및 분담금 추정프로그램'을 참고하세요. 단, 사업장에 가입되어 있어야 이용할 수 있습니다.

049 헌집도 새집으로 만드는 리모델링

재건축에 대한 규제가 강화됨에 따라 재건축을 진행해도 큰 이익이 없다면 리모델링이 투자의 대안이 될 수 있습니다. 이번 장에서는 리모델링이 무엇이며 리모델링을 하면 어떠한 점이 좋은지에 대해서 알아보겠습니다.

건축물의 노후 억제와 기능 향상, 리모델링

건축물의 노후화 억제 또는 기능 향상 등을 위하여 건축물의 기둥, 보, 내력벽, 주 계단 등의 구조나 외부 형태를 수선·변경하는 대수선 또는 이미 지어져 있는 건축물의 일부를 더 늘려서 짓는 것을 리모델링이라고 합니다.

리모델링의 종류

맞춤형 리모델링

실내 인테리어 변경, 벽지·바닥재·욕실타일·세면대·욕조·변기·창호·배관·보일러·조명기구 등의 교체 및 균열보수, 누수부위 처치 등 벽이나 바닥의 구조를 변경하지 않는 비교적 단순한 공사를 말합니다.

바닥면적을 넓히는 리모델링

바닥면적을 확장하는 것은 동과 단지 전체에 영향을 미치며, 벽을 허물고 기둥을 더 세워야 할 수도 있어 각종 인허가 절차가 필요합니다.

수직증축을 하는 리모델링

바닥면적을 넓히는 것과 함께 층수를 높이거나 또는 바닥면적과 상관없이 층수만 높이는 방식으로 증축하는 방식입니다. 구조의 안전성 때문에 기존 기초의 보강이나 새로운 기초의 증설을 필요로 하며 각종 인허가 절차가 필요합니다.

지하주차장을 넓히거나 새로 만드는 리모델링

세대당 부족한 주차대수를 늘리기 위해서 좁은 주차장을 넓히거나 없는 주차장을 새로 만드는 방식입니다.

재건축과 리모델링, 어떤 점이 다를까?

낡은 집을 새롭게 정비해 건축물의 기능을 향상시키는 점은 재건축과 리모델링 모두 유사합니다. 하지만 용적률, 공사비, 사업기간 등 여러 면에서 차이를 보입니다. 한번 자세히 살펴볼까요?

리모델링과 재건축의 차이점

구분	리모델링	재건축
근거	주택법	도시 및 주거환경 정비법
안전진단	수직증축 B등급 이상 수평증축 C등급 이상	최소 D등급 이하(D, E)
건축기준 완화	건폐율, 용적률, 높이제한, 조경 등	없음
용적률/증축	기존 용적률보다 30~40% 증가	2종 주거지역 법적상한 250%
		3종 주거지역 법적상한 300%
	14층 이하 2개층/15층 이하 3개층, 15% 이내 세대수 증가 가능	
공사비	대수선형 : 재건축의 50~60%	450만원~500만원/3.3㎡당
	증축형 : 재건축의 80~90%	
사업기간	준공 후 15년 후	준공 후 30년 후
	약 2년 6개월	약 8년
	공사기간 3년	공사기간 3년
토지기부채납	없음	있음
임대주택	없음	있음
기반시설	없음	도로, 공원, 녹지 등
일반분양	기존 세대수의 15% 이하	기존 용적률이 180% 이상인 단지에서는 조합원 주택규모를 종전과 같이 재건축하는 경우 거의 없음
	기존 용적률이 180% 이상인 단지에서는 재건축보다 상당히 유리	
분담금	기존 용적률이 180% 이상인 단지에서는 재건축의 40~60%	기존 용적률이 180% 이상인 단지에서는 리모델링의 2배 이상
수익성	기존 용적률이 180% 이상인 단지에서는 재건축보다 상당히 좋음	기존 용적률이 180% 이상인 단지에서는 리모델링보다 상당히 불리

※ 출처 : 노후공동주택리모델링연구단

재건축은 용적률을 초과하여 건축할 경우 토지나 임대주택을 국가 또는 지방자치단체에 무상으로 증여해야 합니다. 그러나 리모델링은 전용면적의 증가 한도(30~40%) 내에서 용적률이 증가해도 증여 의무가 없습니다.

기존 용적률이 180%인 주택단지의 경우에는 분담금이 많고 수익성 등이 적은 재건축보다 리모델링이 유리하나, 용적률이 150% 이하일 경우에는 일반분양분이 많은 재건축이 리모델링보다 유리합니다. 그 밖에 공사비, 사업기간, 정비기반시설 측면에서도 재건축보다 리모델링이 유리합니다.

리모델링도 좋은 투자가 될 수 있다!

리모델링을 통해 집을 분리할 수 있습니다. 한 채를 두 채로 만들어 각각 임대할 수 있죠. 하지만, 각각 구분등기는 할 수 없습니다.

층간소음 문제도 콘크리트를 부어 바닥 두께를 두껍게 하거나 완충재를 사용하여 개선할 수 있으며, 여유 부지가 있다면 앞면과 뒷면뿐만 아니라 측면도 확장하여 채광 및 통풍을 개선할 수 있습니다.

리모델링을 했다 하더라도 시간이 흘러 건물이 다시 노후화되고, 안전진단에서 D등급을 받으면 재건축도 가능합니다.

토막상식

✎ 리모델링도 문의하면 쉬워진다!

리모델링 과정에서 궁금한 점이 생기면 어디에 물어봐야 할까요? 시청이나 구청에 리모델링지원센터가 있는지 알아보고, 만약 있다면 이곳에 문의해 보세요. 또한, 한국리모델링협회(www.remodeling.or.kr) 홈페이지를 활용해 보세요.

돈 되는 투자지역 고르는 눈썰미 기르기

다른 사람은 좋은 집을 쉽게 사는 것 같은데, 막상 자신이 사려고 하면 무엇부터 해야 할지 막막하기만 합니다. 투자 목적을 정하였으면 투자지역과 집의 종류(아파트, 다세대주택, 다가구주택, 오피스텔, 단독주택)를 골라야 합니다. 다음은 좋은 투자지역을 고르는 네 가지 원칙입니다.

1. 개발호재가 세 가지 이상 겹친 지역을 찾는다

시·군·구청 홈페이지나 부동산 사이트 또는 신문 등을 통해 개발호재가 적어도 세 가지 이상 겹친 지역을 알아봅니다. 예를 들면 대형할인점이나 대형병원이 들어선다든지, 공원이나 지하철역이 생긴다든지, 정신병원이나 교도소 같은 혐오시설이 다른 곳으로 이전한다든지 하는 것들입니다. 이러한 개발호재가 있는 지역의 집을 사면, 점점 주거환경이 개선되면서 집값이 상승할 가능성이 매우 높습니다. 다음 체크리스트를 활용하여 관심지역의 개발호재가 몇 가지나 되는지 확인해보세요.

개발호재 체크리스트

	Yes	No
1. 근처에 지하철역이 생기거나 도로가 확장되는가? (2차선 → 4차선 등)	☐	☐
2. 특수목적 중·고등학교가 설립되는가? (외고, 과학고, 국제중학교 등)	☐	☐
3. 도서관이 생기는가?	☐	☐
4. 대형할인점이 들어오는가?	☐	☐
5. 스포츠센터가 생기는가?	☐	☐
6. 대형병원이 들어오는가?	☐	☐

7. 관공서가 들어오는가? (법원, 시청, 구청 등)	☐	☐
8. 공원이 생기는가?	☐	☐
9. 혐오시설이 없어지는가? (고물상, 쓰레기소각장, 교도소 등)	☐	☐

2. 관심 있는 지역을 직접 방문해 주거환경을 확인한다

개발호재가 세 가지 이상 겹친 지역을 찾았다면 그 지역을 직접 방문하여 주거환경을 확인해봅니다. 예를 들어 지하철역 또는 버스정류장까지 걸어서 몇 분이나 걸리는지, 학원, 체육관, 도서관, 대형할인점, 공원 등 생활 편의시설이 어느 정도나 갖추어져 있는지를 살펴봅니다. 생활편의시설이 열악하면 직접 살기에도 불편할 뿐만 아니라 세를 놓아도 쉽게 나가지 않고, 세가 나간다 하더라도 원하는 만큼의 월세를 받을 수 없습니다. 주거환경 확인은 자동차보다는 직접 걸으면서 확인하는 것이 좋습니다.

3. 부동산 중개업소를 방문해 정확한 시세를 확인한다

관심 있는 지역의 주거환경을 확인했으면 부동산 중개업소를 방문하여 정확한 시세와 추가 개발계획 여부를 알아봅니다.

또한 부동산 중개업소에서 말하는 개발호재를 그대로 믿지 말고, 해당 지역의 시·군·구청 해당 부서에 전화하거나 직접 방문하여 담당 공무원에게 확인해야 합니다. "남보다 먼저 투자해야 돈을 벌 수 있다."라며 부추기는 중개업자의 말이나 확인되지 않은 유언비어를 믿고 조급하게 투자하면 반드시 손해를 보게 됩니다.

4. 다른 지역과 비교해본다

시세를 확인했으면 개발호재의 종류, 주거환경, 가격 등을 놓고 다른 지역과 객관적으로 비교해봅니다. 부동산 전문가가 아니더라도 보는 눈은 모두 비슷하므로 자신이 좋다고 생각하는 지역은 대개 부동산 전문가도 좋게 판단합니다. 하지만 감에 의존한 주관적인 판단이 아니라 사려고 하는 집에 관한 각종 서류, 구청에서 확인한 개발계획 등 사실을 기준으로 한 객관적인 판단을 내려야 합니다. 유언비어나 주관적인 시각에 빠져 투자 결정을 하면 좋은 지역에 투자하고서도 손해를 볼 수 있습니다.

**Common Sense Dictionary
of Real Estate**

3

셋째
마당

완벽한 집주인이 되는
계약 후 할 일

050 돈 버는 매매계약서 작성법

집을 사려면 부동산 중개업소에 가서 매매계약서를 작성해야 합니다. 그런데 간혹 계약서를 잘못 작성하여 계약금을 날리거나 생각지도 않은 돈이 더 들어가기도 합니다. 매매계약서의 각 항목에 담긴 의도와 계약서를 작성할 때 주의할 점을 알아보겠습니다.

❶ 부동산의 표시

매수하려는 집의 주소와 동·호수, 구조, 용도, 면적 그리고 집이 지어진 땅의 지목, 대지권, 대지면적을 정확히 기재해야 합니다. 여기서 주의할 점은 주소와 동·호수, 구조 등을 기재할 때 등기사항전부증명서가 아니라 건축물대장의 내용을 참조해야 한다는 것입니다.

❷ 계약내용 1 — 매매대금 관련 내용

매매대금, 계약금, 융자금, 임대보증금, 중도금, 잔금의 액수와 지급 및 승계하는 날을 기재합니다. 잔금 지급일은 한 달 이상 여유 있게 잡는 것이 좋습니다. 참고로 계약금 기재란 우측에 영수자 이름을 기재하고 도장을 찍는 공란(❷-1)이 있습니다. 이곳에 매매대금을 받은 사람의 서명과 도장을 받아두면 영수증을 대체할 수 있어 편리합니다.

부 동 산 매 매 계 약 서

매도인과 매수인 쌍방은 아래 표시 부동산에 관하여 다음 계약 내용과 같이 매매계약을 체결한다.

1. 부동산의 표시

❶ 소 재 지						
토 지	지 목		대지권		면 적	㎡
건 물	구조용도		면 적			㎡

2. 계약내용

제 1 조 (목적) 위 부동산의 매매에 대하여 매도인과 매수인은 합의에 의하여 매매대금을 아래와 같이 지불하기로 한다.

❷ 매매대금	금			원정(₩		)	
계 약 금	금		원정은 계약시에 지불하고 영수함.	영수자(	㊞)		❷-1
융 자 금	금	원정(은행)을 승계키로 한다.	임대보증금	총	원정 을 승계키로 한다.	
중 도 금	금		원정은	년	월	일에 지불하며
잔 금	금		원정은	년	월	일에 지불한다.

제 2 조 (소유권 이전 등) 매도인은 매매대금의 잔금 수령과 동시에 매수인에게 소유권이전등기에 필요한 모든 서류를 교부하고 등기절차에 협력하며, 위 부동산의 인도일은 년 월 일로 한다.

제 3 조 (제한물권 등의 소멸) 매도인은 위의 부동산에 설정된 저당권, 지상권, 임차권 등 소유권의 행사를 제한하는 사유가 있거나, 제세공과 기타 부담금의 미납금 등이 있을 때에는 잔금 수수일까지 그 권리의 하자 및 부담 등을 제거하여 완전한 소유권을 매수인에게 이전한다. 다만, 승계하기로 합의하는 권리 및 금액은 그러하지 아니하다.

제 4 조 (지방세 등) 위 부동산에 관하여 발생한 수익의 귀속과 제세공과금 등의 부담은 위 부동산의 인도일을 기준으로 하되, 지방세의 납부의무 및 납부책임은 지방세법의 규정에 의한다.

제 5 조 (계약의 해제) 매수인이 매도인에게 중도금(중도금이 없을때에는 잔금)을 지불하기 전까지 매도인은 계약금의 배액을 상환하고, 매수인은 계약금을 포기하고 본 계약을 해제할 수 있다.

제 6 조 (채무불이행과 손해배상) 매도인 또는 매수인이 본 계약상의 내용에 대하여 불이행이 있을 경우 그 상대방은 불이행한자에 대하여 서면으로 최고하고 계약을 해제할 수 있다. 그리고 계약당사자는 계약해제에 따른 손해배상을 각각 상대방에게 청구할 수 있으며, 손해배상에 대하여 별도의 약정이 없는 한 계약금을 손해배상의 기준으로 본다.

제 7 조 (중개수수료) 부동산중개업자는 매도인 또는 매수인의 본 계약 불이행에 대하여 책임을 지지 않는다. 또한, 중개수수료는 본 계약체결과 동시에 계약 당사자 쌍방이 각각 지불하며, 중개업자의 고의나 과실없이 본 계약이 무효취소 또는 해제되어도 중개수수료는 지급한다. 공동 중개인 경우에 매도인과 매수인은 자신이 중개 의뢰한 중개업자에게 각각 중개수수료를 지급한다.(중개수수료는 거래가액의 %로 한다.)

제 8 조 (중개수수료 외) 매도인 또는 매수인이 본 계약 이외의 업무를 의뢰한 경우 이에 관한 보수는 중개수수료와는 별도로 지급하며 그 금액은 합의에 의한다.

제 9 조 (중개대상물확인설명서 교부 등) 중개업자는 중개대상물 확인설명서를 작성하고 업무보증관계증서(공제증서 등) 사본을 첨부하여 계약체결과 동시에 거래당사자 쌍방에게 교부한다.

❹ 특약사항
_____
_____
_____

본 계약을 증명하기 위하여 계약 당사자가 이의 없음을 확인하고 각각 서명날인 후 매도인, 매수인 및 중개업자는 매장마다 간인하여야 하며, 각각 1통씩 보관한다.

❺ 년 월 일

❻ 매도인	주 소					
	주민등록번호		전 화		성 명	㊞
	대 리 인	주소	주민등록번호		성 명	
매수인	주 소					
	주민등록번호		전 화		성 명	㊞
	대 리 인	주 소	주민등록번호		성 명	
중개업자	사무소소재지		사무소소재지			
	사무소명칭		사무소명칭			
	대 표	서명및날인 ㊞	대 표	서명및날인		㊞
	등 록 번 호	전화	등 록 번 호		전화	
	소속공인중개사	서명및날인 ㊞	소속공인중개사	서명및날인		㊞

❸ 계약내용 2 — 돈 이외의 내용

집을 판 사람이 집을 산 사람에게 언제까지 집을 넘겨준다든지, 전기요금이나 가스요금 등은 집을 판 사람이 잔금을 받기 전에 모두 해결한다든지, 계약을 해지하려면 어떻게 해야 한다든지, 중개수수료는 언제 줘야 한다든지 등에 관한 내용을 기재합니다.

❹ 특약사항

특약사항을 기재할 때는 조심해야 합니다. 예를 들어 집을 판 사람 마음대로 잔금 날짜를 앞당길 수 있다든지, 집을 판 사람이 내야 하는 중개수수료나 양도소득세를 산 사람이 대신 내라든지 등 자신에게 불리한 내용이 없는지 확인해보고, 애매한 점이 있으면 주위 사람들에게 물어본 후 신중하게 작성하세요. 또한 이곳에 집주인의 계좌번호를 적어놓으면 중도금이나 잔금 치를 때 편리합니다.

❺ 계약일

실제 계약한 날을 기재합니다. 여기에 기재한 날이 바로 계약일입니다.

❻ 집을 판 사람, 산 사람, 중개업자의 주소, 연락처, 주민등록번호

집을 판 사람, 집을 산 사람, 중개한 중개업소의 주소, 연락처, 주민등록번호·사업자등록번호 등을 기재합니다.

집주인의 연락처를 기재할 때는 집 전화번호나 휴대전화 번호 중 하나만 적지 말고, 가능하면 두 가지를 모두 적는 것이 안전합니다.

그리고 계약서에 기재된 집주인의 이름이 주민등록증, 등기사항전부증명서상의 이름과 일치하는지 반드시 확인해야 합니다.

중개업소를 통해 매매계약을 할 때는 계약서에 기재된 공인중개사의 이름과 사업자등록번호가 중개업소의 벽에 걸려 있는 사업자등록증의 내용과 일치하는지 꼭 확인하세요.

❼ 간인

계약서를 작성할 때 맨 마지막으로 파는 사람, 사는 사람, 중개업자가 계약서를 일정한 간격으로 겹쳐놓고 간인을 합니다. 그 이유는 계약서의 위조를 방지하기 위해서입니다. 나쁜 마음을 먹고 위조된 계약서를 나중에 따로 작성하더라도 각자의 계약서에 찍힌 간인이 일치하지 않으면 위조 사실이 들통날 테니까요.

**토막
상식**

✎ **계약할 때 중요한 것은 확인 또 확인!**

계약서를 작성할 때 매도인, 매수인, 공인중개사, 그리고 매도인과 매수인의 가족들까지 모두 모여 한마디씩 하므로 매우 어수선합니다. 그러자 보니 계약서, 등기사항전부증명서, 건축물대장, 토지대장, 지적도, 토지이용계획확인서, 대출조건, 중도금 및 잔금일, 매도인 주민등록증 등에 관한 내용을 꼼꼼하게 확인하지 못하는 경우가 종종 있습니다. 한두 푼이 오가는 거래가 아니니 계약 전에 모든 내용을 반드시 꼼꼼하게 체크하세요.

종이계약서가 필요 없는
부동산거래 전자계약시스템

부동산 계약과 거래신고가 일사천리로

계약 당일 중개사사무실이 아닌 다른 곳에 있다면, 혹은 조금이라도 비용을 절약하고 싶다면, 계약서 분실이 걱정된다면 '부동산거래 전자계약시스템(iris.molit.go.kr)'을 이용해보세요. 주택임대차계약 시 확정일자, 매매계약 시 부동산 거래신고가 자동으로 처리됩니다. 건축물대장, 토지대장 등 부동산 서류를 여기저기서 따로 발급받을 필요가 없습니다. 도장 없이도 안전한 계약이 가능하며, 계약서를 따로 보관할 필요가 없습니다.

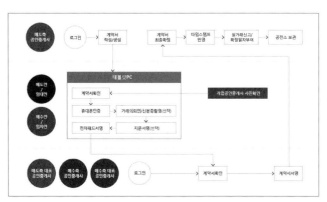

부동산거래 전자계약절차 흐름도

금리우대부터 등기수수료 할인까지

부동산거래 전자계약시스템을 통해 부족한 자금을 대출받으면 금리우대를 받을 수 있습니다. 국민은행, 우리은행, 신한은행, 부산은행, 경남은행, 대구은행, 전북은행, 하나은행, 농협, SC제일은행에 주택구입자금대출이나 전세자금대출을 신청해 보세요.

051

중도금, 잔금도 잘 치르는 전략이 있다!

마음에 드는 집을 계약하고 계약금을 치르고 나면 이제는 내 집이라는 생각에 중도금과 잔금 치르는 것을 소홀히 하여 손해를 보는 경우가 있습니다. 실수 없이 중도금, 잔금 치르는 방법을 알아보겠습니다.

중도금 날짜 잡는 전략, 판 사람과 산 사람이 다르다

중도금 날짜는 통상 계약금을 치른 날로부터 1~2주 후입니다. 일단 중도금을 치르면 돌아올 수 없는 강을 건너게 됩니다. 계약한 뒤 계약을 없었던 것으로 하려면 집을 판 사람은 집을 산 사람에게 계약금의 2배를 물어주어야 하고, 집을 산 사람은 자신이 낸 계약금을 포기해야 합니다. 그러나 중도금을 치르면 계약을 무를 수가 없습니다.

그러므로 잔금을 치르기 전에 집값이 오를 것 같다는 생각이 들면, 집을 산 사람은 중도금 날짜를 빠르게 잡아 집을 판 사람이 계약을 해지하지 못하도록 막아야 합니다.

만약에 중도금을 치른 후에 집을 판 사람이 잔금을 안 받고 계약을 취소하려고 한다면 어떻게 해야 할까요? 이때는 집을 산 사람이 잔금을 법원에 맡기고 소송하여 집을 넘겨받으면 됩니다. 하지만 소송의 길은 멀고도 험난하므로 대화로 원만히 해결하는 것이 좋겠죠.

이와 반대로 집을 판 사람은 자신이 판 집값이 오를 것 같다는 생각이 들면, 중도금 날짜를 길게 잡아 집값이 실제로 오르는지 지켜보는 요령이 필요합니다.

한 예로, 강남의 아파트 가격이 하루가 다르게 내릴 때 L씨는 강남에 있는 한 아파트를 팔기로 하고 중도금 날짜를 한 달 후로 잡았습니다. 이미 계약했으니 아파트 산 사람이 설마 계약을 해지하겠느냐는 생각에 중도금 기간을 여유 있게 잡았던 것이죠.

그런데 웬걸? 계약하고 일주일이 지난 어느 날, 계약금을 포기하고 계약을 해지하겠다는 연락이 왔습니다. L씨는 아파트를 판 이후로 아파트 가격이 계속 하락하자 주변 사람들에게 잘 팔았다고 자랑하고 다녔는데 계약해지라니, 그야말로 허탈할 수밖에 없었습니다. 물론 산 사람이 계약금을 포기했으니 돈을 벌기는 했지만 내린 아파트 가격과 비교하면 턱없이 적은 돈이었습니다.

대출받아 잔금 치른다면 계약 전에 은행에서 꼭 확인

잔금은 통상 중도금을 치른 날로부터 2~3주 후입니다. 대출받아 잔금을 치르는 경우 아파트라면 대출 가능 금액을 바로 알 수 있지만, 단독주택이나 다세대주택 등은 은행에서 감정한 후에야 대출가능금액을 알 수 있습니다. 그러므로 반드시 계약 전에 은행을 방문해서 얼마까지 대출할 수 있는

지 미리 알아봐야 잔금을 실수 없이 치를 수 있습니다.

만약 집을 산 사람이 돈이 부족해서 잔금을 제날짜에 치르지 못하게 되면 집을 판 사람은 하염없이 잔금 받을 날만 기다려야 할까요? 이런 경우에는 집을 판 사람은 집을 산 사람에게 언제까지 잔금을 치러달라는 내용증명을 보내면 됩니다. 그리고 통보한 기간이 지났는데도 잔금을 치르지 않으면 계약금은 자신이 갖고, 중도금은 법원에 맡긴 후 계약을 해지하면 됩니다.

대체로 계약금은 매매가격의 10%를, 중도금은 매매가격의 40% 이상을, 잔금은 매매가격의 50% 이하를 지불합니다.

예시 **매매가격이 3억원인 경우**

- **계약금**: 3억원 × 10% = 3,000만원

- **중도금**: 3억원의 40% 이상= 1억 3,000만원

- **잔금**: 3억원 -(3,000만원+1억3,000만원) = 1억 4,000만원

토막 상식

 가장 좋은 증거자료, 내용증명

내용증명은 '보내는 사람이 받는 사람에게 어떤 내용의 문서를 언제 발송했다'는 사실을 우체국이 공적으로 증명하는 제도입니다.(우편법시행규칙 25조, 46조 ~59조) 나중에 소송할 때 증거자료가 되는 내용증명 우편물은 3통을 작성해서 원본 1통은 받는 사람에게 보내고, 2통은 우체국과 보낸 사람이 각각 1통씩 보관합니다.

052

간접 투자로 안전하게! 리츠

일반적으로 부동산 투자에는 많은 돈이 필요합니다. 그렇다 보니 돈이 많지 않은 사람들에게 부동산 투자는 막연하게 느껴집니다. 그러나 리츠를 이용하면 소액으로도 부동산 투자가 가능합니다.

부동산 간접 투자상품, 리츠

리츠(REITs: Real Estate Investment Trusts)는 투자자로부터 받은 자금으로 부동산에 재투자하는 부동산투자신탁을 말합니다.

리츠의 기본 개념은 개인이 사고파는 직접 투자가 아닌, 투자 전문기관이 다수의 투자자로부터 자금을 모아 부동산에 투자하고 운용하여 수익을 배분한다는 것입니다.

리츠가 필요한 이유?

개인이 건물이나 창고 등 고가인 부동산 실물을 직접 취득하고, 보유하고, 관리하고, 처분하는 것이 어렵습니다. 큰돈을 벌 거라는 일반적인 생각과 달리 수익률도 3~4% 정도입니다. 대부분 수익률보다는 시세차익을 노리고 투자하기 때문이죠.

그러나 리츠는 단돈 1만원만 가지고도 빌딩 투자를 할 수 있고, 코로나19로 세계 경제가 침체되기 전인 2019년 6월까지 40년간 평균 수익률이 8~12%였습니다. 실물자산인 빌딩을 소유한 사람도 분산투자 차원에서 리츠 투자를 하고 있습니다. 그러므로 리츠는 편안한 노후와 안정된 삶을 위해서 장기적인 안목을 가지고 청년기부터 투자하기 좋은 상품입니다.

리츠의 수익구조는?

리츠의 수익구조는 기존 빌딩을 잘 관리하거나 아니면 사고, 팔고, 지어서 그 수익을 배당하는 구조입니다. 국내·외 리츠의 전통적인 섹터는 오피스, 호텔, 주택, 쇼핑몰, 병원 등이라고 할 수 있으며, 장래에 성장 가치가 있는 섹터로는 물류센터, 데이터센터, 차세대 통신시설(셀타워), 셀프 스토리지 등을 꼽을 수 있습니다.

부동산 리츠의 강점은 수익성과 유동성!

리츠 투자에는 몇 가지 강점이 있습니다. 첫째, 종합부동산세나 종합소득세 부담이 적어 직접 투자보다 수익성이 좋습니다. 둘째, 자산관리 회사에서 운용하므로 관리가 편합니다. 셋째, 부동산을 증권화하여 증권거래소에 상장하므로 유동성이 우수합니다. 넷째, 비교적 적은 돈으로도 대형 부동산에 투자할 수 있습니다. 다섯째, 개발사업에 필요한 자금을 자본시장에서 개인투자자 또는 기관투자자로부터 직접 조달할 수 있어 자금조달이 쉬운 편입니다.

정부는 리츠의 활성화를 원한다

정부는 자기관리 리츠의 경우 설립자본금을 5억원에서 10억원으로 상향 조정하고, 설립 당시부터 지속적으로 관리·감독하여 시장 진입이나 관리 시 강하게 규제해 왔습니다.

그러나 리츠가 공모화를 통해 부동산에 쏠린 유동자금을 끌어와 부동산 투기를 억제하고 기업의 구조조정을 원활하게 하므로 일반인(근로소득자, 개인사업자 등)도 리츠에 쉽게 투자할 수 있도록 하는 등 상장 리츠에 대한 규제를 점차 완화하고 있습니다. 그리고 이러한 계획의 일환으로 정부는 2019년 9월 11일에 공공시설 운영 사업자 모집 시 공모 우대, 세제 혜택, 투자 정보 확대 등의 내용을 담은 '공모형 부동산 간접투자 활성화 방안'을 발표했습니다.

참고로 2020년부터 리츠가 더욱 활성화될 수 있도록 공모 리츠로부터 3년간 받는 배당소득에 대해 투자액 5,000만원까지는 9% 분리과세를 적용하고 있습니다. 단, 3년 미만 투자 시에는 감면세액을 추징하며, 10%의 가산세를 부과합니다. 2020년 1월 1일 이후 배당소득을 받는 분부터 2021년 12월 31일까지 한시적으로 적용했습니다.

또한 2020년 5월 18일부터 한국부동산원에 수익률, 자산 현황 등 리츠 관련 정보를 제공하는 리츠정보시스템(reits.molit.go.kr)를 신설했습니다. 이곳에서 리츠 청약 방법과 절차, 상장과 공모 현황 등 다양한 정보를 얻을 수 있습니다.

2022년 01월 12일 정부는 리츠의 공모·상장 활성화를 위한 개선방안을 발표하였습니다. 개선방안에 따르면 공모리츠 인가 절차를 간소화하고, 우량 리츠의 상장이 증가하도록 지원하며, 연금저축펀드 등 리츠 투자수단을 다양화할 계획입니다. 또한, 공모·상장리츠로 연기금 등 대형자금이 유입될 수 있도록 유인하고 리츠 공모 시 청약정보 안내를 확대하여 일반 투자자 접근을 수월하게 하며 자산관리회사(AMC)의 건전성을 강화할 예정입니다. 참고로 소액의 자금을 수많은 사람에게서 모아 부동산에 투자하는 '부동산 조각투자'라는 것이 있는데요. 이는 소액자금을 모아 고가의 운동화나 시계, 그림 등에 투자하는 조각투자의 한 종류입니다. 그러나 조각투자를 뒷받침 해주는 법률이나 제도가 미흡한 만큼 투자 시 주의해야 합니다.

토막 상식

 공시된 리츠가 궁금하다면 한국리츠협회

리츠의 인가 공고, 투자보고서 공시, 영업보고서 공시에 대한 정보가 필요하거나 교육에 관심이 있다면 한국리츠협회(www.kareit.or.kr) 홈페이지를 방문해 보세요.

QRcode

노후를 대비하자, 주택연금!

1. 주택연금이란

부부 중 한 명이 만 55세 이상(우대형은 만 65세 이상)일 때 소유한 주택을 담보로 맡기고, 평생 혹은 일정한 기간 동안 매월 연금방식으로 노후생활자금을 받는 금융상품(역모기지론)을 말합니다.

2. 가입 요건은?

주택을 담보로 대출받는 형식이므로 해당 주택에 대한 근저당권 설정일 당시 부부 중 연장자 기준 55세 이상이면 가입 가능합니다. 주택가격은 부부 기준 공시가격 12억원 이하여야 하며 다주택자라도 합산 가격이 12억원 이하면 가능합니다. 2주택자이면서 합산 가격이 12억원을 넘으면 3년 이내에 1주택을 팔면 가능합니다. 그러나 '우대형 주택연금'은 주택가격이 2억 5,000만 원 미만인 1주택자만 가입할 수 있습니다. 참고로 주택연금에 가입하려면 가입자 또는 배우자가 실제 거주해야 하며, 해당 주택을 전세 또는 월세로 주고 있는 경우에는 주택연금에 가입할 수 없습니다. 단, 부부 중 한 명이 거주하며 보증금 없이 주택 일부만 월세로 주고 있을 때는 가입이 가능합니다. 또한, 신탁방식 주택연금의 경우 보증금이 있더라도 보증금에 해당하는 금액을 공사가 지정하는 계좌로 입금하는 경우 가입 가능합니다.

3. 주택연금의 장점

가입자나 배우자가 사망할 때까지 거주를 보장해주고 부부 중 한 명이 사망해도 연금을 깎는 일 없이 100% 그대로 받을 수 있습니다. 또한 나중에 부부 모두 사망 후 주택을 처분해서 정산했을 때, 그동안 받은 연금수령액이 집값을 초과했더라도 상속인에게 청구하지 않으며 반대로 집값이 남으면 상속인에게 돌려줍니다.

4. 이혼, 재혼한 경우는?

주택연금에 가입하여 연금을 받는 도중에 이혼한 경우 이혼한 배우자는 주택연금을 받을 수 없으며, 재혼해도 재혼한 배우자는 주택연금을 받을 수 없습니다.

5. 주택연금 3종 세트

① 주택담보대출 상환용 주택연금

기존에 내던 주택담보대출금을 상환하고 차액을 연금으로 받는 상품입니다. 연금대출한도의 50~90% 범위 안에서 일시에 목돈으로 찾아 쓰고 나머지는 평생 동안 매월 연금으로 수령할 수 있습니다. 인출한도 전액을 사용해도 주택담보대출을 전부 상환하기 어려울 때는 일정 금액 내에서 서울보증보험의 '내집연금 연계 신용대출'을 이용할 수 있습니다.

② 일반 주택연금

55세 이상의 노년층이 주택을 담보로 제공하고 노후생활자금을 평생 동안 매월 연금으로 수령할 수 있습니다.

③ 우대형 주택연금

저가 주택을 보유한 노인에게 다른 주택연금 상품과 달리 최대 20%까지 더 많은 연금을 주는 상품입니다. 부부 기준 2억 5,000만 원 미만인 1주택 소유자만 가입할 수 있습니다.

▶ 신탁 방식 주택연금

신탁 등기 방식의 보증을 말하는 것으로 주택소유자 본인 사망 후 자녀 등 공동상속인의 동의 없이 배우자에게 연금이 자동으로 승계되도록 하는 주택연금입니다. 원래 전세를 준 주택은 주택연금 가입이 어려우나 신탁 방식 주택연금은 해당 주택에 세를 놓을 수 있어 부가적인 소득을 얻을 수도 있습니다.

주택연금과 관련된 자세한 내용은 한국주택금융공사(www.hf.go.kr)를 이용해보세요.

053 주택임대사업용으로는 이런 집이 좋아요!

은퇴를 앞둔 베이비붐 세대(1955~1963년 사이에 출생한 세대)들은 노후 대비 차원에서 주택에 세를 놓는 것을 선호합니다. 비교적 안정적으로 다달이 세를 받을 수 있으니까요. 그러나 주택이 역세권에서 너무 벗어났거나 세입자가 선호하는 전용면적이 아니면 세가 나가지 않아 마음고생을 할 수도 있습니다. 실거주로 인기 있는 주택과 임대용으로 인기 있는 주택은 포인트가 살짝 다릅니다.

그럼 좋은 임대주택이 갖춰야 할 조건들은 무엇인지 살펴볼까요?

세가 가장 잘나가는 면적은 지역마다 다르다

도시형생활주택이라고 하면 전용면적 12~50㎡(4~15평)의 원룸형을 많이 떠올립니다. 그러나 60㎡(18평) 이하에 거실 1개, 방1~3개까지도 가능합니다. 이러한 소형주택(원룸형 도시형생활주택) 외에도 소형아파트나 빌라도 좋은 투자대상이 될 수 있습니다.

지역에 따라 차이가 있을 수 있지만, 대학가나 소득이 적은 직장인이 주로 사는 지역에서는 월세나 관리비 부담이 적은 전용면적 12~16.5㎡(4~5평)의 아주 작은 주택(원룸)을 선호합니다. 반면에 상대적으로 소득이 높은 직장인들이 사는 지역에서는 전용면적이 최소 23㎡(약 7평) 이상인 주택(투룸, 분리형 원룸 등)을 선호합니다. 자녀가 1~2명 있는 가족이 주로 사는 지역에서는 60~85㎡(약 18~25평) 이하의 주택(투룸 이상의 아파트나 빌라)을 선호하고요.

그러므로 임대 목적으로 주택을 살 때는 해당 지역의 유동인구가 많은 곳을 찾아 소득수준은 어느 정도인지, 평균 가족 수는 몇 명인지, 생활의 일정한 형태나 양식은 어떠한지 등을 알아보는 것이 좋습니다.

가까운 거리에 지하철역이 있어야

세를 놓고자 하는 집은 걸어서 5분 이내에 버스정류장이나 지하철역이 있는 것이 유리합니다. 특히 지하철 노선이 다양하여 교통이 편리한 더블역세권이나 트리플역세권이면 금상첨화죠.

대학가나 공단 근처 또는 직장인의 임대수요가 많은 지역

반경 1km 이내에 대학가나 공단이 있거나 직장인들의 임대수요가 많은 지역의 집이 좋습니다. 월세를 주로 이용하는 층은 학생이나 공단 직원 그리고 직장인들이기 때문이죠. 그래서 이러한 지역의 집들은

세가 나가지 않아서 공실이 될 염려가 적습니다.

값이 오르는 집

시간이 지날수록 꾸준히 가격이 올라 의무 임대 기간이 지나서 팔 때 시세차익도 볼 수 있는 집이 좋습니다. 또한 집값 대비 전세가가 60% 이상 되어야 집을 살 때 비용 부담을 줄일 수 있습니다.

내가 살기 편한 집이 세도 잘 나간다

요즘에는 집집마다 자동차가 1대씩은 있으므로 주차장이 충분해야 합니다. 그러므로 주차장 기준 완화에 맞춰 주차장 크기를 줄여 지은 원룸형 도시형생활주택을 매입할 때는 신중해야 합니다. 대학가나 소득이 낮은 지역은 주차장 수요가 많지 않지만, 직장인들이 많이 거주하는 지역은 주차장 수요가 많기 때문입니다.

그리고 방향이 동남향으로 햇빛이 잘 들어오는 집, 상하수도나 가스시설 등이 잘되어 있는 집, 주변에 고압선이나 지하철이 지나가지 않고 우범지역이 아닌 집 등이 좋습니다. 상업시설과 지나치게 가까워 안전문제나 소음문제가 있는 곳도 피해야 할 대상입니다.

토막상식

전세를 월세로 바꾸는 방법, 임대료 올리는 방법

정부는 2020년 9월 29일부터 전세를 월세로 바꿀 때 적용하는 '월차임전환율'을 기준금리+2%로 제한해 서민들의 부담을 줄이려 하고 있습니다. 예를 들어 1억원짜리 전세를 보증금 3,000만원인 월세로 전환할 경우, 나머지 보증금에 대한 최대 월세액은 (전세보증금 - 월세보증금) × 월차임 전환율을 12개월로 나눈 값입니다. 기준금리를 3%로 가정한다면 {7,000만원 × (3% + 2.0%)} ÷ 12 = 약 292,000원입니다. 전세 1억원을 보증금 3,000만원의 월세로 전환 시 매달 292,000원을 월세로 내면 됩니다.

임대료 인상은 전세의 경우 '전세보증금×인상률'로 계산하면 되지만 보증금과 월세를 모두 받는 경우는 환산보증금으로 계산합니다.

주택 환산보증금 = 임대보증금+[(월 임대료×12개월/5%(기준금리 3%+2%)]

예 보증금 5,000만원, 월세 100만원

기존 환산보증금 = 5,000만원+[(100×12개월)/5%(기준금리 3%+2%)] =2억 9,000만원

갱신 후 환산보증금 2억 9,000만원+[2억 9,000만원×5%(인상률)] =3억 450만원

보증금은 기존 5,000만원으로 유지하기로 한다면

월세는 [(2억 5,450만원×5%(기준금리 3%+2%)] / 12개월 = 12,725,000원 / 12개월 = 1,060,420원

계산해 본 결과 월세는 1,060,420원으로, 1,000,000원에서 5%가 인상된 1,050,000원과 10,420원의 차이가 납니다. 그러므로 임대료를 인상할 때는 보증금과 월세 모두를 환산보증금으로 바꾼 후 계산하세요.

054

임대사업자가 꼭 알아야 할 일반&세금&법률 상식

임대사업을 하다 보면 월세를 잘 안 낸다든지, 자기 마음대로 집의 구조를 바꾼다든지, 보증금을 덜 주고도 일단 이사한 다음에 주겠다고 우긴다든지, 계약할 때는 착해 보였는데 이사 온 후에는 매일 술을 마시고 고성방가로 이웃에 피해를 준다든지, 음식물 쓰레기를 분리수거하지 않고 그냥 집 밖에 내놓아 악취를 풍긴다든지 하는 이상한 임차인을 만나는 경우가 많습니다. 이럴 때는 어떻게 대처해야 할까요?

불량 세입자 유형과 대처법

1 | 월세를 잘 안 내는 임차인

임차인이 월세를 내지 않을 때는 우체국에 가서 "월세를 주지 않으면 계약을 해지하고 현재 사는 집에서 내보내겠다. 그리고 그렇게 하는 데 들어가는 비용과 밀린 월세는 돌려받을 보증금에서 빼겠다. 그리고 이와 관련된 모든 민·형사상의 책임은 임차인에게 있다"라는 내용증명을 임차인에게 보냅니다. 그러면 대부분이 밀린 월세를 냅니다. 이렇게 해도 안 된다면? 그때는 소송을 진행하는 수밖에 없습니다.

2 | 집 구조를 자기 마음대로 바꾸는 임차인

세를 주다 보면 자신이 살기에 불편하다는 이유로 집주인에게 물어보지도 않고 방문을 떼어버린다든지, 문턱을 없애버린다든지, 거실과 베란다를 터버린다든지 하는 황당한 임차인이 있습니다. 이럴 때는 즉시 원래대로 해놓을 것을 요구해야 합니다. 그리고 이에 응하지 않으면 계약을 해지하고 원상복구 비용을 뺀 보증금을 돌려주면 됩니다.

3 | 모자란 보증금은 이사 온 후에 준다고 우기는 세입자

이 경우 모자라는 보증금을 모두 받기 전까지는 이사 오도록 허락해서는 안 됩니다. 대부분 계약 기간이 완료될 때까지 모자란 보증금을 받지 못하기 때문입니다. 부득이하게 부족한 보증금을 나중에 받기로 하고 임차인에게 세를 줘야 한다면 임대차 계약서 특약사항란에 부족한 보증금 받는 날을 명시하고, "만약에 0000년 00월 00일에 임차인이 부족한 보증금을 임대인에게 주지 않으면 본 임대차 계약은 해지된다."라는 내용을 써넣어야 합니다.

4 | 이웃 주민에게 피해를 끼치는 세입자

고성방가, 주차 방해, 복도 내 흡연, 쓰레기 방치 등 이웃 주민들에게 피해를 주는 임차인에 대한 뚜렷한 대처 방법이 없습니다. 방법이 있다면 계약 기간이 빨리 끝나기를 두 손 모아 간절히 기도하면서, 전화나 직접 방문을 통해 잘못된 행동을 자제해 달라고 줄기차게 요구하는 것뿐입니다.

세입자 구할 때는 이사철에 맞춰서

임대사업을 하는 이유는 월세를 받기 위해서입니다. 그런데 임차인을 구하지 못해 월세를 받지 못한다면 경제적으로 큰 타격을 받을 수밖에 없습니다. 임차인이 끊기는 일 없이 계속 월세를 받고 싶다면 어떻게 해야 할까요?

애초에 이사철에 맞추어 세를 주는 것이 좋습니다. 그래야만 세를 구하는 사람들이 많아 쉽게 세를 놓을 수 있습니다. 또한 늦어도 계약기간 만료 2~3개월 전에 임차인에게 계속 살 것인지 물어보고, 이사 계획이 있다면 미리 중개업소에 세를 내놓습니다.

계약서 작성할 때는 특약사항을 잘 적자

계약서를 작성할 때는 세입자가 나중에 오리발을 내밀지 않도록 쌍방 간에 약속한 내용을 반드시 특약사항에 기록해야 합니다.

특약사항에 '이러이러할 땐 즉시 집을 비워준다'라는 문구를 적어놓으면, 앞에서 언급한 이상한 세입자를 만났을 때 세입자에게 잘못된 행동을 고칠 것을 당당히 요구하거나 내보낼 수 있습니다.

주택임대사업으로 혜택 보는 세금들

주택임대사업등록을 하는 이유는 단지 월세를 받기 위해서만이 아니라 각종 세제 혜택을 받을 수 있기 때문입니다. 세금별로 각각 얼마나 혜택을 보는지, 혜택을 보려면 어떻게 해야 하는지 등을 다음 표에서 꼼꼼하게 확인하세요.

임대소득세 기준표 (2024년 1월 기준)

주택수	월세	보증금
1주택	비과세[1]	간주임대료 과세 제외
2주택	과세	
3주택 이상		간주임대료[2] 과세

1) 공시가격 12억원 초과 및 국외 소재 주택은 1주택자도 과세

2) 전용면적 40㎡ 이하이면서 공시가격 2억원 이하인 주택은 간주임대료 과세대상에서 제외

출처 : 주택과 세금 2024

임대사업자 세제혜택

취득세	60㎡ 이하	면제, 세액 200만 원 초과 시 85% 감면	건축한 공동주택 또는 최초 분양받은 공동주택과 오피스텔, 분양의 경우 취득 당시 가액 수도권 6억 원(비수도권 3억 원) 이하	
	60㎡~85㎡ 이하	50% 감면		
재산세	40㎡ 이하	면제, 세액 50만 원 초과 시 85% 감면 모든 가구당 40㎡ 이하인 다가구주택도 혜택	매입	건설
			공동주택 2채 이상 수도권 6억 원(비수도권 3억 원) 이하	공동주택 2채 이상 수도권 9억 원(비수도권 3억 원) 이하
	60㎡ 이하	75% 감면	오피스텔 2채 이상 수도권 4억 원(비수도권 2억 원) 이하	
	85㎡ 이하	50% 감면		
양도소득세	149㎡	중과세 대상 제외	매입	건설
			수도권 6억 원(비수도권 3억 원) 이하	2채 이상 6억 원 이하

※ 건설, 기준시가 수도권 6억 원(비수도권 3억 원) 이하, 85m2 이하, 2024.12.31. 까지 민간임대주택등록, 장기보유특별공제 70% 공제

※ 주택 보유기간 중 거주기간 2년 이상 거주주택 비과세

※ 임대주택, 기준시가 수도권 6억 원(비수도권 3억 원) 이하

임대소득세 감면	※ 기준시가 수도권 6억 원 이하, 85m2 이하 1채 임대 시 75% 감면, 2채 임대 시 50% 감면 ※ 2천만 원 이하 임대소득 분리과세 시 임대소득필요경비율 등록업자 60%, 미등록업자 50%, 기본공제 등록업자 400만 원, 미등록업자 200만 원			
종합부동산세	149㎡	합산 배제	매입	건설
			수도권 6억 원 (비수도권)	2채 이상 9억 원 이하

주택임대사업과 관련된 법률들

민간임대주택에 관한 특별법

임대사업을 하는 집의 종류와 특징 및 방법에 대해 알 수 있습니다.

조세특례제한법

임대사업을 하는 사람들은 나중에 집을 팔 때 양도소득세에서 혜택을 보게 되는데, 어떤 경우에 얼마나 혜택을 볼 수 있는지 알 수 있습니다(제 96조~제99조의4).

지방세법

임대사업을 하면 집을 살 때는 취득세, 집을 가지고 있을 때는 재산세 혜택을 받게 되는데, 어떤 경우에 얼마나 혜택을 받는지 알 수 있습니다(취득세: 제6조~제22조의2, 재산세: 제104조~제123조).

지방세특례제한법

임대사업자, 임대주택, 미분양주택, 양도소득분 개인지방소득세 등에서 어떤 경우에 얼마나 혜택을 받는지 알 수 있습니다(제31조~제36조, 제138조~제148조).

주택임대차보호법

세 든 임차인을 보호하는 법으로, 임차인이 어떤 조건에서 어떻게 보호받는지 알 수 있습니다.

토막 상식

✎ **보증금은 계약서에 이름을 쓴 바로 그 사람에게 되돌려주세요**

임차인 계약 기간이 만료되어 이사 나갈 때, 보증금을 되돌려달라고 하는 사람이 계약자가 아니라 그 배우자라면 보증금은 계약자에게 돌려줘야 합니다. 또한, 임차인의 전세자금대출을 은행이 임대인에게 직접 송금해주었다면 계약 만료 시 임대인은 반드시 임차인이 아닌 은행에 전세자금대출금을 상환해야 합니다.

등록임대주택 제도
이렇게 바뀌었다!

정부는 2020년 7·10 부동산대책에 따른 후속 조치로 등록임대주택의 제도를 개선하기로 하였습니다.

임대등록제도 개편

단기임대(4년) 및 아파트 장기일반 매입임대(8년)는 폐지하기로 하였습니다. 이로써 단기임대의 신규 등록은 되지 않고 단기임대의 장기임대로의 전환도 불가합니다. 앞으로 아파트는 건설임대 10년, 아파트 외 주택은 매입임대 10년과 건설임대 10년만 가능합니다.

신규 등록 가능 여부

주택 구분		신규등록 가능여부	
		매입임대	건설임대
4년 단기임대	단기 (4년)	폐지	폐지
8년 장기임대	장기일반 (10년)	허용(아파트 불가)	허용
	공공지원 (10년)	허용	허용

폐지유형 관리

폐지되는 단기 및 아파트 장기일반 매입임대로 이미 등록된 주택은 임대의무기간이 경과하는 즉시 자동으로 임대주택등록이 말소됩니다.

만약에 임대의무기간이 종료되기 전에라도 자진말소를 희망하는 경우 공적 의무를 준수한 적법 사업자에 한해 자발적인 등록말소를 허용해 줍니다.

임대의무기간 준수 위반 과태료 면제

자진말소로 임대의무기간을 지키지 못했어도 과태료 처분은 하지 않으며, 이미 등록된 주택은 등록말소 시점까지 세제 혜택을 줍니다.

임대보증금 반환보증 가입의무

등록하는 모든 임대주택은 임대보증금 반환보증에 의무적으로 가입해야 합니다. 신규 등록 외 기존 등록한 임대주택도 2021년 8월 18일 이후부터 임대차 계약을 다시 체결하게 되면 임대보증금 보증에 가입해야 합니다.

임대보증금 반환보증 가입방법

임대보증금 반환보증 가입 문의는 보증회사(주택도시보증공사 1566-9009, SGI서울보증 1670-7000)로 하면 되며, 가입 대상자는 등록임대주택 소재지 지자체 또는 렌트홈에 보증서 사본을 제출해야 합니다.

임대보증금 반환보증에 가입하지 않으면?

임대보증금 반환보증 미가입 시 2년 이하의 징역 또는 2,000만원 이하의 벌금에 처할 수 있습니다. 그리고 2022년 01월 15일부터는 미가입기간에 따라 보증금의 5~10%에 해당하는 과태료를 내야 하고, 3회 이상 가입을 거절하면 임대사업자등록이 말소됩니다.

반드시 임대차 계약 신고해야!

신규 임대차 계약이든 갱신계약(묵시적 갱신 포함)이든 계약이 체결되면 그 날로부터 3개월 이내에 주택과나 렌트홈에 그 사실을 신고해야 합니다. 그렇지 않으면 500만원~1,000만원의 과태료를 내야 합니다.

집 사고 나서 꼭 해야 하는 행정절차

계약하고 잔금까지 치렀다면 등기사항전부증명서에 예전 집주인 이름을 자신의 이름으로 바꿔야 합니다. 그렇지 않으면, 집을 판 사람이 거래한 집을 담보로 돈을 빌릴 수 있습니다. 돈을 빌려주는 사람은 등기사항전부증명서상의 이름만 보고 돈을 빌려주기 때문입니다.

집주인 이름을 자신의 이름으로 바꾸는 것을 '소유권이전등기'라고 합니다.

소유권이전등기: 집주인 이름 바꾸기

집주인 이름을 바꾸려면 어떻게 해야 할까요? 대부분은 중개업소에서 소개해주는 법무사에게 맡깁니다. 이때 법무사 수수료는 집의 매매가격에 따라 차이가 납니다. 예전에는 법무사들이 수수료를 과다하게 요구하기도 했지만, 요즘에는 그런 일이 거의 없습니다. 그런데 법무사에게 맡기지 않고 집을 산 사람이 직접 은행과 구청 그리고 등기소 등에 가서 집주인 이름을 자신의 이름으로 바꿀 수 있는데, 이것을 '셀프등기'라고 합니다.

등기필정보 및 등기완료통지

대리인 : 일반인 ▓▓▓

권　리　자 : ▓▓▓
(주민)등록번호 : 7******-1******
주　　　　소 : 서울특별시 광진구 중곡동 ▓▓▓ ▓▓▓ ▓▓▓
부동산고유번호 : 1111-2002-******
부 동 산 소 재 : [전유] 서울특별시 광진구 중곡동 ▓▓▓ ▓▓▓ ▓▓▓
접 수 일 자 : 2011년11월22일　접 수 번 호 : 76172
등 기 목 적 : 소유권이전
등기원인및일자 : 2011년11월10일 매매

부착기준선

● 등기필정보 보안스티커 ●

※ 경 고

권리자 본인의 허락 없이 이 스티커를 떼어내거나
일련번호 또는 비밀번호를 알아낼 경우 관계 법령에
따라 민·형사상의 책임을 질 수 있습니다.

🏛 대법원

부착된 부분고
페이지마스크

2014년 11월 25일

서울동부지방법원 등기과

☞ 주 의 사 항
☞ 등기필정보는 종래의 등기필증을 대신하여 발행된 것입니다.
　◆ 전자신청등기에서는 등기 완료후 종래와 같이 등기필증을 교부하지 아니하고, 그 대신에 등기
　　유형에 따라 등기필정보 또는 등기완료통지서를 발행합니다.
☞ 등기필정보 사용 및 관리방법
　◆ 보안스티커 안에는 다음에 등기신청 시 필요한 일련번호와 50개의 비밀번호가 기재되어 있습니다.
　◆ 등기신청 시 보안스티커를 떼어내고 일련번호와 비밀번호 1개를 임의로 선택하여 해당 순번과 함께
　　신청서에 기재하면 종래의 등기필증을 전부와 전과 동일한 효력이 있으며, 등기필정보만면 자체를
　　첨부하는 것이 아님에 유의하시기 바랍니다.
　◆ 따라서 등기신청 시 등기필정보서번호 거래상대방이나 대리인에게 줄 필요가 없고, 대리인에게
　　위임하는 경우에는 일련번호와 비밀번호 50개 중 1개와 해당 순번만 알려주시면 됩니다.
　◆ 만일 등기필정보의 비밀번호 등을 다른 사람이 안 경우에는 종래의 등기필증을 분실한 것과 마찬가지
　　로 위험이 발생하므로, 철저하게 관리하시기 바랍니다.

소유권이전등기가 완료되면 새 집주인 이름으로 등기필증이 나옵니다.

할 수 있다, 셀프 등기

셀프등기를 하게 되면 조금 복잡하기는 하나 여러 가지 비용이 줄어드는 장점이 있습니다. 그럼, 집주인 이름을 내 이름으로 바꾸는 절차를 알아볼까요?

소유권이전등기를 위해 필요한 서류는 다음과 같습니다.

소유권이전등기에 필요한 공부서류 종류, 발급장소

개인 준비서류·도장		
등기필증	판 사람에게 받음	1통
인감도장	판 사람, 산 사람 모두 준비	
주민등록증	판 사람, 산 사람 모두 준비	
매매계약서	산 사람의 매매계약서	1통(복사본 1통 필요함)
시·군·구청 발급서류		
부동산거래계약신고필증	산 사람 또는 공인중개사가 발급받음	1통
토지대장	산 사람이 발급받음	1통
건축물대장	산 사람이 발급받음	1통(집합건물인 경우 집합건축물대장)
주민센터(동·면사무소) 발급서류		
매도용 인감증명서	판 사람이 발급받음	1통(반드시 매도용이어야 함) '본인서명사실확인서'로 대체가능
인감증명	판 사람이 발급받음	1통 '본인서명사실확인서'로 대체가능
주민등록등초본	판 사람, 산 사람	각자 1통
은행(우리, KB국민, IBK기업, NH농협, 신한, KEB하나) 발급서류		
취득세 영수필확인서	산 사람이 발급받음	1통
국민주택채권매입필증	산 사람이 발급받음	1통
법원 발급서류		
위임장	산 사람이 준비	1통
전자수입인지	산 사람이 준비	필요한 만큼
등기신청수수료 영수필확인서	산 사람이 납부하고 받아야 함	1통
소유권(일부)이전등기 신청서 갑지, 을지	산 사람이 준비	1통

집을 판 사람과 산 사람이 각각 준비해야 하는 서류는 다음과 같습니다.

집을 판 사람, 산 사람이 준비해야 하는 공부서류

판사람	
주민등록증	매도용 인감증명서 발급할 때 본인 확인용
인감도장	매도용 인감증명서 발급할 때, 등기 위임장에 날인할 때 필요
매도용 인감증명서 (본인서명사실확인서)	판 사람 거주 동주민센터에서 발급(3개월 이내에 발급된 것) ※ '인감증명서'나 '본인서명사실확인서'의 매수인 칸에 산 사람의 이름, 주민 등록번호 및 주소가 기재되어 있어야 함
인감증명서 (본인서명사실확인서)	산 사람 혼자서 등기할 경우, 판 사람의 위임장에 첨부하기 위해 필요함
주민등록초본	동주민센터에서 발급(3개월 이내에 발급된 것), 정부24(www.gov.kr)를 이용하면 편리
등기필증	등기권리증(등기필증)을 분실한 경우, 재발급이 안 되므로 법무사를 통해 작성하는 확인서면, 소유권이전일에 맞추어 직접 법원에 출석하여 받는 확인조서, 공증서면 중 하나를 첨부
산 사람	
주민등록증	등기 서류 접수할 때 본인 확인용
인감도장	위임장 날인, 등기신청서 작성, 등기서류 간인 시 필요
매매계약서	등기서류 접수할 때 필요. 복사본 1통 필요함
부동산거래계약 신고필증	매수자 또는 중개사가 매매계약 후 구청에 신고하여 발급받음, 부동산거래 관리시스템(rtms.molit.go.kr)을 이용하면 편리
주민등록초본	3개월 이내에 발급된 것
소유권(일부)이전등기 신청서 갑지, 을지	대법원 인터넷등기소(www.iros.go.kr)에서 다운로드 가능
위임장	산 사람 혼자서 등기할 경우, 판 사람의 위임장 필요 대법원 인터넷등기소(www.iros.go.kr)에서 다운로드 가능
취득세	시·군·구청 민원봉사실(취득세과)에서 납부서를 받아 작성

취득세영수필확인서	(우리, KB국민, IBK기업, NH농협, 신한, KEB하나) 은행에 취득세 납부 후 발급, 위택스(www.wetax.go.kr)를 이용하면 편리
국민주택채권매입필증	(우리, KB국민, IBK기업, NH농협, 신한, KEB하나) 은행에서 국민주택채권을 산 후 발급, 주택도시기금(nhuf.molit.go.kr)을 이용하면 편리
(집합)건축물대장	시·군·구청 민원봉사실에서 발급(3개월 이내에 발급된 것), 정부24(www.gov.kr)를 이용하면 편리
토지대장	시·군·구청 민원봉사실에서 발급(3개월 이내에 발급된 것), 정부24(www.gov.kr)를 이용하면 편리
전자수입인지	등기를 접수하기 전에 전자수입인지 홈페이지(www.e-revenuestamp.or.kr)에서 필요한 만큼 구매
등기신청수수료 영수필확인서	등기를 접수하기 전에 법원 내 은행에서 발급, 대법원 인터넷등기소(www.iros.go.kr)를 이용하면 편리

※ 주민등록등·초본, 건축물대장, 토지대장은 정부24 사이트(www.gov.kr)에서도 발급할 수 있습니다.

소유권이전등기는 다음과 같은 순서대로 하면 됩니다. 차근차근 따라하면 혼자서도 충분히 할 수 있습니다. 표 안의 ☐에 체크하면서 해보세요.

① 계약 후 떼야 하는 서류

산 사람
• 부동산거래계약신고필증
- 계약을 체결한 날로부터 30일 이내 신고 → 위반 시 300만원 이하의 과태료가 부과됨
- 등기사항전부증명서, 매매계약서, 판 사람과 산 사람의 주민등록번호와 주소를 참고해 시·군·구청에서 신고서 작성
- 개인 신고 시 → 판 사람, 산 사람 공동 신고 / 공인중개사 신고 시 → 중개사 단독 신고
- 즉시 발급받음
☐ 부동산거래계약신고필증

② 집주인 이름을 내 이름으로 바꾸기(소유권이전) 3일 전 해야 할 일

판 사람	산 사람
• 매도용 인감증명서와 인감증명서, 주민등록초본 발급받음 • 인감증명서의 매수인 란에 산 사람의 이름, 주민등록번호 및 주소가 기재되어 있어야 함	• 주민등록초본 발급받음 • 대법원 인터넷등기소 홈페이지에서 소유권(일부)이전등기신청서 갑지, 을지와 위임장 양식 발급받음
☐ 매도용 인감증명서 ☐ 인감증명서 ☐ 주민등록초본	☐ 주민등록초본 ☐ 위임장 ☐ 소유권(일부)이전등기신청서 갑지, 을지

③ 등기하는 날 부동산 중개업소 방문 전에 준비할 사항

판 사람	산 사람
☐ 주민등록증 ☐ 인감도장 ☐ 매도용 인감증명서 ☐ 인감증명서 ☐ 주민등록초본 ☐ 등기필증	☐ 주민등록증 ☐ 인감도장 ☐ 소유권(일부)이전등기신청서 갑지, 을지 ☐ 주민등록초본 ☐ 매매계약서 - 복사본 1통 필요함 ☐ 위임장

④ 부동산 중개업소에서 할 일

판 사람	산 사람
• 판 사람의 친필로 판 사람의 이름, 주민등록번호, 주소를 작성하고 판 사람의 인감이 날인된 위임장을 작성	• 부동산거래계약신고필증을 공인중개사에게 건네받음 • 판 사람의 친필로 작성된 위임장을 받음 • 산 사람이 미리 준비한 소유권(일부)이전등기신청서 갑지, 을지에 판 사람의 친필로 인적사항 작성하고 도장 받음 - 예비용으로 2통 정도 작성

판 사람과 부동산 중개업자에게 받은 서류
위임장(판 사람이 작성) ☐ 부동산거래계약신고필증(공인중개사) ☐ 매도용 인감증명서(판 사람) ☐ 인감증명서(판 사람) ☐ 주민등록초본(판 사람) ☐ 등기필증(판 사람) ☐ 판 사람의 도장을 받은 소유권(일부)이전등기 신청서

⑤ 은행(대출받는 경우)에서 할 일

새로 산 집에 근저당권이 있든 없든 은행을 방문해야 합니다. 근저당권
이 없는 경우라도 파는 사람의 포괄근담보 여부를 반드시 확인해야 합니다.

근저당권을 승계하는 경우	
판 사람	산 사람
☐ 주민등록증 ☐ 인감도장	☐ 주민등록증 ☐ 인감도장 ☐ 인감증명서 ☐ 주민등록초본 1통
근저당권을 말소하는 경우	
판 사람	산 사람
☐ 주민등록증 ☐ 인감도장 ☐ 주민등록초본 1통 ☐ 등기필증	

⑥ 시·군·구청에서 할 일

산 사람
• (집합)건축물대장 발급받음
• 토지대장 발급받음
• 취득세 납부서를 시·군·구청 민원봉사실에서 받아 작성, 제출 후 취득세 고지서 받음
☐ (집합)건축물대장 ☐ 취득세 고지서 ☐ 토지대장

⑦ 은행·위택스, 주택도시기금에서 할 일

취득세를 납부하고 국민주택채권을 사야 합니다.

산 사람
• 취득세 납부
• 취득세영수필확인서 수령
• 국민주택채권 매입
• 국민주택채권매입필증 수령
※ 국민주택채권을 사는 기준은 실거래가가 아니라 기준시가임
☐ 취득세영수필확인서 ☐ 국민주택채권매입필증

⑧ 법원 내에서 등기를 위해 할 일

대법원 인터넷등기소(www.iros.go.kr)에서 등기를 할 수 있습니다.

등기에 필요한 서류(최종 체크)

산 사람	
☐ 산 사람 주민등록증	☐ 산 사람 주민등록등본
☐ 판 사람 주민등록초본	☐ 등기필증
☐ 판 사람 인감증명서	☐ 부동산거래계약신고필증
☐ 매도용 인감증명서	☐ 위임장
☐ 매매계약서 - 복사본 1통 필요함	☐ 국민주택채권매입필증
☐ 소유권(일부)이전등기신청서 갑지, 을지	☐ 토지대장
☐ 취득세영수필확인서	☐ 등기신청수수료 영수필확인서
☐ (집합)건축물대장	☐ 정부수입인지
☐ 산 사람 인감도장	

등기서류는 정해진 순서대로 정리하여 제출해야만 신청이 가능합니다.

아래 나온 순서대로 편철하여 제출하세요. 만약 서류 편철을 도와주는 등기소 직원이 있다면 도움을 받으세요.

시간 여유가 없는 사람이라면 법무사에게 맡겨야겠지만, 나 홀로 등기에 도전해보는 것도 좋은 경험이 될 것입니다.

참고로 대법원 인터넷등기소(www.iros.go.kr)를 이용하면 소유권보존등기, 소유권이전등기, 근저당권설정등기 등을 신청할 때 등기소를 직접 방문하지 않고도 언제 어디서든 온라인을 통해 경제적이고 신속하고 편리하게 등기를 칠 수 있습니다. 그리고 '셀프 등기 가이드' 앱도 이용해 보세요. 매우 유용하답니다.

소유권이전등기 서류 편철 순서

순서	등기에 필요한 서류	기타
1	소유권(일부)이전등기신청서 갑지, 을지	갑지에 건물번호 반드시 기재
2	취득세영수필확인서	신청서의 하단에 첨부
3	국민주택채권매입필증	제출용이 아니라 참고용(돌려받음)
4	등기신청수수료 영수필확인서	신청서의 하단에 첨부
5	전자수입인지	신청서의 하단에 첨부
6	위임장	-
7	매도용 인감증명서(본인서명사실확인서)	-
8	판 사람 인감증명서(본인서명사실확인서)	매수인 란에 산 사람의 이름, 주민등록번호 및 주소가 기재되어 있어야 함
9	판 사람 주민등록초본	-
10	산 사람 주민등록초본	-
11	토지대장	-
12	(집합)건축물대장	-
13	부동산거래계약신고필증	복사본 1통 필요함
14	매매계약서	복사본 1통 필요함
15	등기필증	-
최종	모든 서류 간인	-

직접 들어가 살 거라면 전입신고하기

자신이 산 집에 직접 들어가 살 거라면 이사 가는 날 동주민센터에 가서 "나 이 집에 이사 왔어요!"라는 전입신고를 해야 합니다. 하지만 투자 목적으로 사놓았다면 전입신고를 할 필요가 없겠죠. 투자 목적이라면 세를 놓을 것이고, 그러면 그 집에 세를 들어오는 세입자가 전입신고를 해야 하니까요.

토막 상식

✎ 법무사와 세무사는 하는 일이 달라요

법무사는 부동산과 관련해서 취득했을 때, 즉 소유권이전등기와 취득세를 대신해주는 일을 합니다. 그리고 세무사는 부동산과 관련해선 매도나 양도했을 때, 즉 상속세, 증여세, 양도소득세에 관한 사항을 상담해주고 세금신고서를 작성해주는 일을 합니다.

056

세금 폭탄 피하려면 '세대'부터 공부하자

집을 살 때는 '세대'의 뜻을 정확히 알고 있어야 합니다. 특히 주민등록상의 세대와 세금을 부여하는 쪽에서 말하는 세대는 완전히 다르므로, 두 개념을 정확히 구분해야 합니다. 세대의 뜻을 모르고 집을 샀다가는 자신이 생각했던 것과는 다르게 1세대 2주택자가 되어, 나중에 집을 팔 때 예상하지 못한 양도소득세를 내게 될 수도 있습니다.

그럼 세대의 뜻을 함께 알아볼까요?

한 집에서 같이 먹고 자면 한 세대

세금을 부여하는 쪽에서 말하는 세대란 같은 집에서 함께 먹고 자는 거주자의 배우자, 부모, 자녀, 형제자매를 말합니다. 단, 형제자매는 본인뿐만 아니라 배우자의 형제자매도 포함되나 형제자매의 배우자는 포함되지 않습니다. 예를 들면 남자라면 처남, 처제와 처형, 여자라면 시아주버니, 시동생, 시누이는 가족에 포함되지만, 형수, 제수, 매형, 매제나 형부, 제부, 올케, 동서는 가족에 포함되지 않습니다. 배우자의 경우에는 생계를 달리하더라도 같은 세대로 판단합니다.

다시 말해, 가족 구성원들의 주민등록상 주소가 다르더라도 실제로 같은 집에서 함께 먹고 잔다면 이를 하나의 세대로 봅니다. 그러므로 한집에서 먹고 자면서 1세대 2주택이나 3주택을 피할 목적으로 주소만 각자 다르게 해놓더라도 하나의 세대로 보아 집을 팔 때 양도소득세를 내야 합니다.

독신자라도 세대를 구성할 수 있는 경우

하나의 세대를 구성하려면 결혼해서 남편이나 아내가 있어야 합니다. 그러나 다음의 경우에는 독신자라도 세대를 구성할 수 있습니다.

- 해당 거주자의 나이가 30세 이상인 경우
- 배우자가 사망하거나 이혼한 경우
- 중위소득의 40% 수준 이상으로서 소유하고 있는 주택 또는 토지를 관리·유지하면서 독립된 생계를 유지할 수 있는 만19세 이상인 성년
- 미성년자의 결혼, 가족의 사망 등 불가피한 경우

예를 들어 30세 미만인 미혼의 딸이라 하더라도 직장에 다니면서 중위소득의 40% 이상을 벌고 아버지와 따로 살고 있다면, 아버지와 딸은 각자 세대를 구성할 수 있습니다. 그러므로 이 경우 아버지와 딸이 각각 집을 한 채씩 2년간 가지고 있다가 팔더라도 1세대 1주택 비과세 요건에 해당되어 양도소득세를 내지 않아도 됩니다.

✎ **따로 살면서 주민등록상 주소만 같을 때 1세대 1주택자?**

실제로 부모와 자녀가 따로 살고 있다면, 주민등록 상에 동일 세대원으로 등재되어 있다 하더라도 동일 세대원으로 보지 않습니다. 1세대 1주택자로 인정받으려면 수도요금 납부영수증, 전기요금 납부영수증, 주민세 납부영수증 등을 첨부해 부모와 자녀가 생계를 같이 하고 있지 않다는 사실을 입증해야 합니다.

057 무슨 돈으로 산 부동산입니까? 철저한 자금출처 조사

주택뿐만 아니라 상가나 땅 등 부동산을 살 때는 부모님에게 돈을 빌리는 경우가 많습니다(여기서 빌린다는 말은 실제 증여를 뜻합니다). 이때 걱정되는 것이 '자금출처 조사'입니다. 부모님에게서 돈을 받으면 받은 돈의 액수에 상관없이 무조건 자금출처 조사를 받는지, 아니면 일정한 액수 이상을 받았을 때만 조사를 받는지, 또한 신고하지 않으면 어떠한 처벌을 받는지 등에 관해 걱정하게 되죠.

이번 장에서는 자금출처 조사는 어떤 경우에 받으며, 자금출처 조사를 받았는데 돈의 출처가 분명하게 밝혀지지 않으면 어떠한 처벌을 받는지에 대해서 알아보겠습니다.

자금출처를 조사하는 경우는?

부동산을 취득할 때 재산을 판 돈, 대출을 받은 돈, 신고했거나 과세된 소득, 상속재산, 수증재산의 합계액만으로는 부족하여 입증되지 아니하는 금액을 이용하였다면 해당 자금은 증여재산으로 추정되어 자금출처 조사

대상이 됩니다. 단, 입증되지 아니하는 금액이 취득재산의 가액의 20%에 상당하는 금액과 2억원 중 적은 금액에 미달하면 해당 자금을 증여재산으로 추정하지 않습니다. 예를 들어 입증되지 않은 금액이 1억 7,000만원이고 취득재산가액이 9억이라면 취득재산가액의 20%인 1억 8,000만원과 2억원 중 적은 금액인 1억 8,000만원에 미달하므로 1억 7,000만원은 증여재산으로 보지 않습니다.

재산취득일 전 또는 채무상환일 전 10년 이내에 해당 재산 취득자금의 합계액이 5,000만원 이상으로서 연령·직업·재산상태·사회경제적 지위 등을 고려하여 주택취득자금, 기타재산 취득자금 및 채무상환자금의 합계액이 총액한도 아래 표의 기준에 미달하거나 충분한 소명이 있으면 그 재산 취득자의 증여재산가액으로 하지 않습니다. 단, 기준금액 이내라도 객관적으로 증여 사실이 확인된다면 증여세를 내야 합니다.

증여추정배제기준

구분	취득재산		채무상환	총액한도
	주택	기타재산		
30세 미만	5,000만원	5,000만원	5,000만원	1억원
30세 이상	1억 5,000만원	5,000만원	5,000만원	2억원
40세 이상	3억원	1억원	5,000만원	4억원

※ 상속세 및 증여세 사무처리규정 제42조

돈의 출처가 분명하지 않으면 증여세 부과

만약 내 돈이라는 것을 분명하게 입증하지 못하면 다른 사람에게서 그 돈을 증여받은 것으로 판단해 증여세가 부과됩니다. 그리고 증여받은 날로부터 3개월 이내에 증여받은 사람의 주소지 세무서에 증여받은 사실을 신고하지 않으면, 증여세뿐만 아니라 내야 할 증여세액의 20~40%의 가산세가 부과됩니다.

토막상식

✎ **자금조달계획서 제출 의무**

2020년 3월 13일 거래계약분부터는 조정대상지역 3억원 이상, 투기과열지구 또는 조정대상지역이 아닌 일반지역(비규제지역) 6억원 이상의 주택 거래계약을 체결하면, 관할 시·군·구 실거래 신고 시(30일 이내) 자금조달계획서도 제출하여야 합니다. 특히, '투기과열지구 9억원 초과 주택' 거래 신고 시 자금조달계획서의 작성 항목별로 예금잔액증명서, 소득금액증명원 등 객관적인 증빙자료를 첨부하여 제출하여야 합니다.

058

집을 사면 60일 이내에 취득세

집을 사면 반드시 내야 하는 세금이 있는데 바로 '취득세'입니다. 취득세는 집을 산 사람이라면 응당 내야 하는 세금으로, 잔금을 치른 날로부터 60일 이내에 내야 합니다. 만약 이 기한을 넘기면 신고불성실가산세 20%(사기·부정행위 시 40%)와 납부불성실가산세(1일마다 0.025%)를 추가로 부담해야 합니다.

취득세, 집값에 따라 차등부과

조정대상지역에서는 1주택자만 취득 당시 가격이 6억원 이하 1%, 6억원 초과 9억원 이하 1~3%, 9억원 초과 3%의 세율이 적용됩니다. 2주택자는 8%, 3주택자·법인·무상취득은 12%의 세율을 적용받습니다. 그러나 일반지역에서는 2주택자까지는 취득 당시 가격에 따라 1~3%를 적용받고

3주택자는 8%, 4주택자와 법인은 12%의 세율을 적용받습니다.

2025년 12월 31일까지 생애 최초로 12억원 이하인 주택을 구입하면 최대 200만원 한도로 취득세를 감면받을 수 있습니다. 참고로 생애 최초로 취득한 주택의 임대차 기간이 1년 이내로 남아 있는 경우에도 감면받을 수 있습니다. 2022.6.21일 주택 취득부터 소급 적용받습니다.

취득세율   (2024년 1월 기준)

과세표준		취득세	지방교육세	농어촌특별세
6억 이하		1.00%	0.1%	전용면적 85㎡ 초과 시 0.20% 과세
6억 초과 9억 이하	6.5억	1.33%	0.10~0.30%	
	7억	1.67%		
	7.5억	2.00%		
	8억	2.33%		
	8.5억	2.67%		
	9억	3.00%		
9억 초과		3.00%	0.30%	
원시취득(신축), 상속＊		2.80%	0.16%	0.20%
무상취득(증여)		3.50%	0.30%	0.20%

＊ 무주택가구가 주택을 상속받으면 0.8% 적용

출처 : 주택과 세금, 국세청·행정안전부, 2023

다주택자, 법인 등 중과세율

취득세	유상취득				무상취득 (3억원 이상)
	1주택	2주택	3주택	4주택, 법인	
조정대상	1~3%	8%	12%	12%	12%
일반지역	1~3%	1~3%	8%	12%	3.5%

출처 : 기획재정부, 2024년 1월 기준

주택 수에 산정되는 주택은?

입주권, 분양권은 가격과 무관하게 주택 수에 산정되고, 오피스텔의 경우 시가표준액이 1억원 이하이면 주택 수 산정에서 제외됩니다. 오피스텔 분양권은 오피스텔 취득 후 사용하기 전까지 해당 오피스텔이 주거용인지 상업용인지 알 수 없으므로 주택 수에 포함되지 않습니다.

일시적 2주택은?

조정대상지역에서 새로운 주택을 취득하여 2주택이 되면 취득하는 주택은 8%의 세율이 적용됩니다. 그러나 일시적 2주택에 해당하면 1~3%가 적용됩니다(신규 주택을 매입한 날로부터 3년 안에 이전 주택 매도).

취득세 말고도 내는 세금이 또 있다?

취득세 말고도 집주인의 이름을 자신의 이름으로 바꾸려면 추가로 '인지세'를 내야 하는데 전자수입인지 홈페이지에서 매입할 수 있습니다. 다음 페이지 표에 해당하는 기준에 맞게 전자수입인지를 사서 등기신청을 할 때 첨부서류와 함께 내면 됩니다.

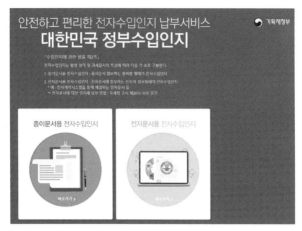

전자수입인지 홈페이지(www.e-revenuestamp.or.kr)

전자수입인지를 매입할 때 금융기관 등 판매기관의 실수로 금액이 잘못 기재된 경우에는 당일에 취소할 수 있지만, 본인이 실수로 잘못 기재했을 때는 취소가 불가능합니다. 이때는 은행, 우체국 등에 방문해 환매절차를 거쳐야 합니다. 참고로 행정기관의 공무원이 한번 확인한 전자수입인지는 환불하거나 재사용할 수 없습니다.

전자수입인지를 온라인으로 구매하려면 공인인증서를 등록해야 합니다.

부동산 매매 가격별 인지세액

범위	인지세
1,000만원 초과~3,000만원 이하	2만원
3,000만원 초과~5,000만원 이하	4만원
5,000만원 초과~1억원 이하	7만원
1억원 초과~10억원 이하	15만원
10억원 초과	35만원

✎ **헷갈리는 세금 사이트 완전정복! 홈택스, 위택스, 이택스**

부동산 공부를 한다면 빼놓지 말아야 할 부분이 바로 세금입니다. 세금만 잘 관리
해도 재테크가 된다는 '세테크'라는 말이 있을 정도로 세금은 매우 중요합니다. 부
동산 투자에 관심이 있다면 한 번쯤 들어봤을 세금 관련 사이트 세 곳에 대해 알아
보겠습니다.

- **홈택스(www.hometax.go.kr)**: 국세청에서 운영하는 사이트로 부가가치세,
  법인세, 종합소득세, 양도소득세, 증여세, 상속세, 종합부동산세 등을 신고할 수
  있으며, 연말정산 자료도 얻을 수 있습니다.
- **위택스(www.wetax.go.kr)**: 행정자치부에서 운영하는 사이트로 국세를 제
  외한 취득세, 재산세, 주민세 등의 지방세 신고와 납부를 처리할 수 있습니다.
- **이택스(etax.seoul.go.kr)**: 서울시에서 운영하는 사이트로 서울시의 지방세
  를 신고 또는 납부할 수 있습니다.

059

내 소유의 집이 있다면 매년 2회 재산세

집을 소유한 사람이 집을 가지고 있는 동안 해마다 내야 하는 세금이 있는데 바로 '재산세'입니다.

재산세란 무엇인가?

재산세는 토지, 건축물, 주택, 선박, 항공기 소유자에게 매년 부과되는 세금으로, 재산세를 걷는 주체는 주택이 있는 지역을 관리하는 시·구·군청입니다. 매년 6월 1일을 기준으로 해당 재산을 소유한 사람에게 부과됩니다.

재산세는 어떻게 내나?

재산세 고지서를 가지고 직접 은행에 가서 내도 되고, 인터넷으로 위택스 홈페이지(www.wetax.go.kr)를 통해 내도 됩니다. 2019년 7월부터는 네이버페이 혹은 카카오페이로도 고지서를 받아 즉시납부 또는 자동납부가 가능합니다.

재산세는 정확히 누가 내나?

재산세는 매년 6월 1일을 기준으로 그 시점에 해당 부동산의 소유자가 내야 합니다. 만약 계약은 5월에 했는데 잔금일이 6월 1일 이후라면, 6월 1일 당시 소유자는 집을 판 사람이므로 집을 판 사람이 재산세를 내야 합니다.

이와 반대로 잔금을 6월 1일 이전에 치렀다면 소유자는 집을 산 사람이므로 집을 산 사람이 재산세를 내야 합니다. 그러므로 집을 팔 사람은 6월 1일 이전에 잔금을 받는 것이 좋고, 집을 살 사람은 6월 1일 이후에 잔금을 치르는 것이 유리합니다.

위택스(www.wetax.go.kr)

재산세는 얼마나 내야 하나?

재산세는 시세가 아니라 시가표준액을 기준으로 부과됩니다. 따라서 정부에서 매년 산정하는 시가표준액에 따라 그 금액이 달라집니다.

> 재산세 = 과세표준(시가표준액 × 공정시장가액비율) × 세율

시가표준액이란 지방세를 부과할 때 적용하는 가격을 말합니다. 주택에는 국토교통부에서 매년 고시하는 개별주택가격이나 공동주택가격이, 토지에는 개별공시지가가, 건물에는 매년 시에서 고시하는 건물시가표준액이 적용됩니다.

공정시장가액비율은 세금을 부과하는 기준인 과세표준을 정하기 위해 사용하는 공시가격의 비율을 말합니다. 해당 부동산의 시세와 지방재정의 여건, 납세자의 납세 부담 등 여러 가지를 고려해 결정됩니다. 2024년에는 공시가격 3억 이하는 43%, 3억 초과 6억 이하는 44%, 6억 초과는 45%를 적용합니다. 토지 및 건축물은 시가표준액의 70%입니다.

누진공제에 따른 주택 재산세 세율 (2024년 1월 기준)

과세대상	과세표준	표준세율	특례세율
주택	6,000만원 이하	0.1%	0.05%
	1억 5,000만원 이하	6만 원+0.6억 원 초과분의 0.15%	3만 원+0.6억 원 초과분의 0.1%
	3억원 이하	19.5만 원+1.5억 원 초과분의 0.25%	12만 원+1.5억 원 초과분의 0.2%
	5억원 이하	57만 원+3억 원 초과분의 0.4%	42만 원+3억 원 초과분의 0.35%
	5억원 초과		미적용

실제로 재산세를 낼 때는 본문의 예시에서 계산한 것보다 좀 더 나옵니다. 그 이유는 재산세를 낼 때 재산세 과세표준의 0.14%에 해당하는 재산세 도시지역분과 재산세액의 20%를 차지하는 지방교육세 그리고 지역자원시설세를 함께 내야 하기 때문입니다.

재산세는 1년에 몇 번 낼까?

재산세는 매년 7월 16일~7월 31일과 9월 16일~9월 30일에 1/2씩 나누어 두 번 냅니다. 재산세가 10만원 이하라면 7월에 한 번만 낼 수도 있습니다.

참고로 재산세의 납부세액이 250만원을 초과하는 경우에는 세액의 일부를 납부기한이 지난 날부터 2개월 이내에 나누어 납부할 수 있습니다.

재산세에는 상한부담제가 있다?

올해 재산세액이 전년도 재산세액에 비해 많이 늘어났더라도 전년도 재산세액의 일정 규모를 초과해 부과할 수는 없습니다.

주택의 경우 올해 재산세액 책정 시 주택공시가격이 3억원 이하면 전년도 재산세액의 105%, 3억 초과 6억원 이하면 전년도 재산세액의 110%, 6억원 초과면 전년도 재산세액의 130%를 초과해 징수할 수 없습니다.

그리고 토지와 건축물의 경우에는 전년도 재산세액의 150%를 초과해 징수할 수 없습니다. 참고로 주택분 재산세 과세표준 상한제가 도입되고 세부담 상한제는 폐지되는데요. 다만, 개정 이전 재산세가 과세된 주택에 대해서는 향후 5년(2023~2028년)간 세부담 상한제를 유지합니다.

토지만 있어도 주택분 재산세를 내야 하나?

세대 구성원이 장기간 독립된 주거 활동을 할 수 있는 구조로 지어진 건축물과 그 부속토지까지를 주택의 범위에 포함하고 있어 토지만 있어도 주택분 재산세를 내야 합니다(「주택법」 제2조 제1호). 또한, 재산세는 사실 현황에 따라 과세하기 때문에 등기되지 않은 무허가 건물이라도 재산세를 내야 합니다.

토막 상식

 지방세 고지·납부, 스마트폰으로 한 번에

등록면허세, 자동차세, 재산세, 과태료에 대해 모바일고지서 제도를 순차적으로 시행합니다. 은행이나 시·군·구청을 방문하지 않아도, 복잡한 계좌이체 또는 플라스틱 카드를 사용하지 않고도 스마트폰 '간편결제'를 통해 손쉽게 납부할 수 있습니다. 모바일고지서 이용자에게는 지자체별로 고지서 한 건당 150원에서 500원의 세액공제 혜택도 제공할 예정입니다. 참고로 디지털원패스(www.onepass.go.kr)에서 공인인증서 없이 위택스를 편리하게 이용할 수 있습니다.

060

산 가격보다 비싸게 팔았다면 양도소득세 납부

집을 팔 때 내야 하는 세금이 양도소득세입니다. 그러나 집을 팔았다고 해서 무조건 양도소득세를 내는 것은 아니고, 집값이 올라 차익이 생겼을 때만 냅니다. 집값이 오르지 않았거나 오히려 떨어졌다면 내지 않아도 됩니다.

이 밖에 양도소득세가 면제되거나 감면되는 사례를 더 찾아볼까요?

1세대 1주택자, 2년간 소유하면 양도소득세 면제!

12억원 이하 1세대 1주택자이고 2년간 주택이 자기 이름으로 되어 있었다면, 집을 팔 때 차익이 있더라도 거주기간에 상관없이 양도소득세를 내지 않아도 됩니다(2021. 12. 08 잔금 또는 등기분부터 적용).

단, 2017년 8월 3일 이후부터는 조정대상지역 내 1세대 1주택을 취득한 경우에는 2년 이상 거주해야 비과세 혜택을 받을 수 있습니다.

1세대 2주택으로 보지 않는 경우

다음의 경우에는 1세대 1주택으로 간주하고 있습니다.

일시적 2주택

종전 주택을 취득한 날로부터 1년이 지난 다음에 새로운 주택을 취득하고, 신규 주택을 취득한 날로부터 3년 이내에 종전 주택을 양도하면 1세대 1주택으로 보아 비과세를 받을 수 있습니다. 참고로 조정대상지역의 경우 종전주택 취득일부터 1년 이상 지난 다음에 새로운 주택을 취득하고, 신규 주택을 취득한 날로부터 3년 이내에 종전 주택을 양도하면 1세대 주택 비과세 혜택을 볼 수 있습니다. 또한 1세대 1주택자가 재건축·재개발 기간에 거주할 대체주택을 취득한 경우 해당 대체주택(재건축·재개발 기간 중 1년 이상 거주를 위해 취득한 주택)을 신규주택 완공일부터 3년 이내 처분 시 비과세가 적용됩니다.

주택을 상속받은 경우

상속받은 주택과 종전 주택을 각각 한 채씩 가지고 있는 1세대가 일반 주택을 양도하면 국내에 1주택을 소유하고 있는 것으로 보아 1세대 1주택 비과세 혜택을 볼 수 있습니다.

동거봉양

1주택을 소유한 1세대가 1주택을 가지고 있는 60세 이상의 직계존속(할아버지, 할머니, 아버지, 어머니)을 동거봉양하기 위하여 세대를 합침으로써 1세대 2주택이 된 경우, 합친 날로부터 10년 이내에 먼저 양도하는 주택(보유기간 등 비과세 요건을 갖춘 주택)은 1세대 1주택 비과세 혜택을 볼 수 있습니다. 직계존속의 나이는 합가한 날을 기준으로 판단하며, 2019년 2월 12일부터는 암, 희귀성 질환 등 중대한 질병 등이 발생한 60세 미만의 직계존속과 합가해도 1세대 1주택 비과세 혜택을 볼 수 있습니다.

혼인

1주택을 소유한 자가 1주택을 가지고 있는 자와 혼인함으로써 1세대 2주택자가 된 경우, 또는 1주택을 소유한 자가 1주택을 가지고 있는 60세 이상의 직계존속을 동거봉양하는 무주택자와 혼인함으로써 1세대가 2주택이 된 경우, 혼인한 날부터 5년 이내에 먼저 양도하는 주택(보유기간 등 비과세 요건을 갖춘 주택)은 1세대 1주택 비과세 혜택을 볼 수 있습니다.

수도권 밖 주택

취학, 근무상의 형편, 질병의 요양, 그 밖에 부득이한 사유로 취득한 수도권 밖에 소재한 주택과 일반주택을 국내에 각각 한 채씩 소유한 1세대가 부득이한 사유가 해소된 날부터 3년 이내에 일반주택(보유기간 등 비과세 요건을 갖춘 주택)을 양도하는 경우에는 1세대 1주택 비과세 혜택을 볼 수 있습니다.

장기임대주택 등록 시 거주주택

장기임대주택의 임대기간 요건을 충족한 후 거주주택을 양도하거나, 장기임대주택이 등록 말소된 경우 거주주택을 양도하거나, 장기임대주택의 임대기간 요건을 충족하기 전에 거주주택을 먼저 양도하는 경우(거주주택 양도 후 임대기간 요건을 충족해야 함)에 1세대 1주택 비과세 혜택을 볼 수 있습니다.

양도소득세 요약

구분	1년 미만	1년~2년	2년 이상
주택, 조합원입주권	70%	60%	6~45%
분양권	70%	60%	60%
토지·건물	50%	40%	6~45%

※ 미등기 부동산은 70% 적용
※ 2022년 1월부터 [토지 1년 미만 70%, 2년 미만 60%, 2년 이상 6~45%], [비사업용토지 1년 미만 70%, 2년 미만 60%(65%), 2년 이상 (6~45%)+20%p]
※ 주말농장용 농지는 사업용 토지에서 제외

조합원입주권 & 분양권

조합원입주권과 분양권에 대한 비과세 특례는 다음과 같습니다,

조합원입주권 양도

조합원입주권을 1개 가지고 있는 1세대가 양도일 현재 주택이 없거나 1주택을 가지고 있는 경우로서, 1주택을 취득한 날부터 3년 이내에 조합원입주권을 양도하면 이때 발생한 양도소득에 대해서는 비과세 혜택을 볼 수 있습니다.

조합원입주권 취득일부터 3년 이내에 종전 주택 양도

국내에 1주택을 소유한 1세대가 종전 주택을 양도하기 전에 조합원입주권을 취득함으로써 일시적으로 1주택과 1조합원입주권을 소유하게 된 경우 종전주택을 취득한 날부터 1년 이상이 지난 후에 조합원입주권을 취

득하고 그 조합원입주권을 취득한 날부터 3년 이내에 종전 주택을 양도하는 경우에는 이를 1세대 1주택으로 보아 비과세를 적용합니다.

조합원입주권 취득일부터 3년이 지나 종전 주택 양도

국내에 1주택을 소유한 1세대가 그 주택을 양도하기 전에 조합원입주권을 취득함으로써 일시적으로 1주택과 1조합원입주권을 소유하게 된 경우 조합원입주권을 취득한 날부터 3년이 지나 종전주택을 양도하는 경우로서, 재개발사업·재건축사업·소규모재건축사업의 관리처분계획 등에 따라 취득하는 주택이 완성된 후 2년 이내에 그 주택으로 세대 전원이 이사(취학, 근무상의 형편, 질병의 요양 그 밖의 부득이한 사유로 세대의 구성원 중 일부가 이사하지 못하는 경우 가능)하여 1년 이상 계속하여 거주하고 또한 재개발사업·재건축사업·소규모재건축사업의 관리처분계획 등에 따라 취득하는 주택이 완성된 후 3년 이내에 종전 주택을 양도하면 1세대 1주택으로 보아 비과세를 적용합니다.

분양권 취득일부터 3년 이내에 종전 주택 양도

국내에 1주택을 소유한 1세대가 종전주택을 양도하기 전에 분양권을 취득함으로써 일시적으로 1주택과 1분양권을 소유하게 된 경우 종전주택을 취득한 날부터 1년 이상이 지난 후에 분양권을 취득하고 그 분양권을 취득한 날부터 3년 이내에 종전주택을 양도하는 경우(3년 이내에 양도하지 못하는 경우로서 기획재정부령으로 정하는 사유에 해당하는 경우를 포함)에는 이를 1세대 1주택으로 보아 비과세를 적용합니다. 분양권도 주택으로 판단합니다.

분양권 취득일부터 3년이 지나 종전 주택 양도

국내에 1주택을 소유한 1세대가 그 주택을 양도하기 전에 분양권을 취득함으로써 일시적으로 1주택과 1분양권을 소유하게 된 경우로서 분양권을 취득한 날부터 3년이 지나 종전주택을 양도하는 경우, 분양권에 따라 취득하는 주택이 완성된 후 2년 이내에 그 주택으로 세대 전원이 이사(취학, 근무상의 형편, 질병의 요양 그 밖의 부득이한 사유로 세대의 구성원 중 일부가 이사하지 못하는 경우 가능)하여 1년 이상 계속하여 거주하고 또한 분양권에 따라 취득하는 주택이 완성된 후 3년 이내에 종전의 주택을 양도하면 1세대 1주택으로 보아 비과세를 적용합니다.

양도소득세율

과세표준	세율	누진공제
1,400만원 이하	6%	-
5,000만원 이하	15%	126만원
8,800만원 이하	24%	576만원
1억 5,000만원 이하	35%	1,544만원
3억원 이하	38%	1,994만원
5억원 이하	40%	2,594만원
10억원 이하	42%	3,594만원
10억원 초과	45%	6,594만원

*세금계산 : (과세표준×세율)-누진공제액

참고로 보유기간 2년 이상인 조정대상지역 내 주택을 2022년 05월 10일부터 2023년 05월 09일까지 양도 시 20%~30% 중과세가 아닌 기본

세율 및 장기보유특별공제가 적용됩니다. 또한, 주택 수와 관계없이 주택을 실제 보유·거주한 기간을 기준으로 보유·거주기간을 계산하여 1세대 1주택 비과세를 판단합니다. 단, 일시적 2주택자나 상속 혹은 동거봉양 등 부득이한 사유로 인해 1주택 비과세를 받는 주택은 제외됩니다. 양도소득세 계산 시 분양권도 주택 수에 포함됩니다.

참 복잡하고 어렵죠. 그러나 세금에 관련된 사항이니만큼 꼼꼼하게 살펴보세요. 법조문을 살펴볼 때는 자신의 생각대로 이해해서는 안 되고 문구 그대로 이해해야 합니다.

다가구주택 통으로 매매하면 단독주택으로 취급

12억원 이하의 다가구주택 한 채만 있는 상태에서 이것을 2년 보유 후 가구별로 분양하지 않고 통으로 매매하면 1세대 1주택에 해당하여 양도소득세 비과세 혜택을 볼 수 있습니다. 단, 용도변경이나 증축을 통해서 주택으로 이용하는 층이 3개 층을 초과하는 경우에는 공동주택에 해당하여 1세대 1주택 비과세 혜택을 볼 수 없습니다. 건축법에서 정한 다가구주택의 기준이 3개 층 이하, 바닥면적 660㎡ 이하, 19세대 이하이기 때문입니다. 4개 층이라도 1층 전체가 주차장 또는 상가거나, 옥탑방 전체 면적의 1/8만 점유하거나 맨 아래층이 지층이라면 주택 층수에 포함되지 않습니다.

3년 이상 보유한 부동산에 세금 혜택 주는 장기보유특별공제

3년 이상 보유한 토지나 건물을 양도할 때는 양도차익의 일정 비율을 공제해줍니다. 이는 건전한 부동산 투자와 소유를 유도하기 위한 장치라고 볼 수 있습니다. 장기보유특별공제율은 아래 표와 같습니다. 참고로 1세대 1주택자가 3년 이상 보유 및 거주한 경우에 대해서는 최대 80%(10년 이상)까지 장기보유특별공제를 적용합니다. 토지, 건물, 조합원입주권을 3년 이상 보유 시에는 최대 30%(15년 이상)를 적용합니다.

보유기간에 따른 장기보유특별공제 적용률　　　　　　　　　　　　(2024년 1월 기준)

1세대 1주택자(실거래가 12억원 초과)					다주택자	
보유기간	공제율	거주기간	공제율	합계	보유기간	공제율
3년~4년	12%	3년~4년	12%	24%	3년~4년	6%
4년~5년	16%	4년~5년	16%	32%	4년~5년	8%
5년~6년	20%	5년~6년	20%	40%	5년~6년	10%
6년~7년	24%	6년~7년	24%	48%	6년~7년	12%
7년~8년	28%	7년~8년	28%	56%	7년~8년	14%
8년~9년	32%	8년~9년	32%	64%	8년~9년	16%
9년~10년	36%	9년~10년	36%	72%	9년~10년	18%
10년 이상	40%	10년 이상	40%	80%	10년~11년	20%
					11년~12년	22%
					12년~13년	24%
					13년~14년	26%
					14년~15년	28%
					15년 이상	30%

상생임대인에 대한 양도소득세 특례 확대

조정대상지역 내 1세대 1주택자인 임대인이 바로 전계약 대비 임대료를 5% 이내로 임대기간(직전 계약 1년 6개월 이상, 상생 계약 2년 이상) 요건 준수 시 1세대 1주택 비과세 및 장기보유특공제(최대 80%) 2년 거주요건을 면제받습니다. 이와 같은 특례는 2021년 12월 20일부터 2024년 12월 31일까지이며, 임대개시 시점에 다주택자이거나 향후 1주택자 전환 계획이 있는 임대인도 특례를 적용 받을 수 있습니다. 단, 실거래가격이 12억원을 넘는 상생임대인의 주택은 양도소득세를 전면 감면 받지 못하고 일부만 감면 받습니다. 또한 임대인의 귀책 사유 없이 임차인 사정으로 임대를 계속할 수 없을 때 임차인 퇴거 후 종전계약보다 보증금과 임대료를 낮춰 새로운 임차인과 신규계약 체결하는 경우 종전·신규 임대기간을 합산하여 임대기간 요건 충족 여부를 판정합니다.

토막상식

 양도 또는 취득 시기는 돈을 낸 날을 기준으로 한다

「소득세법」 제98조에 따르면 자산의 양도차익을 계산할 때 그 취득 시기 및 양도 시기는 대금을 지불한 날을 기준으로 합니다. 단, 대금을 지불한 시기가 분명하지 않다면 등기사항전부증명서상 등기접수일, 대금을 지불하기 전에 소유권이전등기를 한 경우에는 등기접수일, 상속 또는 증여에 의한 자산의 경우에는 상속이 개시된 날 또는 증여를 받은 날을 기준으로 합니다.

061 사망한 사람에게 재산을 받을 때 내는 상속세

사망한 사람에게서 재산을 물려받으면 정부에 상속세를 내야 합니다. 이번 장에서는 상속세에 대해서 자세히 알아보겠습니다.

상속세, 누가 부담하나?

상속받은 재산에 대해서 내는 세금을 상속세라고 합니다. 사망한 사람이 세금을 낼 수는 없으니 상속받은 사람이 내야 합니다. 일반적으로 상속세가 부담이 클 거라고 생각하는데 정부에서는 중산층 상속인의 생활안정, 기초생활 유지를 위하여 상속공제 제도를 채택하고 있습니다. 그리고 공제금액이 커서 대부분의 사람들에게는 상속세가 과세되지 않습니다.

상속 관련 용어를 살펴보면 상당히 헷갈리는 부분이 많은데, 알고 보면 그리 어렵지 않습니다. 다음의 용어만 정확히 알고 있으면 됩니다.

- **피상속인** : 사망한 사람 또는 실종선고를 받은 사람
- **상속인** : 재산을 상속받은 사람
- **상속개시일** : 사망일 또는 실종선고일

상속세 신고와 납부 방법

상속인은 상속개시일(사망일)이 속한 달의 말일로부터 6개월(피상속인과 상속인 모두 외국에 주소를 둔 경우에는 9개월) 안에 사망자의 주소지 관할 세무서에 상속세 신고를 하고 자진 납부해야 합니다. 신고기한까지 신고서를 제출하면 납부해야 할 세액의 3%에 상당하는 세액공제를 받을 수 있습니다. 만약 신고기한까지 신고하지 않는 경우 10~40% 의무(과소) 신고가산세를 추가로 부담할 수 있으며, 신고기한까지 납부를 하지 아니하거나 적게 납부하면 납부 지연가산세를 부담할 수 있습니다.

누가 먼저 상속받나? 상속순위

유언으로 상속인을 지정한 경우에는 유언상속이 우선하며, 유언이 없는 경우에는 민법에서 정한 순위대로 재산을 상속받습니다.

민법상 상속 순위

우선순위	피상속인과의 관계	상속인 해당 여부
1	아들, 딸(손자, 손녀), 남편, 아내	
2	아버지, 어머니 (할아버지, 할머니), 남편, 아내	아들, 딸(손자, 손녀)이 없는 경우
3	남편, 아내	아들, 딸(손자, 손녀), 아버지, 어머니 (할아버지, 할머니)가 없는 경우 단독상속
4	형제자매	1, 2, 3순위가 없는 경우
5	4촌 이내 방계혈족	1, 2, 3, 4순위가 없는 경우

배우자는 1순위인 아들·딸과 같은 순위로 공동상속인이 되고, 아들과

딸이 없는 경우 2순위인 아버지·어머니와 공동상속인이 됩니다. 아들, 딸, 아버지, 어머니가 모두 없는 경우에는 단독으로 상속하게 됩니다.

법정상속인의 경우 같은 순위의 상속인이 여러 명일 때는 촌수가 가장 가까운 상속인이 우선순위입니다. 예를 들면 아들과 딸 그리고 손자와 손녀까지 4명이 상속인일 경우, 1촌인 아들과 딸이 공동상속인이 되고 2촌인 손자와 손녀는 우선순위가 될 수 없습니다. 참고로 상속순위를 결정할 때 태아는 이미 출생한 것으로 판단합니다.

얼마나 상속받나? 상속 지분

피상속인(사망자)은 유언에 의해 공동상속인의 상속분을 지정할 수 있습니다(지정상속). 유언으로 상속분을 지정하지 않은 경우에는 민법에 규정된 법정상속분에 따라 재산이 상속됩니다.

법정상속분

구분	상속인	상속 지분	비율
자녀 및 배우자가 있는 경우	장남, 배우자	장남 1	2/5
		배우자 1.5	3/5
	장남, 장녀, 배우자	장남 1	2/7
		장녀 1	2/7
		배우자 1.5	3/7
	장남, 장녀, 차남, 차녀, 배우자	장남 1	2/11
		장녀 1	2/11
		차남 1	2/11
		차녀 1	2/11
		배우자 1.5	3/11

자녀는 없고 부모와 배우자만 있는 경우	부모, 배우자	부 1	2/7
		모 1	2/7
		배우자 1.5	3/7

상속재산보다 빚이 많다? 상속포기와 한정승인

상속이란 피상속인의 재산상 모든 권리와 의무가 상속인에게 모두 넘어간다는 뜻이므로, 피상속인의 빚도 함께 넘겨받습니다. 그러므로 빚이 상속재산보다 많을 때는 상속포기를 하거나 한정승인을 하는 것이 좋습니다.

상속포기란 상속재산을 모두 받지 않겠다는 뜻입니다. 상속포기를 하려면 상속개시가 있음을 안 날부터 3개월 내에 가정법원에 상속포기 신고를 하면 됩니다. 공동상속의 경우에도 각 상속인이 단독으로 상속포기를 할 수 있습니다.

한정승인은 상속재산이 많은지 빚이 많은지 불분명할 때, 상속받을 재산 한도 내에서 피상속인의 빚을 갚는다는 뜻입니다. 한정승인 역시 상속개시가 있음을 안 날부터 3개월 이내(상속개시일로부터 3개월 이내에 알지 못한 경우 그 사실을 안 날부터 3개월 이내)에 상속재산의 목록을 첨부하여 상속개시지(고인이 사망한 당시 살았던 마지막 주소)의 가정법원에 신고하면 됩니다.

피상속인의 재산을 모를 땐 안심상속 원스톱 서비스

QRcode

피상속인의 재산을 정확하게 파악할 수 없을 때는 정부 24(www.gov.kr)에서 '안심상속 원스톱 서비스'를 이용해보세요. 은행 등 금융거래 사실, 국세 및 지방세 미납 여부, 연금 가입 유무, 토지 소유여부, 자동차 소유여부 등을 편리하게 확인할 수 있습니다.

상속·증여재산 스스로 평가하기 서비스

상속이나 증여받은 주택, 건물, 오피스텔, 토지 등의 평가에 관한 정보를 받을 수 있습니다. 공동주택(아파트, 연립, 다세대주택)이나 오피스텔 유사매매 사례가액은 모바일 홈택스에서도 확인할 수 있습니다.

🖊 생명보험금도 상속재산이 된다!

피상속인의 사망으로 인하여 받는 생명보험 또는 손해보험의 보험금으로서 피상속인이 보험계약자인 보험계약에 의하여 받는 것은 상속재산으로 봅니다. 또한, 보험계약자가 피상속인이 아니더라도 피상속인이 보험료를 납부하였을 때에는 피상속인을 보험계약자로 봅니다(「상속세 및 증여세법」 제8조).

살아 있는 사람에게 재산을 받을 때 내는 증여세

살아 있는 사람에게서 재산을 시가보다 저렴(공짜 포함)하게 받거나 아니면 반대로 시가보다 비싸게 넘기면 이는 증여에 해당하여 정부에 세금을 내야 합니다. 이번 장에서는 증여세에 대해서 알아보겠습니다.

증여세, 누가 부담하나?

증여세는 재산을 증여받은 사람(=수증자)이 내야 합니다. 공짜로 받았으니 당연하겠죠.

요즘은 자녀가 교육·사업 등의 목적으로 국외로 이민을 가서 비거주자(국내에 주소가 없거나 183일 이상 사는 곳이 없는 자)인 경우가 많습니다. 원칙적으로 부모가 자녀에게 재산을 증여하면 증여받은 자녀가 증여세를 내야 하나, 자녀가 비거주자인 경우에는 부모가 자녀를 대신해서 증여세를 내도 문제가 되지 않습니다. 강제로 증여세를 걷으려 했는데도 불구하고 재산을 증여받는 사람이 증여세를 납부할 능력이 없다고 인정되는 경우에도 마찬가지입니다.

증여 관련 용어를 살펴보면 상당히 헷갈리는 부분이 많은데, 다음의 용어만 정확히 알고 있으면 이해하기 어렵지 않습니다.

- **증여자**: 재산을 준 사람
- **수증자**: 재산을 받은 사람
- **증여일**: 실제로 증여받은 날

증여세 신고와 납부방법

수증자는 증여일이 속한 달의 말일로부터 3개월 안에 본인의 주소지 관할 세무서에 증여세를 신고하고 자진납부해야 합니다. 이 기간 내에 신고하면 3%를 공제받을 수 있습니다. 그러나 만약 신고기한까지 신고하지 않으면 10~40%의 무(과소)신고가산세를 부담할 수 있으며, 신고기한까지 납부를 하지 아니하거나 적게 납부하면 납부지연가산세를 부담할 수 있습니다.

증여재산공제

거주자(국내에 주소가 있거나 183일 이상 사는 곳이 있는 자)인 수증자가 증여받을 때는 증여재산공제액을 과세가액에서 공제해줍니다. 이렇게 빼주면 증여세가 줄어듭니다.

증여세 절세 TIP

증여세는 시가를 기준으로 계산하지만 시가를 모르는 경우에는 토지는 개별공시지가, 주택은 개별(공동)주택가격, 주택 이외의 건물은 국세청 기준시가를 기준으로 증여세를 내면 됩니다. 그런데 이들 가격은 통산 1년에 한 번씩 상승하므로 증여하고자 할 때는 개별공시지가, 개별(공동)주택가격, 기준시가 고시 전에 하는 게 좋습니다.

재산을 증여받은 후 당사자 간 합의에 의해 증여받은 재산을 증여세 신고기한(증여일이 속하는 달의 말일부터 3개월 이내) 이내에 반환하는 경우에는 처음부터 증여가 없었던 것으로 보고, 증여한 것이나 반환한 것 모두에 대해 증여세가 과세되지 않습니다(단, 금전은 제외). 그러니 증여 후 마음이 바뀌어서 증여한 재산을 되돌려받고 싶다면 서두르세요.

상속등기 완료 후 공동상속인 간에 다시 협의하여 한 상속인이 상속재산의 일부를 더 가져가기로 했다면, 해당 상속인은 상속재산이 감소한 상속인에게 증여받은 것으로 보아 증여세를 내야 합니다. 단, 상속개시일이 속한 달의 말일부터 6개월 이내에 다시 분할하여 당초 상속하기로 한 만큼을 초과해 취득한 경우에는 증여세를 내지 않아도 됩니다. 그러니 조금만 침착하게 생각해보세요! 합법적으로 세금을 절약할 수 있습니다. 만약에 앞으로 가격 상승이 예상되는 부동산이 있다면 증여세를 내더라도 미리 증여하는 것이 좋습니다. 증여 후 가격 상승분에 대해서는 증여세를 부과하지 않으니까요.

증여재산 공제한도

증여자	배우자	아버지, 어머니,	아들, 딸	기타 친족(6촌 이내 혈족, 4촌 이내 인척)
공제한도	6억원	5,000만원(수증자가 미성년자인 경우 2,000만원)	5,000만원	1,000만원

※ 배우자는 민법상 혼인 관계만 인정되고 사실혼 관계는 인정하지 않음
※ 계부·계모로부터 증여받는 경우도 증여재산 공제 가능함
※ 결혼한 자녀는 1억 5천만 원까지 공제 가능, 신혼부부가 양가에서 모두 증여받으면 최대 3억까지 공제 가능
※ 자녀 출산 시에도 2년 안에 증여받은 1억 5천만 원까지 공제 가능, 양가에서 모두 증여받으면 최대 3억까지 공제
※ 결혼 공제와 자녀 출산 공제는 중복 적용 안 됨

이월과세 10년으로 변경

증여받은 부동산을 '금세' 다시 팔면 증여자가 샀던 가격을 취득가액으로 보고 양도차익을 구하도록 한 것을 '이월과세'라 하는데요. 이 기간이 5년에서 10년으로 늘어나 앞으로 양도소득세 절감효과를 보려면 10년을 기다려야 합니다.

토막 상식

✏️ **자녀가 부담해야 할 증여세를 부모가 대신 납부해도 되나?**

증여세는 증여를 받은 사람(수증자)가 내는 세금입니다. 그러므로 347쪽에 소개한 예외 상황을 제외하면 수증자가 납부해야 합니다. 증여하는 사람(증여자)이 증여세를 대신 납부하면 해당 금액도 증여한 것으로 보아 증여세가 추가로 부과될 수 있습니다.

063 부동산 투자자를 꿈꾼다면 알아둬야 할 종합부동산세

부동산 많이 가진 사람에게 부과하는 종합부동산세

종합부동산세란 정부가 부동산을 과다하게 보유한 사람에게 세금을 부과하여 소득 격차를 줄이고, 부동산 투기를 억제할 목적으로 2005년부터 시행한 제도입니다. 재산세와 마찬가지로, 주택과 토지를 가지고 있다면 보유하고 있는 동안 매년 내야 합니다.

주택은 한 개인이 소유한 모든 주택의 공시가격 합이 9억원을 초과하는 경우(1세대 1주택자인 경우 12억원을 초과) 종합부동산세 부과 대상이 됩니다.

나대지, 잡종지 등의 종합합산토지는 합산액이 5억원을 초과할 경우 해당되며, 사무실이나 상가 등의 부속토지를 일컫는 별도합산토지는 합산액이 80억원을 초과할 경우 종합부동산세를 내야 합니다.

매년 6월 1일을 기준으로 종합부동산세 대상과 납부세액이 결정되며, 납부기간은 매년 12월 1일부터 12월 15일까지입니다.

종합부동산세는 얼마나 내야 하나?

종합부동산세는 재산세와 마찬가지로 시세가 아니라 공시가격을 기준으로 부과됩니다.

과세표준 12억원 이하 및 조정대상지역 2주택에 대해서는 중과제도가 폐지되었습니다.

세부담 상한은 주택 수와 무관하게 150%입니다. 1세대 1주택 보유 고령자의 고령자 공제와 장기보유 공제의 합산공제율은 80%로 실수요 1주택자라면 종합부동산세 부담은 적습니다.

주택 종합부동산세 세율

과세표준	2주택 이하	3주택 이상
3억원 이하	0.5%	
3억원 초과 6억원 이하	0.7%	
6억원 초과 12억원 이하	1.0%	
12억원 초과 25억원 이하	1.3%	2.0%
25억원 초과 50억원 이하	1.5%	3.0%
50억원 초과 94억원 이하	2.0%	4.0%
94억원 초과	2.7%	5.0%
법인	2.7%	5.0%

※ 법인 중 공공주택사업자·건설임대사업자 등은 일반누진세율 적용

출처 : 기획재정부, 2023년 1월

종합부동산세, 과연 소득 불평등을 해소하는 제도일까?

종합부동산세, 과연 소득 불평등을 해소하는 제도일까?

종합부동산세의 취지는 주택과 토지를 이미 많이 가진 사람이 부동산 투기하는 것을 막고, 많이 가진 사람에게 세금을 더 부과해 소득 불평등을 해소하는 것입니다. 하지만 집주인들이 세금 부담을 세입자에게 전가하여 오히려 소득 불균형을 부채질한다는 비판이 이는 가운데, 정부는 무허가 건축물의 토지, 나대지, 잡종지 등과 같은 종합합산토지도 종합부동산세를 0.25~1.0%까지 인상하였습니다.

또한, 법인은 기본공제 6억원과 세부담 상한을 적용하지 않고, 중과 최고세율인 5%를 적용합니다. 참고로, 민간건설임대사업자, 재개발·재건축 사업자, 종중 등 투기목적 없는 법인에 대해서는 세부담 상한과 기본 누진 세율(0.5~2.7%)을 적용합니다. 주택의 공정시장가액비율은 60% 토지의 공정시장가액비율은 100%입니다. 임대기간 종료 후 분양전환하려는 공공임대주택이 미분양(의무임대기간 종료 후 미분양되어 공가 상태인 주택)된 경우에 대해 분양전환 시행일 후 2년간 종부세 합산배제를 적용합니다.

토지 종합부동산세 세율

부과방식	과세표준	세율
종합합산	15억원 이하	1.0%
	45억원 이하	2.0%
	45억원 초과	3.0%
별도합산	200억원 이하	0.5%
	400억원 이하	0.6%
	400억원 초과	0.7%

주택 수 산정방법은?

소유하고 있는 주택 수나 조정대상지역 지정 여부 판단은 과세기준일인 6월 1일 현재를 기준으로 합니다. 만약에 6월 1일 조정대상지역에 2주택을 소유하고 있었다면 이후에 해당 지역이 조정대상지역에서 해제되더라도 조정대상지역 중과세율 적용을 받습니다. 다만, 세율 적용 시 주택 수는 세대 구성원 모두의 보유주택 수가 아니라 납세의무자 개인이 보유한 주택에 한정해 주택 수를 판정합니다.

참고로 배우자와 1주택을 공동으로 소유하고 있는 경우 1주택자로 신청한다면 1세대 1주택자로 간주하여 12억원을 공제 받고, 부부 공동명의자는 1인당 9억원씩 총 18억원의 공제 혜택을 받을 수 있습니다. 참고로 2023년 1월 1일 이후부터 종합부동산세를 신고·납부한 자는 과세표준이나 세액이 세법에 따른 적법한 수준을 초과하는 경우 5년 이내에 경정청구가 가능합니다.

토막상식

 종합부동산세가 이렇게 달라졌어요!

1세대 1주택자가 이사를 위해 신규 주택을 취득한 경우 3년 안에 기존 주택을 팔거나, 상속 받은 후 5년간 보유한 상속주택(공시가격 수도권 6억원 이하 그외 지역 3억원 이하 또는 40% 이하 소액지분은 기간제한 없음)이거나, 1세대 2주택 중 수도권, 광역시(군 제외), 특별자치시(읍·면 제외)가 아닌 지역의 공시가격 3억원 이하 주택은 1세대 1주택자 산정 시 주택 수에서 제외되는데요. 이렇게 되면 0.6~3% 기본세율에 12억원을 공제받고 최대 80%의 장기보유특별공제까지 받을 수 있어 상당히 많은 세금을 절약할 수 있습니다.
1세대 1주택자로 60세 이상 또는 5년이상 보유자면서 총급여 7천만원 이하(종합소득 6천만원 이하)이고 종합부동산세가 100만원을 초과하는 경우에는 양도·상속·증여하는 시점까지 납부를 미룰수 있습니다.

064

임대소득이 있다면 임대소득세

주택임대소득은 주택임대사업을 통한 사업소득이므로 세금을 내야 합니다. 주택임대업은 부가가치세 면세사업이므로 부가가치세 신고·납부 의무는 없으나 사업장 현황신고 의무는 있습니다.

이럴 땐 임대소득세 내야 한다

1주택자라면 월세와 보증금 등의 간주임대료에 대해서 세금을 내지 않아도 됩니다. 단, 1주택자라도 기준시가 12억원이 넘는 주택에서 받은 월세에 대해서는 세금을 내야 합니다.

2주택자라면 월세에 대해서는 세금을 내야 하지만 보증금 등의 간주임대료에 대해서 세금을 내지 않아도 됩니다. 3주택자는 월세와 보증금 등의 간주임대료 모두에 대해서 세금을 내야 합니다.

주택 수 계산은?

다가구주택은 1개의 주택으로 보되, 호실별로 구분등기가 된 경우에는 각각의 호실을 1개의 주택으로 계산합니다.

주택을 공동소유하는 경우에는 해당 주택에서 발생하는 임대소득이 연간 600만원 이상이거나 기준시가 9억원을 넘는 주택의 30%를 초과하는 공유지분도 주택으로 계산합니다. 단, 부부가 공동으로 소유하고 있는 주택은 부부 중 지분이 더 크거나, 부부 지분이 같은 경우 자신의 주택 수에 가산하기로 한 자의 주택으로 계산합니다. 본인과 배우자가 각각 주택을 가지고 있다면 이들 모두를 합산합니다.

임차인이 자신이 세 든 주택을 다시 전대나 전전세로 세를 놓으면 세놓은 임차주택도 주택으로 계산됩니다.

또한 주택과 부가가치세 과세 대상인 사업용 건물이 함께 있는 경우에 주택면적이 더 크면 건물 전체를 주택으로 보고, 주택면적이 사업용 건물면적과 같거나 적으면 주택 부분만 주택으로 봅니다.

주택임대소득 과세방법

주택임대소득은 사업소득이므로 다른 소득과 합산하여 6~45%의 세율로 과세됩니다. 단, 임대소득 금액이 2,000만원 이하이면 다른 소득과 합산하지 않고 14%의 세율로 과세됩니다.

주택임대소득의 총 수입금액은 일반적으로 월세와 보증금 등에 대한 간주임대료를 합하여 계산합니다.

3주택 이상을 소유하고 전세계약 등으로 받은 보증금의 합계액이 3억원을 초과하는 경우 간주임대료를 총 수입금액에 포함시킵니다.

주택임대소득의 총 수입금액 = 월세 + 보증금 등에 대한 간주임대료

간주임대료란 임대인이 임차인에게 보증금을 받아 그것을 은행에 예금했다면 얻을 수 있는 이익을 임대료로 간주한 것을 말합니다. 간주임대료 계산방법은 다음과 같습니다.

$$\text{간주임대료} = (\text{보증금 등} - \text{3억원*})\text{의 적수} \times 60\% \times \frac{1}{365} \times$$

정기예금이자율 - 임대부분에서 발생한 수입이자와 할인료 및 배당금액 합계액

＊보증금 등을 받은 주택이 2주택 이상이면 보증금 등의 적수가 가장 큰 주택의 보증금 등부터 순서대로 차감

참고로 2026년 12월 31일까지 40㎡ 이하이면서 기준시가 2억원 이하인 소형주택은 주택 수 및 간주임대료 과세 대상에서 제외됩니다.

**토막
상식**

✎ **청소비, 전기료도 임대소득 금액에 포함되나?**

청소비·난방비 등은 부동산임대업의 총 수입금액에 포함됩니다. 그러나 전기료·수도료 같은 공공요금은 총 수입금액에 포함되지 않습니다. 단, 공공요금 명목으로 받은 전기료·수도료 금액이 납부금액보다 더 많을 때는 그 초과하는 금액은 부동산임대업의 총 수입금액에 포함됩니다.

**Common Sense Dictionary
of Real Estate**

4

넷째
마당

임대수익의 꽃,
상가투자

065

상가 구하는 절차, 한눈에 쏙!

상가를 구하는 목적은 본인이 직접 장사하기 위한 경우와 세를 주기 위한 경우로 나누어 볼 수 있습니다.

상가 주인이 자신의 상가에서 직접 장사하는 경우를 제외하면 상가를 구하는 목적은 임대와 긴밀하게 연결되어 있죠. 세를 주든 세를 얻든, 장사가 잘되는 상가를 골라야 돈을 많이 벌 수 있습니다.

좋은 상가를 구하는 절차를 간략하게 정리해보면 다음과 같습니다.

step 1	자신이 마련할 수 있는 돈 정확히 확인하기

▼

step 2	투자 지역과 상가의 종류 선택하기

▼

step 3	인터넷을 통해 시세 및 물건 검색하기

▼

step 4	중개업소 방문하기(상가 상태 및 상권분석)

▼

step 5	대출 및 월세 가능 여부 알아보기

step 6	공부서류 확인 후 계약하기

step 7	중도금·잔금 치르고 소유권이전등기 하기

step 8	세놓기

토막상식

상가투자 전 상권분석을 철저하게 해야 한다

상권(商圈)은 '상업상의 세력이 미치는 범위'를 말합니다. 보통 "상권이 잘 형성되어 있다."라고 하면 사람이 많이 몰리는 지역이어서 상가가 많고 장사도 잘되는 것을 뜻합니다. 상가에 투자하려면 상권을 분석할 줄 알아야 합니다. 현재 상권이 잘 형성되어 있거나 앞으로 잘 형성될 만한 곳을 알아보는 안목이 필요하죠. 상권분석은 경험이 절대적입니다. 발품을 팔면서 많이 다녀보아야 하고, 중개업자들에게서도 정보를 얻어야 합니다. 만일 혼자 힘으로 상권을 분석하기 힘들다면 상권분석을 전문으로 하는 전문가의 도움을 받는 것이 좋습니다.

066 상가 살 돈, 얼마나 필요한가?

상가를 살 때 가장 먼저 해야 할 일은 집을 살 때와 마찬가지로 내가 가지고 있는 돈이 정확히 얼마인지 확인하는 것입니다. 상가를 살 때는 주로 대출을 받아서 사는데, 이때 자신이 가지고 있는 돈이 정확히 얼마인지를 모르면 무리하게 대출받고도 돈이 모자라 잔금을 치르지 못할 수도 있기 때문입니다.

남의 상가를 빌려 장사하려는 때도 마찬가지입니다. 이때도 내가 가진 돈이 정확히 얼마인지 모르면 자신의 경제적 능력보다 비싸고 좋은 상가 위주로 구경하게 되고, 결국 자신의 경제적 능력에 맞는 상가를 보고도 만족하지 못해 계약을 미루다가 그 상가마저 놓치게 됩니다.

"사장님!" 하며 치켜세우는 말에 속지 마세요

임대인은 매달 꼬박꼬박 세를 받을 수 있다는 기대감을 갖고 상가를 매입합니다. 임차인은 장사하면 많은 돈을 벌 수 있다는 희망으로 세를 얻습니다. 임대인이든 임차인이든 모두 잘될 것이라는 꿈에 젖어 기분이 들뜰

수 있습니다. 이때 중개업자가 "사장님, 사장님!" 하면서 치켜세우면, 이성적으로 판단하지 못하고 자신의 경제적 능력을 고려하지 않은 채 분수에 넘치는 상가를 고르는 경우가 종종 있습니다.

자신의 경제적 능력으로 감당할 수 없는 상가를 계약한 후 잔금을 치르지 못하게 되면, 단순히 기분만 조금 나빠지는 것으로 끝나는 게 아니라 계약금을 되돌려 받지 못하는 등 금전적으로 손해를 볼 수 있습니다. 그러므로 상가를 고를 때는 반드시 자신이 가지고 있는 돈이 정확히 얼마인지부터 확인해야 합니다.

 토막
상식

✏ **상가 사기 전 대출가능금액을 미리 알아보세요**

상가를 살 때도 집을 살 때처럼 계약 전에 먼저 은행에 가서 대출을 얼마나 받을 수 있는지 알아봐야 합니다. 그러지 않았다가는 잔금을 치를 때 큰 어려움을 겪을 수 있습니다. 상가대출은 감정평가법인의 감정가나 낙찰가율을 기준으로 대출이 되는데요. 금융사에 따라 감정가가 조금씩 다를 수 있습니다. 그러므로 조금이라도 낮은 금리로 더 많은 대출을 받고 싶다면 여러 은행을 알아보는 것이 좋습니다.

067

상가투자의 목적은 당장의 임대수익!

상가에 투자하는 사람 중에는 '현재 매입하려는 상가에서 다달이 월세를 얼마나 받을 수 있을까?'라는 수익률에 초점을 맞추기보다 "2~3년만 기다리면 가격이 두 배로 뜁니다"라는 중개업자의 말에 시세차익에 대한 막연한 기대감을 안고 상가를 사는 경우가 있습니다.

그러나 상가 가격은 경기 흐름에 따라 오를 수도 있고 내릴 수도 있습니다. 상가를 살 때는 정확한 예측이 불가능한 시세차익을 노리기보다는 '다달이 받는 월세'에 초점을 두어야 합니다.

상가 시세는 경기에 따라 예측 불가!

경기가 좋으면 사람들은 옷 한 벌 살 것을 두 벌 사고, 외식 한 번 할 것을 두 번 합니다. 상가에 사람들이 붐벼서 장사가 잘되면 상가 주인은 월세를 올려 받을 수 있고, 그러면 그만큼 상가의 수익률이 높아져 상가를 사려는 사람들도 많아지면서 결국 상가의 가격도 오릅니다.

그러나 경기가 좋지 않으면 사람들이 돈을 잘 쓰지 않으므로 장사가 잘

되지 않아 수익률이 낮아지고 결국 상가의 가격도 내립니다.

상가투자에서 중요한 것은 막연한 시세차익보다 당장의 월세

은행에서 빚을 내어 상가를 샀는데 상가에서 받는 월세가 적거나 상가가 비어 월세를 못 받아서 수익은커녕 은행이자조차 내지 못하는 상황에 이른다면 상가가 팔릴 때까지 계속 손해가 쌓일 수밖에 없습니다. 나중에라도 상가 가격이 많이 올라 시세차익이라도 얻으면 다행이지만, 상가 가격이 더 내려가기라도 하면 손해가 이만저만이 아닙니다.

그러므로 상가를 살 때는 시세차익에 대한 막연한 기대감보다는 '당장 받을 수 있는 월세'에 목적을 두고 사도록 하세요.

월세는 금액보다 수익률로 비교해야 한다

> **예시** **A상가** : 매매가격 3억원, 월세 130만원
> **B상가** : 매매가격 2억원, 월세 120만원

위와 같은 조건의 상가가 매물로 나와 있다면, 언뜻 보기에 A상가가 한 달에 월세를 10만원 더 받으니 더 좋다고 생각할 수 있습니다. 그러나 투자 금액 대비 수익률을 계산해보면 A상가는 8.85%이고, B상가는 12.15%로 B상가가 수익률이 3.3% 더 높습니다. 매매가 3억원인 A상가의 수익률이 어떻게 되는지 직접 계산해보겠습니다.

예시

A상가 매매가격 3억원, 보증금 5,000만원, 월세 130만원

은행대출 1억 5,000만원(이율 4.5%)

은행이자 675만원(= 1억 5,000만원 × 4.5%)

상가 수익률 계산식 $\dfrac{(\text{월세} \times 12\text{개월}) - \text{은행이자}}{\text{매매가격} - (\text{보증금} + \text{은행대출금})} \times 100$

A상가 수익률 $\dfrac{(130\text{만원} \times 12\text{개월}) - 675\text{만원}}{3\text{억원} - (5{,}000\text{만원} + 1\text{억}5{,}000\text{만원})} \times 100 = 8.85\%$

상가의 수익률을 구하려면 상가의 가격과 보증금, 월세를 알아야 합니다. 만약 상가를 사기 위해 은행에서 돈을 빌린다면 그 돈의 액수와 이율도 알아야 합니다. 한 달에 나가는 은행이자도 계산에 넣어야 하니까요.

상가투자, 세금도 생각하자!

주택의 연면적이 주택 외 연면적보다 넓은 상가주택은 그 전부를 주택으로 봅니다. 그러므로 무주택자가 해당 주택을 2년 이상 가지고 있다가 팔면(조정대상지역에서 2017년 8월 3일 이후 취득한 주택은 2년 이상 거주 요건 추가) 1세대 1주택 비과세 혜택을 볼 수 있습니다. 그러나 주택 연면적이 주택 외 연면적과 같거나 좁으면 주택 외의 부분은 주택으로 보지 않아 이 부분에 대해서는 양도차익에 따라 6~45%의 양도소득세를 내야 합니다.

그러므로 해당 상가주택의 주택의 연면적이 주택 외 연면적보다 넓다는 것을 인정받고 싶다면 점포에 딸린 방이나 지하실, 옥탑방, 계단 등을 세

입자가 실제로 사용했다는 사실을 임대차계약서나 임차인의 주민등록등본 등으로 입증해야 합니다.

돈 되는 상가!
사면 안 되는 상가!

좋은 상가를 사면 매달 일정한 세를 받을 수 있다는 것은 누구나 잘 아는 사실입니다. 이렇게 매달 들어오는 월세 때문에 많은 사람이 상가에 관심을 가지는 것이고요.

그러나 상가를 산다고 해서 무조건 돈을 벌 수 있는 것은 아닙니다. 상가의 위치에 따라 세가 잘 나갈 수도 있고 그렇지 않을 수도 있고, 세를 매달 꼬박꼬박 받을 수도 있고 그렇지 않을 수도 있기 때문입니다. 권리금이라는 것도 장사가 잘되어야 받을 수 있겠죠.

이번 장에서는 돈 되는 상가란 어떤 것인지, 사면 안 되는 상가란 무엇을 말하는지 알아보도록 하겠습니다.

돈 되는 상가는 이런 곳이다!
현재가치는 필수, 미래가치가 있는 상가를 노려라!

상가투자에서는 시세차익보다 당장 월세를 얼마 받는지가 더 중요합니다. 그러나 한편으로는 지금 당장 세를 얼마나 받는지에만 급급해서 앞으로 얼마나 더 많은 세를 받을 수 있는지를 놓쳐서는 안 됩니다. 물론 2~3년 후에는 더 많은 월세를 받을 수 있다고 예상되더라도 지금 당장 월세 받기가 곤란한 상가라면 신중하게 생각을 해봐야 합니다. 단지 예상뿐인 미래의 월세를 받기 위해 현재의 월세 수입을 포기하는 것은 크나큰 모험이니까요. 그러므로 상가를 살 때는 반드시 현재가치와 더불어 미래가치도 있는 상가를 사야 합니다. 상가투자는 집과 달리 상권에 따라 가치변동이 크므로 미래가치까지 꼼꼼하게 따져보고 투자해야 합니다.

지하철역이나 버스정류장 근처의 상가를 노려라!

상가를 살 때는 비싸더라도 지하철역이나 버스정류장 인근의 상가를 사야 합니다. 그 이유는 유동인구가 많기 때문입니다. 지역에 따라 차이는 있지만 지하철

역이나 버스정류장에서 100m 이내에 있는 상가는 사람들이 몰려드는 요건을 갖추고 있습니다. 단, 아무리 지하철역이나 버스정류장 인근이라 하더라도 사람들이 잘 모이지 않고 활기가 없는 곳의 상가는 사면 안 됩니다.

그렇다면 사람들이 잘 모이고 활기가 있는 곳인지 어떻게 알 수 있을까요? 사람들이 잘 모이고 활기가 있는 곳에는 반드시 노점상이 있습니다. 단속요원이 관리한다 하더라도 잠시뿐 곧 다시 노점상이 생깁니다. 그러므로 노점상이 얼마나 있는지 확인하면 그곳이 얼마나 많은 사람이 모이고 활기

가 있는 곳인지 쉽게 알 수 있습니다.

참고로 지하철역은 환승역이 있는 더블역세권 이상이면 더욱 좋고, 버스정류장도 노선이 많은 곳이 좋습니다.

노점상 없는 지하철역

노점상 많은 지하철역

눈에 잘 띄는 상가를 노려라!

상가를 살 때는 손님의 눈에 쉽게 띄며, 가까워서 손님이 쉽게 찾아올 수 있는 곳의 상가를 사야 합니다. 손님이 쉽게 지나쳐버리는 상가나 멀어서 손님이 찾아오기 힘든 상가는 피해야 합니다.

그러므로 대학교, 대기업, 대형교회, 아파트 단지 근처의 상가를 사는 것이 좋습니다. 단, 이러한 곳에 있더라도 밤이나 주말이면 사람들이 없어서 썰렁해지는 상가는 피해야 합니다.

단지 내 상가를 예로 들면, 아파트 단지 안에 깊숙이 묻혀 있는 상가는 아파트 단지 주민만 상대하므로 주민들이 놀러 나가는 주말에는 썰렁합니다. 하지만 같은 단지 내 상가라도 4차선 도로와 접해 있는 상가는 단지 내 주민과 도로를 지나가는 사람들을 모두 상대할 수 있어서 밤이나 주말에도 장사할 수 있다는 장점이 있습니다.

아파트 단지 안에 있는 상가　　　　　　　　아파트 단지와 함께 4차선 도로에 접해 있는 상가

지금까지 돈 되는 상가 고르는 방법을 알아보았습니다. 이번에는 절대 사서는 안 되는 상가를 알아보겠습니다. 부동산은 투자를 잘못해서 손해를 보더라도 중개업자가 물어주지 않습니다. 결국 투자의 책임은 자신에게 있으니까요. 그러므로 부동산 투자를 할 때는 남의 말이 아니라 본인이 수집한 공부서류와 체크리스트를 토대로 냉정하게 판단해야 합니다. 또한 의심스러운 점이 있으면 그냥 지나치지 말고 반드시 구청에 있는 담당 부서를 방문해서 확인해야 합니다.

절대 사면 안 되는 상가는 이런 곳이다!
아무리 싸더라도 공실이 많은 곳의 상가는 피해라!

길을 걷다 보면 '임대'라고 쓴 현수막이 붙어 있는 상가를 보게 됩니다. 그런데 써 붙인 현수막이 너무 오래되어 너덜너덜해진 경우를 본 적이 있을 겁니다.

상가를 살 때는 시세보다 싸다고 해서 이렇게 오랫동안 비어 있는 상가를 사면 안 됩니다. 이러한 상가는 교통이 불편하다거나, 주변 환경이 좋지 않다던가, 건물 상태가 좋지 않다던가, 월세가 비싸다던가 등의 이유로 세가 잘 나가지 않는 곳이기 때문입니다. 또 때로는 교통이 좋더라도 건물 구조가 좋지 않아 공실이 발생할 수도 있으므로 주의해야 합니다. 그러므로 상가를 살 때는 비싸더라도 주변 상가가 대부분 세입자로 채워져 있는 곳의 상가, 세를 놓으면 며칠 안에 세가 들어올 수 있는 곳의 상가를 알아봐야 합니다. 싼 게 비지떡입니다.

'임대' 현수막이 붙어 있는 상가

지나다니는 사람이 적은 곳에 있는 상가

무조건 그러한 것은 아니지만 지나다니는 사람이 많아야 장사가 잘될 확률이 높습니다. 지나다니는 사람이 많지 않으면 장사가 잘 안되고, 월세는 줄어들고, 수익률은 떨어지고, 결국 상가의 가치도 떨어지겠죠?

주변에 대형할인매장이나 백화점이 있는 상가

사람들도 많이 다니고 눈에 잘 띄는 곳에 있는 상가라도 주변에 대형할인매장이나 백화점 등이 있으면 손님을 빼앗겨 장사하기가 힘듭니다. 날씨가 매우 덥거나 춥거나 하면 사람들은 상가를 찾기보다 대형할인매장이나 백화점을 찾기 때문입니다.

월세나 권리금이 지나치게 싼 상가

상가 가격이 싸더라도 월세나 세입자들끼리 주고받는 권리금이 지나치게 싼 곳은 피하는 것이 좋습니다. 월세가 지나치게 싸면 상가로써 매력이 없어 나중에 쉽게 팔 수가 없고, 설사 팔린다고 하더라도 제값을 받을 수 없기 때문입니다. 월세를 많이 받는 상가가 나중에 팔 때도 비싼 가격을 받을 수 있습니다.

급한 오르막이나 내리막에 위치한 상가

경사가 심해 길을 오르기가 힘들거나 내려갈 때 신경 써야 하는 길가에 있는 상가라면 사람들 눈에 들어올 리 만무하겠죠? 당연히 장사도 잘되기는 어렵습니다.

세입자나 주인이 자주 바뀌는 상가

장사가 잘되는 상가라면 세입자나 주인이 자주 바뀔 이유가 없겠지요.

수익률이 지나치게 좋은 신규 분양 상가

기존 상가를 사지 않고 새로운 상가를 분양받는 경우라면, 선임대, 높은 월세 등 영업사원이 내세우는 분양조건이 지나치게 좋다면 좀 더 꼼꼼하게 파악한 후 분양을 받는 것이 좋습니다. 새로 지어진 상가라서 깨끗하고 쾌적한 이미지 때문에 사람들이 많이 모일 수는 있겠지만, 그렇다고 주변에 있는 상가들보다 수익률이 월등히 높을 수는 없습니다. 또한 상권이 아직 형성되지 않은 곳일 수도 있습니다. 그러므로 새로 지은 상가를 분양받을 때는 주변 상가의 수익률이 어느 정도인지 먼저 확인해보고, 터무니없이 높은 수익률을 강조하는 상가는 의심해봐야 합니다.

✎ 퇴근시간에 사람이 붐비는 상가가 좋아요

대부분의 사람들은 출근시간이나 점심시간보다는 주로 퇴근하는 길에 자신이나 가족을 위해 돈을 씁니다. 그러므로 퇴근시간에 사람들이 많이 다니는 곳에 있는 상가가 좋습니다. 물론, 퇴근시간뿐만 아니라 하루 종일 사람이 모이는 곳에 있는 상가라면 더욱 좋겠지요. 참고로 한 논문(박정식, 자영업 점포의 경영 성과와 운영 만족이 사업지속 의도에 미치는 영향, 2019)에 의하면 상권의 성장성과 경쟁력이 높을수록 상가가 잘 운영되는 것으로 나타났습니다. 상가는 위치가 매우 중요하다는 것, 꼭 기억하세요.

069

상가투자하기 전에
꼭 살펴봐야 할 것들

잘 고른 상가는 매달 꼬박꼬박 월세를 받게 해주고, 나중에 팔 때는 시세 차익까지 볼 수 있게 해줍니다.

이런 복덩어리 상가를 사려면 어떠한 점들을 확인해야 할까요?

집이나 직장에서 가까워 자신이 잘 아는 곳

상가를 살 때는 가능하면 자신이 현재 거주하는 집이나 직장에서 가까운 곳에 있는 상가를 사는 것이 좋습니다. 거리가 멀면 관리하기가 어렵고, 특히 세를 받기가 힘듭니다. 보통 월세는 직접 건네받지 않고 통장으로 받는 경우가 많지만, 월세 낼 날짜가 지나서 독촉해도 차일피일 미루면서 월세를 주지 않는다면 힘들더라도 직접 받으러 갈 수밖에 없습니다.

주위에서 추천하는 말만 믿고 자신이 잘 모르는 지역에 있는 상가보다는 자신이 많이 다녀봐서 잘 아는 곳에 있는 상가를 사는 것이 좋습니다. 평소에 자주 다니던 곳이어야 장사가 어느 정도 되는지, 또 어떤 장사가 잘되는지 등을 쉽게 알 수 있기 때문입니다. 또한 주위 사람에게 속을 가능성도 적지요.

유동인구가 어느 정도인지 반드시 확인!

마음에 드는 상가가 있다면 평소 잘 아는 곳이라 하더라도 오전(7~9시), 점심(12~2시), 오후(6~8시), 심야(10~12시)에 얼마나 많은 사람들이 상가 앞을 지나가는지 최소한 2주 정도는 지켜보면서 확인해야 합니다. 평일뿐만 아니라 주말에도 마찬가지입니다.

유동인구를 확인할 때는 그 주위에 거주하는 사람이 얼마나 되는지도 같이 확인하는 게 좋습니다. 상가 주위에 대단지 아파트나 큰 동네가 있으면 출퇴근시간이나 점심시간 이외에도 꾸준히 장사할 수 있기 때문이죠.

상가자치규약이 있다면 내용 살펴봐야

상가 중에는 벽으로 확실하게 구분된 상가가 있는가 하면, 백화점의 푸드코트처럼 구분이 애매한 상가(오픈상가)도 있습니다. 이러한 상가를 살 때는 자신이 사려고 하는 상가의 정확한 위치와 면적을 직접 확인해야 합니다.

또한, 상가에 따라서는 상가자치규약이 있으므로 이것이 있는지 확인해보고, 만약에 있다면 내용을 반드시 확인해야 합니다. 상가자치규약의 제한사항에 걸려 세를 주는 데 어려움을 겪을 수도 있기 때문입니다.

M씨는 전 세입자가 나간 후 1년 가까이 세가 나가지 않아 답답해하던 차에 한 중개업소의 소개로 기분 좋게 계약을 했습니다. 그런데 1주쯤 후에 중개업자에게 연락이 왔습니다. 여기서는 세입자가 원하는 장사를 할 수 없어 계약을 해지하고 계약금을 돌려달라고 한다는 것이었습니다.

M씨는 어이가 없었습니다. 그러나 다음 날 중개업소를 방문한 M씨는 그동안 왜 세가 나가지 않았고, 어렵게 한 계약마저 깨졌는지 알 수 있었습

니다. 그 이유는 본인이 상가를 매수할 때 확인
하지 않았던 상가자치규약 때문이었습
니다. 상가자치규약에 따르면 오픈 상
가였던 M씨 상가는 주변에 있는 상가
에 피해를 주는 벽을 쌓을 수 없었고, 물
건을 진열하는 장사도 안되며, 2층에 분
식집이 있어서 분식점도 하지 못하였던
것입니다. M씨는 자기가 산 상가가 투명한 유
리로 둘러싸여 있어서 그동안 오픈상가라는 것도 몰랐던 것입니다.

화장실, 수도 등 편의시설도 확인

상가가 있는 층에 화장실은 몇 개인지, 환기는 잘되는지, 상가 안에서도
수도 사용이 가능한지, 짐을 옮기기 쉬운지, 주차가 편리한지 등을 꼼꼼히
살펴봐야 합니다. 세입자들이 편하게 장사할 수 있는 상가가 세를 많이 받
을 수 있는 건 당연하겠죠?

**토막
상식**

 상가 주인들의 자체 규칙, 상가자치규약

입점한 상인들 모두가 장사를 잘 할 수 있도록 업종을 제한하거나, 자기만 살겠다
고 원래 정해진 업종이 아닌 다른 업종으로 장사를 할 수 없게 하는 등 원활한 상
가운영을 위해 상가 주인들이 자체적으로 만든 상가의 규칙입니다.

상가에 투자한다면 반드시 알아야 할 「상가건물 임대차보호법」

「상가건물 임대차보호법」이란?

「상가건물 임대차보호법」은 약자의 지위에 놓인 상가임차인들을 보호하기 위하여 2001년 12월 29일에 만들어진 법입니다(2002.11.1. 시행). 임대료 상한선, 보증금 우선변제, 권리금보호 등의 항목이 포함되어 있습니다.

환산보증금을 넘어도 보호받는 권리가 있다?

환산보증금이란 월세 × 100에 보증금을 더한 것으로, 이 금액이 「상가건물 임대차보호법」 시행령에서 정하고 있는 일정 범위를 넘어가면 「상가건물 임대차보호법」의 보호를 완전히 받을 수가 없습니다.

「상가건물 임대차보호법」 제정 당시만 해도 환산보증금이 '적용 범위'를 넘는 임차인은 이 법을 적용받지 못했습니다. 그러나 2013년 8월 13일과 2015년 5월 13일 2번의 개정을 거치면서 환산보증금이 '적용 범위'를 넘는 임차인도 대항력(보증금을 돌려받기 전까지 해당 건물에서 나가지 않아도 되는 권리), 계약갱신요구권(임대차 기간이 만료되기 6개월 전부터 1개월 전까지 사이에 계약갱신을 요구할 수 있는 권리)을 인정받게 되었습니다. 단, 경매나 공매 시 환가대금에서 후순위권리자나 그 밖의 채권자보다 우선하여 보증금을 변제받을 권리는 없습니다. 그러므로 경락인에게 보증금을 돌려받아야 합니다.

임대차 기간을 최대 10년간 보장받고, 갱신되는 임대차는 전 임대차와 동일한 조건으로 다시 계약된 것으로 봅니다. 또한, 이와 더불어 권리금도 보호해주니, 임차인에게 중요한 사항 중 많은 부분을 보호받는다고 볼 수 있습니다.

상가건물 최우선변제 금액

근저당 설정일	대상지역	환산보증금	보증금	최우선변제금
2002.11.1. ~ 2008.8.20	서울특별시	2억 4,000만원	4,500만원	1,350만원
	과밀억제권역	1억 9,000만원	3,900만원	1,170만원
	광역시 (군 제외)	1억 5,000만원	3,000만원	900만원
	기타지역 (광역시의 군 포함)	1억 4,000만원	2,500만원	750만원
2008.8.21. ~ 2010.7.25.	서울특별시	2억 6,000만원	4,500만원	1,350만원
	과밀억제권역	2억 1,000만원	3,900만원	1,170만원
	광역시(군 제외)와 인천광역시	1억 6,000만원	3,000만원	900만원
	기타지역(광역시의 군 포함)	1억 5,000만원	2,500만원	750만원
2010.7.26. ~ 2013.12.31.	서울특별시	3억	5,000만원	1,500만원
	과밀억제권역	2억 5,000만원	4,500만원	1,350만원
	광역시(군 제외) 안산시, 용인시, 김포시, 광주시	1억 8,000만원	3,000만원	900만원
	기타지역(광역시의 군 포함)	1억 5,000만원	2,500만원	750만원
2014.1.1. ~ 2018.1.25.	서울특별시	4억	6,500만원	2,200만원
	과밀억제권역	3억	5,500만원	1,900만원
	광역시(군 제외) 안산시, 용인시, 김포시, 광주시	2억 4,000만원	3,800만원	1,300만원
	기타지역(광역시의 군 포함)	1억 8,000만원	3,000만원	1,000만원

2018.1.26. ~ 2019.4.1.	서울특별시	6억 1,000만원	6,500만원	2,200만원
	과밀억제권역	5억	5,500만원	1,900만원
	부산광역시(기장군 제외)	5억	3,800만원	1,300만원
	부산광역시 기장군	5억	3,000만원	1,000만원
	광역시(군 및 부산광역시 제외) 안산시, 용인시, 김포시, 광주시	3억 9,000만원	3,800만원	1,300만원
	세종특별자치시, 파주시, 화성시	3억 9,000만원	3,000만원	1,000만원
	기타지역(광역시의 군 포함)	2억 7,000만원	3,000만원	1,000만원
2019.4.2. ~	서울특별시	9억원	6,500만원	2,200만원
	과밀억제권역	6억 9,000만원	5,500만원	1,900만원
	부산광역시	6억 9,000만원	3,800만원	1,300만원
	부산광역시 기장군	6억 9,000만원	3,000만원	1,000만원
	광역시, 안산시, 용인시, 김포시, 광주시	5억 4,000만원	3,800만원	1,300만원
	세종특별자치시, 파주시, 화성시	5억 4,000만원	3,000만원	1,000만원
	그 밖의 지역	3억 7,000만원	3,000만원	1,000만원

※ 자신의 환산보증금이 상가의 최초 근저당 설정일에 해당하는 환산보증금 범위 안에 들어가야만 최우선변제금을 받을 수 있습니다.

임대료 연체에 따른 계약의 해지, 계약갱신거절 등의 사유가 되는 기간이 3개월에서 6개월로 연장되었고, 차임 등이 증감 청구권 사유에 '제1급 감염병 등에 의한 경제사정의 변동'을 명시하였으며, 제1급 감염병에 의한 경제사정 등의 변동으로 차임 등이 증감된 후 증액을 청구하는 경우에는 증액된 차임 등이 감액 전 차임 등의 금액에 달할 때까지는 증액 상한(5%)이 적용되지 않습니다.

070

상가를 구할 때는
상세하게 말할수록 좋다

중개업소를 통해 여러 상가를 구경한 후 마음에 드는 상가를 찾았다면 바로 계약하지 말고 대출가능금액을 자세히 알아봐야 합니다.

중개업소에서는 계약을 성사시켜야만 중개수수료를 받을 수 있으므로 "이만한 상가 없어요! 조금 있다가 다른 손님이 오시는데, 지금 결정하지 않으면 놓쳐요!"라고 말하면서 서둘러 계약하도록 유도합니다.

대출을 위한 상가 감정에는 일주일 이상 걸린다

하지만 대출받을 수 있는 금액이 정확히 얼마인지 알아보지도 않고 덜컥 계약부터 했다가는 나중에 잔금을 맞추지 못해 애를 먹을 수 있습니다. 심한 경우에는 계약금을 포기해야 하는 금전적인 손해까지도 볼 수 있습니다. 다음에 오는 손님도 생각이 있는 사람이라면 역시 대출가능금액부터 알아본 후에 결정할 것이므로 조급한 마음에 서둘러 계약할 필요가 없습니다.

은행에서 상가를 감정하는 데는 시간이 걸리므로 대출가능금액을 정확히 알려면 일주일 이상 시간이 소요됩니다. 만약 빠르게 결정하고 싶다면 다음과 같이 하세요.

중개업소에 방문하기 전에 먼저 전화를 합니다. 그리고 내가 가지고 있는 돈이 얼마인지, 찾는 상가는 어떤 상가인지 등을 중개업자에게 자세히 말합니다. 그리고 대출가능금액과 상가에 관한 모든 내용을 상가를 구경하는 날 모두 알 수 있게 해달라고 부탁합니다. 이렇게 해야만 실제로 중개업소를 방문해서 상가를 구경한 후 마음에 드는 상가가 있으면 결정을 빨리 내릴 수 있습니다.

중개업자에게 내가 가진 돈과 찾는 상가의 종류를 자세히 말해야

어떤 사람들은 자신이 가지고 있는 돈이 얼마인지, 어떤 상가를 찾는지 중개업자에게 자세하게 말하는 것을 꺼립니다. 그러나 자세하게 이야기하지 않으면 중개업자가 적합한 상가를 찾아주기 어렵습니다. 병원에 가서 의사에게 정확한 증상을 이야기하지 않으면 제대로 치료받을 수 없는 것과 마찬가지입니다.

어떤 사람이 상가를 사고 싶다며 중개업소에 찾아왔습니다. 보아하니 상가를 사러 온 것은 맞는 것 같은데, 도무지 종잡을 수 없는 말만 되풀이합니다. 돈이 얼마 있느냐고 물어보자, 정확한 이야기는 해주지 않고 "3억원에서 10억원 정도?"라고 두루뭉술하게 답을 합니다. 다시 어느 정도 가격의 상가를 찾느냐고 물어보자 이때도 "3억원에서 10억원 정도라니까!"라고 합니다. 어느 지역에 있는 상가를 찾느냐고 물어보니 "돈 되는 지역이면 다 좋아!"라고 말하는 것입니다. 이 사람은 제대로 상담 한번 받지 못하고 중개업소에서 쫓겨났습니다.

돈 되는 상가들의 위치

　사실 서울시에서 3억원에서 10억원 정도의 자금으로 돈 되는 지역에 있는 상가를 찾는다는 것은 너무나 광범위합니다. 게다가 이런 사람은 어찌어찌해서 원하는 상가를 찾아줘도 나중에 딴소리를 하든지, 10억원까지 있다는 사람이 5억원짜리 상가의 잔금도 맞추지 못해 애를 먹이기 일쑤입니다.

　또한 중개업자에게 상담받은 후 귀찮다고 연락처를 남기지 않는 사람도 있습니다. 상담한 중개업자가 영 미덥지 않다면 당연히 연락처를 남길 필요가 없지만, 그렇지 않다면 연락처를 남기고 오는 재치가 필요합니다. 마음에 쏙 드는 좋은 상가가 언제 나타날지 모르니까요.

✎ **상가 중개수수료는 얼마?**

상가의 중개수수료는 매매든 임대차든 거래금액의 0.9% 이내에서 중개업자가 정한 요율로 내야 합니다. 그러므로 중개업자가 0.9%로 요율을 정했다면 거래금액의 0.9%를 중개수수료로 내야 합니다. 월세의 경우 거래금액을 산정할 때 '보증금 + (월세 × 100)'으로 하되, 거래금액이 5,000만원 미만일 때는 주택과 마찬가지로 '보증금 + (월세 × 70)'으로 다시 산정해 중개수수료를 계산합니다. 예를 들어 보증금 1,000만원에 월세가 30만원이라면 거래금액이 5,000만원 미만[1,000만원 + (30만원 × 100) = 4,000만원]이므로 이 경우엔 '1,000만원 + (30만원 × 70)'으로 거래금액을 다시 계산한 후에 여기에 0.9%를 곱한 금액인 27만 9,000원(3,100만원 × 0.9%)을 중개수수료로 주면 됩니다.

초보자가 알아두어야 할
권리금 다섯 가지

상가에 세를 얻으면 상가의 위치, 영업비법, 시설물, 영업허가 등 해당 상가만이 갖는 특수한 이익을 볼 수 있는데요. 이러한 이익의 대가로 새로 들어오는 임차인이 기존 임차인에게 주는 돈을 권리금이라고 합니다. 상가와 관련된 권리금의 종류는 다음과 같습니다.

바닥권리금

상권과 입지에 붙는 권리금입니다. 위치가 좋아 하루 내내 지나다니는 사람이 많고 독점적으로 장사할 수 있는 곳에 붙는 권리금입니다. 상가 내부가 아무런 시설 없이 텅 비어 있는 상태라도 줘야 하는 권리금으로, 세를 얻는 임차인이 가장 받아들이기 어려운 권리금이기도 하죠. 위치가 아주 좋은 경우에는 상가 주인이 먼저 임차인에게 바닥권리금을 요구하기도 합니다.

영업권리금

장사가 잘되어 매월 일정한 수입이 들어오는 업종을 그대로 인수해 장사하고자 하는 경우, 6~12개월 순수입에 해당하는 돈을 이전 임차인에게 주는데, 이를 '영업권리금'이라고 합니다. 영업허가가 필요한 동종업종을 그대로 인수한 경우에는 반드시 기존 임차인이 받아둔 영업허가도 함께 인수해야 합니다. 그러나 기존 영업과 다른 영업허가가 필요한 경우에는 반드시 기존 임차인에게 폐업신고를 하고 영업허가를 취소해 달라고 요구해야 합니다. 같은 상가에 2개 이상의 영업허가는 나지 않기 때문입니다.

시설권리금

현재 업종과 똑같은 장사를 하고자 하는 경우 이전 임차인이 사용하던 시설을 그대로 인수해 사용하게 되는데, 이때 이전 임차인에게 주는 시설값이 '시설권리금'입니다. 새로 들어오는 임차인이 이전 임차인이 하던 업종과 다른 업종의 장사를 하고자 한다면 시설권리금을 줄 필요가 없겠죠? 만약 이런 경우라면 오히려 이전 임차인은 자신이 설치한 시설을 모두 철거해야 하는 원상복구의무가 있습니다. 참고로 상가 내 모든 시설은 돈이므로 시설권리금을 계산할 때는 그릇 하나, 포크 하나까지 꼼꼼하게 확인하고 노래방처럼 전자기기를 인수하는 경우에는 기기의 상태도 학인해야 합니다.

허가권리금

관청의 인·허가를 받아야 할 수 있는 영업을 인수하는 경우에 지불하는 권리금을 말합니다. 예를 들면 같은 지역에서 더 이상 신규 영업허가가 나지 않는 담배 판매권, 복권 판매권, 여관, 호텔, 목욕탕, 주유소, 세차장 등이 있습니다.

임차보장 권리금

임대차 계약의 존속기간을 상당 기간 보장한다는 약속을 전제로 임차인이 임대인에게 지급하는 권리금을 말합니다. 참고로 2018년 10월 16일 상가건물 임대차보호법의 개정으로 임차인의 계약갱신요구권은 최초의 계약일을 포함하여 전체 임대차기간이 10년까지로 연장되었습니다.

권리금보호에 대해 더 자세히 알고 싶다면 법제처 홈페이지(www.moleg.go.kr)에서 「상가건물 임대차보호법」을 검색한 후 제10조의3부터 제10조의7까지의 내용을 참고하세요.

수익률 높은 근린상가!
잘 고르는 방법 일곱 가지

집에서 걸어서 10분 거리 안에 약국, 병원, 슈퍼, 미용실, 학원 등의 시설이 있다면 생활하기가 무척 편리하겠죠? 근린상가란 이렇게 우리 생활에 없어서는 안 될 시설들이 있는 집 근처의 상가를 말합니다. 아파트 단지 안에 있는 단지 내 상가도 넓은 의미에서는 근린상가에 포함됩니다.

근린상가의 장·단점

- **장점**: 근린상가 뒤편으로 주택가가 있으므로 여기에 거주하는 사람들을 대상으로 비교적 안정적인 월수입을 기대할 수 있습니다. 또 아파트 단지 내 상가나 대형쇼핑몰보다 상대적으로 저렴한 가격에 상가를 매수할 수 있습니다.
- **단점**: 근린상가 근처에 대형백화점이나 대형마트 또는 기업형 슈퍼마켓이 있으면 이들에게 손님을 빼앗기므로 안정적인 월수입을 기대하기 어렵습니다. 또 주변에 같은 업종의 상가가 많으면 출혈 경쟁을 피할 수 없습니다.

근린상가 잘 고르는 방법

근린상가

위치도 좋고 가격도 싼 근린상가를 찾기란 쉽지 않습니다. 그러나 여러 가지 조건들을 유심히 살펴보면 충분히 마음에 드는 상가를 찾을 수 있습니다.

① 주변에 사는 사람이 많고 사람들이 자주 다니는 길목, 특히 퇴근길 길목에 있는 근린상가를 고르는 것이 좋습니다. 사람들은 주로 퇴근하는 길에 돈을 많이 쓰기 때문입니다.

② 역세권 근린상가의 경우, 기존 역세권 근린상가는 매달 받는 월세와 비교해 상가 가격이 너무 비싸 수익률이 낮기도 합니다. 그러다 보니 앞으로 역세권이 될 곳의 상가에 눈길을 주기도 합니다. 지하철역 신설 이야기가 돌면 가격이 많이 오르기는 하지만, 지하철이 개통된 후의 가격보다는 저렴하기 때문이죠. 그러나 지하철 신설계획이 지연되거나 취소될 수도 있으니 주의해야 합니다.

③ 주변에 노점상이 있는 상가가 좋습니다. 노점상은 사람들이 많이 다니는 곳에 있을 뿐만 아니라 사람을 불러 모으는 역할도 합니다.

④ 상가의 전면이 도로에 길게 면해 있는 상가가 좋습니다. 상가의 전면

이 길면 사람들의 눈에 잘 띄어 장사가 잘됩니다. 나중에 팔 때도 같은 면적이라면 전면이 좁고, 안쪽으로 긴 상가보다 가격을 더 받을 수 있습니다.

좋은 위치의 근린상가

⑤ 주변에 대형할인점이나 백화점, 기업형 슈퍼마켓이 없는 상가를 고르는 것이 좋습니다. 이런 것들이 주변에 있으면 손님을 빼앗기기 때문입니다.

⑥ 차가 많이 오가는 넓은 도로가 앞에 있는 상가는 피하는 것이 좋습니다. 사고 싶은 물건이 있어도 횡단보도를 건너야 한다면 귀찮아서 꺼리는 경향이 있기 때문입니다.

좋지 않은 위치의 근린상가

⑦ 만약 새로 짓는 근린상가를 분양받고 싶다면 분양대금을 위탁관리하는 신탁회사가 믿을 만한지 확인해야 합니다. 잘못하면 시행사가 부도나거나 분양대금을 빼돌려 낭패를 당할 수 있기 때문입니다.

스트리트형 상가

근린상가의 한 종류로, 대단지 아파트나 주상복합 또는 수변 등을 따라 늘어서 있어 사람들이 걸으면서 쇼핑할 수 있도록 만들어진 거리(street)형 상가를 말합니다. 대표적인 예로 서울시 강남구 신사동 '가로수길', 서울시 마포구 합정동 '메세나폴리스', 용인시 '보정동 카페거리', 성남시 분당 정자동 '로데오거리', 고양시 일산 '라페스타' 등을 들 수 있습니다.

스트리트형 상가는 사람들의 동선을 따라 들어서 있어 사람들 눈에 잘 띕니다. 다만, 주변 배후단지의 입주가 완료될 때까지 상권 형성이 어렵고 분양가격이 비쌀 수 있습니다.

스트리트형 상가

토막상식

✎ **상가를 살 때는 하자에 주의하세요**

세든 건물에 비가 샌다든지 곰팡이가 핀다든지 하는 하자가 발생하면 어떻게 해야 할까요? 세든 물건에 하자가 있더라도 임차인이 별 비용을 들이지 않고도 손쉽게 고칠 수 있을 정도이고, 임차인의 재산에 손해가 가지 않는 정도로 사소하다면 반드시 임대인이 하자를 수리해 줄 필요는 없습니다. 그러나 임차인의 재산에 손해를 끼칠 정도로 중대한 하자라면 임대인이 수리를 해줘야 합니다(대법원 2012.6.14. 선고 2010 다89876, 89883).

QRcode

072 안정적인 수익의 단지 내 상가! 잘 고르는 방법 일곱 가지

아파트 단지 안에 있는 상가를 '단지 내 상가'라고 합니다. 근린상가와 마찬가지로 생활에 필요한 병원, 약국, 제과점, 슈퍼, 학원, 세탁소 등이 있는 상가입니다. 아파트 단지의 세대수가 많을수록, 단지의 안쪽보다는 출입구 쪽에 있을수록 수익률이 높습니다.

단지 내 상가의 장·단점

• **장점** : 단지 내 상가는 아파트 단지 안에 있으므로 아파트에 거주하는 주민들을 대상으로 안정적인 수입을 기대할 수 있습니다.

• **단점** : 근린상가보다 안정적인 월수입이 기대되기 때문에 도로변이나 수변에 있는 근린상가보다 비쌉니다.

단지 내 상가 잘 고르는 방법

아파트 단지 내 상가는 주변 환경에 많은 영향을 받습니다. 그러므로 단지 내 상가를 알아볼 때는 상가 자체뿐만 아니라 상가 주변의 여건도 함께 살펴봐야 합니다.

① 아파트 단지의 세대수가 1,000세대 이상, 전체 상가가 10개를 넘지 않는 단지 내 상가를 사는 것이 좋습니다. 세대수가 1,000세대는 되어야 안정적으로 장사할 만큼 손님을 확보할 수 있습니다. 또한 세대수와 비교했을 때 상가 수가 많으면 상가끼리 업종이 겹쳐 경쟁이 심해질 수 있습니다.

② 출입구도 사람이 많이 다니는 쪽과 적게 다니는 쪽으로 나뉘는데, 사람이 많이 다니는 출입구쪽에 있는 상가를 고르는 것이 좋습니다. 또한 출입구가 여러 군데인 아파트보다는 출입구 수가 적은 아파트의 단지 내 상가가 좋습니다. 출입구가 여러 군데에 있으면 거주하는 사람들은 편할지 모르지만, 장사하는 상인은 사람들이 한 곳으로 모이지 않고 여러 곳으로 흩어지기 때문에 수입이 그만큼 줄어듭니다.

단지 내 상가

③ 면적이 80~110㎡(약 24~33평)인 중소형 세대가 많은 단지 내 상가가 좋습니다. 중소형 아파트에 사는 사람들은 아이들이 어리다 보니 주로 단지 내 상가에서 일상적인 소비를 하는 데 반해, 면적이 132㎡(약 40평)를 넘어가는 대형 아파트에 사는 사람들은 자녀들이 모두 성장

한 연령대가 많아 사소한 소비가 적고, 단지 내 상가를 이용하기보다는 백화점이나 대형할인점을 주로 이용합니다.

④ 주변에 백화점이나 대형할인점, 기업형 슈퍼마켓이 없는 단지 내 상가가 좋습니다. 이들이 주변에 있으면 먹을거리나 생필품과 관련된 업종부터 나머지 업종까지 타격을 받기 때문입니다.

⑤ 이왕이면 분양한 지 얼마 안 된 새 아파트의 단지 내 상가를 고르는 것이 좋습니다. 새 아파트 상가는 화장실이나 기타 시설들이 깨끗하고, 장사하기 편리하게 설계되어 있기 때문입니다. 당연히 세도 잘나가겠죠?

⑥ 주변에 큰 공터가 없는 단지 내 상가를 고르는 것이 좋습니다. 주변에 큰 공터가 있으면 아파트 단지를 대상으로 하는 대형할인매장이 들어올 가능성이 있기 때문입니다. 만약 주변에 큰 공터가 있다면 앞으로 그곳에 어떠한 시설이 들어올 예정인지 미리 확인해보는 지혜가 필요합니다.

⑦ 24시간 편의점이나 약국, 빵집 등이 들어오기 좋은 모퉁이에 있는 단지 내 상가를 고르는 것이 좋습니다. 그래야 세를 안정적으로 받을 수 있습니다.

쉿! 아는 사람만 아는 재개발 상가 분양

재개발이라고 하면 조합원이 되어 새 아파트를 분양받는 것만 생각하기 쉽습니다. 그러나 재개발이 되면 낡은 상가도 새로 지어지고, 아파트와 마찬가지로 조합원과 일반인들에게 분양됩니다.

재개발에 투자할 때는 아파트만 분양받으려고 할 것이 아니라 수익률이 높을 것 같은 상가를 분양받는 것도 좋은 방법입니다.

재개발되는 아파트 상가를 누구보다도 먼저 분양받으려면 재개발 지역 안에 있는 상가를 소유하고 있어야 합니다. 그리고 상가 주인으로서 사업자 등록을 해놓은 상태여야 하고, 소유한 상가의 평가금액(가치)이 새로 분양하는 여러 상가 중 가장 작은 상가의 분양가격보다 높아야 합니다.

재개발 상가 공급순위

항목	1순위	2순위	3순위	4순위	5순위	6순위
종전 건축물과 분양 건축물의 용도의 유사성	해당	해당	해당	해당	-	-
사업자등록	유	-	유	-	-	-
최소분양단위규모 추산액 이상	이상	이상	이하	이하	이상	이상
공동주택 분양 여부	-	-	분양 받지 않음	분양 받지 않음	분양 받지 않음	분양 받음

* 서울특별시 도시 및 주거환경정비 조례 제38조(주택 및 부대·복리시설 공급 기준 등) ②항

✎ **'상가 딱지'를 소개받았을 때는 신중하세요**

택지개발을 할 때 해당 지역에서 농사를 짓거나 장사를 했던 원주민에게 생활대책 보상 차원에서 상가용지를 우선적으로 분양받을 수 있는 권리를 주는데, 이를 흔히 '상가 딱지'라고 합니다. 상가용지 우선 분양권인 셈이죠. 문제는 이 권리가 잠재적인 권리에 불과해 법적 등기가 불가능하다는 것입니다. 이 점을 악용해 상가 딱지의 주인이나 악덕 중개업자가 1개의 상가 딱지를 이중, 삼중으로 팔아먹기도 합니다. 그러니 상가 딱지를 소개받았을 때는 함부로 사지 말고 반드시 계약관계를 확인하세요.

073

테마상가, 신중하게 따져보자!

테마상가는 옷(동대문의 밀리오레, 두타 등), 전자제품(용산 전자상가), 한약재(경동시장)와 같이 비슷한 종류의 상품을 다루는 상가 여러 개가 한 건물에 모여 있는 것을 말합니다.

테마상가는 '적은 돈으로도 상가를 분양받을 수 있다'라는 특징이 있고, 사람들이 많이 몰려 장사가 잘되면 높은 프리미엄을 받고 팔아 시세차익을 얻을 수도 있습니다. 이러한 이유로 2000년대 초반에는 테마상가에 환상을 가지고 투자하는 경우가 많았습니다. 하지만 테마상가에 투자할 때는 주의할 점들이 있습니다.

테마상가의 예(동대문)

테마상가에 투자할 때 주의할 점

① 주변에 다른 테마상가들이 있는지 확인해야 합니다. '나 홀로 테마상

가'는 큰 매력이 없어서 사람들이 잘 모이지 않습니다. 동대문처럼 같은 업종의 여러 테마상가들이 주변에 많을수록 사람들이 많이 모이는 특징이 있습니다.

② 주변에 대형할인매장이나 백화점, 기업형 슈퍼마켓이 없는지 확인해야 합니다. 이들이 주변에 있으면 손님을 빼앗겨 매출에 영향을 받을 수 있습니다.

③ 테마상가에 투자하기 전에 상가를 관리하는 관리업체의 운영능력을 알아봐야 합니다. 테마상가는 수많은 작은 상가가 한 건물에 모여 있어서 상가 주인의 수가 많습니다. 그래서 상가운영에 관한 의견 조율이 힘들어 테마상가 전체를 관리하는 업체를 두는데, 이 업체가 부실해서 관리를 제대로 하지 못하면 상가 전체가 경영상의 어려움을 겪을 수 있습니다. 그러므로 테마상가에 투자할 때는 관리업체가 관리 경험이 풍부한지, 운영능력이 좋은지 등을 확인해야 합니다.

④ 젊은 사람들을 불러 모을 수 있는 극장이나 오락시설이 있다는 것에 현혹되어서는 안 됩니다. 극장에 오는 사람들은 상가에서 취급하는 상품 때문에 테마상가를 방문한다기보다는 영화를 보려고 방문하는 경우가 많기 때

문입니다. 그러므로 테마상가에 영화관이 있으면 유동인구가 늘어나 상가 수입이 올라간다는 공식은 성립하지 않습니다.

⑤ 자신이 매수하려는 상가가 정확히 어디에 위치하는지 확인하고 계약서에 도장을 찍어야 합니다. 같은 건물 안에서도 사람들이 많이 지나다녀 장사가 잘되는 곳이 있는가 하면 그와 정반대인 경우도 있기 때문입니다.

좋은 위치의 테마상가

좋지 않은 위치의 테마상가

테마상가는 소액으로도 분양받을 수 있어서 매력적인 투자대상으로 보일 수 있습니다. 그러나 대형 테마상가에 투자했다가 낭패를 본 경우를 주위에서 어렵지 않게 찾아볼 수 있는 것도 사실입니다. 게다가 테마상가의 경우, 상권 활성화가 개인의 노력만으로 되는 것이 아니므로 더욱 꼼꼼하게 따져보고 투자해야 합니다.

✎ **장사 안되는 상가를 비싸게 파는 사기에 주의하세요!**

장사가 안되는 상가를 비싸게 팔기 위해 상가 주인과 임차인이 짜고 사기를 치는 경우가 있습니다. 실제보다 수익률이 높은 것처럼 월세를 올린 가짜 계약서를 작성하는 것입니다. 그러면 상가를 사러 온 사람은 높은 수익률을 보고 해당 상가를 사게 됩니다. 이렇게 해서 매매가 성사되고 나면 임차인은 장사가 잘되지 않는데도 새로운 상가 주인에게 2~3달간 월세를 꾸준히 냅니다. 그런 다음 야반도주를 합니다. 높은 수익률을 미끼로 시세보다 비싸게 상가를 팔아먹은 일당에게 2~3개월분 월세는 사기를 치기 위한 투자금이었던 셈입니다. 그러므로 주변 상가와 비교하여 수익률이 너무 높은 상가는 주의해서 살펴볼 필요가 있습니다.

074

내 집 마련 & 월세 수익, 두 마리 토끼 잡는 상가주택

1~2층에는 슈퍼나 중개업소 또는 미용실 등의 상가가 있고, 3~4층에는 주택이 있는 것을 '상가주택'이라고 합니다.

상가주택의 장·단점

• **장점** : 3~4층이 주거공간이므로 주인 자신이 거주할 집을 구하기 위해 다른 집을 다시 매수할 필요가 없으며, 주인이 직접 거주하면서 1~2층의 임차인을 관리하기가 편리합니다. 두 마리 토끼를 한 번에 잡는 것이지요.

• **단점** : 상가주택을 고를 때는 상가주택의 주택면적과 상가면적의 비율이 어떻게 되는지를 반드시 확인해야 합니다. 상가주택 전체를 주택으로 인정받고 싶다면 주거면적이 상가면적보다 넓어야 합니다, 만약 주거면적이 상가면적보다 넓지 않다면 비용을 들여서라도 주거면적을 늘려야 합니다.

상가주택은 저금리 기조 속에서 내가 살 집도 마련하고, 상가를 통해 월세를 받을 수도 있는 좋은 투자 수단입니다. 거주할 집과 월세라는 두 마리 토끼를 모두 잡을 수 있죠. 문제는 '잡은 두 마리 토끼가 얼마나 실한가'입니다. 그럼 상가주택을 잘 고르는 방법에 대해 알아보겠습니다.

상가의 면적을 확인하라!

상가주택을 살 때는 그 동네에서 장사하는 사람들이 가장 선호하는 상가의 면적을 먼저 확인해야 합니다. 동네에서 장사하는 세입자들이 장사하는 데 편리하면서도 적당하다고 생각하는 면적의 상가가 세가 잘 나가기 때문입니다.

너무 좁은 상가는 물건을 진열하거나 쌓아놓을 장소가 비좁아 장사하기가 불편하고, 너무 넓은 상가는 필요 없는 부분의 월세까지 부담해야 해서 세가 잘 나가지 않는 경우가 발생합니다.

그러므로 상가주택을 살 때는 그 동네에서 장사하는 세입자들이 가장 선호하는 면적이 어느 정도인지 반드시 확인해야 합니다. 지역과 업종에 따라 차이는 있지만, 통상 23㎡(7평) 정도가 무난합니다.

상가주택의 위치를 체크하라!

상가주택은 폭 6~12m 도로에 붙어 있고, 동네로 들어가는 초입 모퉁이에 있으면서 평지에 있는 것이 좋습니다. 상가주택 앞 도로가 넓으면 이동하는 사람이 많아서 손님도 많아질 수 있기 때문입니다.

또한 상가주택이 동네 초입의 모퉁이에 있으면 사람들 눈에 잘 띄고, 평지에 있으면 사람들이 상가에 드나들기에 편리합니다.

좋은 위치의 상가주택

임차인이 월세를 꼬박꼬박 잘 냈는지 확인하라!

현재 임차인이 장사 중인 상가주택을 살 때는 주변 상인들에게 물어보거나 며칠 동안 직접 해당 상가에 가서 어느 정도 장사가 되는지 파악하는 것이 좋습니다. 또는 중개업자에게 그동안 세입자가 월세를 밀리지 않고 매달 냈는지 알아봐야 합니다. 세입자가 월세를 꼬박꼬박 내지 않았다면 현재 장사가 잘 안되고 있을 가능성이 크기 때문입니다.

그리고 주인이 바뀌더라도 장사를 계속할 것인지 확인해야 합니다. 임차인은 주인이 바뀌는 것을 기회로 세를 빼달라고 할 수도

좋지 않은 위치의 상가주택

있습니다. 상가주택을 사는 사람은 다음 달부터 임차인에게 세 받을 생각만 하고 있는데 잔금 치른 날부터 임차인이 나가겠다고 하면 안 되겠죠? 물론 임차인의 의중을 알아내는 게 쉽지는 않지만, 조금만 관심을 가지고 접근하면 눈치로도 쉽게 알 수 있습니다.

상가주택이 있는 동네의 특징을 살펴봐라!

상가주택을 살 때는 상가주택이 있는 동네의 특징도 파악해야 합니다. 대학가 또는 직장인들이 많이 모이는 곳에서는 안정적인 월수입을 기대할 수 있습니다. 그러나 주변에 백화점이나 대형마트, 기업형 슈퍼마켓이 있으면 손님을 빼앗기게 되므로 피하는 것이 좋습니다.

참고로 조금 감각이 있는 사람이라면 땅값만 주고도 살 수 있는 낙후된 상가주택을 사서 깨끗하게 수리한 후 높은 가격에 세를 놓기도 합니다.

상가주택은 그 동네가 재개발되거나 재건축되는 등 특별한 개발계획이 있는 경우가 아닌 한 5~10년 정도를 내다보고 사야 합니다. 현재 눈에 보이는 조건이 아니라 앞으로 변하게 될 조건에도 초점을 맞춰 보세요.

상가주택 체크리스트

동네에서 선호하는 면적은?(주변 상인들에게 물어봄)	㎡(평)			
관심 있는 상가의 면적은?(건축물대장에서 전용면적 확인)	㎡(평)			
잘되는 장사는?(주변 상인들에게 물어봄)	1순위		2순위	
주로 하고 있는 장사는?(발품 팔기)	1순위		2순위	
안 되는 장사는?(주변 상인들에게 물어봄)	1순위		2순위	
상가가 도로와 접해 있는 길이는?(직접 측정)	m			
상가와 붙어 있는 도로의 폭은?(직접 측정)	m,		차선	
상가 앞을 지나다니는 사람의 수는?(발품 팔기)	아침	점심	저녁	심야
	명	명	명	명
임차인이 월세를 꾸준히 내는가?(주변 상인들에게 물어보거나 발품 팔기)	네		아니오	
상가 주인이 자주 바뀌지는 않았나?(등기사항전부증명서 확인)	네		아니오	
동네에 사는 사람들의 주된 직업은?(주변 상인들이나 중개업자에게 물어봄)	1순위		2순위	
동네에 사는 사람들의 주 연령대는?(주변 상인들이나 중개업자에게 물어봄)	1순위		2순위	
주변에 대형할인점은 없나?(발품 팔기)	네		아니오	
동네가 많이 낙후되었나?(발품 팔기)	네		아니오	
재개발이나 재건축 등 개발 가능성은?(구청 담당과 방문 확인)	상	중	하	

잘되는 장사가 무엇인지 체크하라!

매수하려는 상가주택이 있는 동네에서 주민들이 필요로 하지만 아직 입점하지 않은 업종이 무엇인지 확인해 봅니다. 또한 그 동네에서 무난하게 할 수 있는 장사가 무엇인지도 파악해 봅니다. 일반인들이 필요로 하고 무난한 장사를 해야 안정적인 수입을 얻을 수 있습니다.

 토막상식

✎ **상가주택의 취득세, 양도소득세, 부가가치세는 얼마?**

1. 취득세
- 주택부분 × 주택 취득세율(1.1~3.5%)
- 상가부분 × 상가 취득세율(4.6%)

2. 양도소득세
① 1세대 1주택인 경우
- 주택면적 > 상가면적 : 건물 전체를 1주택으로 보아 양도소득세 비과세
- 주택면적 ≦ 상가면적 : 주택면적 비과세, 상가면적 과세
② 1세대 1주택 아닌 경우
- 주택면적과 상가면적 각각 과세

3. 부가가치세
- 주택면적 제외, 상가면적 과세
※ 포괄양도양수계약을 하면 비과세

경기가 안 좋을 때는 상가주택보다 다가구주택!

다가구주택은 오로지 주거 목적!

다가구주택이란 한 건물에 여러 가족이 거주할 수 있도록 각각의 호수별로 방, 주방, 화장실이 분리된 주택을 말합니다. 층수는 2~3층 규모로 빌라나 연립(5층 이상이면 아파트)보다 낮으며, 호수별로 출입구가 따로 있습니다.

다가구주택과 상가주택의 차이점은 다가구주택은 1~3층이 모두 주거공간으로 이루어져 있는 반면, 상가주택은 1~2층이 장사할 수 있는 상가로 이루어져 있다는 것입니다.

다가구주택이 양도소득세 혜택에서 더 유리하다

다가구주택을 가지고 있는 사람이 또 다른 집이 없다면 1세대 1주택자입니다. 따라서 2년간 가지고 있다가 팔면, 팔 때 시세차익이 생기더라도 양도소득세를 내지 않습니다.

상가주택은 상가 부분과 주택 부분으로 구분했을 때 주택면적이 상가면적보다 더 넓으면 주택으로 인정받습니다. 하지만 주택면적이 상가면적과 같거나 적으면 주택 부분만 주택으로 봅니다. 단, 실제 거래가액이 9억원을 초과하는 상가주택의 경우에는 상가 부분과 주택 부분의 면적 크기와는 무관하게 주택 부분만 주택으로 봅니다.

다가구주택이 월세 받기에 더 수월하다

일반적으로 주택보다는 상가의 월세가 더 높지만, 상가주택은 장사가 안되면 세를 받기가 어렵습니다. 그에 반해 다가구주택은 사람들이 먹고 자고 쉴 공간이 필요해서 세를 얻으므로 월세가 상가보다 덜 밀립니다.

이런 점을 고려하면 경기가 좋지 않아 장사가 잘 안될 때는 상가주택보다 다가구주택에 투자하는 것이 좋습니다. 그러나 다가구주택은 재개발 같은 호재가 없는 한 가격에 큰 변동이 없으므로 시세차익보다는 월 수익률이 좋은 것을 사야 합니다. 만약 높은 월세를 꾸준하게 받고 싶다면 내부 인테리어를 개선하거나 스마트폰으로 난방, 방범, 청소 등의 사물인터넷 (IOT)이 가능한 리모델링도 생각해보세요.

이런 점을 고려하면 경기가 좋지 않아 장사가 잘 안될 때는 상가주택보다는 다가구주택에 투자하는 것이 좋습니다. 그러나 다가구주택은 재개발 같은 호재가 없는 한 가격에 큰 변동이 없으므로 시세차익보다는 월 수익률이 좋은 것을 선택해야 합니다. 높은 월세를 꾸준하게 받고 싶다면 내부 인테리어를 개선하거나 스마트폰으로 난방, 방범, 청소 등의 사물인터넷(IOT)이 가능하도록 리모델링을 해보세요.

주택에 대한 수요가 많은 지역이어야 공실 위험이 낮습니다. 그러므로 다가구주택 매입 시 가격이 저렴하다든지, 건축한 지 1~2년밖에 되지 않았다든지 하는 것보다 주택 입지가 우선시 되어야 합니다. 그리고 누수나 곰팡이 같은 하자는 없는지, 분방(방 쪼개기)이나 확장 같은 불법개조는 없는지 등도 살펴봐야 합니다.

오피스텔에 투자할 때 주의할 점

요즘 1~2인 가구 증가로 아파트의 구조와 기능을 지닌 오피스텔이라는 뜻의 '아파텔'이 새로운 주거 트렌드로 자리매김하고 있습니다. 이렇듯 아파트의 장점을 흡수한 아파텔이 등장함에 따라 오피스텔에 대한 투자수요도 점차 증가하고 있습니다.

일부 오피스텔의 경우 아파트 단지 안에 함께 지어 아파트의 공원, 놀이터, 스포츠센터 같은 부대시설과 서비스를 함께 이용하기도 합니다.

이 밖에도 사람들이 오피스텔을 사는 이유는 대개 다음과 같습니다.

오피스텔의 장점 다섯 가지

① 업무용 오피스텔은 주택이 아니라 상가이므로 주택 수에 포함되지 않지만, 주거용 오피스텔은 주택으로 간주하므로 기존 주택을 가지고 있는 세대는 1세대 다주택자가 될 수 있습니다.

그러나 오피스텔의 취득세를 낼 때는 어떤 용도로 사용하든 주택 (1.1%~3.5%)의 세율을 적용받는 것이 아니라 상가(4.6%)의 세율을 적용받습니다.

② 매달 안정적으로 월세를 받을 수 있습니다.

③ 오피스텔을 찾는 사람보다 오피스텔의 공급량이 부족한 경우, 가격이 오를 가능성이 있습니다.

④ 전용면적 120㎡ 이하인 주거용 오피스텔은 바닥난방이 가능하고 욕실의 면적제한도 풀려 세를 놓기가 수월해졌습니다. 오피스텔의 규제가 완화될수록 오피스텔에 대한 투자자의 선호도 또한 높아지고 있습니다.

오피스텔 규제 완화 변천사는 다음과 같습니다.

구분	1995.7	2004.6	2006.12	2009.1	2009.9	2014.12	2021.11
바닥난방	규제 없음	전면 금지	전용 50㎡	전용 60㎡	전용 85㎡		전용 120㎡
욕실설치	규제 없음	1개 이하/ 가능 면적 3㎡		1개 이하/ 가능 면적 5㎡		전면 허용	

⑤ 주택은 전매제한 강화, 1순위 제한, 재당첨 제한, 2순위 청약통장 필요 등의 규제가 많습니다. 하지만 오피스텔은 규제가 적습니다. 그리고 은행에 예금하는 것보다 높은 수익률을 올릴 수 있어서 저금리 시대에 많은 관심을 받고 있습니다.

세금은 얼마?

취득 시 취득세율이 4.6%로 주택의 1.1~3.5%보다 높지만 여러 채를 취득하더라도 주택처럼 세율이 8% 또는 12%로 중과되지 않습니다. 그리고 2년 이상 보유한 후에 팔면 6~45%의 일반과세를 적용받습니다.

분양가와 월세에 지나치게 거품이 끼어 있지는 않은가?

오피스텔을 살 때는 역세권에 위치하여 세를 얻으려는 사람이 많은 곳에 사야 합니다. 그리고 새로 지어진 오피스텔을 분양받지 않고 지어진 지 3년 정도 지난 오피스텔을 경·공매나 매매를 통해 저렴하게 사는 것도 좋은 방법입니다. 새로 지어서 분양하는 오피스텔은 회사가 분양이 잘되게 하려고 세입자에게 받는 월세를 주변 시세보다 높게 잡는 경우가 있습니다. 그러므로 주변 오피스텔보다 수익률이 높다는 이유로 분양가가 너무 비싸게 책정되었다고 판단했다면 계약을 미루고 지켜보는 것도 방법입니다. 완공 후 시간이 어느 정도 지나 가격과 월세의 거품이 빠진 다음 매수할 수도 있습니다.

공실률을 살펴보라!

매매가가 저렴하다고 해서 무조건 사서는 안 됩니다. 싼 게 비지떡이라고 가격이 싼 데는 이유가 있는 법이니까요. 오피스텔이 주변 시세보다 싸다면 지하철역과 거리가 멀거나, 건축한 지 오래되어 시설이 낡았거나, 시장이나 병원, 공원과 같은 편의시설이 주변에 없어 생활이 불편할 가능성이 큽니다. 주차장 여유 공간 부족 등의 이유로 자주 공실이 발생할 수도 있습니다.

공실이 빈번하다면 임대수익률은 낮을 수밖에 없으므로 매수 전에 반드시 오피스텔 전체의 공실률을 확인해보세요. 공실률은 오피스텔 인근 공인중개사사무소를 직접 방문해야 확인할 수 있습니다. 그런데 이때 거래를 성사시키려고 공실률을 의도적으로 낮추는 중개업자도 있을 수 있으니, 한 곳만 방문하지 말고 여러 곳 방문해 보세요.

오피스텔 사전분양은 신중하게!

시행사가 분양을 시작하려면 대지소유권을 확보하고 신탁계약이나 분양보증을 받아 관할 시·군·구청에 분양신고를 한 후 분양해야 합니다. 그런데 사전예약금을 받고 동·호수를 지정해주는 사전분양을 하는 경우가 있습니다. 이런 경우에는 시행사가 부도나거나 분양신청금을 다른 용도로 유용하게 되면 투자자들이 정식 분양계약서를 받지 못해 손해를 볼 수 있으니 조심하세요.

참고로 8·2대책으로 조정대상지역이나 투기과열지구 내 100실 이상의 오피스텔은 소유권이전등기 시까지와 사용승인일로부터 1년까지 중 짧은 기간 동안 전매할 수 없습니다(단, 상속, 이혼에 따른 재산분할, 채무불이행에 의한 경매·공매, 실직, 파산 및 배우자에게 일부 지분 증여의 경우 전매 가능). 또한 100실 이상 분양하는 경우 분양물량의 20% 이하, 100실 미만이면 분양물량의 10% 이하를 거주자에게 우선 분양해야 합니다.

계약금이나 중도금 및 잔금은 분양광고(공고) 및 분양계약서에 기재된 지정계좌로만 입금하세요. 오피스텔이나 생활형 숙박시설 분양 시 미당첨자들의 청약신청금을 7일 이내에 환불받을 수 있습니다. 규제지역에서 우선분양을 받는 '해당 지역 거주자' 판단 기준일은 분양광고(공고)일입니다. 오피스텔이나 생활형숙박시설도 규제지역에서 50실 이상 분양하는 경우 청약홈 홈페이지를 통해 청약해야 합니다.

주상복합·오피스텔 상가

주로 지하철역 근처에 지어지는 주상복합아파트(지하와 지상 1~3층은 상가이고, 그 위부터는 아파트가 들어선 건물)나 오피스텔 안에 있는 상가를 '주상복합·오피스텔 상가'라고 합니다. 이들 상가는 주로 건물의 지하나 지상 1~3층에 있는 것이 특징입니다.

- **장점** : 주상복합·오피스텔 상가는 주로 지하철역 근처에 지어지므로 지하철역을 이용하는 사람들을 대상으로 일정 수준의 안정적인 월수입을 기대할 수 있습니다. 특히 오피스텔에 사는 사람들은 멀리 나가는 것을 귀찮아하고, 건물 내에서 볼일

주상복합상가

을 처리하고 싶은 경향이 있어서 편의점이나 세탁소, 카페 같은 업종이 잘된다는 특징이 있습니다.

오피스텔 상가

- **단점** : 지하철역 근처에 지어지다 보니 다른 상가보다 매매가격이 비싼 편입니다. 그러나 오피스텔 상가 안에서도 주변 상가에서 하는 피아노교습소나 피부관리, 네일숍, 아로마테라피 등과 같은 영업을 할 수 있어 업종 간의 경쟁이 치열해짐으로써 수익률은 낮아질 수도 있습니다. 또한 대형쇼핑몰이 근처에 있는 경우, 안정적인 월수입을 기대하기 어렵습니다.

토막상식

 오피스텔은 콩글리시! 풀옵션도 우리나라에만 있는 용어다

우리가 흔히 쓰는 오피스텔이라는 용어는 '오피스(Office Building)'와 '호텔(Hotel)'이 합쳐진 말로, 낮에는 사무나 작업 등 다목적으로 사용하고 밤에는 잠을 잘 수 있도록 호텔 분위기를 낸 건물을 이르는 말입니다. 외국에서는 찾아보기 힘든 형태의 건물이지요. 침대, 책상, 세탁기, TV, 냉장고 등 생활에 필요한 것들을 모두 갖추고 있다는 '풀옵션(Full Option)'이라는 단어도 우리나라에만 있는 개념입니다.

손해를 막는 상가 월세계약서 작성법

상가를 계약할 때 계약서 작성하는 요령은 '22장 전·월세계약서, 임차인에게 유리하게 쓰기'에서 언급한 것과 같습니다.

그렇다면 상가 주인은 자신의 소중한 상가를 세놓을 때 어떠한 점을 주의해야 할까요?

월세를 줄 때는 어떤 장사를 하는지 확인

세를 주기 전에 가장 먼저 확인해야 하는 것은 '임차인이 어떤 장사를 할 것인지'입니다. 한때 도박의 일종인 스크린 경마장이 유행했습니다. 당시 스크린 경마장은 수입이 좋아 상가 주인이 아주 만족할 만큼 월세를 많이 냈습니다. 그러나 그 폐해도 적지 않았습니다. 주민들을 도박 중독자로 만들어 재산을 탕진하게 만들고, 돈을 모조리 잃은 사람이 도박에 필요한 돈을 구하기 위해 범죄를 저지르는 등 주변에 피해를 많이 주었습니다.

또한 임대차 기간이 만료되어 계약을 해지하고 싶어도 스크린 경마장을 운영하는 이른바 '주먹'들 때문에 주인이 자신의 상가에 대한 권리를 제대로 행사할 수 없었습니다. 그들이 스스로 나가기만을 손꼽아 기다리는 수밖에 없었지요.

그러므로 세를 줄 때는 주민들에게 피해를 주는 업종인지, 불법 업종은 아닌지, 민원 가능성이 있는 업종인지 꼭 확인해야 합니다.

건물에 뭔가 설치하거나 건물을 개조하는지 물어볼 것!

다음으로 확인해봐야 할 것은 '장사하기 위해 어떤 시설을 설치하는지' 또는 '건물을 개조하는지'입니다. 간판만 다는 것이 아니라 가게를 꾸미기 위해 상가 건물 외벽에 커다란 조각상을 단다든지, 장사하는 데 방해된다는 이유로 상가 건물 중앙에 있는 기둥을 철거한다든지 하면 안전에도 문제가 생길 뿐만 아니라 건물이 빨리 망가지고 낡겠죠?

그러므로 세를 줄 때는 안전에 문제가 되는 구조변경이나 건물에 피해를 주는 시설물 또는 미관상 좋지 않은 시설물을 설치하는지 확인해야 합니다. 이런 외부 조형물 때문에 상가 건물은 주택보다 빨리 노후화됨으로 처음부터 조심하는 것이 좋습니다.

이런 일을 방지하려면 계약서상에 '조형물 설치 시 미리 양해를 구한다' 또는 '조형물 설치 시 미리 얘기한다'라는 특약사항을 넣는 것이 좋습니다.

다음 월세계약서 샘플의 ❸ 특약사항 부분을 보세요.

월세 많이 받을 욕심에 보증금을 너무 낮추면 안 된다

월세를 많이 받으려고 보증금은 최대한 적게, 월세는 최대한 많이 요구하곤 하는데 이것은 재앙을 부르는 씨앗이 됩니다. 만약 장사가 잘되지 않아 임차인이 월세를 3회 이상 밀리면 상가 주인은 계약을 해지할 수 있습니다. 그러나 함부로 짐을 뺄 수는 없습니다. 그랬다가는 건조물침입죄로 고발을 당할 수 있기 때문이죠.

이런 경우에는 소송(명도소송)을 통해 세입자를 내보내야 하는데, 이 기간이 보통 6개월 이상 걸립니다. 그러는 사이에 밀린 월세를 대체하느라 보증금은 어느새 야금야금 없어져 버립니다. 게다가 소송비용까지 발생하고 그 과정에서 받는 정신적 스트레스도 상당합니다.

그러므로 월세에 대한 지나친 집착을 버리고 18~24개월치 월세만큼을 보증금으로 받는 것이 좋습니다. 다음 페이지 계약서 샘플의 ❶을 보면 보증금이 3,000만원인데, 이 금액은 월세 150만원의 20개월치에 해당합니다.

이 계약서는 법무부에서 국토교통부·서울시·중소기업청 및 학계 전문가와 함께 만든, 상가건물 임대차보호법, 공인중개
사법 등 관계법령에 근거하여 만들었습니다. 법의 보호를 받기 위해 【중요확인사항】(별지)를 꼭 확인하시기 바랍니다.

상가건물 임대차 표준계약서

■보증금 있는 월세
☐전세   ☐월세

임대인(이주인)과 임차인(이세입)은 아래와 같이 임대차 계약을 체결한다

【임차 상가건물의 표시】

소 재 지	서울특별시 강남구 봉은사로 ▉			
토 지	지목	대	면적	132㎡
건 물	구조·용도	철근콘크리트	면적	450㎡
임차할부분	3층 301호		면적	33㎡

유의사항: 임차할 부분을 특정하기 위해서 도면을 첨부하는 것이 좋습니다.

【계약내용】

제1조(보증금과 차임) 위 상가건물의 임대차에 관하여 임대인과 임차인은 합의에 의하여 보증금 및 차임을
아래와 같이 지급하기로 한다.

①

보 증 금	금삼천만원정(₩ 30,000,000)
계 약 금	금삼백만원정(₩3,000,000)은 계약시에 지급하고 수령함. 수령인 (이주인 인)
중 도 금	금 원정(₩)은 년 월 일에 지급하여
잔 금	금이천칠백만원정(₩27,000,000)은 2022년 03월 03일에 지급한다
차임(월세)	금일백오십만원정(₩1,500,000)은 매월 30일에 지급한다. 부가세 ■ 불포함 ☐ 포함 (입금계좌: 농협 123-456-789)

②

환산보증금	금일억팔천만원정(₩150,000,000)

유의사항: ① 당해 계약이 환산보증금을 초과하는 임대차인 경우 확정일자를 부여받을 수 없고, 전세권 등을 설정할
수 있습니다 ② 보증금 보호를 위해 등기사항증명서, 미납국세, 상가건물 확정일자 현황 등을 확인하는 것이
좋습니다 ※ 미납국세·선순위확정일자 현황 확인방법은 "별지"참조

제2조(임대차기간) 임대인은 임차 상가건물을 임대차 목적대로 사용·수익할 수 있는 상태로 2022년 03월 03
일까지 임차인에게 인도하고, 임대차기간은 인도일로부터 2024년 03월 02일까지로 한다.

제3조(임차목적) 임차인은 임차 상가건물을 부동산중개업(업종)을 위한 용도로 사용한다.

제4조(사용·관리·수선) ① 임차인은 임대인의 동의 없이 임차 상가건물의 구조·용도 변경 및 전대나 임차권
양도를 할 수 없다.

② 임대인은 계약 존속 중 임차 상가건물을 사용·수익에 필요한 상태로 유지하여야 하고, 임차인은 임대인이
임차 상가건물의 보존에 필요한 행위를 하는 때 이를 거절하지 못한다.

③ 임차인이 임대인의 부담에 속하는 수선비용을 지출한 때에는 임대인에게 그 상환을 청구할 수 있다.

제5조(계약의 해제) 임차인이 임대인에게 중도금(중도금이 없을 때는 잔금)을 지급하기 전까지, 임대인은 계약금의
배액을 상환하고, 임차인은 계약금을 포기하고 계약을 해제할 수 있다.

제6조(채무불이행과 손해배상) 당사자 일방이 채무를 이행하지 아니하는 때에는 상대방은 상당한 기간을
정하여 그 이행을 최고하고 계약을 해제할 수 있으며, 그로 인한 손해배상을 청구할 수 있다. 다만,
채무자가 미리 이행하지 아니할 의사를 표시한 경우의 계약해제는 최고를 요하지 아니한다.

제7조(계약의 해지) ① 임차인은 본인의 과실 없이 임차 상가건물의 일부가 멸실 기타 사유로 인하여 임대차의
목적대로 사용, 수익할 수 없는 때에는 임차인은 그 부분의 비율에 의한 차임의 감액을 청구할 수 있다. 이
경우에 그 잔존부분으로 임차의 목적을 달성할 수 없는 때에는 임차인은 계약을 해지할 수 있다.

② 임대인은 임차인이 3기의 차임액에 달하도록 차임을 연체하거나, 제4조 제1항을 위반한 경우 계약을 해지할
수 있다.

제8조(계약의 종료와 권리금회수기회 보호) ① 계약이 종료된 경우에 임차인은 임차 상가건물을 원상회복하여 임대인에게 반환하고, 이와 동시에 임대인은 보증금을 임차인에게 반환하여야 한다.

② 임대인은 임대차기간이 끝나기 3개월 전부터 임대차 종료 시까지 「상가건물임대차보호법」 제10조의4제1항 각 호의 어느 하나에 해당하는 행위를 함으로써 권리금 계약에 따라 임차인이 주선한 신규임차인이 되려는 자로부터 권리금을 지급받는 것을 방해하여서는 아니 된다. 다만, 「상가건물임대차보호법」 제10조제1항 각 호의 어느 하나에 해당하는 사유가 있는 경우에는 그러하지 아니하다.

③ 임대인이 제2항을 위반하여 임차인에게 손해를 발생하게 한 때에는 그 손해를 배상할 책임이 있다. 이 경우 그 손해배상액은 신규임차인이 임차인에게 지급하기로 한 권리금과 임대차 종료 당시의 권리금 중 낮은 금액을 넘지 못한다.

④ 임차인은 임대인에게 신규임차인이 되려는 자의 보증금 및 차임을 지급할 자력 또는 그 밖에 임차인으로서의 의무를 이행할 의사 및 능력에 관하여 자신이 알고 있는 정보를 제공하여야 한다.

제9조(재건축 등 계획과 갱신거절) 임대인이 계약 체결 당시 공사시기 및 소요기간 등을 포함한 철거 또는 재건축 계획을 임차인에게 구체적으로 고지하고 그 계획에 따르는 경우, 임대인은 임차인이 상가건물임대차보호법 제10조 제1항 제7호에 따라 계약갱신을 요구하더라도 계약갱신의 요구를 거절할 수 있다.

제10조(비용의 정산) ① 임차인은 계약이 종료된 경우 공과금과 관리비를 정산하여야 한다.

② 임차인은 이미 납부한 관리비 중 장기수선충당금을 소유자에게 반환 청구할 수 있다. 다만, 임차 상가건물에 관한 장기수선충당금을 정산하는 주체가 소유자가 아닌 경우에는 그 자에게 청구할 수 있다.

제11조(중개보수 등) 중개보수는 거래 가액의 0.9%인 1,350,000원(부가세 ■ 별도함 □ 포함)으로 임대인과 임차인이 각각 부담한다. 다만, 개업공인중개사의 고의 또는 과실로 인하여 중개의뢰인간의 거래행위가 무효·취소 또는 해제된 경우에는 그러하지 아니하다.

제12조(중개대상물 확인·설명서 교부) 개업공인중개사는 중개대상물 확인·설명서를 작성하고 업무보증관계증서(공제증서 등) 사본을 첨부하여 임대인과 임차인에게 각각 교부한다.

❸ **[특약사항]**

① 입주전 수리 및 개량, ②임대차기간 중 수리 및 개량, ③임차 상가건물 인테리어, ④ 관리비의 지급주체, 시기 및 범위, ⑤귀책사유 있는 채무불이행 시 손해배상액예정 등에 관하여 임대인과 임차인은 특약할 수 있습니다.
1. 현 시설상태의 계약임.
2. 인테리어를 위하여 공사를 하는 경우 임차인 임의대로 본 시설물 변경하지 못하며, 변경이 필요한 경우에는 임대인의 동의를 얻어야 한다. 만약 이를 어길 때는 계약은 무효로 한다.
❹ 3. 부가가치세는 별도임.

본 계약을 증명하기 위하여 계약 당사자가 이의 없음을 확인하고 각각 서명날인 후 임대인, 임차인, 개업공인중개사는 매 장마다 간인하여, 각각 1통씩 보관한다.   2022년   02월   07일

임대인	주 소	서울특별시 강남구 테헤란로 63-9 강남아파트 201동 1603호						서명 또는 날인란
	주민등록번호 (법인등록번호)	731212-1234567	전 화	010-1234-5678	성 명 (회사명)	이주인		
	대 리 인	주 소		주민등록번호		성 명		
임차인	주 소	서울특별시 서초구 효령로 ■■■■■■■						서명 또는 날인란
	주민등록번호 (법인등록번호)	880704-2345678	전 화	010-2345-6789	성 명 (회사명)	이세입		
	대 리 인	주 소		주민등록번호		성 명		
개업공인중개사	사무소소재지	서울특별시 강남구 봉은사로 ■■■	사무소소재지	서울특별시 서초구 효령로 ■■■■■■				
	사 무 소 명 칭	강남공인중개사사무소	사 무 소 명 칭	서초공인중개사사무소				
	대 표	서명 및 날인	금강남 ⑩	대 표	서명 및 날인	박서초⑩		
	등 록 번 호	123-4567	전화 02-4545-9898	등 록 번 호	123-9876	전화	02-3232-7878	
	소속공인중개사	서명 및 날인	인	소속공인중개사	서명 및 날인		인	

매매 계약할 때는 부가가치세도 생각하라

상가나 오피스텔을 사고팔 때는 항상 부가가치세를 생각해야 합니다. 앞쪽 계약서 샘플의 ❹를 참고하세요.

S씨는 용산에 있는 3억원짜리 오피스텔을 계약했습니다. 계약하고 계약금을 치렀으니 이젠 잔금만 치르면 된다고 생각한 S씨는 가진 돈을 모두 털어 잔금을 마련했습니다. 드디어 잔금날, S씨는 잔금을 치르러 중개업소에 갔습니다. 그런데 오피스텔을 판 사람이 갑자기 부가가치세 1,500만원을 달라는 것이었습니다.

게다가 계약서에도 그렇게 되어 있다며 중개업자까지 거들고 나섰습니다. 다시 계약서를 확인해보니 '부가가치세 별도'라는 문구가 특약사항에 기록되어 있었습니다.

이 문제는 결국 오피스텔을 사고팔 때는 산 사람이 부가가치세를 부담해야 한다는 것을 납득한 S씨가 부가가치세를 내는 것으로 마무리되었습니다. 그러나 S씨는 왠지 주지 않아도 되는 돈을 준 것 같은 찜찜함을 오랫동안 지울 수 없었습니다. 부가가치세에 대한 내용은 다음 장에서 다루겠습니다. 그 외에도 원상복구 비용 및 마감재에 대한 명확한 기준과 업종변경 시 임대인의 동의가 필요하다는 내용 등도 계약서에 기재하는 것이 좋습니다.

✏️ **임차인이 상가건물 임대차보호법을 제대로 적용받고 싶다면?**

본문 계약서 샘플 ❷의 환산보증금{보증금+(월세×100)}이 '적
용범위'를 넘으면 경매나 공매 시 후순위권리나 다른 채권보다
먼저 자신의 보증금을 변제받을 수 있는 권리인 '우선변제권'
이 임차인에게 주어지지 않습니다. 물론, 대항력을 유지하여
나중에 경락인에게 보증금을 돌려받으면 되지만 그전에 경매
나 공매에서 배당받을 수 있다면 더 좋겠죠. 그러므로 임대차

QRcode

계약을 할 때 임대인과 상의하여 보증금과 월세를 조정하는 것이 좋습니다. 단, 월
세를 줄이고 보증금을 늘리게 되면 보증금이 '임차인 보증금 범위'를 벗어날 수 있
습니다. 그러면 다른 권리보다 우선하여 자신의 보증금을 먼저 변제받을 수 있는
'최우선변제권'을 행사하지 못할 수도 있습니다.

077 세 확실하게 받는 꼼꼼한 주인 되기

보증금은 2년치 월세만큼 받기

상가를 사는 이유는 매달 안정적으로 월세를 받기 위해서입니다. 그러므로 임대인에게 가장 좋은 임차인은 월세를 꼬박꼬박 잘 내는 임차인일 것입니다.

그럼 좋은 임차인을 구하는 방법을 알아보겠습니다. 임대인은 월세를 많이 받으면 그것만큼 좋은 게 없습니다. 그러나 월세를 많이 받을 욕심에 보증금을 적게 받아 놓으면, 나중에 월세가 밀렸을 때 받아 놓은 보증금에서 밀린 월세를 몇 번만 제해도 보증금이 남지 않을 수 있습니다. 그러므로 앞서 말했듯이 보증금은 적어도 18~24개월치 월세만큼 넉넉하게 받아 놓는 것이 좋습니다. 예를 들어 전세로 1억 5,000만원인 상가를 월세로 놓고 싶다면, 보증금 3,000만원에 월세 120만원 정도가 적당합니다(물론 월세는 시세에 따릅니다. 월세 계산법은 다음 페이지의 표를 보세요).

또한 월세를 밀리는 임차인이 관리비를 잘 낼 리 없으므로, 임차인이 관리비를 잘 내고 있는지도 확인해야 합니다. 이것 역시 나중엔 임대인이 부담해야 하기 때문입니다.

아래의 내용을 간단히 설명하면 이렇습니다. 먼저 전세금 1억 5,000만 원에 보증금 계수 0.1을 곱합니다. 보증금 계수를 0.1로 산정한 이유는 전세금의 10%를 보증금 기준으로 잡았기 때문입니다. 그러면 1억 5,000만원의 10%인 1,500만원이 나오는데, 임대차계약기간은 2년(24개월)을 보장받을 수 있으므로 '1,500만원×2년'을 계산하면 실제 지불할 보증금은 3,000만원입니다.

월세는 전세금 1억 5,000만원에서 보증금 3,000만원을 뺀 나머지 금액인 1억 2,000만원의 1부(1%)인 120만원이 됩니다. 1.5부인 경우에는 전세금도 1부로 받을 때보다 1.5배가 늘어나기 때문에 2억 2,500만원을 기준으로 합니다. 따라서 1부로 계산한 보증금이나 월세에 1.5배를 해주면 됩니다.

상가 월세 계산법

1부인 경우		1.5부인 경우	
전세값 1억 5,000만원 기준		전세값 2억 2,500만원 기준(1억 5,000만원 × 1.5)	
보증금	1억 5,000만원 × 0.1 = 1,500만원 2년 계약이므로, 1,500만원 × 2년 = 3,000만원 ∴ 3,000만원	보증금	3,000만원(1부 보증금) × 1.5 = 4,500만원 ∴ 4,500만원
월세	1억 5,000만원 - 3,000만원 = 1억 2,000만원 1억 2,000만원 × 1% = 120만원 ∴ 120만원	월세	120만원(1부 월세) × 1.5 = 180만원 ∴ 180만원
검산			
1억 5,000만원 = 3,000만원 + (120만원 × 100)		2억 2,500만원 = 4,500만원 + (120만원 × 1.5 × 100) = 1억 5,000만원 × 1.5	

가능하면 '제소전 화해조서'를 작성해라!

임차인이 3회 이상 월세를 내지 않았을 때 임차인을 해당 임대주택에서 내보내려면 명도소송을 해야 하고, 소송에서 승소하면 이를 근거로 집행관과 함께 명도작업을 해야 합니다. 하지만 이 경우 기간이 길게는 8개월(소송 6개월, 명도 2개월)까지 걸릴 수 있어 임대인의 입장에서는 손해가 이만저만이 아닙니다. 그러므로 이러한 손해를 사전에 방지하기 위해 임대차계약을 체결할 당시 '제소전 화해조서'를 작성하는 것이 좋습니다. 이것은 말 그대로 '계약 당시에 이미 임대인과 임차인 간에 약속했으므로 소송이 필요 없다'라는 뜻입니다.

'제소전 화해조서'는 변호사나 법무사사무실에 가서 의뢰하여 공증을 받으면 됩니다.

성공할 만한 장사 아이템인지 확인하라!

상가를 사서 세를 줄 때 어떤 장사가 잘 될지 한 번쯤은 고민하게 됩니다. 그런데 세 들어오겠다는 사람이 하필이면 잘 안될 것 같은 장사를 하겠다고 하면 그 사람에게 세 주는 것을 고려해봐야 합니다. 월세 받을 욕심에 아무한테나 세를 주었다가는 3개월, 6개월 정도만 월세를 정상적으로 받고 이후부터는 월세를 못 받을 수도 있기 때문입니다. 상가를 샀을 땐 세를 얻겠다는 사람의 아이템이나 계획 등을 들어본 후 세를 주는 지혜가 필요합니다.

O씨는 가격과 위치가 마음에 들어 4차선 도로 앞의 1층 상가를 샀습니다. 주변에는 호프집과 고깃집, 냉면집이 많았습니다. 그런데 계속 호프집, 감자탕집, 냉면집을 하겠다는 사람들만 몰려들어 세를 달라고 했습니다. 세

를 줘야 하나 하고 망설이던 차에 학원을 하고 싶다는 사람이 나타났습니다.

O씨는 주변에 학교가 8개나 있고, 동네에 학원이 부족하다는 것을 확인한 후 학원을 하겠다는 사람에게 세를 주었습니다. 그 후 세를 준 지 3년이 지났는데도 임차인은 한 번도 월세를 밀리지 않고 있으며, 학원생도 꾸준히 늘고 있습니다.

이처럼 상가투자를 할 때는 세를 얻어 들어올 아이템이 무엇이냐에 따라 장사가 잘될 수도, 안될 수도 있다는 점을 염두에 두어야 합니다. 그러니 세를 잘 받으려면 내 상가에 어떠한 아이템이, 어떠한 형식으로 들어오는지도 따져보는 것이 좋겠지요?

하수도 원인자부담금은 계약 전에 조정하라!

상가 신축 시 건물에서 나오는 오염된 물질의 정화처리 비용은 건축주가 부담합니다. 그러나 임차인이 상가 신축 당시보다 더 많은 오염물질이 발생하는 용도로 이용하고자 할 때는 그 비용을 임차인이 부담해야 합니다. 이 부분은 분쟁의 소지가 있으니 계약 전에 반드시 조정하세요.

토막상식

✎ **상가의 성패를 좌우하는 조건은?**

대부분 상가가 잘 되려면 상권이 좋아야 한다고 생각합니다. 물론 그 생각이 잘못된 것은 아니나 어느 정도 성장한 상권이라면 그 상권에 맞는 업종이 무엇인지, 영업능력이 얼마나 되는지가 해당 상가의 성공과 실패를 결정합니다. 그러므로 비싼 월세와 권리금을 주고 상권이 매우 발달한 곳의 상가만을 고집할 것이 아니라 적당하게 상권이 발달한 곳, 그래서 월세와 권리금이 상대적으로 저렴한 곳의 상가를 선택하는 것도 훌륭한 영업전략이 될 수 있습니다.

078

상가투자할 때 내는
취득세, 양도소득세

상가를 매수할 때도 주택을 매수할 때와 마찬가지로 취득세를 내야 합니다. 그렇다면 취득세를 얼마나 내야 할까요? 상가의 취득세는 4.6%입니다.

예시　상가의 실제 거래가격 10억원

취득세 : 10억원 × 4.6% = 4,600만원

상가 취득세도 주택과 마찬가지로 잔금을 치른 날이나 등기를 한 날 중 빠른 날로부터 60일 이내에만 내면 됩니다. 그러다 보니 취득세를 바로 내지 않고 그동안 다른 곳에 사용하기도 하는데, 이렇게 하는 것은 그리 좋은 방법이 아닙니다.

K씨가 산 상가의 취득세는 1억원이나 됐습니다. 그래서 바로 납부하지 않고 급하게 돈이 필요하다는 친구에게 한 달 기한으로 돈을 빌려주었습니다. 그러나 친구는 제때 돈을 갚지 않았고 K씨는 마음고생을 해야만 했습니다. 이자 좀 더 받으려다 하지 않아도 될 고생을 한 것이지요.

상가를 팔 때 차익이 발생했으면 양도소득세 납부

양도소득세는 양도차익이 발생한 경우에 내는 세금이므로, 상가를 판 가격이 샀을 때 가격보다 더 싸거나 같으면 양도소득세를 낼 필요가 없습니다. 그럼 차익이 발생한 상가의 경우 양도소득세를 얼마나 내야 할까요?

예시

2013년 3월 10억원에 상가 매수, 2022년 5월 15억원에 상가 매도

차익 5억원, 필요경비 6,000만원, 장기보유특별공제 7,920만원(4억 4,000만원×18%), 기본공제 250만원, 세율 40%, 누진공제 2,540만원,

지방소득세 11,792,000원(117,920,000원×10%)

∴ 양도소득세 = 129,712,000원

[{(5억원-6,000만원) - 7,920만원} -250만원] × 40% -2,540만원 +11,792,000원

참고로 상가는 반드시 2년 이상 가지고 있다가 팔아야 합니다. 그렇지 않으면 단기투기로 인정되어 차익의 40%(보유기간이 1년 이상 2년 미만인 경우)에서 최대 50%(보유기간이 1년 미만인 경우)까지 세금으로 내야 하기 때문입니다.

토막상식

✎ **상가를 여러 개 팔 때는 1년 간격으로 나누어 팔아야 이익!**

상가를 여러 개 팔아야 하는 경우, 동시에 팔지 않고 해가 바뀐 뒤 나누어 팔면 양도소득세를 줄일 수 있습니다. 양도소득 기본공제 혜택을 볼 수 있기 때문입니다. 양도소득세 기본공제란, 1년 단위로 합산하여 납부하는 양도소득세에서 제일 먼저 신고하는 물건에 공제되는 금액을 말합니다. 현행 양도소득세 기본공제는 250만원이니, 1년에 하나씩 팔아 기본공제 혜택을 받는 게 유리합니다.

079

상가를 보유하고 있을 때 내는 세금은?

상가에 투자하는 사람 중에는 상가를 살 때 취득세와 상가를 팔 때 양도 소득세만 내면 된다고 생각하기도 합니다.

그러나 주택을 가지고 있을 때처럼 상가도 가지고 있는 동안에 내야 하는 세금이 있는데, 바로 재산세와 종합부동산세 그리고 부가가치세입니다. 주택은 부가가치세를 내지 않지만, 상가는 사업을 목적으로 하는 건물이기 때문에 부가가치세를 내야 합니다.

이번 장은 세금에 관련된 것이다 보니 복잡하고 어려울 수 있습니다. 그러나 자신이 내는 세금이 어떻게 계산되어 부과되는지는 알고 있어야만 세무사와 상담을 하더라도 무엇을 물어보고, 무엇을 확인해야 하는지 알 수 있지 않을까요? 그럼 이 세금들에 대해 자세히 알아보겠습니다.

재산세

상가의 재산세는 상가 건물과 그 건물이 서 있는 토지에 각각 부과됩니다. 상가 건물에 대한 재산세는 7월 16일~7월 31일까지, 건물이 서 있는 토지에 대한 재산세는 9월 16일~9월 30일까지 가까운 은행에 내거나 인터넷으로 위택스 홈페이지(www.wetax.go.kr)에 접속해서 내면 됩니다.

상가 재산세는 '과세표준×세율' 방식으로 계산하는데, 건축물과 토지를 각각 나누어 구합니다(아래 공식 참고). 공정시장가액비율은 둘 다 70%이고, 건물에 대한 세율은 0.25%, 토지에 대한 세율은 0.2~0.4%입니다.

상가 재산세 산출 공식

건물분 재산세 = {시가표준액 × 공정시장가액비율(70%)} × 0.25%

토지분 재산세 = {공시지가 × 공정시장가액비율(70%)} × 0.2~0.4%

토지분 재산세의 세율은 과세표준에 따라 달라집니다. 다음 표를 참고하세요.

토지 과세표준에 따른 세율(사무실, 상가 등 일반영업용 건축물의 부속토지) (2024년 1월 기준)

과세표준	세율	비고
2억원 이하	0.2%	3단계 초과 누진세율
2억원 초과 10억원 이하	40만원+(2억원 초과금액의 0.3%)	
10억원 초과	280만원+(10억원 초과금액의 0.4%)	

예시 **상가 건물 시가표준액 5억원, 토지 공시가격 7억원**

→ 건물분 : (5억원×70%)×0.25% =87만 5,000원

→ 토지분 : (7억원×70%)×{40만원+(2억원 초과금액의 0.3%)} =127만원

종합부동산세

종합부동산세는 상가 건물이 깔고 앉은 토지의 공시지가가 80억원이 넘을 때 내는 세금입니다. 더욱이 실제 거래되는 상가 가격이 아니라 나라에서 세금을 매기기 위해 실제 가격보다 30~40% 싸게 책정하는 공시가격, 그것도 토지 가격(공시지가)만 80억원을 넘어야 하므로 일반적인 상가투자가 아닌 빌딩투자의 경우에 해당됩니다. 그래서 여기서는 설명을 생략합니다.

부가가치세(임대료 부분)

부가가치세는 소비자가 내는 세금입니다. 상가는 사업용 건물이라서 주택과 달리 부가가치세를 내야 합니다. 부가가치세는 매달 받는 월세에 대해서만이 아니라 보증금에 대해서도 내야 합니다. 보증금을 은행에 예금한다고 가정하면 이자가 발생해 수입이 생기기 때문입니다. 그래서 보증금에도 은행이자율을 적용해 부가가치세를 산출합니다.

부가가치세는 1년에 2번 내는데, 1기에는 상반기 6개월치 수입의 10%를 7월 1일~7월 25일까지 납부하고, 2기에는 하반기 6개월치 수입의 10%를 다음 해 1월 1일~1월 25일까지 납부합니다(연도별로 2~3일씩 변동이 있을 수 있습니다). 관할 세무서에 방문해서 내거나 국세청 홈택스(www.hometax.go.kr)에 접속하여 납부할 수 있습니다.

부가가치세 계산법

월세에 대한 부가가치세 =월세×6개월×10%

보증금에 대한 부가가치세 =(보증금×이자율)× $\dfrac{182일}{365일}$ ×10%

※ 2023년 부가가치세 산출 시 임대보증금에 적용된 이자율은 2.9%입니다.

보증금 2,000만원 / 월세 150만원

→ 월세에 대한 부가가치세 =150만원×6개월×10% =90만원

→ 보증금에 대한 부가가치세 =(2,000만원×2.9%)× $\dfrac{182일}{365일}$ 일×10%

  = 2만 8,920원

2023년 부가가치세에 적용된 임대보증금에 대한 이자율은 2.9%입니다. 이 이자율은 매년 달라지며 국세청장이 고시합니다.

2023년 부가가치세 이자율을 적용한 위 예시의 경우, 부가가치세 총 92만 8,920원(90만원+2만 8,920원)을 내야 합니다. 1기와 2기의 부가가치세에 적용된 임대보증금 이자율이 같다면 2기 때도 같은 금액을 내면 되고, 만약 변동이 있다면 변동된 이자율로 계산해서 내면 됩니다.

**토막
상식**

✎ **기준시가란 무엇인가요?**

기준시가란 부동산을 팔거나 상속·증여할 때 국세청이 정해놓은 기준가격으로 각
종 세금을 부과하는 기준이 됩니다. 토지는 개별공시지가, 건물·오피스텔·상업용
건물은 매년 1회 이상 국세청장이 산정·고시하는 가액, 주택은 개별주택가격·공
동주택가격을 말합니다. 오피스텔 및 상업용 건물의 기준시가는 국세청 홈페이지
(www.hometax.go.kr)의 '상담·불복·고충·제보·기타 → 기준시가 조회 → 오피스텔 및
상업용 건물'에서 확인할 수 있습니다.

080
상가를 사고팔 때도 부가가치세를 내야 한다!

　상가에서 월세를 받았을 때뿐만 아니라 상가를 사고팔 때도 부가가치세를 내야 합니다. 상가를 산 사람이 부가가치세를 내지 않으면 상가를 판 사람이 부가가치세에 더해 가산금(세금이나 공공요금 등을 지정된 날까지 내지 않으면 추가로 내야 하는 벌금)까지 내야 하죠.

　이번 장에서는 상가를 사고팔 때 내야 하는 부가가치세에 대해서 알아보겠습니다.

부가가치세란?

　상가나 오피스텔같이 주목적이 사업용인 부동산을 사고팔 때 최종소비자인 매수자가 부담해야 하는 세금이 부가가치세입니다. 그렇다면 월세를 받는 주택도 사고팔 때 부가가치세를 내야 할까요?

아닙니다. 주택의 주목적은 돈을 벌려는 사업이 아니라 주거이기 때문에 세를 받는다고 하더라도 부가가치세를 내지 않습니다.

부가가치세는 누가, 얼마나 낼까?

부가가치세는 상가나 오피스텔을 매도한 사람이 냅니다. 하지만 자신의 돈으로 내는 것이 아니라 매수한 사람에게 돈을 받아서 냅니다. 월세에 붙는 부가가치세를 내는 사람은 임대인이지만, 그 돈은 임차인이 부담하는 것과 같은 이치입니다.

상가나 오피스텔을 사고팔 때 내는 부가가치세는 거래되는 건물 가격의 10%입니다. 예를 들어 상가 건물과 그 건물이 깔고 앉은 토지의 가격을 합한 매매가격이 10억원인데 그중 건물 가격이 3억원이라면, 내야 하는 부가가치세는 건물 가격의 10%인 3,000만원입니다. 월세의 경우에는 월세의 10%에 해당하는 금액을 부가가치세로 냈었죠?

부가가치세 때문에 싸우기 싫다면?

실제로 상가나 오피스텔을 거래하다 보면 매수인이나 매도인 그리고 중개인까지 모두 부가가치세를 간과했다가 나중에 분쟁이 생기는 경우가 종종 생깁니다.

앞에서 말했듯이 부가가치세는 건물을 파는 사람이 내지만, 그 돈은 건물을 사는 사람이 부담합니다. 그러나 이러한 사실을 잘 모르는 사람도 있으므로, 반드시 계약서의 특약사항란에 부가가치세는 거래가격과 별도로 매수인이 부담한다는 '부가가치세 별도' 문구를 적어둬야 합니다.

　참고로 월세를 계약할 때도 마찬가지로 계약서의 특약사항란에 '부가가치세 별도'라는 문구를 넣어야 합니다.

**토막
상식**

✎ 부가가치세를 매길 때, 토지·건물 가격은 어떻게 정할까?

계약 당시부터 계약서에 토지 가격과 건물 가격을 따로 기재한 경우에는 그것을 기준으로 합니다. 하지만 건물 가격과 토지 가격을 합한 총액을 매매가격으로 기재하여 건물 가격과 토지 가격을 구분할 수 없는 경우에는 매매가격에서 토지는 공시지가(국토교통부 홈페이지에서 확인), 건물은 기준시가(국세청 홈페이지에서 확인)의 비율을 따져 각각의 가격을 산출해야 합니다.

예시

상가 실제 매매가 12억원, 토지 공시지가 3억원, 건물 기준시가 5억원

토지가액 = 12억원 × 3억원 ÷ 8억원 = 4억 5,000만원

건물가액 = 12억원 × 5억원 ÷ 8억원 = 7억 5,000만원

∴ 부가가치세는 건물가액으로 계사된 7억 5,000만원의 10%인 7,500만원입니다.

081

부가가치세 낸 셈 치는 포괄양수도 계약

부가가치세를 내지 않아도 되는 방법이 있는데요. 이번 장에서는 그 방법에 대해 알아보겠습니다.

건물을 사고파는 사람 모두 임대사업자라면 부가가치세 환급

상가나 오피스텔을 사고팔 때 매도인이 매수인한테서 돈을 받아 부가가치세를 낸다고 말씀드렸죠? 이때 만약 매도인이 임대사업자이고, 매수인도 사업개시일로부터 20일 이내에 관할 세무서에 가서 임대사업자등록(매매계약이 체결되면 계약서 첨부하여 바로 임대사업자등록이 가능)을 한다면, 매수인은 자신이 부담했던 부가가치세를 되돌려받을 수 있습니다(부가가치세 환급).

왜 그럴까요? 부가가치세는 사업자가 내긴 하는데, 그 돈은 사업자가 아닌 최종소비자가 부담하는 세금이기 때문입니다. 임대사업자등록을 하면 그 상가나 오피스텔을 산 사람은 소비자가 아니라 임대업을 하는 사업자가 됩니다. 이러한 이유로 매수인은 이미 자신이 낸 부가가치세를 되돌려 받는 것입니다.

그렇다면 이렇게 사는 사람이나 파는 사람 모두 임대사업자인데 굳이 부가가치세를 냈다가 다시 되돌려 받는 수고를 해야 할까요? 좀 편리한 방법은 없을까요? 그래서 이런 경우에는 '포괄양수도 계약'을 합니다.

사업 전체를 주고받는 포괄양수도 계약

포괄양수도 계약이란 눈에 보이는 상가나 오피스텔만 사고파는 계약이 아니라, 건물은 물론이고 눈에 보이지 않는 임대사업까지 통째로 상대방에게 넘겨주는 계약을 말합니다. 다시 말해 매수인은 부동산뿐만 아니라 임대사업까지 넘겨받는 것이므로 부가가치세를 별도로 내지 않아도 되는 것이죠.

단, 포괄양수도 계약을 하기 위해서는 앞에서도 언급했듯이 상가나 오피스텔을 매수한 사람과 매도한 사람이 모두 임대사업자로 등록되어 있어야 합니다.

부동산 중개업소에 '포괄양수도 계약서' 양식이 있으므로 이것으로 상가나 오피스텔 계약을 하면 되고, 상가나 오피스텔을 매수한 사람은 임대사업자 등록을 할 때 이 계약서를 세무서에 제출하면 됩니다.

그럼 일반 매매계약서는 따로 작성하지 않아도 될까요? 아닙니다. 포괄양수도 계약서는 세무서에 신고하기 위해 작성하는 것이므로, 이와 별도로 상가나 오피스텔 매매계약서도 반드시 작성해야 합니다.

그리고 이 계약서의 특약사항에 '본 계약은 포괄양수도 계약임'이라는 문구를 넣어주어야 합니다(다음 페이지 매매계약서 샘플 참조).

▼ 포괄양수도 계약서 샘플

▼ 오피스텔 매매계약서 샘플

매매계약서 특약사항에 포괄양수도 계약이라는 것을 써넣어야 합니다.

악덕 영업사원들의
상가분양 속임수 세 가지

상가를 살 때 가장 큰 걱정 중 하나는 '임차인을 구하지 못하면 어쩌나?' 하는 것입니다. 상권이 아직 발달하지 못한 곳의 상가를 분양받았다면 더욱 불안합니다. 투자자들의 이런 불안심리를 이용하는 일부 악덕 영업사원들이 있으니 주의해야 합니다.

1. 임대를 보장하는 선임대

선임대란, 분양계약을 하기도 전에 임대차계약을 체결하고 임차인을 확보해놓은 것으로, 공실 기간 없이 바로 임차인으로부터 월세를 받을 수 있어 인기가 높습니다. 문제는 상가를 팔 욕심에 영업사원이 임대차계약서를 거짓으로 작성하는 경우입니다. 영업사원이 아는 사람을 시켜 약간의 계약금을 걸고 임대차계약을 하게 한 후, 분양계약 시 임대차계약서를 보여주면서 투자자를 안심시킵니다. 그런데 정작 입주날이 되면 임대차계약을 했던 사람은 계약금을 포기하고 임대차계약을 해지하지요. 임차인으로부터 받을 보증금과 월세에 관한 기대감으로 가득 차 있던 상가 주인은 앞이 캄캄해집니다.

이런 일이 일어나는 까닭은 영업사원이 상가를 팔아서 받는 수당이 허위계약을 할 때 내는 계약금보다 많기 때문입니다. 그러므로 선임대 조건이 붙은 상가를 분양받을 때는 임대차계약의 진위를 꼭 확인해봐야 합니다. 예컨대 영업사원이 아닌 시행사와 계약하는 것이 확실한지, 계약금이 영업사원 통장이 아니라 시행사 통장으로 입금되는지, 임차인이 낸 계약금의 액수가 너무 적은 것은 아닌지 등을 반드시 알아볼 필요가 있습니다. 그리고 가능한 한 분양계약을 할 때 임대차계약을 한 임차인을 직접 만나 실제로 장사할 생각이 있는지 알아보고, 만약에 자격증이 필요한 업종이라면 자격증이 있는지 등을 확인하는 것이 좋습니다.

2. 임대수익률을 보장해준다는 상가임대확약

상가임대확약이란, 분양계약을 할 때 임대확약서를 통해 시행사가 짧게는 1~3년, 길게는 5년 이상 연 ○○% 임대수익률을 보장해주겠다고 하는 약속입니다. 이 경우 보장해준다는 임대수입이 상가의 분양가에 포함되어 결국 자신이 낸 분양대금의 일부를 임대수입 명목으로 되돌려 받는 것은 아닌지, 임대확약기간 만료 후에는 어떻게 되는지 등을 꼼꼼하게 따져 봐야 합니다. 확인 결과 임대확약을 하는 시행사의 규모가 크고 안정적이며, 자신이 보장받는 임대수입이 주변 상가들의 임대수입과 비슷하고, 상권이 안정되어 있어 임대확약기간이 끝난 후에도 꾸준한 임대수입을 얻을 수 있다고 판단되었을 때 분양받는 것이 좋습니다.

3. 시세차익(프리미엄)을 붙여준다는 '전매'

상가를 쉽게 팔기 위해 일부 악덕 영업사원의 경우 계약금만 준비할 수 있으면 망설이지 말고 계약하라고 부추깁니다. 계약만 하면 당장이라도 프리미엄을 붙여 다시 팔 수 있다고 말하면서요. 일명 '전매'가 가능하다는 이야기입니다. 그 말을 곧이곧대로 믿을 사람이 있을까 싶겠지만, 그런 사람이 실제로 있습니다. 정말 순진하게 계약금이나 중도금 중 일부만 치르면 되는 줄로 알고 여러 상가를 계약했다가 중도금을 제때 치르지 못해 계약 해지를 당하거나 이미 치른 계약금과 일부 중도금마저 날리는 사례가 종종 발생하곤 합니다.

이 경우 아무리 계약서에 "상가를 분양하는 측에서 전매를 책임지겠다."라는 특약사항을 써넣고 이를 근거로 소송하여 승소한다 하더라도, 현실적으로 자신이 지불한 돈을 되돌려 받기는 쉽지 않습니다. 그러므로 상가를 살 때 절대로 '전매 가능'이라는 말에 현혹되어서는 안 됩니다. 그렇게 쉽게 돈을 벌 것 같으면 영업사원 자신이 직접 사서 프리미엄을 받고 되팔지, 왜 안면도 없는 사람에게 사라고 권하겠습니까?

**Common Sense Dictionary
of Real Estate**

5

다섯째 마당

내 집 장만 성공!
이제는 땅이다!

082

토지 구하는 절차, 한눈에 쏙!

주택을 장만하고 나면 사람들은 또 다른 재테크 대상으로 토지를 찾습니다. 하지만 토지를 사는 것은 주택이나 상가를 사는 것보다 훨씬 어렵습니다. 좋은 토지를 사기 위해 알아야 하고 따져봐야 할 것들이 주택이나 상가보다 훨씬 더 많기 때문입니다.

사실 토지를 사는 절차 자체는 다른 부동산과 크게 다르지 않습니다. 좋은 투자 지역을 고르는 것이 어렵지요. 주택이나 상가는 자신이 잘 아는 지역을 골라서 여러 번 둘러볼 수 있고, 다른 건물과 쉽게 비교할 수도 있습니다. 대부분 자기가 생활하는 근거지를 중심으로 투자하니까요.

반면, 토지는 한 번 둘러보는 것도 큰마음을 먹어야 합니다. 대부분 도시를 벗어나야 상대적으로 적은 돈으로도 수익이 날 만한 땅을 살 수 있습니다. 또 초보자의 눈에는 그 땅이 그 땅으로 보이기 때문에 다른 토지보다 더 좋은지 비교하기가 쉽지 않습니다. 게다가 규모가 큰 토지를 둘러보다 보면 몇 개 보지도 못하고 지치기 쉽습니다.

그래서 좋은 땅을 보는 안목을 키우려면 주택이나 상가보다 더 많은 시간과 노력이 필요합니다. 자, 시간과 노력을 들일 마음의 준비가 되셨나요?

그럼 지금부터 토지 투자에 대해 자세히 알아보겠습니다. 좋은 토지 구하는 절차를 간략하게 소개하면 다음과 같습니다.

step 1	자신이 마련할 수 있는 돈 정확히 확인하기
step 2	투자 지역과 토지의 종류 선택하기
step 3	인터넷을 통해 시세 및 물건 검색하기
step 4	중개업소 방문하기(토지 위치 및 현황분석)
step 5	개발 및 대출 가능 여부 알아보기
step 6	공부서류 확인 후 계약하기
step 7	중도금·잔금 치르고 소유권이전등기 하기
step 8	활용하기(전원주택 짓기, 농사 짓기 등)

✎ 현장답사로 땅 보는 안목 기르기

토지 투자가 어려운 이유는 환금성이 높지 않기 때문입니다. 그래서 처음 살 때부터 쉽게 팔릴 수 있는 땅, 누가 봐도 좋은 땅, 평균 이상의 가치를 가진 땅을 잘 골라 사야 합니다. 땅 보는 안목을 기르는 가장 좋은 방법은 현장답사를 자주 다니는 것입니다. 현장답사를 많이 할수록 좋은 토지를 고르는 안목이 높아집니다.

토지 살 돈, 정확히 얼마나 가지고 있나?

083

　토지를 살 때 사람들은 주로 대도시 근처 시골에 있는 밭(전)이나 논(답)을 삽니다. 투자성이 있으면서도 가격은 상대적으로 저렴하기 때문입니다. 그럼 시골에 있는 밭과 논을 담보로 잡으면 대출을 얼마나 받을 수 있을까요? 대출을 많이 받을 수만 있다면 적은 돈을 가지고도 얼마든지 밭과 논을 살 수 있을 텐데요.

　시골에 있는 밭과 논은 대도시에 있는 토지보다는 가치가 떨어지고 가격이 저렴하여 대출을 많이 받기가 어렵습니다. 그래서 토지를 살 때는 자신이 지금 가지고 있는 돈으로만 매수해야 한다고 생각하고 그 액수가 얼마인지를 정확하게 알고 있어야 합니다.

토지는 대출받을 수 있는 금액이 적다

　평소 자기 땅을 무척 가지고 싶어 하던 B씨는 양평에 있는 밭(전) 약 165㎡(50평)를 2억원(㎡당 약 12만원=평당 40만원)에 계약했습니다. 그런데 B씨가 가진 돈은 6,000만원이 전부였습니다. B씨는 자신이 산 밭 가격의 70%

는 대출받을 수 있을 것으로 생각하고 별로 걱정하지 않았습니다.

그러나 실제로 B씨가 대출받을 수 있었던 돈은 실제 구입한 밭 가격의 70%인 1억 4,000만원이 아니라 개별공시지가의 70%인 1억원이 전부였습니다. 결국 B씨는 부족한 4,000만원을 구하기 위해 다른 일은 모두 제쳐두고 이리저리 뛰어다녀야만 했지요.

토지는 지목이 임야냐, 농지냐, 대지냐에 따라 대출한도가 다릅니다. 금융권의 대출 광고나 안내문 등에서는 임야의 경우 70%까지, 농지의 경우에는 80%까지 대출이 가능하다고 선전합니다. 하지만 실제로 제1금융권의 경우 해당 토지 공시지가의 70~80%까지, 제2금융권의 경우 해당 토지를 자체적으로 감정한 감정가격의 70~80%까지만 대출해줍니다. 그러므로 시세의 70~80%까지 대출받을 수 있다고 생각해서는 안 됩니다.

다시 말해 대출한도는 높지만 실제로 대출받을 수 있는 액수는 생각보다 상당히 적을 수 있다는 점을 알아야 합니다.

토막 상식

✎ **실거래가와 개별공시지가, 어떻게 다를까?**

부동산에서 실거래가는 실제로 거래한 부동산의 가격을 말하는 것으로, 취득세, 양도소득세, 상속·증여세의 기준이 됩니다. 이에 반해 개별공시지가는 나라에서 재산세나 종합부동산세를 부과하기 위해 각각의 토지별로 매겨놓은 가격으로, 실거래가와는 차이가 있습니다. 개별공시지가는 실거래가의 70~90% 수준으로 책정되며 지역과 물건에 따라 차이가 큽니다.

084

초보도 할 수 있다!
토지 투자 Start!

　토지는 투자하기 매우 어려운 대상입니다. 토지는 아무것도 그려 있지 않은 백지와 같습니다. 그리고 투자자는 국가에서 정해놓은 규칙을 지켜가면서 자신만의 그림을 그려야 합니다. 초보자일수록 토지에 투자할 때는 토지를 사는 목적이 분명해야 합니다.

이 땅으로 무엇을 할 것인가?

　토지에 투자할 때는 시세차익으로 얼마를 남기겠다는 생각보다는 어떤 용도로 사용할 것인지를 먼저 정하는 것이 중요합니다. 농사를 지으며 살 수 있는 농가주택을 짓고 싶다면 농지와 가까우면서도 건축행위가 가능한 토지를 사야 하고, 주말농장을 하고 싶다면 도심에서 접근하기 좋은 토지를 사야 합니다. 전원주택을 지어 살고 싶다면 공기가 맑고 전망이 탁 트인 토지를 사야겠지요.

　또한 자신이 어떻게 활용하겠다기보다는 토지의 가치를 높여 시세차익을 얻는 것이 목적이라면 다양한 용도로 개발할 수 있는 토지를 사야 합니다.

이 땅을 얼마 동안 가지고 있을 것인가?

다음으로 투자 기간을 중·단기(5~8년)로 할 것인지, 아니면 중·장기(8~10년 이상)로 할 것인지를 정해야 합니다. 투자 기간에 따라 사야 할 토지의 종류가 달라지기 때문입니다.

중·단기로 투자하려면 도시에서 가깝고 도로변에 붙어 있는 1,650㎡(약 500평) 정도의 그리 넓지 않은 토지가 좋습니다. 그래야 팔고 싶을 때 바로 임자가 나타나 팔 수 있기 때문입니다. 그러나 중·장기로 투자하려면 장기적인 개발 가능성을 보고 더 싸고 넓은 토지를 사놓는 것이 좋습니다.

그리고 중·단기든, 중·장기든 토지에 투자할 때는 반드시 여윳돈으로 해야 합니다. 그렇지 않으면 급하게 돈이 필요한 일이 생겼을 때 아직 가격이 오르지도 않은 토지를 손해 보고 팔아야 할 수도 있으니까요.

초보자는 소액, 소규모로 금방 팔리는 토지부터 시작

토지에 처음 투자하는 사람이라면 처음부터 대박을 꿈꾸며 많은 돈을 투자하기보다는 2~3억원 정도로 소액 투자를 하는 것이 좋습니다. 또한 장기적으로 개발 가능성이 있는 토지가 좋은 토지임에는 분명하지만 초보자라면 좀 비싸더라도 내놓으면 금방 팔릴 수 있는 토지를 사는 것이 좋습니다.

이렇게 가격 면에서나 면적 면에서 규모가 작아 바로 팔리는 토지를 몇 번 거래하다 보면 조금씩 자신감이 붙고 땅을 보는 안목도 생깁니다. 그러면 그때 장기적으로 개발이익을 볼 수 있는 토지에 투자하세요.

5년 이상 묶어둘 수 있는 여윳돈으로 시작

초보 투자자들은 "1~2년만 지나면 가격이 2~3배 가까이 오른다"라는 말만 믿고 토지를 사서 손해를 보는 경우가 많습니다. 단언하건대, 그런 토지는 없다고 보면 됩니다.

여기서 초보 투자자들이 손해를 보는 진짜 이유는 2~3배의 시세차익을 볼 수 있다는 말에 속아서가 아니라 '1~2년 안에' 시세차익을 볼 수 있다는 말을 믿기 때문입니다. 즉, 여윳돈이 아니라 1~2년 후에 반드시 써야 할 돈으로 투자하기 때문에 손해를 보는 것이죠.

개발 가능한 토지가 많지 않은 우리나라에서 토지는 시간이 지나면 가격이 상승합니다. 그러나 장기적으로 봐서 그렇다는 것이지, 1년 아니면 2년 후에 갑자기 뻥튀기처럼 토지 가격이 2~3배가 된다는 뜻은 아닙니다. 그러므로 토지 투자는 여윳돈으로, 적어도 5년 이상 내다보고 하는 것이 좋습니다.

소액으로 땅주인이 될 수 있는 지분투자, 괜찮은가?

지분투자란 한 필지의 토지에 여러 명이 공동으로 투자하거나, 아니면 공동소유인 한 필지의 토지 중 일부 지분에 투자하는 것을 말합니다.

예를 들어 경매로 나온 1억원의 토지를 A는 5,000만원, B는 3,000만원, C는 2,000만원씩을 보태서 샀다면 A, B, C는 각각 해당 토지에 50%, 30%, 20%씩 지분투자를 했다고 할 수 있습니다.

- **장점**: 하나의 필지를 여러 명이 공동으로 투자하므로 소액으로도 비싼 토지를 소유할 수 있고, 자신이 가진 지분에 한해서는 자유롭게 팔 수 있습니다. 해당 토지가 수용되어 보상받을 때 분할된 토지는 각자의 위치에 따라 보상가격이 달라지나, 공유지분으로 된 토지는 하나의 토지로 인정되어 공평하면서도 비싸게 보상받을 수도 있습니다.
- **단점**: 자신의 지분은 마음대로 매도할 수 있지만, 전체가 아닌 일부분만 개발하기는 어렵고, 공동소유다 보니 매수하려는 사람이 많지 않아 제값을 받기가 어려울 수 있습니다. 그래서 투자자들끼리 의견을 모아 매도와 개발을 함께 하곤 하는데, 공동투자자의 변심이나 자격미달로 개발 허가를 받지 못하거나, 공유자들 간의 의견불일치로 적절한 매도 시기를 놓쳐 손해를 볼 수도 있습니다.

"부모 자식 간에도 동업은 하지 않는다"라는 말이 있듯이 공동으로 하는 지분투자는 신중하게 생각한 후에 해야 합니다. 첫맛은 꿀처럼 단데, 끝맛은 쓸개즙처럼 쓸쓸한 것이 동업입니다.

토막상식

 편리하게 조상땅 찾는 방법, 온라인 조상땅 찾기 서비스

정부24(www.gov.kr)에서 '조상땅 찾기 서비스' 접속이 가능한데요. 먼저 '대법원 전자가족관계등록시스템(efamily.scourt.go.kr)'에서 조회대상자(조상)의 기본증명서와 가족관계증명서를 전자문서(PDF)로 내려받아야 합니다. 다음으로 공인인증을 통해 신청인 본인확인을 거친 다음 조회대상자 정보를 입력한 후 신청인의 거주지 관할 지자체를 지정하여 기본증명서, 가족관계증명서와 함께 신청합니다. 지자체 담당자 확인을 거쳐 3일 이내에 조회 결과를 인터넷으로 열람하고 출력할 수 있습니다. 참고로 온라인 조상땅 찾기 서비스는 2008년 1월 1일 이후 사망한 조상만 가능합니다.

085

가치는 높고 가격은 저렴한 논밭 고르는 법!

사람들에게 인기가 높은 토지는 뭐라 해도 대도시와 가까운 시골에 있는 논(답)과 밭(전)입니다. 그럼 어떤 논과 밭을 사야 돈을 벌 수 있을까요?

논과 밭은 집처럼 쉽게 팔리지는 않습니다. 즉 환금성이 떨어지죠. 집은 사람이 살아가는 데 필수요건인 의식주 중에서 '주'에 해당하므로 찾는 사람이 많습니다. 그러나 논과 밭은 주로 의식주가 해결된 다음에 여유자금으로 투자하는 것이기에 찾는 사람이 적을 수밖에 없습니다.

그렇다면 찾는 사람이 많아서 쉽게 팔 수 있고, 싼 가격에 사서 비싼 가격에 팔 수 있는 좋은 논과 밭을 고르는 법에 대해서 알아볼까요?

쉽고 비싸게 팔 수 있는 논과 밭의 조건

① 대도시에서 40km 이내에 있는 논과 밭이 좋습니다. 도시 인근의 논과 밭은 주 5일 근무나 전원주택의 수요로 인해 장래에 주거 단지가 형성될 가능성이 있습니다.

② 132㎡~165㎡(40~50평) 정도의 논과 밭이 집을 짓기에 좋습니다.

③ 도로와 접해 있어야 주택을 지을 수 있으므로 넓은 도로에 붙어 있는 논과 밭이 좋습니다.

④ 토질이 나쁘거나 비탈이 심하다든지 하는 이유로 농사짓기가 어려워 다른 용도로 사용할 수밖에 없는 저렴한 밭(한계 농지)도 좋을 수 있습니다. 물론 경사가 너무 가파르면 건물을 지을 수 없으므로, 토지에 건물을 짓는 것이 목적이라면 매매계약을 하기 전에 해당 토지를 관할하는 시·군·구청의 건축과에 건축 가능 여부를 반드시 확인해봐야 합니다.

토지이용계획확인서를 봐야 하는 이유

O씨는 전원주택을 지으려고 경기도 연천군에 있는 밭을 보러 다니던 중, 옆에 계곡이 있고 앞에는 도로가 있는 밭을 보게 되었습니다. 주변에 국가 소유의 산(국유림)이 있어 필요하면 언제든지 허가를 받아 이용할 수도 있을 것 같았습니다. O씨는 다음 날 그 밭을 계약하기로 했습니다.

그런데 그날 오후, 우연히 아는 중개업자를 만나 그 밭 이야기를 하니 중개업자가 "좋은 땅 같네요. 그런데 혹시 모르니 군청에 가서 그 밭에 집을 지을 수 있는지 확인해보고 계약하세요"라고 말하는 겁니다. O씨는 돌다리도 두들겨보고 건넌다는 심정으로 다음 날 군청에 가서 담당 공무원에게 그 밭에 집을 지을 수 있는지 물어보았습니다. 그랬더니 담당 공무원이 "그 밭 앞에 있는 도로는 산에서 베어낸 나무를 실어나르는 임도(林道)라서 집을 지을 수 없습니다"라고 말하는 것이었습니다. O씨는 자칫 잘못했으면 쓸모없는 밭을 살 뻔했다는 생각에 가슴을 쓸어내렸습니다.

다음은 O씨가 사려던 밭의 토지이용계획확인서입니다.

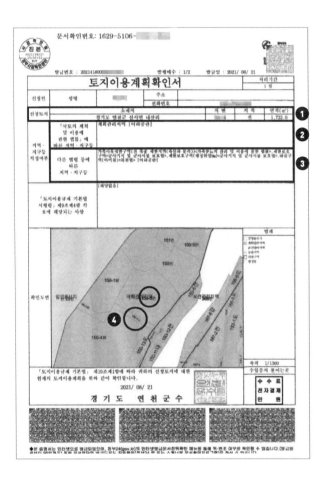

❶ : 토지의 번지와 지목, 면적을 확인할 수 있습니다.

❷ : 용도지역, 용도구역, 용도지구 등을 확인할 수 있습니다.

❸ : ❷에서 언급된 제한사항 이외에 또 다른 제한사항이 있는 경우 확인할 수 있습니다.

❹ : O씨가 사려던 토지(작은 원) 옆에 산에서 베어낸 나무를 실어나르는

임도(큰 원)가 있음을 확인할 수 있습니다.

논과 밭을 사려고 한다면 반드시 해당 토지의 토지이용계획확인서를 발급받아 내용을 확인해봐야 합니다. 그리고 궁금한 점이 있으면 현지의 시·군·구청 담당 공무원, 건축사, 법무사, 중개업자 등에게 물어봐야 합니다. 특히, 공무원이 안 된다고 하는 것은 하기 힘든 것이니 반드시 꼼꼼하게 확인해보세요.

논과 밭은 지역을 분산해서 사자!

논과 밭을 한 지역에 몰아서 사놓은 경우, 나중에 해당 지역이 토지거래허가구역으로 묶이면 모든 논과 밭을 팔기가 어려워집니다. 그러므로 가능하면 여러 지역에 분산하여 논과 밭을 사놓는 것이 좋습니다. 그러면 설사한 곳이 토지거래허가구역으로 지정되더라도 다른 곳의 논과 밭은 쉽게 팔 수 있습니다. 다시 말해 달걀을 한 바구니 안에 담지 말라는 것이지요.

논과 밭은 최소 5년, 길게는 10년 이상 중·장기적으로 보고 투자해야 합니다. 농지에 따라 차이는 있겠지만, 오래 가지고 있을수록 가격상승의 폭이 크고 세금 혜택도 볼 수 있기 때문입니다.

토막 상식

 토지이음에서 지역·지구 등 행위 제한 내용 확인하자

토지이음(www.eum.go.kr)을 이용하면 토지이용계획확인서를 열람할 수 있고, 지역·지구별 행위 제한 내용에 대한 관련 법 조문도 확인할 수 있습니다.

QRcode

토지를 보는
중요 포인트 12

토지를 사는 목적은 전원주택을 짓기 위해, 주말농장을 하기 위해, 단순히 투자하기 위해
등과 같이 다양합니다. 그러면 이와 같은 목적에 적합한 토지를 사려면 어떻게 해야 할까요?
토지를 볼 때 다음 열두 가지 포인트를 꼭 확인해보세요.

1. 토지로 들어가는 길(진입로)이 있는가?

토지로 들어가는 길이 있는지 확인해야 합니다. 토지 모양이 아무리 좋아도 들어가는 길이
없다면 그 토지는 이용할 수 없습니다. 이렇게 들어가는 길이 없는 토지를 '맹지'라고 합니다.
맹지를 이용하려면 주변에 있는 토지를 사서 길을 만들어야 하는데, 이때 내 토지의 가격보

다 길을 만들기 위해 사야 하는 토지의 가
격이 더 비쌀 수도 있습니다. 그러므로 토
지를 살 때는 들어가는 길이 있는지 반드
시 지적도를 발급받아 확인해야 합니다.
물론, 지적도상에 도로가 없다고 건축허
가를 전혀 받지 못하는 것은 아닙니다. 자
신이 사려는 토지 옆에 지적도상에는 도
로가 없지만 실제로 도로가 있으면 건축
허가가 나기도 하니까요. 그러므로 이런
경우에는 반드시 시·군·구청에 확인한 뒤
에 사야 합니다.

진입로가 없는 맹지

2. 토질(흙의 성질)이 건물 짓기에 좋은가?

토지를 살 때는 흙의 성질이 어떤지 반드시 확인해야 합니다. 조금만 파도 바위가 나오는 땅이라면 건물을 짓는 데 공사비가 많이 들어갈 것이고, 모래가 너무 많은 땅에 건물을 지으면 건물이 기울거나 물이 샐 수도 있습니다. 참고로 좋은 토질은 자갈이 너무 많지 않고, 단단하면서 물 빠짐이 좋은 모래흙(마사토)입니다.

3. 밭이나 논을 대지로 바꿀 수 있는가?

사람들이 토지를 사는 이유는 농사를 짓기 위한 것도 있지만, 나중에 주택이나 상가 같은 건물을 짓기 위한 것도 있습니다. 그러므로 사놓은 논과 밭을 주택이나 상가 등을 지을 수 있는 대지로 바꿀 수 없다면 큰 낭패가 아닐 수 없습니다.

그럼 논과 밭을 대지로 바꿀 수 있는지 알려면 어떻게 해야 할까요? 사려는 토지가 있는 해당 시·군·구청의 담당 공무원이나 토목측량업체, 설계사무소에 가서 물어보면 알 수 있습니다. 추가로 토지이용계획확인서도 확인하세요.

4. 현재 사용 용도가 공부서류의 지목과 일치하는가?

현장에 가보면 지적도나 토지이용계획확인서의 지목과 다르게 토지를 이용하고 있는 경우가 종종 있습니다. 그러니 공부서류의 지목만 확인하지 말고 실제 어떤 용도로 이용하고 있는지도 반드시 확인해야 합니다.

5. 토지의 모양이 예쁜가?

토지의 모양도 매우 중요합니다. 예를 들어 토지의 모양이 삼각형, 역삼각형, 자루형이라면 활용할 수 있는 면적이 작아 좋지 않습니다. 그러므로 토지의 모양은 정방형(직사각형), 가장형(가로로 긴 직사각형), 세장형(세로로 긴 직사각형), 사다리형에 가까운 것이 좋습니다.

정사각형으로 모양이 좋은 토지

6. 묘는 없는가?

논과 밭을 살 때는 그곳에 묘가 있는지 반드시 확인해야 합니다. 자신의 토지라 하더라도 묘가 있는 부분은 이용할 수 없기 때문입니다. 만약 묘가 있는 곳을 사려면, 잔금을 치르기 전까지 그 묘를 다른 곳으로 옮긴다는 특약을 넣어서 계약해야 합니다.

분묘가 있는 토지

7. 토지의 경사도는 완만한가?

집을 지을 때는 10도 정도 완만하게 경사진 토지가 그렇지 않은 토지보다 햇빛도 많이 받고 전망도 좋습니다. 하지만 경사가 심하면 진입이 어렵고 집을 짓기 어려울 뿐만 아니라 건축허가를 받지 못할 수도 있습니다. 10도 정도면 걸어서 오르기 힘들지 않습니다. 집을 지을 수 있는 경사도는 지방자치단체마다 다르므로 지역마다 반드시 확인해야 합니다.

10도 정도 경사진 토지

8. 토지의 방향은 어느 쪽인가?

토지의 방향은 집을 지었을 때 거실의 창을 남쪽으로, 출입문을 동쪽으로 낼 수 있는 토지가 좋습니다. 그러나 남향은 일반적인 것이고 개인적인 취향이나 사정에 따라 거실의 방향이 남쪽이 아니어도 괜찮습니다.

9. 현재 사는 곳에서 얼마나 걸리는가?

아무리 전망이 좋은 토지라 하더라도 거리가 멀어서 가는 시간이 3~4시간씩 걸린다면 토지를 자주 이용하기가 어렵습니다. 토지는 현재 사는 곳에서 1시간~1시간 30분 정도 걸리는 거리에 있는 것이 좋습니다.

10. 토지의 경계는 정확한가?

시골 땅들은 경계가 모호한 경우가 많습니다. 농사를 짓다 보면 자기도 모르게 남의 밭까지 넘어가기도 하고, 오랫동안 농사를 짓지 않고 내버려 둔 경우에는 이웃 토지와의 경계가 불분명해지기도 합니다. 그러므로 토지를 살 때는 토지의 경계를 정확히 확인해야 합니다. 만약 눈으로 확인하기 어렵다면 한국국토정보공사(www.lx.or.kr)에 '경계복원측량'을 신청(전화신청 가능)하고 수수료 납부 후 계약을 하면 됩니다. 수수료는 60~100만원 정도입니다.

11. 토지 주변에 혐오시설이 없는가?

2km 이내에 공동묘지, 하수종말처리장, 축사, 쓰레기매립장, 염색공장 등 혐오시설이 있는 토지는 사지 않는 것이 좋습니다. 이러한 시설들은 산 뒤편이나 마을 구석 등 잘 보이지 않는 곳에 숨어 있으므로 꼼꼼히 체크해야 합니다. 스마트폰의 지도검색 앱을 이용하면 편리합니다.

12. 지하수 개발이 가능한가?

지하수를 개발할 수 있는 토지와 지하수를 개발할 수 없는 토지는 그 가치가 크게 차이 납니다. 지하수를 개발할 수 있는지는 지하수 개발업체에 물어보면 알 수 있습니다. 참고로 지하수를 개발하는 데 드는 비용은 소공(시추공 지름 50~70mm, 시추 깊이 30~50m)은 100~200만원, 중공(시추공 지름 100mm, 시추 깊이 70~80m)은 300~400만원, 대공(시추공 지름 150mm, 시추 깊이 100m 이상)은 700만원 이상입니다. 식수를 원한다면 시추 깊이가 100m 이상 되는 대공을 파야 합니다. 상수도는 m당 10만원 정도이므로 상수원이 가깝다면 지하수 개발보다는 수도를 설치하는 것이 더 경제적입니다.

086

토지 투자의 골칫덩어리, 묘(墓)

밭이나 산을 사려고 현장답사를 해보면 해당 토지에 묘가 있기도 합니다. 이럴 때는 조심해야 합니다. 토지가 내 것이라 해도 봉분(흙을 쌓아 만든 둥근 모양의 묘)이 있는 부분과 그 묘에 제사를 지낼 때 필요한 부분은 내 마음대로 사용할 수 없기 때문입니다.

남의 토지에 묘를 세운 사람이 자신의 묘를 관리하기 위해 해당 토지를 이용할 수 있도록 관습법상 인정받는 권리를 '분묘기지권'이라고 하는데, 이러한 권리가 있는 묘는 내 마음대로 옮길 수도 없습니다.

이렇게 무서운 권리인 분묘기지권은 어떻게 해서 생기는 걸까요?

분묘기지권 발생 원인 1: 이웃의 정 때문에 옮기라고 말 못 함

상주가 해당 토지의 주인에게 허락받아 묘를 씀으로써 발생합니다. 옛날에는 마을 주민들끼리 이웃 간의 정 때문에 차마 거절하지 못하고 자신의 밭이나 산에 묘를 쓰게 했습니다.

분묘기지권 발생 원인 2: 원래 주인이 묘를 쓰고 토지를 매매

토지 주인이 해당 토지에 자신 조상의 묘를 쓰고 그 상태에서 다른 사람에게 해당 토지를 팔았을 때 발생합니다. 이때 전 토지 주인의 조상 묘가 이 무서운 권리를 가지게 됩니다.

분묘기지권 발생 원인 3: 주인 몰래 쓴 묘

그동안에는 토지 주인의 허락 없이 묘를 썼어도 20년간 무탈하게 유지되었다면 분묘기지권을 인정했습니다. 그러나 2001년 1월 13일 「장사 등에 관한 법률」 시행 이후부터는 토지 주인의 허락을 받지 않고 몰래 묘를 쓴 경우에는 분묘기지권이 발생하지 않습니다. 이 경우 토지 주인은 시장·군수·구청장의 허가를 받아 매장된 시체 또는 유골을 옮길 수 있습니다.

묘가 있는지 확인하는 방법

토지를 살 때는 수풀이 무성하게 우거져 있더라도 반드시 현장을 꼼꼼히 살펴봐야 합니다. 또한 마을 어르신이나 토박이에게 해당 토지에 묘를 쓴 적이 있는지 물어봐야 합니다. 그리고 정상적으로 신고하고 쓴 묘라면 묘지 대장에 그 사실이 기록되어 있으므로, 해당 토지가 있는 시·군·구청에서 묘적

부 발급을 신청해 묘가 있는지 확인해보세요.

묘가 있는 토지를 안전하게 사려면?

사고자 하는 토지에 묘가 있으면 토지를 파는 사람에게 잔금 치르기 전까지 묘를 다른 곳으로 옮겨달라고 요구하고, 그렇게 하지 않으면 본 계약을 무효로 한다는 내용을 계약서의 특약사항에 반드시 기록해야만 묘가 있는 토지를 안전하게 거래할 수 있습니다.

▼ **토지매매계약서 샘플**

토 지 매 매 계 약 서

No. 342

부표동산의시	소 재 지	강원도 정선군 북평면 북평리 ⬛⬛⬛		면 적	2,914.0㎡ 약87.42평	㎡가격 평당가격	₩150,000 ₩495,000
	지 목	전					

대 금 총 액	금 사천삼백만원정 (₩43,000,000)

위 표시의 부동산을 매도인과 매수인 간에 위에 기재한 대금 총액으로서 다음 각 조항에 의하여 매매하기로 함.

제 1 조 매수자는 매도인에게 다음과 같이 매매대금을 지불키로 함.

계 약 금	사백삼십만원정은 계약당시에 소유자에게 지불하고

특약사항	해당 토지에 있는 분묘 3기는 잔금을 치르기 전까지 이장해야 하며, 만약에 이행이 되지 않았을 경우 본 계약은 무효로 함.

2014년 05월 02일

매도인	주 소	강원도 정선군 북평면 북평리 ⬛⬛⬛	전 화	010-333-3333
	주민등록번호	⬛⬛⬛⬛⬛⬛	성 명	나 정 선 ㉔
매수인	주 소	경기도 광명시 철산동 ⬛⬛⬛	전 화	010-999-9999
	주민등록번호	⬛⬛⬛⬛⬛⬛	성 명	금 나 라 ㉔
중개업자	주 소	강원도 정선군 북평면 북평리 ⬛⬛⬛	허가번호	93570000-5643
	상 호	북평공인중개사사무소	전 화 010-777-7777	성 명	장 북 평 ㉔

묘가 있는 토지라면 잔금 치르기 전까지 묘를 이장하겠다는 특약사항을 반드시 써넣어야 합니다.

✎ 주인을 모르는 묘도 이장할 수 있다!

묘의 주인을 모르면 '해당 토지 등의 사용에 관해 당해 분묘 연고자의 권리가 없음'을 증명하는 서류를 첨부하여 시장·군수·구청장에게 개장(이장) 허가를 신청합니다. 개장허가증을 받은 후 개장하고, 중앙 일간신문을 포함한 2개 이상의 일간신문(관할 시·도 또는 시·군·구 인터넷 홈페이지와 하나 이상의 일간신문)에 40일 간격으로 묘지 또는 분묘의 위치, 장소, 개장 사유, 개장 후 안치한 장소와 기간, 공설묘지 또는 사설묘지 설치자의 성명과 주소, 연락방법을 2회 이상 공고합니다. 이렇게 하면 개장한 사람은 무단으로 분묘를 개장한 책임을 면할 수 있습니다.

087

건물이 들어설 수 있는 토지가 최고!

　토지 투자로 이익을 보기 위해서는(농사가 목적이 아니라면) 건물을 지을 수 있는 토지를 사야 합니다. 건물을 지을 수 있다는 말은 일반적으로 생각하는 '개발'이 가능하다는 말이고, 당연히 그런 토지가 투자가치가 높습니다. 하지만 모든 토지에 건물이 들어설 수 있는 것은 아닙니다.

　토지는 정해진 쓰임새와 다르게 사용하면 벌금을 내거나 아예 그 토지를 사용할 수 없습니다. 토지의 종류에 따라 쓰임새가 다르기 때문이죠. 그러므로 토지를 살 때는 토지의 종류(지목)를 아는 것이 매우 중요합니다.

　토지의 종류에는 어떤 것들이 있고, 그중에서도 반드시 알아야 하는 내용은 무엇인지 알아보겠습니다.

반드시 알아야 할 토지 종류 9가지!

　현재 토지는 쓰임새에 따라 28가지 지목으로 나뉩니다. 이 중에서 주로 거래되는 지목은 다음의 9가지입니다. 거래량이 많은 순서대로 설명해 놓았으니, 토지 투자 전 이 9가지 지목은 반드시 숙지해야 합니다.

① **대지**: 주택이나 상가와 같은 건물을 지을 수 있는 토지입니다. 토지에 주택이나 상가와 같은 건물을 지으려면 건물을 지어도 좋다는 허가를 받아야 하는데, 대지가 아닌 토지에는 이러한 허가가 나지 않습니다. 물론 농지나 잡종지 등에 합법적으로 허가를 받아 주택이나 상가 등 건물을 지은 후 토지의 지목을 대지로 바꾸면 됩니다. 여하튼 주택이나 상가와 같은 건물이 있는 토지의 지목은 정상적인 경우라면 모두 대지입니다.

② **산지**(임야): 흔히 알고 있는 산입니다. 더 넓게는 자갈땅, 모래땅, 황무지 등도 산지에 속합니다. 예전에는 '임야'라고 했지만 이제는 '산지'라는 용어를 사용합니다. 임야가 나무 한 그루의 개념으로 따진다면 산지는 산 전체의 개념이라고 생각하면 됩니다.

③ **전**: 옥수수, 콩, 인삼, 뽕나무, 묘목 등을 재배하는 밭입니다.

④ **답**: 물을 이용해 벼, 미나리, 연뿌리 등을 재배하는 논입니다.

⑤ **과수원**: 귤, 사과, 배 등 과일나무를 집단적으로 재배하는 토지입니다.

⑥ **목장용지**: 소, 돼지, 닭, 말, 양, 염소 등의 가축을 집단적으로 모아놓고 기르는 토지입니다.

⑦ **잡종지**: 나머지 27가지의 토지 종류에 속하지 않는 토지로, '대지'로 바꾸기 쉬운 토지입니다.

⑧ **공장용지**: 공장이 들어선 토지 또는 공장이 들어설 수 있게 조성된 토지를 말합니다.

⑨ **창고용지**: 물건을 보관하고 저장하는 창고가 들어선 토지 및 창고에 속한 건물이 서 있는 토지를 말합니다.

대표적인 지목과 그 내용

지목	부호	내용
대지	대	영구적 건축물의 부지와 이와 부속된 부속시설물의 부지 및 정원과 택지 조성사업으로 공사가 완료된 토지
산지(임야)	임	산림을 이루고 있는 수림지, 죽림지, 암석지, 자갈땅, 모래땅, 습지, 황무지 등의 토지
전	전	물을 직접 이용하지 않고 곡물, 원예작물(과수류 제외), 약초, 뽕나무, 닥나무, 묘목, 관상수 등을 주로 재배하는 토지와 식용을 위해 죽순을 재배하는 토지
답	답	물을 직접 이용해 벼, 연, 미나리, 왕골 등의 식물을 재배하는 토지
과수원	과	사과, 배, 밤 등의 과수류를 집단으로 재배하는 토지와 이에 접속된 저장고 등 부속시설물이 있는 토지. 단, 주거용 건축물의 토지는 대지
목장용지	목	축산업, 낙농업을 하기 위해 초지를 조성한 토지, 가축을 사육하는 축사 등의 토지와 이에 접속된 부속물이 있는 토지. 단, 주거용 건축물의 토지는 대지
잡종지	잡	갈대밭, 실외에 물건 쌓놓은 곳, 돌 캐는 곳, 흙 파내는 곳, 야외시장, 비행장, 영구적 건축물 중 송유시설, 쓰레기 및 오물처리장 등의 부지 및 다른 지목에 속하지 않는 토지
공장용지	장	제조업을 목적으로 하는 공장시설물의 토지와 공장부지 조성을 목적으로 하는 공사가 준공된 토지
창고용지	창	물건 등을 보관·저장하기 위해 독립적으로 설치된 보관시설물이 있는 토지와 이에 접속된 부속시설물이 있는 토지

건물을 짓는다고 무조건 수익이 나는 건 아니다

토지를 사놓았다가 몇 년 후에 그냥 파는 것보다는 토지에 건물을 지어서 팔면 더 많은 시세차익을 볼 수 있다고 생각하는 사람도 있습니다. 물론 틀린 말은 아닙니다. 땅은 개발할수록 가치가 높아지니까요. 하지만 땅을 개발할 때는 신중해야 합니다. 특히 시골이나 산지(임야)에 집을 지을 때는 말이지요.

예를 들면 굳이 불편한 시골에서 전원생활을 하려는 사람들은 도시의 쳇바퀴처럼 돌아가는 정형화된 삶에서 탈출하기를 원합니다. 남과 같은 삶이 아니라 나만의 삶을 살고 싶어 하죠. 그래서 이들은 전원주택을 지을 때도 남들과 다르게 자신의 생활습관에 맞춰 집을 짓습니다. 이들은 시간과 비용이 더 들더라도 자신만의 집을 짓기를 원합니다.

그런데 토지의 전망과 주변 환경이 좋다고 해서 해당 토지 주인 마음대로 집을 지어놓으면 잘 팔릴까요?

전망과 주변 환경이 좋아 전원주택 자리로 더할 나위 없는 곳이라면 차라리 집을 지어놓지 않는 것이 좋습니다. 이런 곳에 집을 지어놓으면 쉽게 팔릴 토지가 오히려 안 팔릴 수도 있으니까요.

참고로, 전원주택을 지으려면 설계하고 건축허가를 받아 완공한 후 사용승인을 받기까지 대략 3개월 정도가 걸립니다. 건축비는 어떤 자재를 쓰는지에 따라 차이가 있지만, 보통 3.3㎡(1평)당 400만~550만원 정도 듭니다.

환경에 맞는 적절한 개발은 땅의 가치를 높인다

앞서 언급했듯이 여러 용도로 사용할 수 있는 좋은 토지에는 굳이 많은 돈을 들여 건물을 지어놓을 필요가 없습니다. 그러나 기찻길 옆이나 송전탑

밑처럼 위치가 나빠서 집을 짓지도, 상가를 짓지도, 그렇다고 농사를 짓기에도 마땅치 않은 땅은 차라리 돈을 들여 개발하는 것이 좋습니다.

여름 휴가차 시골에 놀러 갔다가 술김에 토지를 계약한 K씨는 땅은 보지도 않은 채 서울에 와서 잔금을 치르고, 그다음 해가 되어서야 해당 토지를 보러 갔습니다.

그런데 땅을 본 K씨는 기절하는 줄 알았습니다. 듣기로는 그렇게 좋다던 땅이 철도 옆에 붙어 있어서 소음과 진동이 무척 심했기 때문입니다.

이후 K씨는 손해를 보더라도 땅을 팔려고 했지만 좀처럼 팔리지 않았습니다. 궁리 끝에 K씨는 그곳에 창고를 짓기로 했습니다. 창고는 물건만 보관하는 곳이므로 소음이나 진동에 신경 쓸 필요가 없고, 더욱이 그 동네는 교통이 편리해 창고를 찾는 사람이 무척 많았기 때문입니다.

K씨는 설계사무소를 찾아가 300만원을 주고 설계를 의뢰했습니다. 얼마 후 그 설계가 마음에 든 K씨는 3.3㎡(1평)당 7만원을 설계사에게 주고 330㎡(100평)에 대해 건축허가를 받았습니다. 그리고 아는 사람을 통해 건축업자를 소개받아 3.3㎡당 150만원을 들여 창고를 지었습니다. 이렇게 해서 K씨가 창고를 짓는 데 들어간 비용은 총 1억 6,000만원이고, 현재 보증금 2,000만원에 월세 150만원을 받고 있습니다. 창고 짓는 데 들어간 비용에서 보증금을 제한 나머지 1억 4,000만원에 대한 이자를 빼고도 매달 100만원 정도의 월세 수입을 얻고 있는 것입니다.

이와 같이 땅의 쓰임새가 다양하지 않고 가치가 떨어질 때는 비용이 들더라도 개발해서 가치를 높일 필요가 있습니다.

건축업자와 건축사 중 누구에게 건축을 위임해야 좋을까?

토지에 건물을 지을 때는 모든 것을 직접 공사하는 건축업자에게 위임하는 방법과 설계사무소의 건축사에게 위임하는 방법이 있습니다. 건축업자에게 건축에 관련된 일을 위임하면 건축업자가 건축사에게 설계 하청을 주는데, 이렇게 되면 건축주는 좀 더 비용을 절약할 수 있습니다. 건축업자가 건축사의 설계 비용을 깎기 때문이죠. 그러나 이 경우 건축업자가 '갑'이고, 설계한 건축사가 '을'이기 때문에 건축물에 하자가 발생해도 건축사가 건축업자에게 뭐라고 할 수가 없어 부실시공이 이루어질 가능성이 큽니다.

반면, 건축사를 통해 설계하고 건축업자를 선정하면 건축주가 설계 비용을 깎기 어려워 비용이 좀 늘어날 수는 있지만, 설계대로 건축이 이루어지지 않았을 때 건축사가 건축업자에게 하자에 대한 보수를 요구할 수 있어 건축물의 하자를 줄일 수 있습니다. 여러분은 어떤 방법을 선택하시겠어요?

088

땅값 높이는 지목 변경, 토지별로 방법이 다르다!

일반적으로 토지를 살 때는 가격이 비싼 대지보다는 비교적 가격이 저렴한 산지나 논과 밭 같은 농지를 사는 경우가 많습니다. 값싼 산지나 농지를 사서 지목을 대지나 공장용지 또는 창고용지로 바꾸면 토지 가격이 2~3배가량 오르기 때문이죠. 그러나 자신의 토지라고 해서 마음대로 지목을 변경할 수는 없는 법! 이 장에서는 토지별 지목 변경이 가능한지 여부를 알아보겠습니다.

답, 전, 임야의 경우 농지(산지) 전용허가를 받아 건물 지어야!

답, 전, 임야로 되어있는 지목을 대지나 공장용지, 창고용지 등으로 변경하려면 먼저 농지(산지)를 다른 용도로 사용하겠다는 농지(산지) 전용허가를 받아야 합니다. 그리고 해당 토지에 건물을 지을 수 있도록 토지를 개발(형질 변경)한 다음, 실제로 건물을 지어 사용승인을 받아야 합니다.

이 과정을 거치지 않으면 답, 전, 임야로 되어있는 토지의 지목을 대지, 공장용지, 창고용지 등의 지목으로 변경할 수 없습니다.

그러므로 답, 전, 임야를 대지나 공장용지 등으로 변경하면 토지의 가격이 올라간다는 말은 틀린 말이 아니나, 해당 토지에 건물을 지어야만 지목을 변경할 수 있으므로 현실적으로 많은 어려움이 따릅니다.

산지(임야)를 농지나 대지로 변경하는 것은 거의 불가능!

산지를 농지나 대지로 변경하기는 쉽지 않습니다. 산지는 자손들에게 영원히 물려줘야 하는 공공자산으로 간주됩니다. 산지는 관청의 허가를 받아 못 쓰는 나무를 벌채하거나 아니면 두릅이나 버섯 등을 재배하는 용도로 이용하는 것이 적합합니다. 만약 산지를 살 때 농지나 대지로 지목 변경하는 것이 목적이라면, 반드시 해당 관청과 설계사무소 등을 방문해서 지목 변경 가능성을 꼼꼼하게 확인해봐야 합니다.

토지분할, 사기를 조심하세요

지목을 대지로 바꿔주겠다고 약속하며 산지를 330㎡(100평)나 660㎡(200평)씩 나누어 파는 기획부동산의 사기에 주의하세요. 지목이 산지에서 대지로 바뀌려면 반드시 해당 토지에 건물을 지어야만 합니다.

주택을 짓지 않고 여러 사람에게 나누어 파는 산지는 소유자 모두의 의견 통합이 이루어지기 어렵고, 관청에서도 건축허가를 내주지 않아 집을 지을 수 없습니다. 결국, 해당 산지의 지목을 임야에서 대지로 변경할 수 없지요.

이런 산지는 아무런 쓸모가 없어 다른 사람에게 팔기도 어렵습니다. 정부나 지방자치단체에 수용되어 각자 지분에 따라 보상받지 않는 한 죽은 토지나 다름없습니다.

산지는 경사도가 20도를 넘지 않는 것이 좋습니다

산지의 경사도가 20도를 넘지 않아야 건축허가를 받기가 쉽고 건축비용도 절약할 수 있습니다. 단, 경사도 20도라는 기준은 지방자치단체에 따라 조금씩 다를 수 있으므로 산지를 살 때는 관할 시·군·구청 건축과와 설계사무소를 통해 정확히 확인해야 합니다.

같은 농지라도 농가주택 건축 기준 달라!

농지를 사는 목적이 농가주택을 짓는 것이라면 농업진흥구역과 농업보호구역에 따라 건축 조건이 다르다는 것을 알아야 합니다. 현지에서 농사를 짓는 농민이 농가주택을 짓는 것이라면 농업진흥구역이든 농업보호구역이든 아무 곳에서나 농가주택을 지을 수 있습니다. 그러나 현지에서 농사를 짓는 농민이 아니라면 농업보호구역에만 농가주택을 지을 수 있습니다. 또한 농가주택을 지으려면 농가주택이 들어서는 부지가 도로와 접해 있어야 하므로 이 부분도 체크해야 합니다.

상수원보호구역은 지목 변경 원천 불가? 예외는 있다!

상수원보호구역이란 상수도를 확보하고 상수원이 유해 물질로 오염되는 것을 막고자 지정한 법정 지역을 말합니다. 상수원보호구역은 도시환경을 위해 절대적으로 개발이 금지될 만큼 공익성이 강한 용지로, 개인적인 이익을 위한 용도지역(공공의 이익에 도움이 되도록 토지를 경제적·효율적으로 이용하기 위해서 건축물의 용도, 건폐율, 용적률 등을 제한하는 지역. 도시지역, 관리지역, 농림지역, 자연환경보전지역으로 구분하여 지정합니다) 변경이나 해제가 불가능한 지역입니다.

상수원보호구역에서는 원칙적으로 건물을 새로 짓거나 개발하거나, 숲을 마음대로 가꾸는 등의 행위는 할 수 없습니다. 그리고 주택도 100㎡ 이하의 소형 주택만 건축할 수 있습니다.

그러나 하수종말처리시설 등 오수·폐수 처리시설에 의해 오수 및 폐수를 처리할 수 있는 환경정비구역으로 지정된 지역이라면 생활기반 시설의 설치뿐만 아니라 주택도 200㎡까지 지을 수 있습니다. 한편 상수원보호구역에 주택을 지으려면 세대원 중 한 명이라도 그 구역에 6개월 이상 주민등록이 되어 있어야 합니다.

계곡 주변도 지하수 보호를 위해 상수원보호구역으로 지정되는 경우가 있어 규제가 많습니다. 그럼에도 불구하고 이곳에 주택을 지을 수 있다면 미래가치와 투자가치가 높다고 볼 수 있습니다. 부동산의 미래가치는 환경가치이기 때문입니다. 자연환경이 법으로 보존되는 지역은 바꾸어 생각하면 아주 훌륭한 주거지가 됩니다. 건축 가능 여부가 궁금하다면 해당 지역에 있는 설계사무소를 방문해 자세하게 물어보세요.

토막상식

✎ **2021년 8월 17일 농지 불법행위에 대한 제재가 강화된다**

농업진흥지역 내 농지는 주말·체험 영농 목적으로는 살 수 없습니다. 농지의 불법 취득이나 임대차 등의 위반 사실을 알고도 중개하면 3년 이하의 징역 또는 3,000만원 이하의 벌금형에 처해지고, 불법 위탁경영, 임대차도 2,000만원 이하 벌금을 내야 합니다. 또한, 농지법을 위반할 목적으로 거짓이나 그 밖의 부정한 방법으로 농지취득자격증명을 발급받은 자에 대해서는 5년 이하의 징역 또는 해당 토지의 개별공시지가에 해당하는 금액 이하의 벌금형에 처해집니다.
농업 법인은 농지를 활용 또는 전용한 부동산업을 할 수 없고, 이를 어기면 5년 이하의 징역 또는 5,000만원 이하의 벌금을 내야 합니다.

089

개발계획과 상관없이
허가는 받아두자!

예전에는 토지를 살 때 개발할 계획이 없더라도 개발 허가를 미리 받아 놓아야 했습니다. '연접개발제한'이라는 것 때문이었죠.

이웃한 땅의 개발을 제한하는 '연접개발제한'

'연접지'란 '연이어 접한 필지'라는 의미로 '붙어 있는 토지'를 말합니다. 연접개발제한은 논(답)이나 밭(전) 또는 산지(임야)를 사서 너도나도 마구잡이로 개발하는 난개발을 방지할 목적으로 만든 제도로, 개발 허가를 받은 토지와 이웃한 토지는 개발 허가를 내주지 않는 제도입니다. 다시 말해, 내가 산 토지와 이웃한 토지가 나보다 앞서 개발 허가를 받은 상태라면 내 토지는 개발할 수가 없습니다.

그래서 지금까지는 토지를 살 때 자신의 토지와 이웃한 토지가 개발 허가를 받아놓았는지 확인해야 했습니다. 그리고 내가 산 토지를 당장 개발할 계획이 없더라도 일단 개발 허가를 받아놓는 것이 유리했죠. 개발 허가를 받아놓은 토지라면 팔 때도 높은 가격을 받을 수 있으니까요.

연접개발제한 폐지, 무엇이 달라졌나?

그런데 2011년 3월부터 「국토의 계획 및 이용에 관한 법률」 시행령에서 도시지역 안에 있는 녹지지역과 비도시지역인 관리지역, 농림지역, 자연환경보전지역의 연접개발을 제한하는 법조문이 폐지되었습니다. 다시 말해 '연접개발제한'이 없어진 것이죠. 그러나 비도시지역인 관리지역과 농림지역에서 3만㎡(약 9,000평) 미만, 자연환경보전지역에서 5,000㎡(약 1,500평) 미만으로 개발행위를 하려면 여전히 시장의 허가를 받아야 합니다. 그러므로 토지를 살 때는 '연접개발제한' 폐지와 상관없이 해당 토지를 관할하는 시·군·구청의 도시계획과를 방문해서 개발 허가를 받을 수 있는지를 반드시 미리 확인해야 합니다.

난개발을 막기 위한 연접개발제한, 왜 폐지되었을까?

2003년부터 시행된 연접개발제한제도는 난개발을 막고 행정계획에 따라 체계적으로 개발하기 위해 만들어졌습니다. 그런데 이 제도로 인해 개발허가에 따른 형평성 문제가 발생했고, 오염을 배출하는 공장이 분산되어 국토경관을 해치고, 투기꾼들이 투기 목적으로 일정 지역의 개발을 선점하는 등의 부작용이 나타났습니다. 이에 결국 연접개발제한제도는 폐지되었으나 사실상은 조례로 규제하고 있습니다.

🖉 개발행위 업종에 따라 요구하는 도로의 폭이 다르다!

토지에 건물을 지으려면 해당 토지에 도로가 접해 있어야 합니다. 이때 도로의 폭은 단순히 4m 이상이면 되는 것이 아니라, 연면적이나 개발행위 업종에 따라 요구되는 도로의 폭이 다릅니다. 연면적이 2,000㎡ 이상인 건축물은 너비 6m 이상의 도로에 4m 이상 접하여야 합니다. 참고로 개발행위허가는 통합 인허가지원 서비스 홈페이지(https://ipss.go.kr)를 통해 신청, 조회, 준공검사필증을 발급받을 수 있습니다.

090

용도지역 따라 가치가 달라지는 산지(임야)투자

우리나라의 토지는 어떻게 이용할 것인지에 따라 도시와 관련된 '도시지역', 농사와 관련된 '농림지역', 자연환경 보호와 관련된 '자연환경보전지역' 그리고 앞의 세 지역으로 구분하기 애매한 '관리지역'으로 나뉩니다. 이 중에서 용도가 바뀌었을 때 투자가치가 확 달라지는 땅이 바로 관리지역입니다.

미래의 도시지역 성격을 지닌 '계획관리지역'

관리지역은 무언가로 구분하기가 애매한 땅입니다. 향후 도시지역처럼 개발될 수도 있고, 아니면 자연환경보전지역처럼 후손들을 위해 영원히 개발이 안 될 수도 있습니다.

관리지역은 다시 보전관리지역과 생산관리지역, 계획관리지역으로 나뉘는데, 이 중에서 미래의 도시지역 성격을 가진 계획관리지역이 가장 인기가 많고 땅값도 가장 높습니다. 개발규제가 풀리면 이 지역 안에 있는 산지(임야)를 개발하기가 쉬워져 땅의 가치가 2배 이상 상승할 수 있기 때문입니다.

해당 토지가 어떤 종류의 관리지역인지는 토지이용계획확인서에서 확인할 수 있습니다.

집을 지을 수 있는 '생산관리지역', '보전관리지역'

농림지역이나 자연환경보전지역으로 지정하기 곤란한 지역은 생산관리지역이나 보전관리지역으로 지정해 관리하는데, 이들 지역은 계획관리지역에 비해 규제가 많습니다. 특히 보전관리지역은 말 그대로 후손에게 물려주기 위해 그대로 보존하는 지역이라서 땅의 가치가 높지 않습니다.

그렇다고 해서 집을 지을 수 없는 것은 아닙니다. 생산관리지역이나 보전관리지역이라고 하더라도 연면적이 200㎡(약 60평) 미만이고 3층 미만인 건축물은 신고만 하면 건축할 수 있습니다.

단, 주택의 바닥면적을 결정하는 건폐율은 계획관리지역이 40%인 데반해, 보전관리지역과 생산관리지역은 20%입니다. 같은 면적의 토지라도 건물을 지을 수 있는 면적이 두 배나 차이가 납니다. 계획관리지역의 땅값이 다른 용도지역보다 높은 이유가 여기에 있죠.

용도지역에 따라 투자가치가 달라지는 '산지'

산지(임야)를 살 때는 용도지역이 무엇인지 그리고 용도지역이 관리지역이라면 계획관리지역인지 생산관리지역인지, 보전관리지역인지 반드시 확인해야 합니다. 관리지역 산지 중 보전산지는 임업인이 아니면 산지 전용허가를 받아 개발하기 어려우므로, 사기 전에 토지이용계획확인서를 반드시 확인해야 합니다.

▼ 토지이용계획확인서 샘플

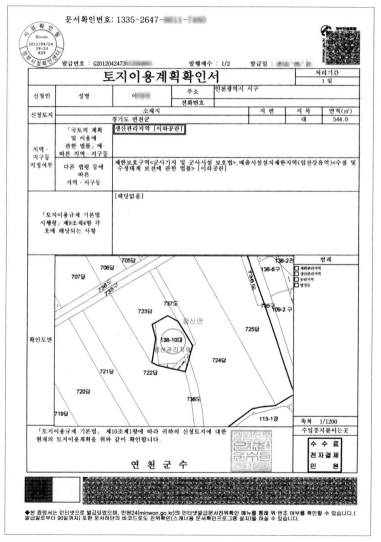

산지(임야)를 살 때는 토지이용계획확인서를 통해 용도지역을 반드시 확인해야 합니다.

보전관리지역의 산지는 여러 가지 제한이 많아 개발하기가 어렵지만, 내가 사고자 하는 산지(임야)가 관리지역 중 계획관리지역 안에 있는 것이라면 투자가치가 있습니다. 「산지관리법」의 강화로 보전가치가 있는 보전산지와 자연환경보전지역은 앞으로 점점 더 개발이 어려워질 전망입니다. 그러므로 "몇 년 안에 개발이 된다더라"라는 말을 곧이곧대로 믿지 말고 반드시 해당 자치단체의 담당 공무원에게 확인한 후에 투자해야 합니다.

참고로 투자가치에 따라 관리지역에 순서를 매겨보면 다음과 같습니다.

계획관리지역 > 생산관리지역 > 보전관리지역

토막상식

✎ **산지에 대한 모든 정보! '산지정보시스템'에 있다**

산지의 경우 실제 면적이 임야대장이나 임야도의 면적과 다를 수 있으므로 반드시 꼼꼼하게 확인해야 합니다. 계약서 작성 시 특약사항란에 "나중에 면적이 부족할 경우 잔금에서 감액하기로 한다."라는 내용을 써 놓아야 합니다. '산지정보시스템'을 이용하면 해당 산지에 대한 산지정보조회, 산지이용안내, 행위제한안내, 산지통계 등 여러 가지 서비스를 이용할 수 있습니다. 그러므로 자신이 관심 있는 산지가 있다면 '산지정보시스템'을 꼭 이용해 보세요.

091

마지막 보루, 개발제한구역

개발제한구역이란 흔히 그린벨트(GB, greenbelt)라고 불리는 지역을 말합니다. 1971년 7월 서울에 처음 지정된 이 구역은 도시의 무질서한 확산을 막고, 도시 주변의 자연환경을 보전하는 것 등을 목적으로 지정되었습니다. 이 구역 내에서는 건축물의 신축·증축, 용도변경, 토지의 형질변경 및 토지분할 등을 마음대로 할 수 없습니다. 그러나 필요한 경우에는 국토교통부장관, 도지사, 시장, 군수 등의 승인 또는 허가를 받아 개발할 수 있습니다. 그동안 정부는 서울 도심으로 몰리는 인구를 분산하기 위해 도심 주변의 그린벨트를 해제하고 신도시를 건설해 왔습니다. 그렇다면 개인이 그린벨트 안에 주택이나 다른 건물을 짓는 방법이 있을까요?

GB 안에 단독주택, 다가구주택 짓는 방법

① 개발제한구역 안에서는 개발제한구역 지정 당시부터 지목이 대(垈)인 토지이거나, 아니면 개발제한구역 지정 당시부터 있던 기존주택(개발제한구역 건축물관리대장에 등재된 주택)이 있는 토지에만 새로 주택을 지을

수 있습니다.

② 개발제한구역에 기존 주택을 소유하고 그 집에 사는 농업인은 농사 짓는 데 필요한 경우, 자기가 가진 기존 주택을 철거하고 자기 소유의 농장 또는 과수원에 주택을 새로 지을 수 있습니다. 단, 이때 새로 지은 주택은 농림·수산업을 위한 시설 외로는 용도변경을 할 수 없습니다.

그리고 생산에 직접 이용되는 토지의 면적이 1만㎡ 이상이어서 진입로 설치가 필요한 경우에는 아무리 농사짓는 데 필요하다고 해도 새로운 주택을 지을 수 없습니다. 그 이유는 개발제한구역이 심하게 훼손되기 때문입니다.

③ 기존 주택이 공익사업의 시행으로 인해 철거될 때는 기존 주택을 가진 사람이 자기 소유의 토지(철거일 당시 소유권을 확보한 토지)에 새로운 주택을 지을 수 있습니다.

④ 재해 때문에 기존 주택에 거주할 수 없게 된 때는 그 주택을 가진 사람이 자기 소유의 토지(재해를 입은 날부터 6개월 이내에 소유권을 확보한 토지)에 새로운 주택을 지을 수 있습니다.

⑤ 개발제한구역 지정 이전부터 이미 건축된 주택 또는 개발제한구역 지정 이전부터 다른 사람 소유의 토지에 건축된 주택으로서 토지 주인의 동의를 받지 못해 증축 또는 개축할 수 없을 때는 취락지구(사람

들이 집단으로 모여 사는 곳으로 정비가 필요한 지구)에 새로운 주택을 지을 수 있습니다.

그린벨트 내 주택

그린벨트 내 상가

개발제한구역에서 전원주택을 합법적으로 건축하는 방법

① 개발제한구역 안의 건축물을 취락지구 안으로 옮겨 짓는 경우라면 가능합니다.

② 공익사업이 시행되면서 철거된 건축물을 옮겨 짓기 위해 이주단지가 조성된다면 기존 주택을 옮겨 지을 수 있는 권리인 이축권을 살 수 있습니다.

③ 개발제한구역 안의 근린생활시설을 사서 주택으로 용도를 변경하면 됩니다.

근린생활시설을 증축 및 신축할 수 있는 경우는?

① 주택을 용도 변경한 근린생활시설 또는 1999년 6월 24일 이후에 신축된 근린생활시설은 증축할 수 있습니다.

② 개발제한구역 지정 당시부터 지목이 대(垈)인 토지와 개발제한구역 지정 당시부터 있던 기존주택(개발제한구역건축물관리대장에 등재된 주택)이 있는 토지에는 근린생활시설을 새로 지을 수 있습니다.

③ 기존 근린생활시설이 공익사업의 시행으로 철거되는 경우 그 기존 근린생활시설을 소유한 사람은 자기 소유의 토지(철거일 당시 소유권을 확보한 토지)에 근린생활시설을 새로 지을 수 있습니다.

참고로 근린생활시설이란 슈퍼마켓, 일용품 등의 소매점, 휴게음식점, 제과점, 미용실, 목욕탕, 세탁소, 의원, 치과의원, 한의원, 침술원, 조산원, 탁구장, 체육도장, 지역자치센터, 지구대, 소방서, 우체국, 보건소, 공공도서관, 마을회관, 일반음식점, 서점, 은행, 부동산중개사무소 등을 말합니다.

휴게음식점·제과점 및 일반음식점을 지을 수 있는 조건은?

개발제한구역 지정 당시 거주하고 있는 사람, 개발제한구역 안에서 5년 이상 거주한 사람은 그린벨트 안에 휴게음식점·제과점 또는 일반음식점을 지을 수 있습니다. 또한 해당 휴게음식점·제과점 또는 일반음식점을 가진 사람은 인접한 토지를 이용해 300㎡ 이하의 주차장을 부대시설로 설치할 수 있습니다. 만약 차후에 휴게음식점 또는 일반음식점을 다른 용도로 변경하는 경우에는 주차장 부지를 원래의 지목으로 돌려놓아야 합니다.

참고로 비수도권의 개발제한구역을 지역여건에 맞춰 유연하게 해제할 수 있도록 지방자치단체의 권한을 대폭 확대하였는데요. 그 결과 지방자치단체가 기존 30만㎡이 아닌 100만㎡까지 그린벨트를 자체적으로 해제할 수 있습니다.

**토막
상식**

✎ 개발제한구역의 토지 최소 분할면적은?

개발제한구역 안에 있는 토지를 나누려면 분할한 후 각 필지의 면적이 최소한 200㎡ 이상 되어야 합니다. 또한, 지목이 대(垈)인 토지를 주택 또는 근린생활시설을 건축하기 위해 분할하는 경우에는 최소한 330㎡ 이상은 되어야 합법적으로 분할할 수 있습니다.

092

거래할 때 허락이 필요한 땅, 토지거래허가구역

국토교통부장관 또는 시·도지사는 토지의 투기적인 거래가 성행하거나 지가(地價)가 급격히 상승하는 지역, 그러한 우려가 있는 지역을 최장 5년까지 토지거래허가구역으로 지정할 수 있습니다.

이렇게 토지거래허가구역으로 지정된 지역의 토지를 매수하고자 하는 사람은 매매예약서를 작성한 다음 이를 해당 토지를 관할하는 시장·군수·구청장에게 '토지거래허가신청서'와 함께 제출하여 토지 거래에 대한 허가를 받아야 합니다.

신청 후 14일 이내에 거래할 수 있는지 결정

토지거래허가 신청이 있으면 시장·군수 또는 구청장은 신청서를 받은 날로부터 14일 이내에 허가 또는 불허가 처분을 내려 신청인에게 허가증을 교부하거나 불허가 처분을 한 이유를 알려줘야 합니다.

토지거래허가를 수월하게 받으려면?

관심 있는 토지가 토지거래허가구역 내에 있다면 현실적으로 개인이 허가를 받기는 어렵습니다. 돈이 들더라도 현지에 있는 법무사에게 맡기는 것이 시간과 경비를 절약하는 방법입니다.

일정 면적 이하나 경매로 낙찰받으면 허가받지 않아도 된다

또한 허가를 받은 토지는 2~5년간 허가 목적대로 사용해야 하는데요. 자기 거주용 주택용지로 이용하거나, 허가구역에 거주하는 농업인·임업인·어업인이 그 허가구역에서 농업·축산업·임업·어업을 경영하기 위한 것이나, 대체토지를 취득하기 위한 것이라면 허가를 받은 것이라면 토지 취득일부터 2년 이내에 허가 목적대로 이용해야 합니다.

도시지역 내 주거지역 60㎡ 이하, 상업지역 150㎡ 이하, 공업지역 150㎡ 이하, 녹지지역 200㎡ 이하, 도시지역 외 농지 500㎡ 이하, 임야 1,000㎡ 이하, 농지 및 임야 외의 토지 250㎡ 이하, 용도지역 지정이 없는 구역 60㎡ 이하는 토지거래허가를 받지 않아도 됩니다. 또한, 경매로 낙찰받으면 허가를 받지 않아도 됩니다.

참고로 용산 정비창과 송파구 잠실동, 강남구 삼성동, 대치동, 청담동, 압구정, 여의도, 목동, 성수는 거래허가면적을 10%까지 축소하여 주거지역 6㎡, 상업지역 15㎡ 등을 초과하는 경우 2년간 실제 용도로만 거래할 수 있고 2년간 매매나 임대(갭투자)가 금지됩니다.

전국의 6억원 이상(수도권, 광역시, 세종시는 1억원 이상) 토지를 취득하면 자금조달계획서를 제출해야 합니다.

✎ 토지거래허가구역 확인은 '토지이음' 홈페이지에서

토지거래허가구역은 수시로 변경됩니다. 토지이음 홈페이지(www.eum.go.kr)
에서 변경된 토지거래허가구역을 확인할 수 있습니다. 홈페이지 상단 중앙 '고시
정보'를 클릭한 후 '고시제목란'에 '토지거래허가구역'을 입력하고 '검색'을 클릭
하면 최근 공시된 토지거래허가구역을 확인할 수 있습니다.

헷갈리는 용도지역, 용도지구, 용도구역 완벽해설

토지를 볼 때 매번 헷갈리는 개념들이 있습니다. 용도지역과 용도지구, 용도구역도 그중 하나입니다. 자신이 투자하는 땅이 어느 용도지역에 속해 있는지 알면 건축하거나 관리할 때 손해 보는 일 없이 현명하게 처리할 수 있습니다. 너무 어렵게만 생각하지 말고 자신이 투자하는 토지를 중심으로 참고하시기 바랍니다.

스마트폰에 '토지이음' 앱을 설치하면 관심 지역의 개발 및 규제 여부를 수시로 확인할 수 있습니다.

1. 용도지역

국가가 국토를 경제적이고 효율적으로 사용하기 위해 토지의 이용이나 건폐율(건물의 바닥면적), 용적률(대지면적에 대한 건축물의 연면적 비율. 지하층 면적과 주차장 면적은 제외), 높이를 제한하는 것으로, 전국의 모든 토지는 사용 용도에 따라 모두 용도지역이 정해져 있습니다.

용도지역은 도시지역, 관리지역, 농림지역, 자연환경보전지역의 크게 4개 지역으로 나누어지는데, 만약 이들 지역으로 지정되지 않은 토지가 있다면 자연환경보전지역으로 봅니다. 「국토의 계획 및 이용에 관한 법률」 시행령 제84조(건폐율), 제85조(용적률)에 따른 용도지역별 건폐율과 용적률은 옆의 표와 같습니다. 단, 건물을 실제로 지을 때는 이 범위 안에서 각 시·군에서 도시계획조례로 정한 건폐율과 용적률에 따라야 합니다.

예를 들면 「국토의 계획 및 이용에 관한 법률」 시행령 제85조에서 정한 제2종 일반주거지역의 법정 상한 용적률은 250%입니다. 그러나 서울특별시의 용적률은 200%, 인천광역시와 경기도 포천시는 250%입니다. 그러므로 토지를 살 때는 시·군 도시계획조례에서 해당 용도지역의 정확한 건폐율과 용적률을 확인해야 합니다.

용도지역별 건폐율과 용적률(「국토의 계획 및 이용에 관한 법률」 시행령 제84·85조)

용도지역			건폐율(84조)	용적률(85조)
도시지역	주거지역	제1종 전용주거지역	50%	50~100%
		제2종 전용주거지역	50%	100~150%
		제1종 일반주거지역	60%	100~200%
		제2종 일반주거지역	60%	150~250%
		제3종 일반주거지역	50%	100~300%
		준주거지역	70%	200~500%
	상업지역	중심상업지역	90%	200~1,500%
		일반상업지역	80%	200~1,300%
		근린상업지역	70%	200~900%
		유통상업지역	80%	200~1,100%
	공업지역	전용공업지역	70%	150~300%
		일반공업지역	70%	150~350%
		준공업지역	70%	150~400%
	녹지지역	보전녹지지역	20%	50~80%
		생산녹지지역	20%	50~100%
		자연녹지지역	20%	50~100%
관리지역		보전관리지역	20%	50~80%
		생산관리지역	20%	50~80%
		계획관리지역	40%	50~100%
농림지역			20%	50~80%
자연환경보전지역			20%	50~80%

2. 용도지구

지방자치단체가 도시의 미관이나 안전 등을 위해 용도지역에서 제한하는 것을 더욱 강화해서 용도지역의 기능이 향상되도록 도와주는 것으로, 용도지역이 지정된 곳에 중복하여 용도지구를 지정할 수 있습니다.

다음 표는 「국토의 계획 및 이용에 관한 법률」 시행령 제31조에서 정하고 있는 용도지구로, 이외의 용도지구가 필요한 경우에는 각 시·군 도시계획조례를 통해 추가로 용도지구를 지정할 수 있습니다. 그러므로 토지를 살 때는 반드시 토지이용계획확인서를 확인해봐야 하며, 의문이 있는 부분은 반드시 시·군·구청 등에 물어봐야 합니다.

각 용도지구 및 지정취지(「국토의 계획 및 이용에 관한 법률」 제 37조, 통법 시행령 31조)

용도지구		취지
경관지구	자연경관지구	산지·구릉지 등 자연경관을 보호하거나 유지하기 위하여 필요한 지구
	시가지경관지구	지역 내 주거지, 중심지 등 시가지의 경관을 보호 또는 유지하거나 형성하기 위하여 필요한 지구
	특화경관지구	지역 내 주요 수계의 수변 또는 문화적 보존가치가 큰 건축물 주변의 경관 등 특별한 경관을 보호 또는 유지하거나 형성하기 위하여 필요한 지구
방재지구	시가지방재지구	건축물·인구가 밀집되어 있는 지역으로서 시설 개선 등을 통하여 재해 예방이 필요한 지구
	자연방재지구	토지의 이용도가 낮은 해안변, 하천변, 급경사지 주변 등의 지역으로서 건축 제한 등을 통하여 재해 예방이 필요한 지구
보호지구	역사문화환경보호지구	문화재·전통사찰 등 역사·문화적으로 보존가치가 큰 시설 및 지역의 보호와 보존을 위하여 필요한 지구
	중요시설물보호지구	중요시설물(제1항에 따른 시설물을 말한다)의 보호와 기능의 유지 및 증진 등을 위하여 필요한 지구
	생태계보호지구	야생동식물서식처 등 생태적으로 보존가치가 큰 지역의 보호와 보존을 위하여 필요한 지구

취락지구	자연취락지구	녹지지역·관리지역·농림지역 또는 자연환경보전지역안의 취락을 정비하기 위하여 필요한 지구
	집단취락지구	개발제한구역안의 취락을 정비하기 위하여 필요한 지구
개발진흥 지구	주거개발진흥지구	주거기능을 중심으로 개발·정비할 필요가 있는 지구
	산업·유통개발진흥지구	공업기능 및 유통·물류기능을 중심으로 개발·정비할 필요가 있는 지구
	관광·휴양개발진흥지구	관광·휴양기능을 중심으로 개발·정비할 필요가 있는 지구
	복합개발진흥지구	주거기능, 공업기능, 유통·물류기능 및 관광·휴양기능 중 2가지 이상의 기능을 중심으로 개발·정비할 필요가 있는 지구
	특정개발진흥지구	주거기능, 공업기능, 유통·물류기능 및 관광·휴양기능 외의 기능을 중심으로 특정한 목적을 위하여 개발·정비할 필요가 있는 지구

3. 용도구역

용도구역이란, 용도지역 및 용도지구가 정해진 곳에 추가로 지정해 토지의 이용이나 건축물의 용도·건폐율·용적률·높이 등에 대한 기존의 제한을 강화함으로써 시가지의 무질서한 확산을 방지하고, 토지이용을 종합적으로 조정·관리하기 위해 시·도·군이 결정하는 지역을 말합니다. 그러므로 전국 모든 토지에 적용되는 것이 아니라 필요한 지역에만 적용됩니다. 「국토의 계획 및 이용에 관한 법률」에서 정하고 있는 용도구역은 다음의 네 가지인데, 대부분이 제한을 강화하는 내용입니다. 한번 간략하게 살펴볼까요?

① 개발제한구역(「국토의 계획 및 이용에 관한 법률」 제38조 및 「개발제한구역의 지정 및 관리에 관한 특별조치법」)

개발제한구역이란, 도시의 무질서한 확산을 방지하고 도시 주변의 자연환경을 보전함으로써 도시민의 건전한 생활환경을 확보하거나 도시의 개발을 제한할 필요가 있는 경우 또는 보안상 국방부장관의 요청이 있어 도시의 개발을 제한할 필요가 있다고 인정될 경우 국토교통부장관이 지정하는 구역을 말합니다.

② 도시자연공원구역(「국토의 계획 및 이용에 관한 법률」 제38조의 2 및 「도시공원 및 녹지 등에 관한 법률」)

도시자연공원구역이란, 도시의 자연환경 및 경관을 보호하고 도시민에게 건전한 여가공간이나 휴식공간을 제공하기 위해 도시지역 안에서 식생(植生)이 양호한 산지(山地)의 개발을 제한할 필요가 있다고 인정될 경우 시·도지사 또는 대도시의 시장이 지정하는 구역을 말합니다.

③ 시가화조정구역(「국토의 계획 및 이용에 관한 법률」 제39조)

시가화조정구역이란, 도시지역과 그 주변지역의 무질서한 시가화를 방지하고 계획적이고 단계적인 개발을 하기 위해 5~20년 동안 시가화를 유보할 필요가 있다고 인정될 경우 시·도지사가 직접 지정하거나 관계 행정기관의 장의 요청을 받아 지정하는 구역을 말합니다.

④ 수산자원보호구역(「국토의 계획 및 이용에 관한 법률」 제40조)

수산자원보호구역이란, 수산자원을 보호·육성하기 위해 필요한 공유수면이나 그에 인접한 토지에 해양수산부장관이 직접 지정하거나 관계 행정기관의 장의 요청을 받아 지정하는 구역을 말합니다.

자신이 관심 있는 토지가 어떠한 용도지역, 용도지구, 용도구역에 속하는지 그리고 각각 어떠한 규제사항이 있는지 등은 '토지이용규제확인서'에서 확인할 수 있습니다. 그러나 더욱 정확한 내용을 확인하고 싶다면, 반드시 해당 토지를 관할하는 시·군·구청 등에 물어보세요.

프로처럼 꼼꼼하게!
토지 현장답사하는 법

준비마당에서 현장답사하기 전에 먼저 확인해야 할 공부서류에 대해 알아보았습니다. 이번 장에서는 현장답사를 잘하는 방법에 대해 알아보겠습니다.

준비물: 스마트폰, 등산복, 등산화, 장갑, 모자, 물통, 간식

초보 투자자는 토지 전문가와 동행해야

현지 중개업자는 토지를 팔아 수수료를 받는 것이 목적이므로 토지의 단점은 말하지 않고 장점만 이야기하여 투자자를 현혹할 수도 있습니다. 따라서 초보 투자자라면 토지 투자에 경험이 많은 전문가와 동행하는 것이 좋습니다.

그렇다면 토지 전문가는 어디서 만날 수 있을까요? 현장답사에 동행할 토지 전문가는 처음 소개받은 모르는 사람보다는 토지 공부를 하면서 알게 된 사람, 그것도 인터넷이나 전화상으로가 아니라 얼굴을 마주하고 대화를

나눠봐서 믿음이 가는 사람이 좋습니다. 무늬만 토지 전문가인 사람이 많기 때문입니다.

현장답사를 갈 때는 등산화에 편안한 복장으로

현장답사를 갈 때는 좀 무겁더라도 발목을 감싸는 등산화에 활동하기 편한 등산복이 좋습니다. 멋모르고 양복 차림으로 현장답사를 했다가는 험한 지형일 경우 옷이 상하고 구두에 진흙이 잔뜩 묻어 고생할 수 있습니다. 게다가 고생만 하고 말면 다행이지만, 복장 때문에 불편해서 꼼꼼하게 현장을 살펴보지 못했다가 나중에 큰 손해를 볼 수도 있습니다.

겨울이나 봄에는 토지 민낯을, 비 오는 날에는 토질을 보기 좋다

토지를 살 때는 눈이 내리지 않은 겨울이나 새싹이 돋으려는 초봄에 가는 것이 좋습니다. 겨울이나 초봄에는 나무나 풀들이 무성하지 않아 현장을 잘 확인할 수 있기 때문입니다.

또한 토지는 토질이 중요한데, 이를 알기 위해서는 지질학 책을 볼 것이 아니라 비 오는 날 해당 토지를 봐야 합니다. 비가 억수같이 오는 날에도 물이 잘 빠진다면 모래가 많은 것이고, 비가 조금 왔는데도 물이 빠지지 않고 땅이 질척거린다면 진흙이 많은 땅입니다.

토지를 살 때와 달리 토지를 팔 때는 여름이나 가을이 좋습니다. 특히 만물이 풍성하고 단풍이 만연한 가을이 더욱 좋습니다. 풍광이 좋아 토지를 사려는 사람의 마음을 한껏 들뜨게 하기 때문입니다.

현장을 찾기 힘들면 동네 어르신이나 이장님에게 질문!

초보 투자자들이 현장답사할 때 가장 많이 실수하는 것은 보러 간 토지를 현장에서 못 찾고 헤매는 것입니다. 특히 오랜 기간 이용하지 않은 시골의 토지는 장마로 인해 토지 일부가 깎이거나 토지 중간에 물길이 생겨 원래의 형체를 알아보기 어려운 경우가 많습니다. 이때는 동네 어르신이나 이장님에게 물어보거나 스마트폰의 지도검색 앱을 이용하면 쉽게 찾을 수 있습니다.

건물이나 묘가 있는 토지는 골칫거리!

토지를 사려는 사람에게는 골칫거리가 두 가지 있습니다. 하나는 '건물'이고, 하나는 '묘'입니다. 토지에 허가와 상관없이 건물이나 묘가 있으면 내 돈 주고 산 토지라도 사용하지 못할 수 있기 때문입니다.

그러므로 현장답사할 때는 토지에 건물이 있는지 꼼꼼히 살펴보아야 합니다. 만약 있다면 토지 주인에게 계약할 때까지 건물에 대해 아무런 문제가 없도록 해결해 달라고 요구해야 합니다. 가령 건물이 토지 주인의 것으로서 허가받아 지었고 쓸모가 있다면 건물의 소유권을 자신에게 넘겨달라고 하면 되고, 무허가 건물로 허름하고 쓸모가 없다면 철거해 달라고 요구하면 됩니다. 또한 건물이 토지 주인 것이 아니라면 소유자를 찾아 해결해 달라고 요구해야 합니다. 반드시 잔금을 치르기 전까지 말이지요. 묘 역시 잔금을 치르기 전까지 이장하는 것을 전제로 계약해야 합니다.

✎ **임야를 보러 갔는데 사과나무가 심겨 있다면 임야일까? 농지일까?**

지목이 임야인 토지로서 절토(흙을 깎아내기), 성토(흙으로 메우기), 정지(흙을 다지기), 포장 등의 방법으로 토지의 모양이나 상태를 변경하는 행위를(형질변경) 하지 않고 과일나무를 심었다면 과수원이 아닌 「산림법」상 산림에 해당합니다. 만약에 산림형질 변경허가를 받지 않거나 신고를 하지 않고 불법으로 만들어진 농지를 산림으로 복구하는 경우에는 애초에 농지가 아니었으므로 별도로 농지전용 허가를 받지 않고 산림으로 복구할 수 있습니다.

토지 거래할 때
'토지 체크리스트'는 필수!

토지를 거래할 때는 꼼꼼하게 확인하기 위한 '토지 체크리스트'를 반드시 챙기세요.

토지 Check List								
지번								
시세			원			원		원
거리	시	분 /	km	시	분 /	km	시 분 /	km
대중교통	종류 :	/ 시	분	종류 :	/ 시	분	종류 : / 시	분
도로	폭	m / 접도	m	폭	m / 접도	m	폭 m / 접도	m
경사도		°			°		°	
분묘	위치 :			위치 :			위치 :	
	개수 :			개수 :			개수 :	
	이장 : 가능□ 불가능□			이장 : 가능□ 불가능□			이장 : 가능□ 불가능□	
	기타 : 가묘 봉분 등			기타 : 가묘 봉분 등			기타 : 가묘 봉분 등	
토질	용도 :			용도 :			용도 :	
	적합□	부적합□		적합□	부적합□		적합□ 부적합□	
모양	모양 :			모양 :			모양 :	
	활용면적:		m²	활용면적:		m²	활용면적:	m²
경계	일치□	불일치□		일치□	불일치□		일치□ 불일치□	
	측량비용 :			측량비용 :			측량비용 :	
현황	일치□	불일치□		일치□	불일치□		일치□ 불일치□	
	용도 :			용도 :			용도 :	
혐오시설	종류 :			종류 :			종류 :	
	거리 :			거리 :			거리 :	
지목변경	가능□	불가능□		가능□	불가능□		가능□ 불가능□	
	종류 :			종류 :			종류 :	
개발계획	내용 :			내용 :			내용 :	
	확인□	미확인□		확인□	미확인□		확인□ 미확인□	
전기	가능□	불가능□		가능□	불가능□		가능□ 불가능□	
			kW			kW		kW
지하수	상수도 :		원	상수도 :		원	상수도 :	원
	지하수 :		원	지하수 :		원	지하수 :	원
농지취득자격증명	필요□	불필요□		필요□	불필요□		필요□ 불필요□	
농업경영계획서	필요□	불필요□		필요□	불필요□		필요□ 불필요□	
법정지상권	있음□	없음□		있음□	없음□		있음□ 없음□	
인·허가권	필요□	불필요□		필요□	불필요□		필요□ 불필요□	
	승계 : 가능□ 불가능□			승계 : 가능□ 불가능□			승계 : 가능□ 불가능□	
유치권	있음□	없음□		있음□	없음□		있음□ 없음□	
			원			원		원
농작물(입목)	있음□	없음□		있음□	없음□		있음□ 없음□	
	소유:낙찰자□경작자□			소유:낙찰자□경작자□			소유:낙찰자□경작자□	
규제사항								
건축	가능□	불가능□		가능□	불가능□		가능□ 불가능□	
	방향 :	용도 :		방향 :	용도 :		방향 : 용도 :	
	층수 :	면적 :		층수 :	면적 :		층수 : 면적 :	
	비용 :			비용 :			비용 :	
기타	점유권, 지역권, 공사 중			점유권, 지역권, 공사 중			점유권, 지역권, 공사 중	

094

중개업자 잘 구슬려 정확한 토지 시세를 알아내라

토지에 투자하려면 토지 시세를 정확히 알아야 합니다. 그래야만 손해를 보지 않지요. 토지는 거래가 자주 일어나지 않기 때문에 공시지가만으로는 시세를 가늠하기 어렵습니다. 따라서 적정한 시세는 중개업자를 통해서 알아내야 하는데요. 이번 장에서는 토지의 정확한 시세를 파악하는 방법에 대해서 알아보겠습니다.

1~2년 안에 몇 배 오른다고 장담하는 중개업자는 피하라

1~2년 만에 2~3배로 오르는 토지는 없습니다. 사실 전혀 없다고는 할 수 없지만, 그런 토지를 사는 것은 로또에 당첨되는 것보다 더 어렵습니다. 그러므로 이렇게 헛되고 황당한 꿈을 실현하는 것이 목적이라면 토지보다 로또에 투자하는 것이 낫습니다. 그러니 1~2년만 있으면 가격이 몇 배 뛸 거라고 말하는 중개업자가 있다면 거래하지 않는 것이 좋습니다.

토지 가격에 스스로 프리미엄을 붙이는 중개업자도 있다!

토지에 투자하려고 도시 외곽으로 나가보면 주로 토지만 거래하는 중개업소가 종종 눈에 띕니다. 그런 중개업소를 보면 '땅만 거래하면 1년 내내 몇 건이나 할까? 저러다 굶어 죽겠다!'라는 생각이 듭니다.

그런데 과연 굶어 죽을까요? 대답은 '그렇지 않다'입니다. 땅만 거래하는 중개업자들 모두 다 그런 것은 아니지만, 토지 주인이 내놓은 원래 가격에 ㎡당 3,000~9,000원(평당 1~3만원)까지 프리미엄을 붙이고, 거래가 성사되면 일부를 챙기는 경우가 있습니다. 이렇게 하면 3,300㎡(약 1,000평)만 거래해도 중개수수료를 빼고도 추가로 1,000만원에서 3,000만원까지 벌 수 있지요.

토지 전문 부동산

중개업소 5곳 이상 방문해서 가격 문의

그렇다면 어떻게 해야 이런 거품을 제거하고 토지 주인이 내놓은 원래 가격대로 토지를 살 수 있을까요? 그 비결은 토지를 사러 갈 때 중개업소 한 곳만 방문하지 말고 다섯 군데 이상 방문하는 것입니다.

세 군데에서는 토지를 매수하는 사람처럼 토지 가격을 물어보고, 나머지 두 군데에서는 토지를 매도하는 사람처럼 토지 가격을 물어본 후, 두 가격의 평균을 내면 비교적 정확한 토지 가격을 알 수 있습니다. 중개업자는 사려는 사람에게는 가격을 높여 부르고, 팔려는 사람에게는 가격을 낮춰 부르기 때문입니다.

성심껏 중개해준 중개업자에게는 웃돈을 줄 수도 있다!

우리나라에서는 공인중개사가 법정 중개수수료 이외에 다른 이득을 챙기는 것을 법으로 금지하고 있습니다(상가의 권리금 중개에 대한 수고비는 예외). 그러나 중개업자가 이루어지기 힘든 거래를 성사시켰다거나, 매수자가 손해볼 수도 있는 사항들을 꼼꼼히 집어내어 손해를 방지했다거나, 그래서 앞으로 많은 시세차익을 볼 수 있게 되었다면 무 자르듯이 법정 중개수수료만 주기보다는 어느 정도 웃돈을 주는 지혜도 필요합니다. 그래야 나중에 토지를 관리하거나 허가를 받는 등 아쉬운 일이 있을 때 중개업자의 도움을 받을 수 있습니다. 중개업자에게 주는 웃돈이 나중에 자신의 시간과 차비를 들이는 것보다 싸게 먹힐 수도 있습니다.

토막 상식

 토지거래 투기 방지

기존에 보유하고 있던 비사업용토지가 사업용 토지로 인정받기 위해서는 '사업인 정고시일' 5년 전부터 해당 토지를 소유하고 있어야 합니다. 또한, 신규로 취득한 토지 중 양도 시점 기준 비사업용토지일 경우 취득 시기와 관계없이 비사업용토지로 간주합니다. 1,000㎡ 또는 5억원 이상 등 일정 규모의 토지 취득 시에도 자금조달계획서를 제출해야 합니다. 투기 목적의 농지취득에 대해서는 신속한 강제 처분절차를 밟습니다.

095

직접 농사짓기 어려운 농지, 농지은행에 맡기면 OK!

농지은행·농지연금(www.fbo.or.kr)은 1994년 우루과이라운드 협상 이후 국내 쌀시장 개방에 대비하기 위해 2005년부터 도입된 제도로, 한국농어촌 공사에서 운영합니다. 농지은행의 사업은 다음과 같습니다.

경영회생사업

은행 등의 빚이 4,000만원 이상이면서 자산 대비 부채비율이 40% 이상 인 농가의 농지를 매입하여, 해당 농가는 농지를 판 매매대금으로 자신의 부채를 갚고, 한국농어촌공사는 매입한 농지를 해당 농가가 임차하거나 다시 매수할 수 있도록 해주는 사업입니다.

농지매매사업

비농업인, 이농·직업전환, 고령 또는 질병 등으로 은퇴하고자 하는 농업 인 등에게서 면적이 1,000㎡ 이상인 농업진흥지역 안의 논, 밭 등을 매입하고, 매입한 농지를 청년창업농, 전업농육성대상자 등에게 매도하는 사업입니다.

공공임대용 농지매입사업

이농·직업전환, 고령 또는 질병 등으로 은퇴하고자 하는 농업인에게서 처분명령을 받아 한국농어촌공사에 매수청구를 신청한 농지 등을 매입하고, 매입한 농지를 청년창업농, 전업농육성대상자 등에게 임대하는 사업입니다.

농지매도 수탁사업

농지매도를 희망하는 국가, 지방자치단체, 정부투자기관, 그 밖의 법인 또는 개인의 농지를 위탁받아 전업농 등에게 매도하는 사업입니다.

과원 매매사업

비농업인이나 영농규모를 일부 축소하고자 하는 농업인에게서 일정한 기준과 조건에 맞는 과수원을 매입하여, 매입한 과원을 과수전업농육성대상자, 2030세대 등에게 매도하는 사업입니다.

농지장기임대차사업

직업전환, 은퇴, 영농규모 축소를 원하는 농가 등으로부터 장기임차한 농지를 전업농육성대상자 또는 농업법인에게 장기임대하는 사업입니다.

비축농지임대사업

농지은행이 매입한 고령은퇴, 이농·직업전환 희망농가의 농지를, 젊은 농업인 등에게 저렴한 임대료로 지원하는 사업입니다.

농지임대 수탁사업

부득이한 사유로 직접 농사를 짓기 어려운 농업인이나 비농업인의 농지를 공사가 위탁받아 자기의 농업경영에 이용하고자 하는 자에게 임대하여 주는 사업입니다.

과원 임대차사업

비농업인, 겸업농가, 직업전환 또는 은퇴하고자 하는 농가 등으로부터 장기임차한 과원을 과수전업농육성대상자 또는 2030세대, 농업법인에게 장기임대하는 사업입니다.

농업인 상호간 교환·분합

농업진흥지역 내의 논과 논, 밭과 밭의 교환·분필·합필을 지원하는 사업입니다.

경영이양직불사업

소유농지를 젊은 농업인 등에게 경영 이양한 65세 이상 74세 이하의 농업인(농업경영체에 등록하고 최근 10년 이상 농업경영)에게 보조금을 지급하는 사업입니다.

경영 이양 전 3년 이상 계속하여 소유하고 있는 농업진흥지역의 논·밭·과수원이거나 경영 이양 이전 3년 이상 계속하여 소유하고 있는 농업진흥지역 밖의 농지로서 경지정리사업 또는 농업기반시설이 완비된 3ha(30,000㎡, 9,075평) 이상 집단화된 논·밭·과수원이어야 지급대상입니다.

원하는 농지를 한눈에 살펴보기

농지은행·농지연금(www.fbo.or.kr) 홈페이지 상단의 '농지 구하기 → 지도서비스'를 이용하면 매매나 임차하고자 하는 농지를 편리하게 찾아볼 수 있습니다. 또한 관심 있는 지역의 농지정보나 통계정보도 검색할 수 있습니다.

QRcode

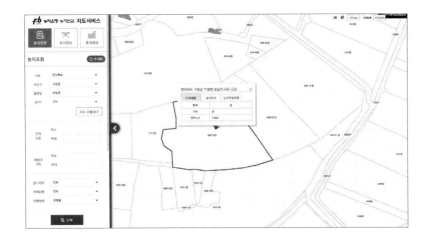

✎ **토지 등기는 법무사에게 의뢰하는 것이 좋다!**

토지 중 농지를 매수해서 '셀프등기'를 하려면 농지를 사는 목적이 농사를 짓기 위해서라는 것을 입증하는 '농지취득자격증명'을 시장·구청장·읍장·면장에게서 발급받아야 합니다. 또 만약 자신이 매수하려고 하는 토지가 토지거래허가구역에 있다면 토지 매입을 허가하는 토지거래허가를 받아야 하므로 다소 복잡합니다. 따라서 토지 등기는 셀프로 하기보다는 해당 토지가 있는 지역의 법무사에게 수수료를 주고 의뢰하는 것이 편리합니다.

노후를 대비하자, 농지연금!

농지연금이란?

만 60세 이상 고령 농민이 가지고 있는 농지를 담보로 하여, 노후생활 안정자금을 매월 연금형식으로 지급해주는 사업입니다.

부부가 살아 있을 때까지 지급

농지연금을 받던 농업인이 사망하더라도 배우자가 승계하면 계속해서 농지연금을 받을 수 있습니다(단 신청 당시 배우자가 55세 이상이고 연금승계를 선택한 경우에 한함).

연금을 받으면서 농지 경작이 가능

연금을 받으면서도 해당 농지를 직접 경작하거나 임대할 수 있어 연금 이외의 추가소득을 얻을 수도 있습니다.

담보농지 가치보다 연금을 더 받았어도 미청구

농지연금 수령자의 사망으로 그동안 빌려 쓴 연금 수령액을 정리할 때 담보농지를 처분하여 수령액을 상환했는데도 남은 금액이 있으면 상속인에게 돌려주고, 채무를 상환하기에 부족하더라도 더 이상 청구하지 않습니다.

재산세 감면

6억원 이하 농지는 재산세가 전액 감면되며, 6억원 초과 농지는 6억원까지 재산세가 감면됩니다.

토지 관련 세금은
얼마나 될까?

부동산 거래에서 세금은 누구도 피할 수 없는 존재입니다. 토지 역시 사면 당연히 취득세를 내야 합니다. 가지고 있는 동안에는 재산세도 내야 하고, 팔 때는 양도소득세도 내야 합니다.

취득세

토지 취득세는 얼마나 낼까요?

① 농사를 짓지 않는 외지인이 농지(논이나 밭, 과수원 등)를 산 경우
→ 실거래가격 × 3.4%
② 농사를 2년 이상 지은 농민이 농지(논이나 밭, 과수원 등)를 산 경우
→ 실거래가격 × 1.6%
③ 농지를 2년 이상 지은 농민이 농지를 상속받은 경우
→ 실거래가격 × 0.18%

④ 농지가 아닌 토지(잡종지나 대지)와 산지(임야)를 산 경우

→ 실거래가격 × 4.6%

⑤ 농지(논이나 밭, 과수원 등)를 상속받은 경우

→ 실거래가격 × 2.56%

재산세

토지 재산세는 얼마나 내야 할까요?

> 과세표준(개별공시지가×공정시장가액비율 70%)×세율

예시 1 **농지(논이나 밭, 과수원 등)나 목장용지, 산지(임야)의 경우**

- 개별공시지가 5,000만원인 논

5,000만원 × 70% × 0.07% = 2만 4,500원(9월 16일부터 9월 30일까지 납부)

예시 2 **무허가 건축물의 토지, 나대지, 잡종지의 경우**

- 개별공시지가 1억 2,000만원인 나대지

1억 2,000만원 × 70% = 8,400만원 → 과세표준액

(8,400만원 × 0.3%) -5만원 = 20만 2,000원 → 5,000만원 초과 1억원 이하 구간

∴ 20만 2,000원(9월 16일부터 9월 30일까지 납부)

과세표준에 따른 토지 재산세 세율

(2024년 1월 기준)

분리과세대상 토지

분류	세율
전, 답, 과수원, 목장용지, 임야	과세표준액의 0.07%
골프장 및 고급오락장용 토지	과세표준액의 4%
그밖의 토지(공장용지, 주택·산업 공급용 토지)	과세표준액의 0.2%

종합합산과세대상 토지

과세표준	세율
5,000만원 이하	0.2%
5,000만원 초과 1억원 이하	(과세표준 × 0.3%) - 5만원
1억원 초과	(과세표준 × 0.5%) - 25만원

※ 주요 대상: 무허가 건축물의 토지, 나대지, 잡종지, 가액미달 토지 등

별도합산과세대상 토지

과세표준	세율
2억원 이하	0.2%
2억원 초과 10억원 이하	(과세표준 × 0.3%) - 20만원
10억원 초과	(과세표준 × 0.4%) - 120만원

※ 주요 대상: 사무실·상가 등 일반영업용 건축물의 부속토지 등

양도소득세

사람들이 주로 사는 토지는 농지입니다. 대지는 비싸고 산지(임야)는 개발에 제약이 따르기 때문입니다. 그러나 농지는 주인이 직접 8년간 농사를 짓지 않는 이상 차익의 16~55%를 양도소득세로 내야 합니다. 그러나 2008년부터 자신이 산 농지를 농지은행에 맡길 경우, 차익의 6~45%만 세금으로 내면 됩니다.

8년 이상 자경한 농지는 연간 1억원(5년간 2억원)까지 양도소득세를 감면받을 수 있습니다. 또한 여러 필지를 양도할 때 1년 단위로 나누어 팔면 절세할 수 있습니다. 참고로 2022년부터는 비사업용토지를 양도할 때 기본세율(6~45%)에 20%포인트 중과세하고, 장기보유특별공제도 적용받을 수 없습니다.

토막상식

 토지에 집을 지으면 집과 관련된 양도소득세 적용

대지나 농지 또는 산지(임야)에 집을 짓게 되면 토지가 아닌 집과 관련된 양도소득세를 적용받습니다. 따라서 집을 지어 1세대 1주택자가 된 경우 2년 동안 보유하면 양도소득세를 내지 않아도 됩니다. 참고로 2020년부터 신축·증축(증축은 85㎡ 초과에 한함) 건물에 대해 감정가액 또는 환산취득가액을 취득가액으로 하여 양도소득세 신고 시 가산세 부과대상이 됩니다.

**Common Sense Dictionary
of Real Estate**

6

여섯째 마당

경매로 싸고 알차게
내 집 장만하기

097

경매 절차 한눈에 쏙!

집이나 상가 또는 토지를 저렴하게 사는 방법은 무엇일까요? 여러 방법이 있지만 가장 대표적인 것이 경매를 이용하는 것입니다. 그런데 경매로 자신이 원하는 부동산을 사려면 경매가 어떤 순서로 진행되는지부터 알아야 합니다. 경매 절차를 간략하게 살펴보면 다음과 같습니다.

step 1	자신이 마련할 수 있는 돈 정확히 확인하기
step 2	투자하고 싶은 지역과 투자종목(집, 상가, 토지) 선택하기
step 3	경매 사이트에서 물건 검색하기 및 공부서류 확인하기 (배당분석·권리분석·임차인분석)
step 4	현장답사하기(시세조사, 입지확인) 및 공부서류 재확인하기
step 5	대출 및 전·월세 가능 여부 알아보기

step 6	입찰 게시판 확인하고 사건기록 열람하기 및 경매에 참여하기

▼

step 7	잔금 치르고 소유권이전등기 하기

▼

step 8	이사 또는 세놓기

토막상식

✎ **경매의 종류**

```
                         ┌──────────┐
                         │   경매   │
                         └────┬─────┘
                    ┌─────────┴─────────┐
              ┌──────────┐        ┌──────────┐
              │  사경매  │        │  공경매  │
              └──────────┘        └────┬─────┘
                              ┌────────┴─────────┐
                        ┌──────────┐      ┌────────────┐
                        │ 법원경매 │      │   공경매   │
                        └────┬─────┘      │ (관세청 경매)│
                 ┌───────────┴──────┐    └────────────┘
           ┌──────────┐      ┌──────────┐
           │ 강제경매 │      │ 임의경매 │
           └──────────┘      └──────────┘
```

'사경매(私競賣)'는 개인이 실시하는 경매로, 주로 농산물시장이나 수산물시장에서 볼 수 있는 경매방식입니다. 이에 반해 '공경매(公競賣)'는 국가의 공권력을 이용하는 경매로, 「민사집행법」에 의한 '법원경매'와 「국세징수법」에 의한 '공매'가 있습니다. 법원경매에서 '강제경매'와 '임의경매'에 대한 설명은 다음 장의 토막상식을 참고하세요.

098

무시무시해 보이는 경매가 경제 흐름의 윤활제?

경매란 무엇일까요? 망한 사람의 재산을 뺏는 비정한 행위일까요? 자신의 실수가 아닌 다른 사람의 실수로 전 재산을 억울하게 뺏기는 사람도 있을 겁니다. 그러나 경제적인 측면에서 볼 때 경매에는 어두운 면보다는 밝은 면이 더 많습니다. 만약 경매가 없다면 어떻게 될까요?

예를 들어 P씨가 장사하다가 물건 살 돈이 모자라 옆 가게 L씨에게 돈을 빌렸습니다. 그런데 장사가 되지 않아 P씨는 결국 망했습니다.

그런데 L씨도 P씨에게 빌려준 돈을 못 받으면 망하게 생겼습니다. 이때 경매라는 제도가 없다면 L씨는 망한 P씨에게서 돈을 받을 방법이 없으므로 같이 망할 수밖에 없습니다. 그런데 경매를 통해 P씨의 가게를 팔 수 있다면 L씨는 P씨에게 빌려준 돈을 받을 수 있습니다.

경매는 경제의 막힌 흐름을 뚫어주는 역할

우리가 사는 세상은 모든 것이 서로 연결된 순환선과 같습니다. 그래서 중간의 어느 한 부분이 막히면 모든 것이 한꺼번에 멈출 수밖에 없죠. 경제도 마찬가지입니다. 그런데 경제의 흐름이 막힐 때 그 부분을 뚫어주는 것이 있으니 그것이 바로 경매입니다.

그럼 경매로 내 집 장만을 하거나 돈을 벌 수도 있을까요? 네, 할 수 있습니다. 하지만 공부를 좀 해야 합니다. 경매를 조금 접해본 사람은 "경매가 너무나 대중화되어 너도나도 경매에 참여하는 바람에 이제는 쉽지 않다"라고 말합니다. 예전에 비해 경매 분야의 경쟁이 심해진 것은 사실이며, 과열될 때는 낙찰가가 시세를 웃돌기도 합니다. 그러나 경쟁이 심하다고 해서 돈을 벌지 못하는 것은 아닙니다. 목적을 분명하게 가지고 발품을 팔면 경매를 통해 내 집 장만도 할 수 있고 임대용 건물을 사서 세를 받을 수도 있습니다. 하지만 그만큼 노력도 뒤따라야겠죠?

토막상식

✎ **법원에서 해결하는 강제경매와 근저당권으로 해결하는 임의경매**

개인 간에 일어나는 일로 A가 B에게 돈을 빌려 갚지 않은 경우, B는 법원에 호소해서 승소 판결을 받은 후 그 판결을 근거로 경매를 신청할 수 있습니다. 이를 '강제경매'라고 합니다.

'임의경매'는 주로 은행에서 돈을 빌린 사람이 기간 안에 갚지 않은 경우, 강제경매처럼 돈을 빌려준 측이 법원에 호소하지 않고 돈을 빌려줄 때 설정한 근저당권을 토대로 진행하는 경매입니다.

경매 낙찰금은 누가 받을까?

099

97장 '경매 절차 한눈에 쏙!'에서 봤듯이, 경매에는 다양한 종류가 있지만, 우리가 흔히 말하는 경매는 '법원경매'입니다. 법원이 중개인 역할을 하므로 이렇게 부르지요.

만일 부동산을 담보로 빚을 졌다가 갚지 못하면 법원이 담보로 잡힌 부동산을 경매로 팔아줍니다. 그리고 법원이 중개인이 되어 새 주인한테서 받은 돈을 가지고 채권자(돈을 빌려준 사람)와 채무자(돈을 빌린 사람) 사이의 채권·채무 관계를 정리해줍니다.

법원이 낙찰대금에서 비용을 빼고 채권자에게 배당

보통 경매로 물건을 사는 것을 '경락받았다'라고 말합니다. 그럼 경락받은 물건의 값은 고스란히 채권자에게 갈까요? 중개업무를 처리한 법원도 당연히 일정한 수수료를 받아야겠죠? 법원은 낙찰대금에서 감정료, 현장조사수수료, 신문공고료, 매각수수료 등 경매를 진행하면서 발생한 비용을 공제하고 남은 금액을 채권자에게 배당합니다. '배당'은 나눠준다는 뜻입니다.

낙찰가와 감정가의 차이

감정평가는 '어떤 물건의 가치가 얼마 정도'라고 평가하는 것을 말합니다. 즉, 시장가격이 아니라 순수한 물건의 가치로 가격을 평가하는 것이지요.

그런데 이 감정평가액을 백 퍼센트 신뢰해서는 안 됩니다. 감정평가액을 시세보다 낮게 책정하면 채권자는 자신이 빌려준 돈을 모두 받기 어렵고, 채무자는 자신의 부동산이 헐값 취급을 받는다고 느끼기 쉬우므로 감정평가액을 후하게 쳐주는 경향이 있기 때문입니다.

따라서 주택은 감정가의 80% 선에서 낙찰받는 것이 좋습니다. 경매에 참여하는 사람이 많아지면서 지역에 따라 낙찰가가 감정가보다 높아지기도 하니, 주변 시세와 수익률을 잘 따져본 후에 투자해야 합니다.

참고로 경매로 넘어간 부동산의 감정 시기와 해당 부동산이 경매물건으로 법원에 공개되는 시기 간에 몇 개월의 차이가 납니다. 그런데 경매로 나온 부동산의 감정 시 부동산 경기가 좋지 않으면 감정가격이 경매 시 시세보다 낮을 수 있습니다. 그러므로 이런 경우에는 낙찰가가 감정가격보다 조금 높더라도 괜찮습니다.

토막 상식

✎ **사회적 약자를 가장 먼저 보호해주는 최우선변제권**

최우선변제권이란(생존권과 관련해서) 보증금이 적은 임차인에게 다른 권리보다 최우선해서 보증금의 일부를 먼저 배당해주는 것을 말합니다. 그러나 임차인이 배당을 받으려면 반드시 배당신청을 해야 합니다. 예를 들어 2021년 5월 11일 이후에 근저당권이 설정된 서울에 있는 주택에서 보증금 1억 5,000만원에 살고 있는 세입자는 앞선 그 어떤 권리보다도 최우선적으로 보증금의 일부인 5,000만원을 배당받습니다. 이러한 권리를 '최우선변제권'이라고 합니다.

부동산 경매
필수 용어 열 가지

채권자

돈을 빌려준 사람을 말합니다. 경매에서 채권자는 금융기관, 건물에 세 든 사람, 개인적으로 돈을 빌려준 사람 등을 말합니다.

채무자

부동산을 담보로 돈을 빌린 사람이나, 보증금을 되돌려주지 않는 건물 주인 등을 말합니다.

임차인

말 그대로 건물 주인에게 보증금을 주고 주택이나 상가에 들어와서 살거나 장사하는 사람을 말합니다. 임차인은 세를 얻을 당시 건물 주인에게 주었던 보증금을 되돌려받을 권리가 있으므로 건물 주인에게 있어서 채권자입니다. 당연히 건물주는 임차인에 있어서 보증금을 돌려줘야 할 의무가 있는 채무자이고요.

대항력

임차인이 임차한 주택에 이사하고 전입신고를 마치면 그 다음날부터 그 주택의 소유자가 다른 사람으로 바뀌더라도 보증금 전액을 돌려받을 때까지는 그 주택을 비워줄 필요가 없는 것을 말합니다.

우선변제권

대항력과 임대차계약서에 확정일자를 마친 임차인은 경매 또는 공매 시 임차주택(대지 포함)의 환가대금에서 후순위권리자나 그 밖의 채권자보다 우선하여 보증금을 돌려받을 수 있는 권리를 말합니다.

대위변제

제3자 또는 공동채무자의 한사람이 채무자를 위하여 채무자의 빚을 대신 갚아주는 것을 말합니다. 근저당 다음에 있는 임차인이 부동산 주인을 대신해 빚을 갚고 근저당을 말소함으로써 자신은 대항력을 갖춘 선순위 임차인이 되기도 합니다.

입찰자

경매로 나온 부동산이 팔리려면 누군가 사겠다고 나서는 사람이 있어야 하는데, 이렇게 사겠다고 나서는 사람을 '입찰자'라고 합니다. 경매로 나온 부동산이 입찰자에게 팔리면 '낙찰되었다'라고 하고, 사겠다고 나서는 사람이 한 명도 없어서 팔리지 않았으면 '유찰되었다'라고 합니다.

최저매각가격

경매신청한 물건을 감정평가법인이 평가한 가격을 기준으로 최소 이 정도 가격에는 팔아야 한다고 법원이 결정한 가격을 말합니다. 경매에 내놓았는데도 사겠다는 사람이 없는 경우(새매각)에는 통산 20%(법원에 따라서는 30%) 깎인 가격이 최저매각가격이 됩니다.

새매각

경매를 진행했으나 사겠다는 사람이 없어 다시 날을 잡아서 진행하는 경매를 말합니다.

재매각

경매로 나온 부동산을 낙찰받은 사람이 잔금을 내지 않아 다시 날을 정하여 진행하는 경매를 말합니다.

경매의 목적은 박사학위 따는 게 아니다!

경매는 지식이 많이 필요한 분야입니다. 그런데 경매에 참여할 생각은 안 하고 1년이 넘도록 집에서 책만 본다든지, 경매 강의만 따라다니는 사람도 종종 보입니다.

경매 투자의 목적은 돈 벌기! 쉬운 책부터 시작하자

경매 공부의 목적은 좋은 부동산을 시세보다 싼 가격에 사기 위해서이지 박사학위를 따기 위해서가 아닙니다.

그러므로 경매를 처음 공부할 때는 쉬운 책부터 보고, 좀 부족하다 싶으면 그때 조금 어려운 책을 보는 것이 좋습니다. 처음부터 두껍고 난해한 용어가 즐비한 책을 보면 오히려 공부하기 어렵습니다.

기본기를 다지고 경매장에 가서 분위기 파악

기본기를 다지는 데는 3개월 정도면 충분합니다. 기본적인 지식을 익혔으면 대법원 법원경매정보 사이트(www.courtauction.go.kr)에서 경매 일정을 살펴본 후 법원을 직접 방문해봅니다. 그곳에서 경매장의 분위기나 선배들의 행동 등을 관찰하고, 경매 서류들을 몇 장 들고 와서 집에서 작성해봅니다. 이는 실제 경매에 응하려는 것이 아니고 분위기를 익히기 위한 것입니다.

연습 삼아 경매에 여러 번 응찰하자

그다음으로는 실제 경매 순서대로 해봅니다. 사이트에서 경매로 나온 물건을 검색해보고, 서류도 직접 떼어 확인해보고, 현장조사도 해봅니다. 나중에는 실제로 낙찰받는 일이 없도록 입찰봉투만 제출하지 않고 직접 경매에 참여도 해봅니다. 이렇게 서너 번 해보면 경매에 관한 두려움이 어느 정도 없어지고 막연했던 경매지식이 실제로 몸에 와닿게 됩니다.

경매는 돈을 벌기 위해 하는 것입니다. 어느 정도 지식이 쌓이면 일단 실전 경험을 쌓는 것이 중요합니다. 그리고 지식의 한계가 느껴질 때 추가로 보충 공부를 하면 됩니다. 경매는 이렇게 시작하는 것입니다.

토막상식

안전하고 간편한 경매보증보험증권

경매에 참여하려면 최저매각가격의 10%를 입찰보증금으로 법원에 내야 합니다. 그런데 매각가격의 10%라도 그 많은 금액을 현금으로 가지고 다니면 불편할 뿐만 아니라 위험할 수도 있습니다. 이때 보증보험회사에 일정액의 보증료를 내고 경매보증보험증권을 발급받아 입찰보증금 대신 법원에 낼 수 있습니다.

101 경매를 시작하려면 내 주머니 사정부터 파악하자!

실전 같은 연습을 여러 번 해서 경매 과정을 충분히 익혔다면 이제는 자신이 갖고 싶은 부동산을 사기 위해 실제로 경매에 참여해야겠죠? 그런데 경매에 참여하기 전에 먼저 할 일이 있으니, 그것은 바로 '자신이 가지고 있는 돈이 얼마인지 정확하게 아는 것'입니다.

자금 파악이 안 되면 돈과 시간만 낭비한다

가지고 있는 돈이 얼마인지 정확히 알아야 아파트를 살 것인지, 그보다 저렴한 빌라를 살 것인지, 빌라를 사더라도 지상층을 살 것인지, 지하층을 살 것인지를 결정할 수 있습니다. 특히 자금 규모에 따라 어느 지역에 있는 부동산을 살 것인지를 결정할 수 있죠. 또한 잔금을 치를 때 돈이 모자라 동분서주할 일도 없어지게 됩니다.

자신이 가지고 있는 돈이 정확히 얼마인지 모르고 무작정 경매에 참여하면 자신의 조건에 맞지도 않는 부동산을 찾아다니고, 또 그 부동산을 연구하느라 시간과 돈을 낭비하게 됩니다. 그러다 보면 경매 실전이 아니라 단순한 연습만 되고 말죠.

이러한 사실을 경매 선배들로부터 익히 들어 알고 있는 나경매씨는 경매에 참여하기 전에 자신이 가지고 있는 돈이 정확히 얼마인지 확인해서 정리했습니다.

- **은행 잔고**: 관리가 힘들어 지방에 있는 상가를 판 3억원
- **A 아파트**: 시세 5억원, 현재 본인이 살고 있음. 2억원 담보 대출 가능
- **B 빌라**: 시세 3억 5,000만원, 3억원에 전세 줌. 대출 불가능
- **C 상가**: 시세 3억원, 보증금 4,000만원/월세 200만원에 세놓음. 2억원 대출 가능
  → 부동산 담보로 은행 대출 최대 4억원까지 가능(은행금리 4%, 은행이자 월 134만원)

 토막 상식

✎ **경매자금은 현재 준비 가능한 돈으로 하자!**

경매로 원하는 부동산을 사고자 할 때는 채무자에게 받을 돈, 아는 사람이 빌려주기로 한 돈, 주식을 팔아서 들어올 돈 등 앞으로 조달이 불확실한 돈이 아니라 반드시 예금, 대출과 같이 필요할 때 바로 준비할 수 있는 돈을 기준으로 삼아 자금을 준비해야 합니다. 그래야 낙찰받고서도 돈을 마련하지 못해 보증금만 손해 보는 낭패를 보지 않습니다.

102 지역을 고를 땐 관리하기 쉬운 곳이 1순위

경매에 투자할 금액을 결정했다면 다음으로 어느 지역에 있는 부동산을 살 것인지 결정해야 합니다. 그럼 어느 지역이 좋을까요? 답은 자신이 현재 거주하는 곳과 가까운 지역입니다. 투자가치에 너무 연연하다 자신이 거주하는 곳에서 멀리 떨어진 지역의 부동산을 사면, 관리가 어려워 나중에는 이익보다 손해가 더 클 수 있습니다.

예를 들어 사는 곳은 서울시인데 투자한 상가가 전라남도 여수시에 있다면 일이 있을 때마다 왕래하기가 이만저만 힘들지 않을 겁니다. 그러므로 경매를 통해 부동산을 살 때는 자신이 사는 곳과 가까워 관리하기 편한 곳의 부동산을 1순위로 고려해야 합니다.

경매 모임에 나가 선배들의 경험담을 듣던 나경매씨는 선배들의 조언에 따라, 자신이 현재 거주하는 은평구를 기점으로 자동차로 1시간 이내 거리에 있는 지역의 부동산을 경매대상으로 삼았습니다. 그 결과 서울특별시 은평구 ○○동, 경기도 부천시 오정구 ○○동, 인천광역시 서구 ○○동 3개 지역을 후보지로 골랐습니다. 3순위까지 후보지를 고른 이유는 1순위 지역에서 적당한 경매물건이 나온다는 보장이 없고, 또한 여러 지역의 물건들을 서로 비교하다 보면 좀 더 좋은 물건을 살 수도 있기 때문입니다.

나경매씨가 선택한 후보 지역들

- 1순위 서울특별시 은평구 ○○동: 인근에 재개발사업이 진행 중이며, 지하철 3호선과 6호선 더블역세권으로 교통의 요충지이다. 직장인들의 소형주택에 대한 임대수요가 많고 대학종합병원, 대형쇼핑몰 등이 있어 생활도 편리하다.
- 2순위 경기도 부천시 오정구 ○○동: 뚜렷한 개발계획이 없어 소형 다세대주택의 가격이 은평구보다 저렴한 편이다. 버스노선이 발달되어있어 직장인들과 학생들의 임대수요가 많다.
- 3순위 인천광역시 서구 ○○동: 서울특별시 은평구 ○○동과 경기도 부천시 오정구 ○○동보다 빌라 같은 소형 다세대주택의 가격이 상당히 저렴하며 주변에 공원시설이 많다.

토막상식

✎ **압류 소송 중에 재산을 다른 곳으로 빼돌리지 못하도록 막는 가압류**

빚을 받기 위해 압류를 해놓으면 부동산 주인도 자기 마음대로 재산을 팔 수 없습니다. 그런데 압류를 신청하려면 재판을 해야 하고 이 기간이 몇 달이나 걸립니다. 그리고 그사이 빚진 사람이 자신의 부동산을 팔아 도망갈 수도 있습니다. 그래서 해당 부동산을 부동산 주인 마음대로 팔지 못하게 임시로 묶어두는데 이것을 '가압류'라고 합니다. 가압류는 서류만 보고 결정하므로 법원이 결정을 내리는 데 1~2주밖에 걸리지 않습니다.

사고 싶은 부동산의 종류를 결정하자

어느 지역에 투자할지를 결정했다면 다음으로 집을 살 것인지, 상가를 살 것인지, 토지를 살 것인지를 결정해야 합니다.

마음 같아서는 다 사고 싶겠지만, 현재 자신이 가지고 있는 돈에 비추어 살 수 있는 부동산 그리고 잘 관리할 수 있는 부동산을 투자종목으로 선택해야 합니다. 시간적인 여유가 없는 사람이 덜컥 밭을 사놓고 관리하지 못해 황무지로 만들어버린다면 아까운 돈만 꽁꽁 묶어두는 꼴이 됩니다. 그리고 나중에 팔 때는 비사업용토지로 판정받아 양도소득세도 많이 내야 하죠.

나경매씨의 종목 선택 이유

경매 모임에 자주 나가던 나경매씨는 일명 '빌라'라 불리는 다세대주택을 매수하기로 했습니다. 상가는 이미 있고 땅은 아직 자신의 경험이나 필요성으로 볼 때 투자대상이 아니라고 판단했기 때문입니다.

특히 1~2인 가구 증가로 인해 앞으로 소형 다세대주택의 가격이 오를 것 같다는 판단도 크게 작용했습니다. 나경매씨의 의사결정 근거는 다음과 같았습니다.

- **소형 다세대주택**: 1~2인 가구 증가로 소형주택에 대한 수요가 많아
  질 것이다. 또한 다세대주택은 아파트나 오피스텔에 비해 대지지분이
  커서 재개발할 경우 이익이 크다.
- **상가**: 관리가 힘들어 지방에 있는 상가를 처분했는데, 또 상가를 사기
  는 부담스럽다. 더욱이 이제는 상가 가격이 많이 올라 수익률이 생각
  했던 것처럼 높지 않다. 그리고 3억원으로 살 수 있는 상가를 쉽게 찾
  기 힘들다.
- **토지**: 토지에 대한 욕심도 지식도 별로 없으므로 사지 않는 것이 좋겠다.
- **아파트**: 1~2인 가구 증가로 소형 아파트의 가격이 상승할 것 같으나
  아파트는 다세대주택보다 비싸다. 아파트를 살 만큼 여유자금이 되지
  않는다.

나경매씨처럼 경매를 할 때는 자신의 경제적 능력과 상황에 맞는 현실
적인 고민이 필요합니다. 그래야 낙찰받고도 뒷감당을 하지 못하는 상황을
맞지 않을 것입니다.

**토막
상식**

✎ **덜컥 경매에 낙찰을 받았다면?**

어떠한 부동산이 자신의 상황에 맞는지, 사고 싶은 부동산은 어떠한 것인지에 대
해 깊이 생각해보지 않고 당시 기분이나 다른 사람들의 권유에 따라 덜컥 낙찰을
받았다면, 그래서 현재 후회를 하고 있다면 더 손해를 보가 전에 입찰보증금을 포
기하는 수밖에 없습니다. 일단 낙찰이 되면 입찰보증금은 돌려받지 못하므로 경
매를 할 때는 꼼꼼한 분석과 신중한 판단이 필요합니다.

104 경매사이트 샅샅이 뒤지면 원하는 물건 반드시 있다!

어느 지역에 있는 것을 살 것인지, 무엇을 살 것인지 모두 정해졌으니 이제 원하는 경매물건이 나왔는지 확인해야겠지요? 물건을 확인하는 방법은 여러 가지입니다. 경매지에서 찾아볼 수도 있고, 경매 사이트에서 찾아볼 수도 있습니다.

무료인 대법원 법원경매 정보 사이트

무료인 대법원 법원경매정보 홈페이지(www.courtauction.go.kr)를 이용하면 경매 정보를 볼 수 있으나 등기사항전부증명서 등 공부서류를 발급받아야 하고 권리분석, 임차인분석, 배당분석 등도 자신이 직접 해야 합니다.

경매 정보 유료 사이트에서는 각종 분석 서비스 제공

유료 경매사이트에서는 공부서류 발급은 물론, 초보자가 힘들어하는 모든 분석을 사이트 내에서 해줄 뿐만 아니라 경매에 관한 기초지식과 상담,

교육 등 다양한 서비스를 제공합니다.

주요 유료 경매사이트는 다음과 같습니다.

- 옥션원 www.auction1.co.kr
- 지지옥션 www.ggi.co.kr
- 한국부동산경매정보 www.auction119.co.kr
- 한국경매 www.hkauction.co.kr
- 하우스인포 www.houseinfo.co.kr
- 스피드옥션 www.speedauction.co.kr
- 태인경매정보 www.taein.co.kr

나경매씨는 유료 사이트인 스피드옥션(www.speedauction.co.kr)을 이용해서 원하는 경매물건을 찾아보기로 했습니다. 이 사이트는 회원가입 후 결제해야 이용할 수 있는 유료 사이트입니다.

스피드옥션 홈페이지 메인화면 상단의 '경매검색'을 클릭하여 원하는 지역의 소재지와 물건의 종류를 선택한 후 검색을 클릭합니다. 나경매씨는 소재지로 서울특별시 은평구 ○○동, 물건 종류로는 '다세대(빌라)'를 선택했습니다.

　　서울특별시 은평구 ○○동에 있는 빌라들만 검색되었습니다. 나경매씨
는 경매 투자자금을 3억원으로 생각하고 있으므로 감정가격 2억 6,000만원
에 전용면적 약 41.82㎡(약 12.7평)인 빌라를 선택했습니다. 주소를 클릭하면
해당 주택에 대한 상세 내용을 볼 수 있습니다.

 토막
상식

✎ **유료 사이트, 여러 군데 가입할수록 좋을까?**

경매 정보를 유료로 제공하는 사이트는 이용 기간, 제공되는 정보의 양이나 질에
따라 비용이 천차만별입니다. 그러므로 이용 기간별 요금과 정보의 질을 꼼꼼하게
확인해보고 선택하되, 비교 차원에서 2~3개 정도 함께 이용하는 것이 좋습니다.

경매분석,
최소한 이 정도는 해야!

경매에 나오는 부동산은 이해관계자가 여럿 얽혀 있는 경우가 많습니다. 시세보다 싸다고 덥석 입찰하기 전에 낙찰받은 후 골치 아픈 일은 없을지 꼼꼼하게 따져봐야 합니다. 경매 초보자라면 권리문제가 복잡한 부동산은 피하는 것이 좋습니다.

1. 권리분석

경매로 산 부동산을 다른 사람에게 빼앗길 수 있는 권리들이 있는지 확인하는 것이 '권리분석'입니다. 경험 많은 투자자 중에는 오히려 권리관계가 복잡한 부동산을 선호하는 사람도 있는데, 이런 부동산은 인기가 없어서 저렴한 가격에 낙찰받을 수 있기 때문입니다. 물론 해당 부동산을 낙찰받은 사람은 복잡한 권리관계를 해결할 능력이 있어야 합니다.

2. 임차인분석

경매를 통해 사려는 건물에 임차인이 몇 명이 나 있는지, 언제 이사를 왔으며 전입신고를 하고 확정일자는 받았는지 등을 확인하는 것을 '임차인분석'이라고 합니다. 경매로 낙찰받은 집으로 이사 가려는데 생각지도 않은 임차인이 나타나 이사비용이나 보증금을 되돌려달라고 하면 정말 난감하겠죠? 전혀 생각하지 않은 돈도 추가로 들어갈 테고요.

3. 배당분석

빚 받아갈 채권자들이 돈 달라고 배당신청을 했는지, 했다면 얼마씩이나 받아가는지를 확인하는 것을 '배당분석'이라고 합니다. 경매로 부동산을 낙찰받은 사람과 경매로 빚을 받아가는 사람은 서로 아무 관련이 없어 보입니다. 그러나 자신의 보증금을 모두 받지 못한 임차인이나 배당신청을 하지 않은 임차인이 있는 경우, 낙찰받은 사람이 해당 임차인의 보증금을 내줘야 하므로 돈이 추가로 들어가게 됩니다. 이러면 오히려 시세보다 비싸게 부동산을 살 수도 있습니다.

참고로 주택 경매에서 임차인의 확정일자(또는 전세권설정일) 이후 법정기일이 설정된 당해세의 배당 예정액을 임차인의 주택임차보증금*에 배당하도록 법률이 개정되었습니다. 「국세기본법 제35조 ⑦항」

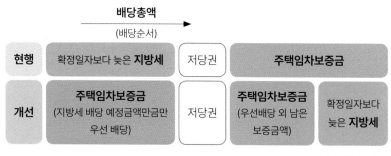

출처 <행정안전부>

105

손해 안 보는
경매물건 고르기
① 부동산 신상을 털어라!

원하는 다세대주택을 찾았으니 이제 경매 사이트에서 제공하는 서류들을 확인해봐야 합니다. 경매로 이 부동산을 샀을 때 손해 볼 일은 없는지 확인하는 과정이죠. 이를테면 나중에 다른 사람이 이 부동산을 빼앗아갈 여지가 있는지, "어떤 일이 있어도 못 나가!"라고 하며 골치 아프게 할 임차인이 있는지, 또 보증금을 다 못 받은 임차인이 있어서 그 사람이 나갈 때 돈을 줘야 하는지 등을 확인하는 것입니다. 요즘은 경매 사이트가 잘되어 있어서 이러한 사실들을 한눈에 확인할 수 있습니다.

경매사이트 확인 후 현장답사는 필수

물론 이렇게 사이트에서 확인한 내용이 100% 정확한 것은 아닙니다. 1% 정도는 틀릴 수도 있고 이 1%가 결정적인 순간에 발목을 잡을 수도 있습니다. 그러므로 경매 사이트에서 확인한 자료는 참고로 삼고, 실제 현장답사를 통해 반드시 그 내용이 맞는지 재차 확인해야 합니다.

그럼 경매 사이트에서 확인할 수 있는 내용은 어떤 것들인지 한번 살펴볼까요?

유료 경매사이트에서 점찍은 경매물건의 주소를 클릭하면(530쪽 참고) 아래와 같은 내용을 볼 수 있는데 이것이 해당 부동산의 신상명세서입니다.

❶ 등기사항전부증명서

등기사항전부증명서는 경매로 낙찰받더라도 나중에 다른 사람이 해당 부동산을 빼앗아갈 수 있는지, 주인은 누구인지, 빚은 얼마나 되는지 등을 알 수 있는, 말하자면 '부동산의 호적'입니다. 그러므로 경매 사이트에서 본 내용으로 만족하지 말고 경매에 참여하기 전에 직접 발급받아 경매 사이트 상의 내용과 일치하는지, 또한 건축물대장의 내용과 일치하는지도 확인해야 합니다. 돌다리도 두드려가면서 건너야지요! 등기사항전부증명서에서 가장 중요한 내용은 다음과 같습니다.

> 말소기준권리보다 앞에 기록된 것이 있으면 사는 사람이 그 빚을 모두 떠안아야 합니다(인수권리). 하지만 말소기준권리보다 뒤에 기록되는 것들은 그렇지 않습니다(소제권리).

[집합건물] 서울특별시 은평구 불광동 ▓▓▓▓ ▓▓▓▓ ▓▓▓▓ ▓▓▓▓				
【 갑 구 】 (소유권에 관한 사항)				
순위번호	등 기 목 적	접 수	등 기 원 인	권리자 및 기타사항
1	소유권보존	2012년11월23일 제64595호		소유자 ▓▓▓ 390805-******* 서울특별시 종로구 평창문화로 ▓
2	소유권이전	2016년2월22일 제10627호	2016년1월15일 매매	소유자 ▓▓▓ 580309-******* 서울특별시 은평구 불광로 ▓ 거래가액 금160,000,000원
3	강제경매개시결정	2020년12월4일 제192109호	2020년12월2일 서울서부지방법 원의 강제경매개시결 정(2020타경 ▓)	채권자 ▓▓▓ 840305-******* 고양시 덕양구 ▓▓▓ ▓▓▓▓

등기사항전부증명서

❷ 건축물대장

건축물대장은 건축물의 주소, 구조, 용도, 면적 등 건축물 자체에 대한
내용을 담고 있는 건축물의 또 다른 호적이라고 볼 수 있습니다. 그러므로
경매에 참가하기 전에 등기사항전부증명서와 같이 발급받아 내용이 경매
사이트상의 내용과 일치하는지, 또한 등기사항전부증명서상의 내용과 일치
하는지 확인해야 합니다.

건축물대장

❸ 감정평가서

유료 경매사이트에서도 건물에 관한 내용을 설명해주지만 감정평가서보다는 부족합니다. 그러므로 감정평가서를 열람해 건물의 위치, 교통상황, 건물의 구조, 이용 상태, 설비내역, 토지의 형상 및 이용 상태, 인접한 도로의 상태, 건물이 서 있는 토지의 이용계획 및 제한 상태, 등기사항전부증명서나 건축물대장 등 다른 공부서류와의 차이 여부 등을 꼼꼼하게 살펴보는 것이 좋습니다.

감정평가서

❹ 현황조사서

현황조사서에는 해당 다세대주택에 실제로 거주하는 사람이 누구인지에 관한 내용이 담겨 있습니다. 현황조사서를 보니 해당 다세대주택에 거주하는 임차인의 성명과 전입신고일은 확인할 수 있지만, 임대차기간, 보증금, 월세, 확정일자 등은 확인되지 않습니다. 현장조사 때 확인해야겠군요.

법원	서울서부지방법원		명령회차	1 ✓ 회

기본정보
• 사건번호 : 2020타경 ▒▒▒ 부동산강제경매
• 조사일시 : 2020년12월23일16시21분   2020년12월24일12시10분
부동산 임대차 정보

번호	소재지	임대차관계
1	서울특별시 은평구 ▒▒▒▒ ▒▒ ▒ ▒▒▒▒▒ ▒▒▒▒▒▒	1명

전경도 3건   (사진보기 ▒)
부동산의 현황 및 점유관계 조사서
1. 부동산의 점유관계

소재지	1. 서울특별시 은평구 ▒▒▒▒ ▒▒ ▒▒ ▒▒▒▒ ▒▒▒▒▒▒	
점유관계	임차인(별지)점유	
기타	폐문부재로 안내문을 남겨두고 왔으나 아무 연락이 없어 점유관계 미상이나, 이 건 목적물 상의 주민등록 전입자는 소유자가 아닌 세대주 김홍필의 주민등록표등본이 발급되므로 김홍필을 그 등본에 의해 임대차관계조사서에 임차인으로 등재함	

임대차관계조사서
1. 임차 목적물의 용도 및 임대차 계약등의 내용
[소재지] 1, 서울특별시 은평구 ▒▒▒▒ ▒▒ ▒ ▒▒▒▒ ▒▒▒▒▒

	점유인	▒▒▒	당사자구분	임차인
1	점유부분		용도	주거
	점유기간			
	보증(전세)금	미상	차임	
	전입일자	2019.08.23	확정일자	미상

현황조사서

❺ 매각물건명세서

매각물건명세서에서는 임차인이 있는지, 있다면 그 사람의 임대차기간은 얼마 동안이고, 보증금 및 월세는 얼마인지, 자신의 보증금을 보호받을 수 있도록 전입신고를 하고 확정일자는 받았는지, "내 보증금 돌려주세요"라고 하는 배당신청은 했는지 등을 확인할 수 있습니다. 만약 경매를 통해 보증금을 돌려받을 수 있는 선순위 임차인이 배당신청을 하지 않았다면, 해당 다세대주택을 낙찰받은 경락인이 경매에 투자한 돈과 별개로 나중에 보증금을 추가로 내줘야 합니다. 그러므로 매각물건명세서에서 전입신고와 확정일자 그리고 배당신청 여부를 반드시 확인하세요.

매 각 물 건 명 세 서

사 건	2020타경 ▨▨▨ 부동산강제경매		매각 물건번호	1	작성 일자	2021.08.09	담임법관 (사법보좌관)	▨▨▨	
부동산 및 감정평가액 최저매각가격의 표시	별지기재와 같음		최선순위 설정	2020..12.4.강제경매개시 결정			배당요구종기	2021.04.07	

부동산의 점유자와 점유의 권원, 점유할 수 있는 기간, 차임 또는 보증금에 관한 관계인의 진술 및 임차인이 있는 경우 배당요구 여부와 그 일자, 전입신고일자 또는 사업자등록신청일자와 확정일자의 유무와 그 일자

점유자 성 명	점유 부분	정보출처 구 분	점유의 권 원	임대차기간 (점유기간)	보 증 금	차 임	전입신고 일자, 사업자등록 신청일자	확정일자	배당 요구여부 (배당요구일자)
▨▨▨	미상	현황조사	주거 임차인	미상		미상	미상	2019.08.23	미상	
	전부	권리신고	주거 임차인	2019. 8. 23.-	160,000,000		2019. 8. 23.	2019. 8. 23.	2021.03.25

매각물건명세서

❻ 사건내역

사건내역에서는 경매사건의 사건번호, 경매를 통해 해당 부동산을 처분하기로 결정한 경매개시결정일자, 경매를 통해 돌려받고 싶은 청구금액, 배당을 요구할 수 있는 마지막 날인 배당요구종기일, 해당 경매사건에 대한 항고 여부, 다세대주택의 주소에 관한 정보 등을 알 수 있습니다.

사건기본내역				
사건번호	2020타경▨▨▨ [전자]		사건명	부동산강제경매
접수일자	2020.11.26		개시결정일자	2020.12.02
담당계	경매5계 전화 : 02-3271-1325 (경매절차 관련 문의) 집행관사무소 전화 : 02-3271-1712~3 (입찰 관련 문의) (민사집행법 제90조, 제268조 및 부동산등에 대한 경매절차 처리지침 제53조제1항에 따라, 경매절차의 이해관계인이 아닌 일반인에게는 법원경매정보 홈페이지에 기재된 내용 외에는 정보의 제공이 제한될 수 있습니다.)			
청구금액	39,008,865원		사건항고/정지여부	
종국결과	미종국		종국일자	

배당요구종기내역		
목록번호	소재지	배당요구종기일
1	서울특별시 은평구 ▨▨▨▨▨▨ ▨▨▨ ▨▨▨	2021.04.07 (연기)

항고내역							
물건번호	항고제기자	항고접수일자	항고		재항고		확정여부
		접수결과	사건번호	항고결과	사건번호	재항고결과	
검색결과가 없습니다.							

사건내역

❼ 기일내역

기일내역에서는 경매를 시작하는 날인 매각기일, 매각장소, 해당 다세대주택을 얼마에 팔겠다는 최저매각가격 등을 확인할 수 있습니다.

기일내역						
물건번호	감정평가액	기일	기일종류	기일장소	최저매각가격	기일결과
1	260,000,000원	2021.08.24(10:00)	매각기일	신관 209호 경매법정	260,000,000원	유찰
		2021.10.12(10:00)	매각기일	신관 209호 경매법정	208,000,000원	
		2021.10.19(14:00)	매각결정기일	신관 209호 경매법정		

기일내역

❽ 문서접수/송달

문서접수/송달에서는 해당 다세대주택과 관련한 문건의 처리 및 송달내역을 알 수 있습니다. 문건이 별 차질 없이 처리되고 채무자에게 잘 전달되었다면 나중에 해당 부동산을 낙찰받은 후 인도받기가 수월하겠지만, 그 반대라면 낙찰 후 인도받기가 까다로울 겁니다. 이 빌라의 경우에는 그렇게 어렵지는 않을 것으로 판단되네요

송달내역		
송달일	송달내역	송달결과
2020.11.30	채권자대리인 김O 보정명령등본 발송	2020.12.01 도달
2020.12.17	채권자대리인 김O 개시결정정본 발송	2020.12.17 도달
2020.12.17	채무자겸소유자 이OO 개시결정정본 발송	2020.12.23 폐문부재
2020.12.18	주무관서 영OOOOO 최고서 발송	2020.12.21 송달간주
2020.12.18	주무관서 국OOOOOO OOOOOO 최고서 발송	2020.12.21 송달간주
2020.12.18	주무관서 서OO OOOOO 최고서 발송	2020.12.21 송달간주
2020.12.18	감정인 조OO 평가명령 발송	2020.12.23 도달
2020.12.18	집행관 서OOOOO·OOO 조사명령 발송	2020.12.21 도달
2020.12.29	임차인 김OO 임차인통지서 발송	2021.01.05 폐문부재
2021.01.12	임차인 김OO 임차인통지서 발송	2021.01.13 송달간주
2021.01.22	채권자대리인 김O 주소보정명령등본 발송	2021.01.25 도달
2021.01.31	채무자겸소유자 1 이OO 개시결정정본 발송	2021.02.17 폐문부재
2021.03.02	채권자대리인 김O 주소보정명령등본 발송	2021.03.03 도달
2021.03.12	채무자겸소유자 1 이OO 개시결정정본 발송	2021.03.31 기타송달불능
2021.03.23	주무관서 영OOOOO 최고서 발송	2021.03.24 송달간주

문건접수/송달내역

❾ 부동산표시

부동산표시에서는 해당 다세대주택의 주소, 층수, 호수, 구조, 면적 그리고 대지권의 종류 및 전체 토지의 면적 중에서 해당 다세대주택이 차지하는 토지의 비율인 대지권 비율을 알 수 있습니다. 해당 다세대주택의 대지권 비율은 23.87㎡(7.23평)로 괜찮다는 것을 알 수 있습니다.

현황조사서 기본내역					
법원	서울서부지방법원		명령회차	1 ✓ 회	
부동산표시목록					
부동산 표시목록					
번호	소재지	용 도/구 조/면 적			비 고
1	서울특별시 은평구 ▨▨▨	1동의 건물의 표시 서울특별시 은평구 불광동 ▨▨ 서울특별시 은평구 불광동 ▨▨▨ [도로명 주소] 서울특별시 은평구 ▨▨▨▨▨ 철근콘크리트구조 (철근)콘크리트(평지붕) 6층 제2종근생및다세대주택 1 층 12.54 ㎡ (계단실,주차장) 2 층 193.19 ㎡ (제2종근린생활시설:사무소) 3 층 166.60 ㎡ (다세대주택:4세대) 4 층 168.02 ㎡ (다세대주택:4세대) 5 층 146.30 ㎡ (다세대주택:4세대) 6 층 116.81 ㎡ (다세대주택:2세대) 옥탑 2층 17.94 ㎡ 계단실,엘리베이터계단실(연면적제외) 옥탑 1층 16.77 ㎡ 계단실(연면적제외) 전유부분의 건물의 표시 건물의 번호 : 2층 203호 구 조 : 철근콘크리트구조 면 적 : 41.82 ㎡ 대지권의 종류 : 1. 소유권 2. 소유권 대지권의 비율 : 1. 402 분의 23.87 2. 402 분의 23.87			---
부동산강제경매					

부동산표시목록

토막상식

✎ 예고등기 폐지

등기사항전부증명서에서 예고등기를 볼 수 있다는 것은 해당 부동산에 잡혀 있는 소유권이나 기타 권리가 말소 소송 중임을 의미합니다. 예고등기가 소멸될 것으로 생각하고 낙찰받았는데 예고등기가 소멸되지 않는다면 이는 큰 문제로 이어집니다. 이에 법무부는 선의의 제3자를 보호하고 부동산거래의 안전을 확보하기 위해 '예고등기'를 2015년에 폐지했습니다.

106 손해 안 보는 경매물건 고르기
② 주변 부동산 시세를 파악하라!

이번에는 경매대상 부동산 주변 다세대주택의 시세가 어떤지 살펴보겠습니다. 그래야만 해당 다세대주택의 감정가격이 적정한지 알 수 있고, 또 이후 개발 가능성을 살펴보고 수익가치를 따져볼 수 있기 때문입니다.

❶ 인근진행물건

나경매씨가 목표로 하는 다세대주택 인근에 경매로 나온 다른 다세대주택의 경매 진행 상태를 알 수 있습니다. 현재 인근에서 진행하는 물건은 나경매씨가 관심을 두고 있는 물건 외에 도시형생활주택 한 채와 다세대주택한 채가 있군요.

선택	사건번호 물건번호 담당계	소재지	용도	감정가 최저가	매각기일 [입찰인원]	결과 유찰수 %	조회수
☐	2021-■■ 경매5계	서울특별시 은평구 불광동 ■■■ [토지 7.5평][건물 8.9평] [대항력있는임차인,관련사건,위반건축물]	도시형생활 주택	171,000,000 136,800,000	2021-10-12	유찰 1회 80%	74
☐	2020-■■ 경매5계	서울특별시 은평구 불광동 ■■■ [대지권 7.2평][전용 12.7평] [대항력있는임차인,관련사건]	다세대 (빌라)	260,000,000 208,000,000	2021-10-12	유찰 1회 80%	88
☐	2020-■■ 경매7계	서울특별시 은평구 불광동 ■■■ [대지권 7.7평][전용 13.7평] [관련사건,위반건축물]	다세대 (빌라)	245,000,000 196,000,000	2021-10-12	유찰 1회 80%	164

인근진행물건

❷ 인근매각물건

나경매씨가 목표로 하는 다세대주택과 비슷한 주택들이 그동안 얼마에 팔렸는지 알 수 있습니다. 목표한 다세대주택을 사려면 얼마가 필요한지 알 수 있지요. 하지만 이것은 참고자료일 뿐 정확한 답은 아니므로 참고용으로만 이용하세요. 내용을 살펴보니 나경매씨가 사려는 집과 비슷한 면적의 빌라는 2억 320만원까지 떨어졌다가 감정가격의 94%인 2억 5,400만원에 팔렸군요.

선택	사건번호 물건번호 담당계	소재지	용도	감정가 최저가	매각기일 [입찰인원]	결과 유찰수 %	조회수
☐	2020-■■ 경매7계	서울특별시 은평구 불광동 ■■■ [대지권 9.7평][전용 13평] [중복사건]	다세대 (빌라)	254,000,000 203,200,000 매각 239,999,000	2021-08-24 [입찰2명] 임근식	매각 (80%) (94%)	289
☐	2020-■■ 경매7계	서울특별시 은평구 불광동 ■■■ [대지권 11.8평][전용 20.4평] [대항력있는임차인,선순위임차권,관련사건,위 반건축물]	다세대 (빌라)	240,000,000 153,600,000 매각 215,000,000	2021-08-24 [입찰3명] 조은미	매각 (64%) (90%)	547
☐	2020-■■ 경매3계	서울특별시 은평구 불광동 ■■■ [대지권 8.7평][전용 12.5평] [관련사건]	다세대 (빌라)	92,000,000 92,000,000 매각 130,100,000	2021-07-06 [입찰2명] 정영희	잔금납부 (100%) (141%)	163

인근매각물건

❸ 해당번지사례

나경매씨가 목표로 하는 다세대주택과 같은 번지에 있는 다른 주택의 감정가격, 최저매각가격, 매각기일, 유찰 횟수 등을 알 수 있습니다. 최근 나경매씨가 목표로 하는 다세대주택과 같은 번지에서 경매로 나온 물건은 상가만 있네요.

선택	사건번호 물건번호 담당계	소 재 지	용도	감정가 최저가	매각기일 [입찰인원]	결과 유찰수 %	조회수
☐	2019-▩▩▩ 경매6계	서울특별시 은평구 불광동 ▩▩▩ ▩▩▩ ▩ [대지권 7.5평][전용 13.1평] [대항력있는임차인,선순위임차권 관련사건]	상가 (점포)	222,000,000 177,600,000 매각 205,100,000	2020-08-11 [입찰1명] ▩▩▩	배당종결 (80%) (92%)	263

해당번지사례

❹ 예상배당표

예상배당표에서 ❶은 경매 결과 모든 권리들이 소멸되는지 여부를 미리 예상한 것입니다. 해당 다세대주택의 경우에는 선순위 임차인이 배당신청을 하지 않으면 경락인이 임차인의 보증금을 떠안아야 합니다. ❷는 채권자들의 배당순서를 확인할 수 있는 곳입니다. ❸은 입찰금액에 따른 배당 결과로, 해당 다세대주택에 덕지덕지 붙어 있던 모든 권리들이 소멸되는지 확인해보는 곳입니다. 해당 다세대주택의 경우 임차인이 자신의 보증금을 모두 되돌려받는군요. ❹는 해당 경매물건을 낙찰받아 자신의 이름으로 소유권이전을 하는 데 들어가는 비용이 얼마인지 확인할 수 있는 곳입니다. ❺는 예상 입찰가로 입찰을 했을 때 들어가는 총비용을 알 수 있는 곳입니다. 입찰가격이 낮을수록 총 매입가격은 낮아지겠지만 너무 낮으면 낙찰받기 힘들겠죠?

관할법원	서울서부지방법원	소재지	서울특별시 은평구 불광동 ■■ ■■ ■■■ ■■		
사건번호	2020 타경 57041 물번 : 1	물건종별	다세대(빌라)	배당요구종기일	2021-04-07

● 권리의 인수/소멸표 ①
- 임금채권과 당해세의 경우 배당표에 적용되지 않습니다.
- 압류 등의 세금은 법정기일이 기준이므로, 배당시 주의하시기 바랍니다.
- **해당 예상배당표는 참고용으로만 사용하시기 바랍니다.**

성립순위	권리내역				소멸권리및대항여부	비고
	성립일자	권리종류	권리자	권리금액		
1	전입 2019-08-23 확정 2019-08-23 배당 2021-03-25	주거임차인	■■■	[보] 160,000,000	있음	
2	설정 2020-12-04	강제경매	■■■	[청] 39,008,865	소멸기준	

● 예상배당순위표 ②
- 잔금미납으로 인한 몰취된 입찰보증금의 추가부분은 별도 계산하여 산입하시기 바랍니다.

| 매각 예상가격 수정 (배당할 총금액) | 208,000,000 원 (최저가) | 새로적용 | 초기화 | * 배당할 총금액 = 매각대금 + 몰수된보증금 |

배당순위	권리종류	권리자	채권금액	배당할금액	배당금액	미배당금액	실제배당할총금액
0순위	경매신청비용	■■■	0	0	2,692,800	0	205,307,200
1순위	확정일자주택임차인	■■■	160,000,000	160,000,000	160,000,000	0	45,307,200
2순위	강제경매	■■■	39,008,865	39,008,865	39,008,865	0	6,298,335

● 예상배당내역표 ③
- 사건의 모든권리의 채권최고액 기준으로 배당받은금액과 미배당금액을 보실 수 있습니다.

권리종류	권리자	채권최고액	배당액	미배당액	소멸/대항여부	비고
주거임차인	■■■	160,000,000	160,000,000	0	소멸	전액배당으로 소멸예상
강제경매	■■■	39,008,865	39,008,900	0	소멸기준	

● 소유권이전 비용 예상액 ④ 이전 비용은 주거용을 기본으로 산출되었습니다. ● 주거용 ○ 비 주거용 ○ 전/답/과수원
※ 전/답/과수원일 경우 지목과 농지면적 현황에 따라 취득등록세(3.4% → 4.6%)가 달라질 수 있습니다.　　　　　　　　[주택 수 합산 및 중과 제외주택]

	개인 ● 1주택 (1~3%) ○ 2주택 (8%) ○ 3주택이상 (12%)	법인 ○ (12%)

세액종류	금액	설명
취득세 [세금안변에보기]	2,704,000 원	취득세 2,080,000원(매각가의 1%) 농어촌특별세 416,000원(매각가의 0.2%) □ 주거용인경우 85㎡이하 교육세 208,000원(취득세의 10%) (건축물대장상 주거와 상가부분이 혼용되었을 경우, 면적에 따라 취등록세율이 다르게 적용됩니다. 담당구청에 문의 바랍니다.)
말소등록세	10,200 원	말소등기 1건 X 말소등록세 (7,200) + 대법원 수입인지대 1건 X (3,000)
인지세	150,000 원	주택의 경우 매매계약서상 기재금액이 1억원 이하인 때에는 인지세가 비과세 됩니다. [산정표 보기]
국민주택 채권매입액	[산정표보기]	국민주택 채권매입 금액은 채권산정표를 보시고 직접 계산하시기 바랍니다. 기준금액은 매각가격(매각시), 최저가(진행시)입니다.
합계	2,864,200 원	생애최초 주택에 대해서는 취득세 감면. (주택시장 안정 보완대책 2020.07.10) (생애최초 주택구입시 취득세 감면혜택을 연령·혼인여부와 관계없이 확대 적용) **1.5억원 이하 100% 감면, 1.5억원 초과 ~ 3억원(수도권 4억원) 이하 50% 감면** □ 생애 최초 주택구입 □ 수도권

● 총 매입가격 및 부대비용 ⑤

구분	금액	비고
매각가	208,000,000원	매각이 안된경우는 최저가로 책정되어있습니다.
소유권이전 비용	2,864,200원	별도 법무비용은 제외하였습니다.
인수금액	0원	
총 매입가격 합계	210,864,200원	명도비, 관리비, 가스, 수도, 전기등 기타비용이 추가적으로 발생할 수 있음

나경매씨의 입찰가는?

나경매씨가 위의 분석 자료를 보고 예상한 최저/최고 입찰가격은 다음과 같습니다.

> **예상 입찰가 계산**: 감정가격 2억 6,000만원 × (95~100%)
> **예상 입찰가격**: 2억 4,700만원 ~ 2억 6,000만원

그렇다면 나경매씨는 왜 입찰 최고가격을 2억 6,000만원까지 생각했을까요? 그 이유는 목표로 하는 다세대주택과 비슷한 다른 다세대주택의 최근 낙찰가율이 감정가격의 100%에 달하는 것으로 보아, 경매시장에서 다세대주택에 관한 관심이 높아졌다고 판단했기 때문입니다. 그래서 낙찰가격이 높을 것으로 예상하고 최고가격을 그에 맞춰 써낸 것이죠.

토막 상식

✏ **다른 부동산 사이트들의 시세도 함께 살펴보세요**

주변 다세대주택의 시세를 파악할 때는 유료 경매사이트 내의 시세뿐만 아니라 네이버부동산이나 다음부동산 같은 다른 부동산 거래 사이트들의 시세도 함께 살펴보시기 바랍니다.

돈 되는 부동산 감별법
① 위치, 구조, 현황 알아보기

물건을 검색하고 클릭한 첫 화면에서 물건의 위치, 교통시설, 편의시설, 개발계획 등을 알려면 ❶과 ❷의 내용을 확인하면 됩니다. 먼저 ❶에서는 해당 다세대주택의 현장을 알 수 있는 추가사진과 위치를 알 수 있는 전자지도, 주변 건물들과 도로를 살펴볼 수 있는 로드뷰 등을 볼 수 있습니다. 이 정도면 다세대주택의 외관이며 위치, 주변 분위기를 웬만큼 파악할 수 있겠죠?

현장사진

내부구조

전자지적

다음로드뷰

　　이어서 ❷에서는 다세대주택의 인근 개발계획, 관할 주민센터, 지하철과의 거리, 학교, 공공기관, 대형마트, 문화시설, 주유소, 병원 등에 관한 사항을 확인할 수 있습니다.

계획고시공고/관할주민센터/주변정보 펼치기 ❷		
계획고시공고	＊[21-04-29][변경] 응암제1구역주택재개발정비사업 정비구역 지정-지구단위계 🔍 확인 ＊[21-04-15][변경] 도시관리계획(응암로 지구단위계획) 변경결정(경미한사항 🔍 확인 ＊[21-02-25][신규] 은평 재정비촉진지구 재정비촉진계획 변경 결정(경미한 🔍 확인 ＊[21-02-25][신규] 수색·증산 재정비촉진지구 재정비촉진계획 변경 결정 및 🔍 확인 ＊[21-02-18][변경] 은평 재정비촉진지구 도시개발사업 실시계획 변경인가 🔍 확인 ＊[21-02-04][변경] 수색·증산 재정비촉진지구 재정비촉진계획 변경 결정 및 🔍 확인 ＊[21-01-07][신규] 도시계획시설(사회복지시설) 결정 및 지형도면 고시 🔍 확인 ＊[20-11-19][신규] 주택건설사업계획승인 및 지형도면 고시 🔍 확인 ＊[20-07-20][신규] 은평구 불광동 323-21일원 역세권 청년주택(공공지 🔍 확인 ＊[20-06-29][변경] 도시계획시설(도로) 결정 실효고시 🔍 확인		
관할주민센터	＊은평구청 ＊서울 은평구 은평로 195 ＊불광1동주민센터 ＊서울 은평구 진흥로15길 10	＊02-351-6114 ＊02-351-5032
지하철	연신내역 3호선(385m), 연신내역 6호선(411m)	
학교	동명여자고등학교(348m), 동명생활경영고등학교(410m)	
공공기관	불광2동주민센터(368m), 불광지구대(449m)	

- 본사에서 제공하는 경매정보는 해당법원 에서 처리하고 있는 물건정보와 일치하지 않을 수도 있습니다.
- 매각물건의 정확한 내용은 법원에 비치된 매각물건명세서 및 기타 공부서류를 열람, 재확인 하시기 바랍니다.
- 인터넷으로 서비스하는 정보만으로 참여한 입찰과 관련하여 발생하는 문제에 대해 스피드옥션은 법적 책임을 지지 않습니다.
《주)스피드옥션 www.speedauction.co.kr [유료회원전용]권리분석상담: 1644-2072(연결2번) (상담시간: 오전9시30분부터~오후 5시까지)

나경매씨의 생각!

- 전자지도와 전자지적도를 보니 다소 좀 떨어진 곳에 동명여자고등학교와 동명생활경영고등학교가 있고, 주변에 다세대주택이 밀집된 전형적인 주거지역으로 특별한 혐오시설이 없어 주거환경이 양호하다. 조금 나오면 공원을 이용할 수 있고, 걸어서 10분 거리에 6호선 연신내역이 있어 그런대로 괜찮다고 생각된다.

- 추가 사진을 보니 필로티 구조의 지상 5층 건물로 외관이 깨끗하다. 현재 경매로 나온 빌라는 2층이어서 여름에는 시원하고 겨울에는 따뜻할 것으로 판단된다. 그러나 주차장이 협소하여 주차장 진출입이 불편할 것으로 보인다.

- ❶과 ❷를 종합해보니 주변이 전형적인 주거지역이라 조용하면서도 지하철역이 가깝고 주택이 깨끗해서 생활하기에 비교적 괜찮다. 그러나 주차장이 협소해 세를 놓는 데 약간의 어려움이 있을 것으로 보인다.

토막 상식

✎ **현장답사 가기 전에 사전분석을 꼼꼼하게 하자!**

원하는 부동산을 경매로 사고 싶다면 당연히 해당 부동산이 있는 지역을 직접 방문하여 주변 환경까지 살펴봐야 합니다. 그러나 현장에 가기 전에 유료경매사이트에서 제공하는 개발계획, 교통, 학교, 병원 등을 먼저 꼼꼼하게 살펴보세요. 정보를 살펴본 결과 투자가치가 없다고 판단되면 굳이 시간과 비용을 쓰면서까지 현장에 갈 필요가 없으니까요.

돈 되는 부동산 감별법
② 철저한 현장조사

현장조사 체크리스트 작성

나경매씨는 경매 사이트에서 본 다세대주택을 직접 확인하러 가기 전에 '현장조사 체크리스트'를 준비했습니다. 눈으로 보기만 해서는 체크해야 할 사항들을 일일이 기억하기가 어렵고, 특히 자신이 2순위, 3순위로 생각한 경기도 부천시 오정구 ○○동, 인천광역시 서구 ○○동의 물건들과 객관적으로 비교하려면 체크리스트가 필요하다고 생각했기 때문입니다.

나경매 씨의 현장조사 체크리스트

주소	서울시 은평구 ○○동 ○○○ - ○○○번지 2층 202호		
누가 살고 있나?	집주인 / 임차인 계약기간		
세대수	10세대	건설회사	000
방/욕실수	방2 욕실1	입주년도	2012년 11월
복도구조	박스식	난방방식	개별난방 / 도시가스
관리비 체납 여부	없음	체납액	0원
기타사항	- 다른 세대에 물어본 결과 채무자인 집주인이 가끔 다녀감 - 1년 전에 누수로 인해 거실 쪽 발코니를 공사함		

주변도로	주변에 연서로		
버스노선	145, 216, 1137, 1218		
지하철역	연신내역	걸어서 가는 시간	10분
터미널(기차역)	없음		
기타사항	버스노선이 다양하고 연신내역까지의 배차시간이 짧은 편임 - 교통 편리함		
교육시설	동명여자고등학교, 동명생활경영고등학교		
편의시설	주변에 보건소가 있음		
혐오시설	없음		
관공서	○○동 주민센터		
기타사항	주거환경은 좋지만 주차장이 협소하고 골목이 좁음		
현장조사 소감	교통이 편리하고 주거환경이 좋음 / 집주인이 임차인과 연관이 있어 보임		

시세파악 표 작성

현장조사의 꽃은 '시세파악'입니다. 시세파악을 제대로 하지 못하면 비싼 가격에 낙찰받거나, 너무 낮은 가격으로 입찰하여 낙찰받지 못하기 때문입니다.

나경매씨는 경매 사이트에서 본 다세대주택을 살펴보고 나서 근처 부동산을 방문해 집을 사려는 사람인 것처럼 하고 다세대주택의 시세를 물어보았습니다. 물론 다섯 군데 이상 다니면서 확인했고, 몇 군데에서는 파는 사람처럼 하고 시세를 물어보았습니다.

나경매씨의 다세대주택(빌라) 시세파악 표

중개업소	면적/층수	매매가	기타사항
사는 경우			
SK부동산	33㎡(약 10.0평) / 지상 2층	2억 7,000만원	건축년도 2010년 8월
한양부동산	28㎡(약 8.5평) / 반지하층	1억 9,000만원	건축년도 2004년 6월
미소부동산	42㎡(약 12.7평) / 지상 1층	2억 8,000만원	건축년도 2014년 9월
행복부동산	30㎡(약 9.1평) / 반지하층	1억 5,000만원	건축년도 1996년 2월
박사부동산	20㎡(약 6.1평) / 지상 3층	2억 1,500만원	건축년도 2016년 7월
파는 경우			
부자부동산	33㎡(약 10.0평) / 지상 2층	2억 6,500만원	건축년도 2010년 8월
복돼지부동산	28㎡(약 8.5평) / 반지하층	1억 8,500만원	건축년도 2004년 6월
호박부동산	42㎡(약 12.7평) / 지상 1층	2억 7,500만원	건축년도 2014년 9월
딸기부동산	30㎡(약 9.1평) / 반지하층	1억 4,500만원	건축년도 1996년 2월
우리부동산	20㎡(약 6.1평) / 지상 3층	2억 1,000만원	건축년도 2016년 7월
시세	2억 8,000만원		
기타사항	이사철이 아닌 시기이고 주차장이 좁아 세입자를 구하는 데 시간이 다소 걸릴 것으로 판단됨		

토막 상식

✎ **현장조사용 서류들을 꼼꼼하게 챙기세요!**

현장조사를 갈 때 '현장조사 체크리스트'와 '시세파악 표'를 가지고 가는 것이 기본입니다. 유료 경매사이트에서 확인한 자료들도 출력해서 가지고 가야 합니다. 이렇게 해야 관련 내용을 꼼꼼하게 확인할 수 있으니까요.

여러 물건 비교·분석해서 신중하게 선택!

서울특별시 은평구 ○○동의 다세대주택을 본 나경매씨는 같은 방법으로 경기도 부천시 오정구 ○○동동, 인천광역시 서구 ○○동에 있는 다세대주택도 조사했습니다. 그리고 이들을 비교하기 편하도록 '물건 비교표'를 작성했습니다(표 참고).

'물건 비교표'로 경매물건 한 번에 비교하기

나경매씨는 서울특별시 은평구 ○○동의 다세대주택이 주택가에 있어 조용하고 교통이 편리할 뿐만 아니라, 차후에 개발에 따른 이익을 볼 수 있을 것으로 판단하여 자신이 사려는 목적에 가장 적합하다고 생각했습니다.

경기도 부천시 오정구 ○○동의 다세대주택은 서울특별시 은평구 ○○동의 다세대주택보다 가격도 싸고 교통도 편리하지만, 지은 지 27년이나 되고 주차장도 좁아 임차인 구하기가 어려울 것 같다고 생각했습니다. 거기다 지하철역과도 거리가 많이 떨어져 있었습니다.

인천광역시 서구 ○○동의 다세대주택은 주변에 공원이 있어 주거환경이 좋고 가격도 저렴하며 주차장도 넓지만, 지하철역과 거리가 멀어 세 놓기가 어려울 것으로 생각했습니다.

나경매씨의 경매 물건 비교표

	은평구 ○○동	오정구 ○○동	서구 ○○동
입주년도	2012년 11월	1990년 7월	2005년 4월
세대수	10세대	12세대	9세대
복도구조	박스식	박스식	박스식
난방방식	도시가스	도시가스	도시가스
살고 있는 사람	임차인	집주인	임차인
방/욕실수	방2/욕실1	방2/욕실1	방3/욕실1
관리비 체납 여부	없음	체납	없음
수리 여부	방수수리	방수수리	없음
시세	2억 8,000만원	1억 5,000만원	2억 3,500만원
주변도로	연서로	원종로	검단로
버스 노선	4개	6개	3개
지하철역	연신내역 도보 10분	까치울역 도보 30분	검단사거리역 도보 10분
교육시설	1개 고	2개 초·중·고	2개 초·중·2개 고
편의시설	대형할인마트	대형할인마트	대형할인마트
혐오시설	없음	없음	없음
관공서	○○동 주민센터	○○동 주민센터	
평가	A	C	B
기타사항	은평구 ○○동에 있는 다세대주택은 골목이 좁아 주차장 출입이 다소 불편하지만, 주거환경이 좋고 장래에 개발 가능성이 있어 투자가치가 충분한 것으로 판단됨		

경매 사이트의 내용이 맞는지 재확인하기

이렇게 해서 은평구 ○○동에 있는 다세대주택으로 마음을 정한 나경매 씨는 집합건물등기사항전부증명서와 건축물대장을 다시 발급받아, 유료 경매사이트 상의 내용과 집합건물등기사항전부증명서 그리고 건축물대장 상의 내용이 일치하는지 확인했습니다.

또한 현재 다세대주택에 거주하고 있는 사람이 현황조사서, 매각물건명세서 상의 인물과 동일인인지도 현장조사를 통해 확인했습니다. 그리고 앞서 살펴본 544쪽 예상배당표 ❶의 권리들의 순서가 집합건물등기사항전부증명서상 권리들의 설정 순서 그리고 임차인의 전입신고일 및 확정일자 순서와 일치하는지도 확인했습니다.

토막 상식

✎ **꺼진 불도 다시 보는 자세로 꼼꼼하게 체크해라!**

등기사항전부증명서, 건축물대장, 토지대장 등 공부서류 상의 내용과 물건매각명세서 그리고 현장조사서의 내용이 일치하는지 꼼꼼하게 확인한 후 경매에 참여해야 손해 보지 않습니다. 또한 매매가격도 중요하지만 해당 물건이 있는 지역에서 주로 선호하는 물건을 낙찰받아야 차후에 매매나 임대가 수월합니다.

110

찜해 놓은 집 입찰하러 경매장으로 출발!

경매장에서 주의할 점은 분위기에 휩쓸려 생각한 것보다 더 높은 금액으로 입찰할 수 있다는 것입니다. 물론 경쟁이 심하면 미리 정해둔 금액보다 조금 더 쓸 수는 있지만, 현재 시세보다 비싸게 사는 실수를 해서는 안 됩니다.

자, 그럼 경매에 임한 나경매씨의 발자취를 따라가보겠습니다.

1. 입찰게시판 확인

경매 당일 나경매씨는 주민등록증, 도장, 입찰보증금을 가지고 법원 경매장으로 갔습니다. 경매장에 도착한 나경매씨는 가장 먼저 입찰게시판을 확인했습니다.

경매가 시작되기 전에 빚을 진 사람(채무자)이 빚을 갚거나, 돈을 받을 사람(채권자)이 돈 갚을 사람(채

입찰게시판

무자)의 사정을 봐주기로 해서 경매가 없었던 것(취하)으로 되거나 연기되지는 않았는지 확인하기 위해서입니다. 간혹 이런 경우들이 있으니 갑자기 경매가 취소된다고 해도 너무 실망하지 마세요. 다행히 나경매씨가 경매로 사려는 다세대주택에는 아무 이상이 없네요! 참고로 경매장에 나오기 전에 대법원 법원경매정보 사이트(www.courtauction.go.kr)의 '경매공고' → '부동산매각공고'에서 경매 진행 변경 여부를 확인할 수 있습니다.

2. 사건기록 열람

다음으로, 경매장에 비치된 매각물건명세서, 현황조사서, 감정평가서 등의 서류를 살펴보면서 눈독 들인 부동산에 혹시 나중에 떠안아야 할 권리나 새로운 임차인이 나타나는 등 사전에 파악한 내용과 다른 점이 없는지를 확인했습니다. 이것도 이상 무!

3. 입찰표 작성

이제 입찰표를 작성해야 합니다. 다음 설명을 참고하세요.

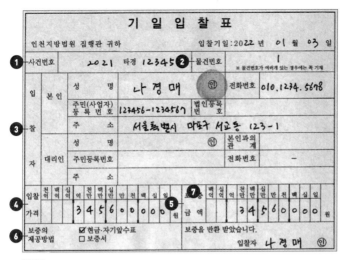

입찰표

❶ 사건번호: 경매로 나온 부동산마다 사건번호가 있으므로 낙찰받고
싶은 부동산의 사건번호를 쓰면 됩니다. 사건번호는 매각물건명세서
에서 확인할 수 있습니다(매각물건명세서의 ㉠).

❷ 물건번호: 경매로 나온 부동산에 물건번호가 있는 경우에만 쓰면 됩
니다. 물건번호 역시 매각물건명세서에서 확인할 수 있습니다(매각물
건명세서의 ㉡).

서 울 서 부 지 방 법 원

2020타경57041

매각물건명세서

사 건	2020타경 부동산강제경매		매각물건번호	1	작성일자	2021.08.09	담임법관(사법보좌관)		
부동산 및 감정평가액 최저매각가격의 표시	별지기재와 같음		최선순위 설정		2020..12.4.강제경매개시결정		배당요구종기	2021.04.07	

부동산의 점유자와 점유의 권원, 점유할 수 있는 기간, 차임 또는 보증금에 관한 관계인의 진술 및 임차인이 있는 경우 배당요구 여부와 그 일자, 전입신고일자 또는 사업자등록신청일자와 확정일자의 유무와 그 일자

점유자성 명	점유부분	정보출처구 분	점유의권 원	임대차기간(점유기간)	보 증 금	차 임	전입신고일자,사업자등록신청일자	확정일자	배당요구여부(배당요구일자)
	미상	현황조사	주거임차인	미상	미상	미상	2019.08.23	미상	
	전부	권리신고	주거임차인	2019. 8. 23 -	160,000,000		2019. 8. 23.	2019. 8. 23.	2021.03.25

❸ **입찰자**: 경매에 참여하는 사람의 이름, 주민등록번호, 주소, 전화번호를 적습니다. 이때 주소는 입찰자 자신이 현재 거주하고 있는 곳의 주소가 아니라 주민등록상의 주소를 적어야 합니다. 만약 대리인이 대신 참여했다면 대리인의 이름, 주민등록번호, 주소, 전화번호, 경매를 부탁한 사람과의 관계도 적어넣습니다.

❹ **입찰가격**: 해당 부동산을 얼마에 사고 싶은지 희망가격을 적어넣습니다. 입찰가격을 잘못 적어 '0'을 하나라도 더 붙이면 몇 배나 비싼 가격으로 사야 하니 주의하세요.

❺ **보증금액**: 법원에서 정한 최저매각가격의 10%에 해당하는 금액을 보증금으로 냅니다. 이때 금액을 잘못 적어넣으면 고쳐 쓸 수 없으므로 새 용지에 다시 적어야 합니다.

❻ **보증의 제공방법**: 입찰보증금을 현금이나 수표로 내는지, 아니면 서울보증보험의 보증서로 내는지를 체크합니다.

❼ **보증금 반환 칸**: 이 칸은 경매에 참여할 때 적는 것이 아니라, 눈독들인 부동산을 낙찰받지 못해서 보증금을 반환받아야 할 때 작성합니다.

4. 매수신청보증금봉투 작성

입찰표를 작성했으면 입찰보증금을 넣을 매수신청보증금봉투를 작성합니다. 이때 봉투 뒷면의 '인' 표시가 있는 부분에 하나도 빠짐없이 도장을 찍어야 한다는 점에 유의하세요.

❶ 매각물건명세에 사건번호를 적습니다.
❷ 매각물건명세서에 물건번호가 있으면 그대로 적습니다.
❸ 경매에 참여하는 사람의 이름을 적습니다. 경매에 참여하는 사람이 대리인이라면 대리인의 이름을 적습니다.
❹ 경매에 참여한 사람의 도장을 '인' 표시가 있는 부분에 빠짐없이 찍습니다.

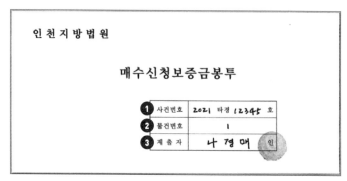

매수신청보증금 봉투 앞면

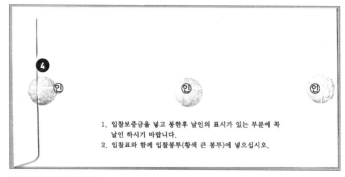

매수신청보증금 봉투 뒷면

5. 입찰봉투 작성

마지막으로, 앞에서 작성한 매수신청보증금봉투와 입찰표를 넣을 황색의 입찰봉투를 작성합니다.

❶ **입찰자용 수취증**: 입찰봉투에 입찰표와 매수신청보증금봉투를 넣고 난 후, 이 부분을 오려서 보관해두어야 합니다. 그래야만 낙찰받지 못했을 때 보증금을 되돌려받을 수 있습니다.

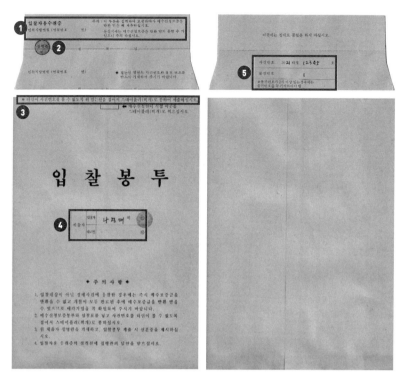
입찰봉투 앞면(왼쪽)과 뒷면(오른쪽)

❷ 절취선 위에 반드시 집행관의 도장을 받아놓아야 진짜 입찰자용 수
취증으로 인정받습니다.

❸ 이 부분에 스테이플러를 찍어 입찰봉투를 봉합니다.

❹ 제출자 이름을 적어넣습니다. 본인이라면 '본인' 칸에, 대리인이라면
'대리인' 칸에 적으면 됩니다.

❺ 입찰봉투 뒷면 귀부분에 사건번호와 물건번호를 적어넣습니다. 법원에 따라 입찰봉투 뒷면에 경매에 참여한 사람의 도장을 찍도록 요구하기도 합니다. 도장을 요구하면 전부 빠짐없이 찍습니다.

이렇게 해서 나경매씨는 자신이 눈독 들인 다세대주택을 2억 6,000만원에 사고 싶다는 내용을 입찰표에 적고, 이 입찰표를 입찰보증금 2,600만원이 들어 있는 매수신청보증금 봉투와 함께 입찰봉투에 넣었습니다. 그리고 입찰봉투를 입찰함에 넣었습니다.

한 시간 정도 흐른 후 나경매씨가 도전한 다세대주택의 사건번호와 함께 나경매씨의 이름이 가장 먼저 들려왔습니다. 경매장에서 가장 먼저 이름이 불리는 사람이 경락인입니다. 나경매씨가 해당 다세대주택을 낙찰받은 것이지요. 그다음으로 불리는 사람은 2등(차순위 매수 신고인)으로, 1등으로 낙찰받은 사람이 잔금을 준비하지 못해 낙찰을 포기하거나 결격사유가 있을 때 해당 부동산을 낙찰받을 수 있습니다.

경매가 진행되는 동안 집은 노후화된다

경매가 결정되고 낙찰이 이루어지기까지는 상당히 많은 시간이 걸립니다. 이 경우 토지는 크게 상관없지만, 주택은 경매가 진행되는 1~2년간 제대로 관리하는 사람이 없어서 많이 낡아질 수 있습니다. 그러다 보면 겨울에 보일러가 얼어 터진다거나 쓰레기가 방치된다거나, 각종 공과금이 연체되기 일쑤입니다. 그래서 주택을 경매로 살 때는 반드시 현장을 방문해서 건물의 상태와 공과금 연체 여부 등을 꼼꼼히 살펴봐야 합니다.

**토막
상식**

보증서로 입찰보증금 대신할 때는 이렇게 하세요!

보증서를 매수신청보증금 봉투(흰색 작은 봉투)에 넣지 않고, 기일입찰표와 함께 입찰봉투(황색 큰 봉투)에 함께 넣고 봉해 날인(도장 찍기)한 후, 입찰자용 수취증 절취선상에 집행관의 날인을 받습니다. 그리고 집행관이 보는 앞에서 입찰자용 수취증을 떼어내 따로 보관한 후 입찰봉투를 입찰함에 투입하면 됩니다.

입찰서류, 혹시
잘못 작성했다면?

입찰서류를 잘못 작성하는 경우가 많습니다. 그럴 때는 어떻게 처리될까요? 아래 표로 알아봅시다.

잘못 작성한 내용	처리기준
입찰기일을 적지 아니하거나 잘못 적은 경우	입찰봉투의 기재에 의해 그 매각기일의 것임을 특정할 수 있으면 개찰에 포함시킨다.
사건번호를 적지 아니한 경우	입찰봉투, 매수신청보증봉투, 위임장 등 첨부 서류의 기재에 의해 사건번호를 특정할 수 있으면 개찰에 포함시킨다.
매각물건이 여러 개인데, 물건번호를 적지 아니한 경우	개찰에서 제외한다. 다만, 물건의 지번건물의 호수 등을 적거나 입찰봉투에 기재가 있어 매수신청 목적물을 특정할 수 있으면 개찰에 포함시킨다.
입찰자 본인 또는 대리인의 이름을 적지 아니한 경우	개찰에서 제외한다. 다만, 고무인·인장 등이 선명해 쉽게 판독할 수 있거나, 대리인의 이름만 기재되어 있지만 위임장·인감증명서에 본인의 기재가 있는 경우에는 개찰에 포함시킨다.
입찰자 본인과 대리인의 주소·이름이 함께 적혀 있지만(이름 아래 날인한 경우 포함) 위임장이 붙어 있지 아니한 경우	개찰에서 제외한다.
입찰자 본인의 주소·이름이 적혀 있고 위임장이 붙어 있지만, 대리인의 주소·이름이 적혀 있지 않은 경우	개찰에서 제외한다.

위임장이 붙어 있고 대리인의 주소·이름이 적혀 있지만 입찰자 본인의 주소·이름이 적혀있지 아니한 경우	개찰에서 제외한다.
한 사건에서 동일인이 본인인 동시에 다른 사람의 대리인이거나 동일인이 2인 이상의 대리인을 겸하는 경우	쌍방의 입찰을 개찰에서 제외한다.
입찰자 본인 또는 대리인의 주소나 이름이 위임장 기재와 다른 경우	이름이 다른 경우에는 개찰에서 제외한다. 이름이 같고 주소만 다른 경우에는 개찰에 포함시킨다.
입찰자가 법인인 경우 대표자의 이름을 적지 아니한 경우(날인만 있는 경우도 포함)	개찰에서 제외한다. 다만, 법인등기사항전부증명서로 그 자리에서 자격을 확인할 수 있거나 고무인·인장 등이 선명해 용이하게 판독할 수 있는 경우에는 개찰에 포함시킨다.
본인 또는 대리인의 이름 다음에 날인이 없는 경우	본인의 입찰로서 개찰에 포함시킨다.
입찰가격의 기재를 정정한 경우	개찰에서 제외한다.
입찰가격의 기재가 불명확한 경우 예컨대 5와 8, 7과 9, 0과 6 등	개찰에서 제외한다.
보증금액의 기재가 없거나 그 기재된 보증금액이 매수신청보증과 다른 경우	매수신청보증봉투 또는 보증서에 의해 정해진 매수신청보증 이상의 보증제공이 확인되는 경우에는 개찰에 포함시킨다.
보증금액을 정정하고 정정인이 없는 경우	
하나의 물건에 대해 같은 사람이 여러 장의 입찰표를 제출한 경우	입찰표 모두를 개찰에서 제외한다.
보증의 제공방법에 관한 기재 없이 입찰표를 작성·제출한 경우	개찰에 포함시킨다.
위임장은 붙어 있지만 위임장이 사문서로서 인감증명서가 붙어 있지 아니한 경우, 위임장과 인감증명서의 인영이 틀린 경우	개찰에서 제외한다. 다만, 변호사·법무사가 임의대리인으로 입찰하는 경우 인감증명서가 붙어 있지 않더라도 개찰에 포함시킨다.

111 진정한 주인으로 인정받기까지 일주일

경매를 통해 부동산의 주인으로 낙찰받는다고 해서 바로 해당 부동산의 주인이 되는 것은 아닙니다. 경매 과정에서 잘못된 것은 없는지, 낙찰받은 사람에게 결격사유가 없는지 등을 일주일간 조사합니다. 조사해서 아무런 문제가 없으면 낙찰받은 날로부터 일주일 후에 낙찰받은 부동산의 진정한 주인으로 인정받습니다(낙찰허가결정).

낙찰받자마자 주인 행세하지 마라

이때 주의할 점은, 오매불망 눈독 들인 부동산을 낙찰받은 것이 너무 기뻐 해당 부동산이 있는 곳에 가서 "이제 내가 새로운 주인입니다" 하고 방정을 떨어서는 안 된다는 겁니다. 안 그래도 재산을 날리게 돼서 침울한데 처음 본 사람이 해당 부동산의 새 주인이라며 거들먹거리는 모습을 보고 좋아할 사람은 아무도 없겠지요.

심한 경우 경매로 자기 재산을 잃어버린 사람이 새로운 주인 고생하라고, 자신에게 아무런 이익이 없는데도 불구하고 절차상 문제가 있다고 이의 신청을 해서 경매 진행을 지연시킬 수도 있습니다.

그러므로 부동산을 낙찰받으면 일주일 후 진정한 주인으로 인정을 받을 때까지는 얌전히 기다리세요. 별 탈 없이 진정한 주인으로 인정받기를 두 손 모아 기도하면서 말이죠.

잔금을 치르면 게임 끝!

기다리는 동안 기도만 하고 있을 것이 아니라 잔금 치를 돈을 준비해야 합니다. 일단 잔금을 치르면 다른 사람이 훼방 놓으려고 아무리 이의신청을 해도 소용없습니다. 잔금을 치르면 게임 끝입니다. 그러므로 일주일이 지나 법원으로부터 대금지급기한 통지서를 받으면 쏜살같이 달려가 잔금을 내세요.

소유권이전등기와 인도명령 신청하면 완전한 내 집!

나경매씨도 이렇게 일주일을 기다린 후에 무사히 진정한 주인으로 인정받아 잔금을 치렀습니다. 그런 다음 나경매씨는 법원 근처에 있는 법무사 사무실에 방문했습니다. 경매로 낙찰받은 다세대주택 주인의 이름을 자신의 이름으로 바꾸기(소유권이전등기) 위해서입니다. 또한 현재 다세대주택에 살고 있는 사람이 나가지 않겠다고 우길 것을 대비해 인도명령도 함께 신청했습니다.

'인도명령'은 잔금을 치른 날로부터 6개월 이내에 신청해야 합니다. 낙찰받은 부동산에 거주하는 사람이 빚을 진 사람(채무자)이거나 해당 부동산

의 주인이거나, 이들의 권리와 의무를 넘겨받은 사람(승계인)이면 해당 부동
산에서 내보낼 수 있습니다.

인도명령을 신청할 때는 '점유이전금지 가처분'도 함께 신청해야 합니
다. 실컷 A라는 사람을 상대로 인도명령을 신청해서 주택을 인도받으러 갔
는데, 새로운 사람인 B가 해당 주택에 거주하고 있다면 그 인도명령은 소용
이 없습니다. A를 상대로 한 인도명령이지 B를 상대로 한 인도명령이 아니
니까요.

경매로 넘어간 주택에 살던 사람이 낙찰자에게 해당 주택을 넘겨주지
않으려고 본인 대신 다른 사람이 들어와서 살게 하는 경우가 있는데, 바로
이러한 것을 막아주는 것이 '점유이전금지 가처분'입니다. 그러므로 인도명
령을 신청할 때는 '점유이전금지 가처분'도 함께 신청해야 합니다.

 토막상식

✎ **인도명령과 명도소송은 다르다!**

인도명령은 빚을 진 채무자, 해당 부동산 소유자, 대항력 없는 임차인을 상대로 잔
금을 납부한 날로부터 6개월 이내에 담당경매계에 신청해야 합니다. 이에 반해
명도소송은 대항력 있는 임차인, 잔금 납부 후 6개월이 지난 인도명령 대상자를
상대로 관할법원에 소송을 제기하는 것입니다.

이제는 내 집이니까 집 비워주세요

낙찰받은 주택을 현재 거주하고 있는 사람한테서 무사히 되돌려받으려면 적절한 배려와 작전이 조금 필요합니다.

앞 장에서 언급한 것처럼 잔금을 치르고 나서 해당 주택의 이름을 자신의 이름으로 바꿀 때(소유권이전등기) 인도명령을 같이 신청해야 합니다. 그래야만 현재 거주하고 있는 사람이 "나는 죽어도 못 나가!"라며 버티더라도 손쉽게 내보낼 수 있습니다.

초보자라면 보증금을 모두 배당받는 임차인부터 공략하라

그런데 이것만으로는 2% 부족합니다. 잔금을 치르고 곧바로 해당 주택에 거주하고 있는 사람을 찾아가 언제까지 집을 비워달라고 요구해도 되지만(보통 한 달 정도의 이사 기간을 줍니다), 사실 급히 서두를 필요가 없습니다.

만약 해당 주택에 거주하고 있는 사람이 경매를 통해 자신의 보증금을 모두 되돌려받은 임차인이라면 곧바로 찾아가도 괜찮습니다. 하지만 보증금을 모두 되돌려받지 못하고 나가야 하거나 자신의 주택이 경매로 넘어간 사람이라면, 한판 붙을 기세로 낙찰자를 기다리고 있을 터이므로 이때는 급하게 서둘러서는 안 됩니다.

경매 초보자라면 낙찰받은 주택에 현재 거주하고 있는 임차인 중 자신의 보증금을 모두 배당받은 임차인이 있는지 확인하고, 그 임차인부터 공략하는 것이 좋습니다.

방문하는 날 우체국에 가서 내용증명 보내기

만약 자신의 보증금을 일부 또는 한 푼도 되돌려받지 못하는 임차인이 있다면 그 사람이 기다리다 지칠 때까지 조금 기다려야 합니다. 그때가 언제냐면 바로 소유권이전등기 다음입니다. 그러면 소유권이전등기 이후에 그냥 방문하면 될까요? 아뇨. 방문하기 전에 할 일이 있습니다. 방문하는 날 먼저 우체국에 가서 '2022년 OO월 OO일까지 집을 비워주지 않으면 모든 민·형사상의 책임을 묻겠다'라는 내용을 적은 내용증명을 보내야 합니다. 낙찰받은 주택을 방문한 다음 날 도착할 수 있도록 말이지요.

낙찰받은 주택을 방문해서는 싸우기보다는 인간적으로 이야기하는 것이 좋습니다. "사장님 사정은 딱하지만, 저도 내 집 하나 장만해보려고 있는 돈 없는 돈 끌어모아서 산 것입니다. 사장님이 집을 비워주지 않으면 우리는 어디에서 살라는 말입니까? 전세보증금까지 뺐는데요"라고 말이죠. 물론 이렇게 사정한다고 해서 해당 주택에서 나가야 하는 사람이 처음부터 협조적으로 나오지는 않습니다. 그래도 처음부터 감정싸움을 할 필요는 없으므로 이런 식으로 차분하게 다가가는 것이 좋습니다.

다음 날 해당 주택에 거주하고 있는 사람은 전날 보낸 내용증명을 받게 됩니다. 이러면 대부분 버티기 힘들겠다고 생각합니다. 그런 다음 다시 방문하면 이사비용 이야기가 나오면서 길고 긴 경매의 끝이 보이기 시작합니다.

또 다른 방법, 명도소송

'명도(明渡)'는 부동산을 내주는 것을 의미합니다. '명도소송'은 인도명령의 대상이 아닌 사람을 해당 부동산에서 내보낼 때 이용하는 방법입니다. 그리고 인도명령을 통해 내보낼 사람인데 인도명령의 제한기간인 6개월을 넘어버린 경우에도 명도소송을 통해 내보냅니다.

마음 약한 사람이라면

피 같은 보증금을 한 푼도 되돌려받지 못하는 임차인을 상대하기가 힘들 수 있습니다. 다른 사람에게 모질지 못한 사람이라면 권리분석을 할 때 자신의 성향을 고려해 적합한 물건을 고르세요.

토막 상식

 이사비용도 낙찰자가 줘야 하나요?

임차인을 달래기 위한 차원에서 통상 이사비용으로 300만원 정도를 줍니다. 그런데 무조건 이사비용을 다 주는 것이 아니라 해당 주택에 거주하던 사람이 관리비를 체납했다면 이사비용에서 그 부분을 빼고 줘야 합니다. 그래야 이중으로 돈이 나가지 않습니다.

113 인터넷으로 하는 공매,
간편하지만 더 꼼꼼해야!

경매 못지않게 사람들의 관심을 끄는 것이 바로 '공매'입니다. 공매가 무엇이고, 공매를 통해 팔리는 재산에는 어떠한 것들이 있는지 자세히 알아보겠습니다.

공매란 무엇인가요?

국가의 재산, 세금을 내지 않아 압류된 부동산, 기업 또는 금융기관이 매각을 의뢰한 비업무용 부동산, 개인이 양도소득세 비과세 또는 중과 제외 혜택을 받기 위해 매각을 의뢰한 1세대 2주택자의 주택이나 비사업용토지 등을 국가기관 등이 공개적으로 파는 것을 말합니다.

공매는 한국자산관리공사가 지정한 장소나 한국자산관리공사가 운영하는 온비드(www.onbid.co.kr)에서 이루어집니다.

공매로 팔리는 재산에는 어떠한 것들이 있나요?

공매를 통해 팔리는 재산에는 '압류재산, 국유재산, 수탁재산, 유입자산'
의 네 가지가 있습니다.

❶ **압류재산**: 국세, 지방세 및 각종 공과금 등의 체납 때문에 세무서 또
는 지방자치단체 등에서 압류한 후 한국자산관리공사에 매각을 맡
긴 재산을 말합니다.

❷ **국유재산**: 국가 소유의 재산 중 공용재산(국가가 직접 사무·사업용 또는 공
무원의 거주용으로 사용하거나 사용하기로 결정한 재산), 공공용 재산(국가가 직
접 공공용으로 사용하거나 사용하기로 결정한 재산), 기업용 재산(정부기업이 직
접 사무용·사업용 또는 그 기업에 종사하는 직원의 주거용으로 사용하거나 사용하기
로 결정한 재산), 보존용 재산을 제외한 모든 재산을 말합니다. 매매도
되고 임대도 됩니다.

❸ **수탁재산**: 금융기관 또는 기업이 한국자산관리공사에 대신 팔아달
라고 맡긴 비업무용 부동산, 1세대 2주택자 또는 비사업용 토지의 소
유자가 양도소득세 비과세 또는 중과세 제외 혜택을 받기 위해 한국
자산관리공사에 대신 팔아달라고 부탁한 부동산을 말합니다.

❹ **유입자산**: 한국자산관리공사가 금융회사 등의 자산유동성과 건전성
을 향상시키기 위하여 경매로 사들여 다시 공매로 파는 재산을 말합
니다.

공매에서는 재산의 종류에 따라 잔금 치르는 방법, 잔금 전에 다른 사람
에게 팔 수 있는지 여부, 잔금 전에 사용할 수 있는지 여부 등이 각기 다르므

로, 자신에게 맞는 부동산을 사려면 이들의 차이점을 잘 알고 있어야 합니다.

구분	압류재산	국유재산	수탁재산	유입자산
소유자	체납자	국가(기획재정부)	금융기관·공기업	KAMCO
매가금액 결정기준	감정가격	감정가격	감정가격	KAMCO 유입가격
명도책임	매수자	매수자	금융기관·공기업, 매수자	KAMCO, 매수자
대금납부 방법 및 기한	7일 이내, 30일 이내	매매계약체결일 로부터 60일 이내, 3년간 할부	금융기관·공기업 제시조건	일시급, 최장 5년간 할부
유찰계약	불가능	2회차 유찰 후 차기공고까지 가능	다음 공매공고 전일까지 가능	다음 공매공고 전일 까지 가능
계약체결	별도계약 없음	낙찰 후 5일 이내	낙찰 후 5일 이내	낙찰 후 5일 이내
매수자 명의변경	불가능	불가능 (상속 가능)	가능	가능
대금선납시 이자감면	없음	없음	있음	있음
권리분석	매수자	필요	불필요	불필요
대금완납전 점유사용	불가능	불가능	가능	가능
계약조건 변경	불가능	불가능	가능	가능

출처: 온비드

공매의 장점

공매는 재산의 종류에 따라 차이는 있지만, 경매와 다르게 잔금을 한꺼번에 치르지 않고 나누어 할부로 낼 수도 있고, 잔금을 치르기 전에 다른 사람에게 되팔거나 이용할 수도 있습니다. 그러므로 돈이 없어 부동산을 사지 못하는 사람에게 좋은 기회가 될 수 있습니다.

또한 공매는 경매처럼 법원에서 하지 않고 집이나 사무실에서 온비드라는 인터넷 사이트를 통해 할 수 있어서 시간과 비용을 절약할 수 있습니다.

공매의 단점

앞에서도 말한 것처럼 공매는 팔리는 재산의 종류에 따라 잔금 치르는 방법, 잔금 치르기 전에 팔 수 있는지, 잔금 전에 사용할 수 있는지 여부가 다 다릅니다. 그래서 이들의 차이점을 잘 모르면 낭패를 볼 수 있습니다.

L씨는 상가를 사려고 온비드 홈페이지를 확인하다가 마음에 드는 상가를 발견했습니다. 그리고 공매로 상가를 샀습니다. 문제는 잔금을 치를 때 발생했습니다. L씨는 상가의 잔금을 할부로 치를 수 있다고 알고 있었는데, 그 상가의 잔금은 일시불로 한꺼번에 치르는 것이었습니다. 결국 잔금을 한꺼번에 치를 능력이 없었던 L씨는 공매에 참여할 때 납부한 보증금만 손해 보고 상가를 포기해야만 했습니다.

A씨는 공매로 오피스텔을 사려고 했는데, 조사하던 중 명도의 책임이 한국자산관리공사가 아니라 낙찰자 본인에게 있다는 것을 확인하고 공매 참여를 포기했습니다. 처음 하는 공매에서 명도문제를 해결할 자신이 없었기 때문입니다. 그러므로 공매로 부동산을 사려고 할 때는 물건에 따라 어떤 조건이 붙고, 어떤 차이가 있는지 꼼꼼하게 확인해야 합니다.

소유권이전등기촉탁부터 하자!

돈 주고 부동산을 샀으면 해당 부동산의 주인 이름을 자신의 이름으로 바꿔야 합
니다(소유권이전등기). 그래야만 공식적으로 자신의 것이 되니까요. 그래서 잔금
을 내고 나면 법원이 등기소에 소유권을 이전하도록 부탁을 하는데 이것을 '소유
권이전등기촉탁'이라고 합니다.

114

현장공매도 있다!
신탁공매

경매는 누구나 잘 알고 있습니다. 공매도 많이 알려졌습니다. 이제는 재테크 틈새를 찾기가 쉽지가 않습니다. 그런데 이러한 상황 속에서도 조그만 틈새가 있는데 바로 '신탁공매' 입니다.

신탁공매란 무엇인가?

부동산 소유자가 자신 또는 다른 사람의 빚이나 책임을 보장하기 위해 자신의 부동산 소유권을 신탁회사에 맡기는 경우가 있습니다. 이러한 제도를 부동산담보신탁이라고 합니다. 신탁회사는 채권자를 위해 부동산 소유자(위탁자)와 신탁계약을 맺은 부동산을 유지·관리하다가 위탁자가 제때 빚을 갚으면 신탁계약은 해지되고 신탁부동산은 위탁자에게 돌아갑니다. 그러나 위탁자가 제때 대출금을 갚지 못하면 신탁회사는 신탁부동산을 처분해 그 대금으로 금융기관의 대출금을 갚습니다.

이때 신탁회사가 금융기관의 대출금을 갚기 위해 해당 부동산을 공매로 내놓게 되는데 이것을 바로 신탁공매라 합니다.

신탁공매의 특별한 점은?

일반 공매는 유찰되면 일주일에 감정가격의 10%씩 차감되지만, 신탁공매는 많게는 50%까지 차감되기도 합니다.

신탁공매는 온비드에서 진행하기도 하지만 현장에서 진행되기도 합니다. 이는 번거로운 점이지만 경쟁률이 낮아지는 요인이 되기도 합니다. 압류재산처럼 매수자가 명도책임과 권리분석책임을 질 수도 있습니다.

신탁공매 절차

- 신탁회사 홈페이지에서 공매물건을 검색합니다. 일간 신문 광고란에서도 확인할 수 있습니다.

QRcode

- 물건 공고문을 분석합니다, 물건 주소, 용도, 면적, 대지지분, 공매 진행 일자 및 시간, 공매예정가격, 제출서류, 유의사항 등을 꼼꼼하게 확인해야 합니다.
- 물건 관련 공부서류인 등기사항전부증명서, 건축물대장, 토지대장, 지적도, 토지이용계획확인서 등을 발급받아 권리관계, 제한사항, 위법사실 등을 분석해야 합니다.
- 공매물건이 있는 현장을 직접 답사합니다. 물건 공고문과 공부서류 등으로 확인할 수 내용을 확인해야 합니다. 임차인분석은 전입세대열람을 해봅니다.
- 신탁회사에 연락해서 특별매각조건이나 궁금한 사항을 확인합니다.
- 온비드나 공매 현장을 방문하여 공매에 참여합니다. 입찰보증금은 입찰금액의 10%입니다. 경매처럼 최저매각가격의 10%가 아닙니다.

하나의 부동산이 경매와 공매로 동시에 진행된다면?

공매는 국세징수법이나 국유재산법, 경매는 민사집행법을 근거로 하고 있어 상호 불간섭의 원칙이 적용됩니다. 만약에 하나의 부동산이 경매와 공매로 동시에 진행된다면 먼저 낙찰대금을 납부하여 종료된 절차가 우선입니다. 공매가 우선 종료되면 경매개시결정이 말소되고, 경매가 우선 종료되면 공매가 해제됩니다.

공매의 메카,
온비드 홈페이지 이용하기

공매에 참여하려면 온비드 홈페이지(www.onbid.co.kr)로 들어가면 됩니다.

① 홈페이지 상단의 '부동산' 메뉴를 클릭해 들어간 다음, 원하는 조건을 입력하고 검색을
  하면 원하는 물건들을 볼 수 있습니다.

② 물건 중에서 관심이 가는 물건이 있을 때, 해당 물건의 주소를 클릭하면 그에 대한 자세
  한 내용을 알 수 있습니다.

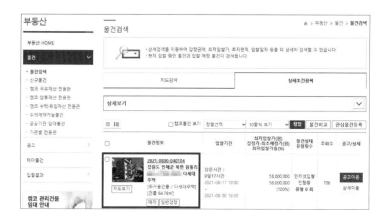

③ 관심 있는 물건의 내용을 살펴본 후 입찰을 하고자 하면 가장 먼저 인증서를 발급받아야 합니다. 온비드에서 사용 가능한 인증서는 '온비드 전용 인증서'(1,100원/1년), '전자거래 범용 인증서'(4,400원/1년), '네이버 인증서'(무료)가 있습니다.

'물건상세'에서 입찰방식, 입찰기간, 입찰가 등을 확인한 후 그 입찰일과 시간에 맞춰 입찰하면 됩니다. 온비드에서 입찰할 때 입찰보증을 대신해 전자보증서를 사용하려면 입찰일 전일 18시까지 전자보증서를 발급받아야 합니다.

④ 원하는 물건을 낙찰받았으면 온비드 메인화면 상단의 '입찰/이용안내' 메뉴로 들어가 왼쪽의 '인터넷등기신청'을 클릭해 등기 의뢰를 합니다. 그러면 저렴하고 편리하게 해당 물건의 주인 이름을 자신의 이름으로 바꿀 수 있습니다.

⑤ 홈페이지 상단에 있는 '나의 온비드' 메뉴에서는 맞춤 서비스를 제공합니다. 물론 '나의 온비드' 메뉴를 이용하려면 회원가입을 해야 합니다. 자신이 원하는 부동산의 조건을 '나의 온비드'에 입력해놓으면, 조건에 맞는 부동산이 공매로 나왔을 때 바로 알 수 있습니다.

찾아
보기

영문 · 숫자

MEMO

MEMO